Eva Kroth
84 ESSENZEN

EVA KROTH

84 ESSENZEN

WEGE DER GEISTIGEN HEILUNG

ZWEITAUSENDEINS

1. Auflage, Februar 1997.
Originalausgabe.

Umschlagentwurf Helene Fischer.
Satz und Herstellung
Dieter Kohler & Bernd Leberfinger, Nördlingen.
Schriften Old Style und Berkeley.
Druck Wagner GmbH, Nördlingen.
Einband G. Lachenmaier, Reutlingen.
Printed in Germany.

Dieses Buch gibt es nur bei Zweitausendeins
im Versand (Postfach, D-60381 Frankfurt am Main) oder
in den Zweitausendeins-Läden in Berlin, Düsseldorf,
Essen, Frankfurt, Freiburg, Hamburg, Köln, München,
Nürnberg, Saarbrücken, Stuttgart.

In der Schweiz über buch 2000,
Postfach 89, CH-8910 Affoltern a.A.

ISBN 3-86150-197-X

INHALT

DANK

Mein größter Dank gilt Silke Brauns, Heilerin und Kinesiologin. Wir arbeiteten viele Jahre zusammen, um innere Begrenzungen zu überwinden. Sie war mir bei diesem Buch eine große Hilfe mit Tat, Rat und Ideen. Ohne ihre Unterstützung wäre dieses Buch nicht zustande gekommen. Ich hoffe, daß sie die Kraft der Essenzen an viele Menschen weitergeben kann.

Danke an Johannes Paus und Sabine Kauf für ihre Mühe und Geduld, dieses Buch grafisch zu gestalten.

Danke an meinen Mann für seine Unterstützung, die entscheidend zu der Entstehung dieses Buches beigetragen hat.

Ich danke allen Menschen, die ich im Laufe meines Lebens kennenlernte. Ich entdeckte bei der Arbeit an diesem Buch, daß ich mich und andere in jeder Affirmation erkennen konnte. Jede Begegnung mit jedem Menschen meines Lebens war lehrreich, auch wenn mir das früher oft nicht bewußt war.

PROLOG

Die Zauberin steht auf einer Weltenkugel und zaubert und zaubert. Sie hat auch die Weltenkugel erzaubert. Sie zaubert immer weiter, denn sie kann alles erzaubern, was sie will. Sie zaubert weiter, sie verändert die Realität und erschafft eine neue.

Alles, was sie erschafft, ist real und doch Illusion. Sie selbst ist Illusion. Sie ist Nichts. Sie zaubert die Welt für sich, damit sie sich selbst wahrnehmen kann.

Sie hat sich selbst erzaubert, und sie erzaubert die Realität.

Die Realität erzaubert sich, um sich wahrzunehmen, sonst ist sie NICHTS.

Mit den Elementen wird diese Realität begrenzt und endlich.

Hier gibt es Schmerz, Unglück und Leiden.

Sterben wir, wird die Realität wieder Illusion.

Das ist die Schwelle, die wir überschreiten, wenn wir sterben.

Dann wird der Traum Realität.

Und wo liegt das Geheimnis der Schwelle? Das Geheimnis ist der Schnitt der Trennung. Jede Trennung ist ein Schnitt, der in Realität und Illusion teilt.

Immer ist das eine das Gegenüber des anderen.

Alle Form ist eine verkleinerte Trennung aus der Einheit. Jede Trennung ist Illusion.

Jede Erkenntnis ist Illusion. Sie wird nie die Elemente besiegen und nie den Tod. Unsere Realität ist mächtig und läßt sich nicht besiegen, auch nicht mit spiritueller Macht. So wie der Tod sich nicht besiegen läßt.

Unsere Realität ist so stark und machtvoll wie das Alles-und-Nichts, wie die Spiegelwelt des Geistes.
Geist und Materie, Realität und Illusion. Was macht die Zauberin ohne die Elemente? Immer weiter Illusionen erschaffen? Sie begegnet den Elementen. Sie trennt sich von der Illusion. Jetzt stehen sich Illusion und Realität gegenüber. Das ist der Anfang der Dualität.
Beides ist gleichwertig, real und mächtig, weil wir sterben. Wir sind begrenzt, unserem Schicksal und der Macht der Elemente unterworfen. Wir sind real und mächtig, weil wir im Geist unsterblich sind und immer wieder eine neue Schwelle hinter der Realität überschreiten können.
Die Schwelle trennt uns von der anderen Seite. Wir projizieren Hüter an alle Schwellen. Wir trauen uns nicht, die Schwellen zu erkennen. Wir kennen unsere Macht und haben doch kein Vertrauen in uns.
Wir projizieren unsere Macht nach außen, auf die Hüter der Schwellen, auf Gott und die Götter, auf die Elemente, und sind doch immer ein Teil von ihnen.
Die uns auferlegten Grenzen der Elemente sind die andere Seite der Allmacht unseres Geistes. Geist und Materie sind einander ebenbürtig. Der Zauber ist Realität, die Realität ein Zauber.
Ich zaubere jetzt einen Baum.
Ich denke mir seine Form. Der Baum formt sich und spiegelt mir seine Form zurück.
Wir spielen Trennung, doch wir sind nur Spiegel des anderen.
Ich trenne mich von dem Baum, um ihn zu sehen und um mich an seiner Schönheit zu erfreuen. Jeder Ast funkelt wie Millionen Sterne, jedes Blatt und jede Blüte ist wie ein schillerndes Spiel aus unzähligen Funken.
Ich will das Strahlen und Glitzern in mich aufnehmen. Ich will

den Baum berühren, doch das Licht zerrinnt in meinen Händen. Denn auch meine Hände sind aus glitzerndem Licht, genau wie der Baum. Wir wollen uns berühren, doch wir sind eins. Also trennen wir uns. Wir verdichten. Wir trennen uns, um uns berühren zu können. Wir formen Früchte, die wie glitzernde Diamanten in den Ästen hängen. Die Früchte spiegeln sich in mir.

Denn es sind auch meine Früchte.

Wir vereinen die vielen Früchte, Blätter und Blüten zu 12 Diamanten des Lichts.

7 benennen wir zu Tönen des Lichts.

5 benennen wir zu Werkzeugen der Kraft.

Wir sehen uns an. Wir sind Abbild des Anderen und ein lebendiger Ausdruck im unendlichen Klang des Universums.

1. TEIL

WIE ALLES BEGANN

Im Sommer hatte ich eine Grippe. Ich wurde nicht richtig gesund und war nicht richtig krank. Wochenlang fühlte ich mich matt und geschwächt, ohne besondere Symptome.
Der kinesiologische Test mit der Heilerin und Kinesiologin Silke Brauns ergab, daß ich einige Blüten Johanniskraut für eine halbe Stunde in ein Glas Wasser legen sollte, um dann einen Schluck dieses Wassers zu trinken.
Johanniskraut blühte zu dieser Zeit in großer Menge in meinem Garten.
Ich trank einen Schluck Blütenessenz, ohne über die Wirkung besonders nachzudenken.
Die Wirkung traf mich unvorbereitet und so heftig, daß es mir fast den Atem raubte. »Licht-Explosionen« fanden an den Chakrawurzeln in meiner Wirbelsäule statt. Ich wurde von fließendem goldenem Licht umspült, meine Aura schimmerte und glänzte. Es war wunderschön. Ich wurde leicht und froh. Ich fühlte mich stark und kräftig und vital. Ich war gesund. Mit dem Rest des Wassers benetzte ich meine Haut am ganzen Körper. Sie fing sofort an, von innen golden zu leuchten. Das war der Anfang.
Ich verwende seit Jahren Bach-Blüten, für meine Tiere und für mich. Ich habe mit den Blüten-Essenzen von Dr. Bach gute Erfahrungen gemacht und verwende sie nach wie vor. Die in diesem Buch beschriebenen Essenzen wirken auf geistiger, die Bach-Blüten auf seelischer Ebene.

Dr. Bach sagte, daß alle Krankheiten von bestimmten negativen Gefühlen verursacht werden. Ich würde aus meiner spirituellen Erfahrung sagen, daß geistige Trennungsgedanken oder geistige Vorbehalte oder Nichtakzeptanz dem Leben gegenüber krank machen. Im Gegensatz zu vielen esoterischen Lehren oder Therapiemodellen gehe ich nicht davon aus, daß für die Bewohner der Erde ein Paradies oder eine perfekte heile Utopie anzustreben ist. Ich habe, immer aus geistiger Sicht, einen ewigen Wandel und eine ewige Bewegung zwischen gesund und krank, gut und böse, hell und dunkel als Prinzip des Lebens kennengelernt. Nirgendwo auf meinen spirituellen Reisen fand ich eine feste Vorstellung vom immerwährenden Paradies auf Erden. Ich erkannte die Erde als verdichtete Dimension, als Erfahrungsort, auf dem man beide Pole erleben kann, zwischen denen alles Leben hin und her schwingt. Das heißt: Leben als Bewegung zwischen Himmel und Hölle.

Zu den Erfahrungen auf der Erde gehören Krankheiten auf physischer, seelischer und geistiger Ebene. Sie sind wie alle Erfahrungen, die wir machen, Wege der Erkenntnis und Erweiterung. Aus geistiger Sicht geht es also im Leben – und in diesem Buch mit Hilfe der Essenzen – weniger um Heilung als um Akzeptanz des Lebens in seiner Vielfalt. Aus geistiger Sicht ist A L L E S Erfahrung und Erweiterung.

Nichts ist weniger oder mehr wert.

Natürlich wollen wir, wenn wir Schmerzen haben oder krank sind, daß die Schmerzen weggehen.

Fangen wir an zu prüfen, warum wir Schmerzen haben, gelangen wir auf die seelische und dann geistige Ebene als Ursache einer Krankheit.

Die hier beschriebenen Essenzen wirken auf der geistigen Ebene, nicht auf der seelischen Ebene.

Wir bestehen aus Körper, Seele und Geist. In der heutigen spirituellen Terminologie werden diese verschiedenen Ebenen der physische Körper, der Emotionalkörper und der mentale oder geistige Körper genannt. Der mentale Körper sollte nicht mit der rein intellektuellen Gedankenwelt verwechselt werden. Unser Mentalkörper vereint bewußtes und unbewußtes Wissen zu einer transzendenten Einheit und ist dem 6. Chakra zugeordnet. Unsere intellektuelle Gedankenwelt beschränkt sich auf bekanntes, bewußtes Wissen und ist dem 3. Chakra zuzuordnen.
Je nach Konstitution oder Lebensphase wirkt manchmal eine seelische Behandlung besser, manchmal eine geistige, manchmal eine Körpertherapie.
Nach meinen spirituellen Erfahrungen bietet jede Materie, jede Pflanze, alles was existiert, eine physische, eine seelische und eine geistige Möglichkeit, uns zu helfen.
Dr. Bach erklärte die Heilkraft seiner Essenzen mit ihrer Wirkung auf den Seelenkörper. Durch Harmonisierung des Emotionalkörpers werden neue Kräfte frei.
Die geistigen Essenzen dieses Buches arbeiten mit der geistigen Information, den geistigen Kräften in den Dingen. Sie wirken auf unseren mentalen, auf unseren geistigen Körper.
Haben wir zum Leben eine negative geistige Haltung wie zum Beispiel »Das Leben ist schwer«, ist das erst einmal kein Gefühl. Es ist eine innere Haltung, eine mentale oder geistige Einstellung. Sie kann auch unbewußt in uns liegen und uns beeinträchtigen.
Diese negative Einstellung kostet uns Kraft und kann uns krank machen. Sie läßt sich mit einer geistigen Essenz behandeln.
Zurück zu meinem Erlebnis mit den Johanniskrautblüten. Ich war so erstaunt über die schöne und heftige Wirkung, daß ich anfing zu experimentieren. Es war Hochsommer. Überall fand ich Blüten. Ich legte sie eine halbe Stunde ins Wasser, trank einen

Schluck und sah in meiner Aura bestimmte Farben und Formen, die sich dann zu Gedanken und Wissen formten.
Eines Tages saß ich unter einem Baum und machte Notizen über meine Erfahrungen mit den Blütenexperimenten.
Plötzlich hörte ich den Baum sprechen (siehe Seite 315) und begann danach, meine Experimente mit Blättern von Bäumen auszuweiten. Dann sprachen die Gemüsepflanzen, später die Steine.
Eines Nachts flog eine Fledermaus in mein Schlafzimmer und brachte mir die Töne.
So weiteten sich langsam die Ebenen aus, über die Sie in diesem Buch lesen werden.
Ich habe schon seit vielen Jahren Kontakt zu Pflanzen, Lebewesen und zu verschiedenen Energieformen. Meine Gespräche entstehen zufällig und betreffen meist Fragen, die mich beschäftigen. Ich nehme Impulse wahr, die ich in Worte übersetze. Könnte ich Musik komponieren, würde ich die Impulse in Töne übersetzen.
An dieser Stelle möchte ich etwas zum Thema »Channeln« sagen. Sie finden in diesem Buch einige Texte, in denen ich das, was ich von anderen Wesenheiten oder Energieformen wahrnehme, direkt in Worte übertrage. Diese geistigen Kontakte waren die Eintrittspforten in die verschiedenen Themen bzw. Essenzgruppen dieses Buches. Ich glaube, daß die Übersetzung solcher Impulse eine sehr subjektive Angelegenheit ist. Die Schwierigkeit ist die freie Übersetzung ohne innere Vorurteile. Ich bin der festen Überzeugung, daß alle Menschen diese Impulse oder Informationen verschieden interpretieren. Und zwar so, wie es ihrer individuellen Charakterstruktur und ihrer Lebenserfahrung entspricht. Aus diesem Grund gibt es zum Beispiel eine Vielzahl von Interpretationen über die Wirkung von Edelsteinen.
Alle Affirmationen in diesem Buch sind Interpretationen von

Lichtqualitäten, Formen und Farben, die ich übersetzte und in die ich mein Wissen und meine Erfahrungen mit den Chakren hineinfließen ließ. Die dazu gehörenden negativen Lebenseinstellungen sind Richtlinien zu Ihrer Orientierung. Oft sind darin Gefühle beschrieben, die die Folge, nicht die Ursache der negativen Lebenseinstellung sind. Die Ursache finden wir immer auf der geistigen Ebene, dort, wo wir das Leben nicht akzeptieren. Die Folge ist dann ein Gefühl wie Schmerz, Einsamkeit, Erstarrung, Ohnmacht oder ähnliches.

Es gibt eine unzählige Menge von Pflanzen, Steinen oder Metallen, die alle eine Wirkung in uns auslösen können. Hier finden Sie eine Auswahl nach einem bestimmten System geordnet. Ich sehe heute noch deutlicher, daß alles, was uns umgibt, ein Schatz von Wissen und Kraft in einer bestimmten manifestierten Form ist.

Dieses Buch besteht aus verschiedenen Teilen. Da sind einmal die eher praktischen Kapitel, in denen es um die Essenzen geht. Zum anderen schildere ich einige meiner spirituellen »Reisen« aus der Zeit, in der ich an diesem Buch und mit den Essenzen gearbeitet habe.

Ich wollte mein Wissen erweitern und genauer verstehen, woran ich eigentlich arbeitete.

Um mich möglichst frei öffnen zu können für das geistige Wissen hinter den Metallen, Steinen, Pflanzen und dem abstrakten Wissen der Töne, des Wassers und des Geistes, mußte ich selbst viele Hürden überwinden.

Parallel arbeite ich an meinen eigenen Blockaden, denn unsere persönlichen Verengungen und Vorurteile beeinflussen unsere Sichtweise.

Ich versuche, so gut es geht, Sie an meinen Erfahrungen teilhaben zu lassen, auch damit Sie ahnen oder fühlen können, wie ich zu meinen Interpretationen und Kenntnissen gekommen bin.

Ich bin glücklich, wenn Sie mit Hilfe dieses Buches Ihre eigene Kraft, Schönheit und Kreativität erkennen können und die Kraft, Schönheit und Kreativität der Welt, in der wir leben.
Machtvolle Energien sind während der Arbeit an diesem Buch durch mich geströmt. Indem ich sie in Worte faßte, habe ich die Kräfte gebündelt und gebe sie weiter. Die Macht ist hinter den Worten zu finden. Sie soll Ihnen helfen, Ihre eigene Macht wiederzufinden.
Ich glaube, wer die Macht unseres Bewußtseins und unseres Geistes erkennt, kann sich von der Ohnmacht befreien und auf vieles verzichten, was der Erde Schaden zufügt. Sind wir stark, können wir gemeinsam mit der Erde heilen.

DAS SCHWARZE LICHT DER SONNE

Ich sehe das Licht der Sonne. Die 7 Spektralfarben des Sonnenlichts leuchten und reflektieren in mir. Ich bin Prisma des Sonnenlichts. Ich bin fest, flüssig und gasförmig. Das Feste ist wie ein festes Prisma, ich kann die Brechung des Lichts in mir nicht sehen. Das Wasser in mir teilt das Sonnenlicht wie ein Prisma aus Glas. Die Anteile aus Gas in mir brechen in mir das Licht der Sonne in Wellen mit schwarzen Linien.

Wellen und Strahlen, bekannte und unbekannte, berühren mich und schwingen in mir. Sie reflektieren durch mich hindurch zur Sonne und ins Universum. Neben dem sichtbaren Licht gibt es Lichtwellen, die wir nicht sehen, aber messen können: die elektromagnetischen Wellen, UV-Licht oder Gammastrahlen. Ist das Licht denn Materie oder Nicht-Materie? Einige Theorien kommen in mein Bewußtsein: Licht ist Materie, es sind Teilchen, die wir messen können, ionisierte Strahlung. Besteht Licht nur aus Wellen, die wir in ihren Frequenzen unterscheiden? Ist Licht räumlich? Erkennen wir Licht nur durch den Resonanzkörper, auf den es trifft?

Ist der Raum zwischen den Sternen leer oder doch mit unsichtbarer Materie gefüllt? Ich sehe eine Linie: Es ist die Trennungslinie zwischen Materie und Nicht-Materie. Wir ziehen diese Grenze jeweils entsprechend unserem Wissensstand. So formen wir unsere Realität.

Ich sehe die Linie. Sie liegt nicht fest. Sie ist eine kollektive Entscheidung, die unser Leben bestimmt. Sie ändert sich ständig.

Durch Zuwachs an Wissen und Bewußtsein. Licht schwingt zwischen Materie und Nicht-Materie.
Unsere Augen sehen die 7 Spektralfarben des Lichts. Wir sehen die Dunkelheit als die andere Seite des Lichts. Unser Bewußtsein grenzt die Wellen ein, die wir wahrnehmen. Unendlich viele Wellen und Strahlen aus den Weiten des Universums schwingen zu uns und bringen uns Informationen, die wir noch nicht entschlüsseln können. Wir kennen ihren Heimatort nicht und nicht das Bewußtsein ihres Geistes. Wir leben in unserem Körper, auf der Erde, in unserem Sonnensystem, in unserer Galaxie. Das sind die Grenzen unseres Bewußtseins. Die Sonne ist jetzt das Zentrum unseres Lebens. Ihr Licht können wir sehen und verstehen.
Ihr Licht können wir reflektieren, denn wir sind Prisma. Gewandelt durch uns geht ihr Licht wieder ins Universum zurück. Wir schlucken das Licht nicht, wir wandeln es. Vieles in unserem Bewußtsein wird Licht werden, wenn wir uns für bisher unbekannte Informationen des Universums öffnen können. Jetzt sind wir bewußtes Prisma der Sonne und für die Sonne. Auch die Erde empfängt und wandelt das Licht der Sonne und das Licht von uns und allen Lebewesen der Erde. So können die Botschaften des Lebens auf der Erde in alle Sonnen unseres Sonnensystems und in die Zentralsonne der Milchstraße getragen werden. Von dort schwingen die Botschaften weiter in alle Galaxien des Universums.
Ich sehe jetzt die schwarzen Streifen im Licht der Sonne. Alle Arten von Licht oder Wellen haben diesen Schwarzanteil in ihrem Spektrum. Es ist das Unbekannte in ihnen, das Unbekannte ihrer Herkunft und ihrer Bedeutung. In diesem Schwarzanteil ist alles enthalten, was für uns unbekannt und unerforscht ist.
Viele Geheimnisse sind in dem Schwarz verborgen, die immer unerklärbar bleiben. Egal, wie weit die Wissenschaft das Leben

entschlüsselt oder sich unser Bewußtsein öffnet.
Die Grenze zwischen der erkannten Materie und dem Geheimnis dahinter ist fließend. Sie wandelt sich jeden Tag. So, wie wir jeden Tag unser Bewußtsein erweitern, indem wir leben und uns erkennen.
Auf der Suche nach der Wahrheit der Materie werden wir uns immer wieder verirren, denn die Wahrheit und der Ursprung des Lebens sind so wandelbar wie wir. Und da wir selbst uns ständig wandeln, wandelt die Wahrheit sich mit uns. Die Zeit und die Ereignisse wandeln uns immer weiter. Nie werden wir die Wahrheit der Materie kontrollieren können.
Ich öffne mich jetzt für das Schwarz. Ich gehe auf die Sonne zu. Das Licht wird hell und heller, es wird strahlend weiß und hell, ich kann nichts mehr sehen. Ich trete in eine Wand wie in eine Schallmauer. Ich bin im Schwarz. Ich bin in dem Geheimnis, in dem alles enthalten ist. Es ist das Geheimnis der Unendlichkeit. Es ist wunderschön.
Ich bin im schwarzen Licht der Sonne. Ich vereine mich mit dem Geheimnis. Ich betrete den Raum des Ursprungs von Form und Materie. Den Raum des All-Wissens. Alles ist in ihm enthalten. Er ist die andere Seite in allem.
Ich bin im unendlichen Raum.
Ich werfe einen Blick in die Unendlichkeit, in der nichts in irgendeiner Form enthalten ist, und doch ist alles da. Nichts hat Form, nichts ist materiell, es gibt keine Begrenzung, keinen mit Materie oder Nicht-Materie gefüllten Raum, keine Welle, keine Strahlung. Und doch ist alles da, als Idee, als Energie von unendlichem Ausmaß.
Meine Vorstellungskraft reicht nicht aus, um so viel Kraft und Schönheit zu begreifen. Ich fühle, daß ich nur einen Bruchteil wahrnehmen kann, denn nichts und niemand kann diese Kraft

aushalten, auch mein Bewußtsein nicht, und wenn es noch so frei und grenzenlos wäre. Es ist, als ob ich am Rande von etwas stünde und nur erahnte, was darin verborgen ist.
Der Raum ist nicht leer, er ist unendlich.
Nichts ist zu sehen oder zu fühlen. Keine Welle trifft auf Materie und reflektiert zurück. Nichts kann sich bewegen, denn da ist nichts.
Reine Energie. Reiner Geist. Alles existiert wie eine Spiegelwelt ohne Materie, eine unendliche Welt als Spiegel der Realität. So real wie unsere Welt und doch nicht real. Alles ist vorhanden, jede mögliche Galaxie, jede mögliche Entwicklung, jede mögliche Materie, jedes Lebewesen, jede Zeit. Das unendliche Meer der Möglichkeiten. Sie sind alle da und doch nicht faßbar mit unserer menschlichen Vorstellung von Zeit und Raum. Es ist ein unendliches Meer schöpferischer Energie und Kraft ohne Materie.
Ich kann nichts sehen oder fühlen. Ich kann keine Farbe sehen, keinen Zustand, nichts.
Und doch weiß ich, alles ist da, alles in einer unendlichen Kraft. Sie ist auch in mir. Ich erkenne, daß ich mich von dieser unendlichen Kraft mit meinem Bewußtsein trennen muß. Ich könnte sonst nicht leben.
Ich bleibe an der Grenze, diese Kraft erfassen zu können, denn ich bin in einem Körper mit einem begrenzten Bewußtsein. Mein Bewußtsein ist dieser Kraft kaum gewachsen. Ich fühle, wie ich am Rand stehe und nur einen Blick wage. Ich versuche zu begreifen und in Worte und Begriffe zu verkleinern. Ich will das, was ich erlebe, erfahrbar machen. Doch etwas in mir sagt, daß ich von der Unendlichkeit nicht getrennt bin. Nichts ist getrennt von ihr. Alles Existierende ist in der Unendlichkeit vorhanden, nichts ist getrennt. Doch wo ist der Weg in die Materie?
Wo ist der Anfang, der Anfang der Verdichtung?

Die Frage selbst ist der Anfang. Sie ist das Bewußtsein, das sich aus dem Meer der Unendlichkeit trennt. Ein gewaltiger Ton formt sich in mir, so gewaltig wie die Welle eines Gongs, wie tausend, wie unendlich viele Gongs. Vibrationen entstehen und bilden Wellen aus Energie. Jede Frage aller existierenden Bewußtseinsformen nach dem Beginn der Materie verdichtet sich zu einem vibrierenden Ton. Die Vibration des Tons, den ich höre, ist so gewaltig, daß ich sie nicht ertragen kann. Meine Ohren würden sie nicht aushalten, keine Zelle könnte sie aushalten, alles in mir würde wie ein feines Stück Glas zerplatzen.

Die Vibration hat die Macht und die Kraft, alles Sein hinwegzufegen und zu zerstören. Die Vibration ist unendlich. Sie schwingt im unendlichen Universum und in meinem Bewußtsein. Ich muß sie trennen, zerlegen, damit ich sie aushalten kann, und mit ihr spielen. Ich muß trennen, um zu sein. Wir leben. Wir haben die Unendlichkeit nicht verloren. Wir sind Spiegel des Geistes und unendlich. In jeder Verdunklung, in jeder Sekunde unseres Seins, sind wir Spiegel des Geistes in der Verdichtung, nie getrennt und im unendlichen Kreislauf mit der Unendlichkeit.

Mein Geist ist unendlich. Ich trenne mich aus dem Meer der Unendlichkeit. Aber es ist nur mein Bewußtsein, das mir die Illusion der Trennung vorspiegelt. Ich bin eine Welle aus Klang, die alles durchflutet, in mir und im Universum.

Der Ton des Gongs ist der Ton des unendlichen Bewußtseins. Er schwingt in die Unendlichkeit. Er schwingt aus ihr zurück, als ob jeder Klang, der aus mir schwingt, aus der Ewigkeit zu mir zurückkäme. Er ist das, was ich aus der Unendlichkeit des Geistes wahrnehmen kann. Er ist geformter Geist. Er ist All-Bewußtsein. Ich teile. Ich trenne. Ich trenne die Kraft meines Bewußtseins in die Kreativität, mit der ich die Reise meiner vielen Leben gestalte. Der Ton vibriert im Austausch mit jedem Bewußtsein aller

getrennten Vibrationen aus der Unendlichkeit.
Ich trenne den Ton in 7 Farben, die 7 Spektralfarben, die zusammen weißes Licht ergeben, das Licht der Sonne, das Licht des Bewußtseins. In den Farben des Lichts werde ich meinen Geist erfahren – als Welle, als Trennung aus der Einheit, als kollektives Bewußtsein. Ich werde einen Körper annehmen, der dem Geist Handlungsspielraum gibt. Mit dem kollektiven Geist allen Bewußtseins werde ich einen schöpferischen Reigen des Geistes entwickeln und Ideen aus dem Spiegelbild des Geistes realisieren.
Ich bin schöpferisch, denn ich trenne auf individuelle Art und Weise mein Bewußtsein aus dem All-Wissen. Ich vergesse, daß ich unendlich bin und beschränke mich auf die Verdichtung meines Geistes. Aber ich behalte die Möglichkeit, in jedem Augenblick meines Lebens meinen Geist in der Verdichtung zu integrieren.
Ich werde in einem Körper sein und mich getrennt fühlen, isoliert und einsam. Doch in meinem Leben wird die Möglichkeit der Integration enthalten sein.
Mein Geist wird die Isolation in der Verdichtung als Schmerz und Trennung fühlen, doch ich werde nie getrennt sein aus der Unendlichkeit in mir.
Mein Geist wird sich in einem Ich verdichten, getrennt vom Kollektiv. Das ist der Weg, den jedes Bewußtsein auf dem Weg in die Verdichtung geht.
Mein Geist wird als Gegenpol des Bewußtseins unbewußt werden. Das wird meinen Geist beweglich machen und die Sehnsucht nach dem Bewußtsein der Einheit aufrechterhalten.
Mein Geist wird die Verdichtung als Verdunklung einordnen. Er wird diese Verdichtung und Verdunklung bewerten, sie zum Bösen erklären und sich nach dem Licht sehnen.
Das Dunkle wird Form und Gestalt annehmen. Mein Geist wird

sich in der Dunkelheit verlieren. Er wird dem Gefühl der Trennung aus der Einheit des Geistes Gestalt geben als Dunkelheit im Leben, als Orientierungslosigkeit, als Isolation, als Verstummen, als Vernebelung und Trennung von allem Geist.
Mein Geist wird unbewußt werden. Er wird die Töne oder Spektralfarben des Sonnenlichts zu funkelnden Edelsteinen verfestigen. Er tut das unbewußt und nicht im Licht des Bewußtseins. Mein Geist wird in der Verdichtung getrennt, wie verdunkelt und unbewußt sein.
Aber hinter der Trennung aus der Unendlichkeit wird mir immer die unendliche Kraft des Geistes zuströmen – nicht bewußt und doch vorhanden. Diese unbewußte Kraft ist mein Leben. Sie speist mein Leben und alle anderen Leben aller Universen. Sie strömt in uns und läßt uns nach der Einheit suchen, die wir verloren haben, um leben zu können.
Es wird meine Lebensaufgabe sein, meinen Geist von der Vorstellung zu befreien, ich sei in der materiellen Welt, der Verdunklung, dem Bösen, in Orientierungslosigkeit, Isolation und Verstummung gefangen.
Ich werde erkennen, daß ich immer im Einklang und im Austausch mit der Unendlichkeit des Geistes bin, denn ich bin Spiegelbild des unendlichen Geistes und nicht getrennt von ihm.
Bin ich Spiegel oder bin ich real?
Ist die Welt des Geistes Spiegel oder real?
Ich vereine mich mit meinem Spiegelbild.
Ich werde Geist, der sich in einem Körper spiegelt. Ich werde Körper, in dem Geist sich spiegelt. Der Kreis schließt sich. Der Strom des Kreislaufs strömt unendlich. Als Geist im Spiegel und Spiegel des Geistes in aller Manifestation.

DER ANFANG

Mit unendlicher Kraft werde ich in den Strudel der Verdichtung gezogen. Es ist die Urkraft der Verdichtung, die Geist transportiert. Es ist die Form, mit der jede Bewegung Energie transportiert. Ich bin im Tunnel von Zeit und Raum. Eine gewaltige Kraft zieht mich in die Verdichtung. Die Erde zieht mich an. Gleichzeitig ist mein Körper die Erde. Ich bin im Strudel der Verdichtung, und gleichzeitig nehme ich wahr, daß der Strudel nur durch die Gegenbewegung existiert, in der Teile meines Ichs wieder in die rückläufige Bewegung gezogen werden. Ich sehe die Erde, die im Strudel ihrer Achse gewaltige Energie durch die Pole in sich einzieht und gleichzeitig gewaltige Mengen von Energie aus sich herausströmen läßt. Ich bin im Sog des Strudels in die Erde, und gleichzeitig bin ich unendlich viele Strudel, die Energie aufnehmen und in die Verdichtung transformieren. Ich sehe in meinem Körper Trichter aus wirbelnder Energie. Es sind 7 Trichter, die die unendliche Kraft des Geistes teilen und in mir transformieren. Ich sehe, daß diese Einteilung verschiedene Stufen der Trennung darstellt, zusammenfaßt und gleichzeitig Sog und Gegensog vereint. Jeder Wirbel verdichtet sich zu einem Punkt, wo er eine Schwelle überschreitet, explodiert und zurückströmt. Es ist die Schwelle der Erkenntnis.

Ich sehe Bewegung und Gegenbewegung in allem, was sich formt und verdichtet. Ich lasse mich in den Strudel der Erde ziehen. Ich rase und sause durch den Tunnel, der mich in die Tiefe zieht.

Ich suche die Energie, die den Strudel in Gang setzt, die Kraft jeder Spiralform. Es ist Wandlung. Geist wandelt sich in Materie. Ich bin im Tunnel des Wandels.
Es ist der Tunnel, den Menschen wahrnehmen, wenn sie sterben. Es ist der Geburtskanal, durch den wir geboren werden. Das Kind geht mit Spiralenergie durch den Geburtskanal ins Leben. Wandlung ist die höchste Energie, die wir verstehen können. Reinste Energie ist formlos und unendlich und nicht für uns zu verwenden.
Die Kraft des Wandels ist in allem enthalten, das existiert. Die Kraft der Wandlung vollzieht sich in spiralförmigen Drehungen in die Verdichtung hinein und aus ihr heraus. Die Spirale ist die Energie des Wandels, Energie aus der Unendlichkeit des Raumes und zu ihr zurück.
Ich bin im Strudel. Ich habe Angst wie vor einem Wasserstrudel, der mich in die Tiefe zieht, in eine Reise ohne Wiederkehr. Es ist eine Reise auf den Grund des Meeres. Ich erinnere mich an das Gefühl, als ich zur Erde kam. Es ist das Gefühl, in einen Strudel zu geraten, aus dem ich nicht mehr herauskomme. Und erst einmal stimmt das. Leben wir in der Verdichtung, in der Materie, ist auch unser Bewußtsein verdichtet und wird nicht so leicht frei. Mit unserem Unterbewußtsein sind wir immer in der Gegenbewegung, die uns aus dem Strudel herausführt in das unendliche Meer der Kraft des Geistes.
Wir landen in der Materie wie auf dem Grund des Meeres. Das Dasein ist die Hingabe an die Materie und das Sich-Lösen aus der Materie mit unserem Bewußtsein gleichzeitig. Die aufstrebende Energie ist immer mit der abwärtsstrebenden vereint. Beide existieren parallel und gleichzeitig. Es gibt keine Form ohne die Gegenbewegung weg von der Form. In diesem Spannungsfeld findet Leben statt.

Ich bin in dem Strudel und habe Angst. Die Angst verändert meine Bewegung. Sofort komme ich aus dem Gleichgewicht, meine Bewegung ist nicht mehr harmonisch. Ich löse mich von der Angst. Ich fühle jetzt wieder Lust an der Erfahrung des Lebens, die auf mich wartet. Ich ströme wieder in gleichmäßiger Bewegung zur Erde.
Mit der Idee meines Lebens bewege ich mich in den Strudel der Zeit, den Strudel der Erdanziehung, den Strudel des Wandels mit der Zeit, gemeinsam mit der Erde. Ich entscheide mich für Anfang und Ende, für Bewegung und Raum. Ich entscheide mich für den Zeitraum meines Lebens, in dem sich mein Geist durch das Leben selbst entfalten soll. Die Elemente Erde, Wasser, Feuer und Luft machen mein Leben möglich. Der Zeitraum meines Lebens ist wie eine spiralförmige Bewegung in einem unendlich großen Strudel. Jede Erfahrung in meinem Leben ist wie ein kleiner Strudel innerhalb des Strudels meines Lebens.
Mein Bewußtsein verdichtet sich. Ich vergesse, daß mein Wunsch nach Leben mich in die Tiefe zieht. Ich vergesse, daß mein Geist immer über die Gegenbewegung des Strudels mit der Unendlichkeit verbunden bleibt. Ich fühle nur den Strudel in die Verdichtung. Ich spüre Lust und habe Angst, daß ich aus den Tiefen der Verdichtung nie mehr emporsteigen kann. Ich bin in der Erde. Ich bin in der Verdichtung.

Die Erde

Ich bin schwer, schwer und verdichtet. Alles in mir ist schwer und fühlt sich schwarz an, wie Verdichtung ohne Leben. Ich spüre den Sog nach innen, als ob alles in mir in die Schwere nach unten gezogen würde. Ich sinke in den Kern der Erde, immer tiefer und dunkler und dichter. Aller Sog führt in die Mitte der Erde und hält mich fest. Ich blicke in die Tiefe meines Körpers und sehe die Erde in mir. Alles ist schwarz und dunkel, wie eine schwere Kugel. Ich bin im Raum der Materie, angefüllt mit Erfahrung in der Verdichtung. Es ist schwerer Geist, der Verdichtung erfährt. Ich bin schwer. Mein Geist ist schwer. Ich bin der Geist der Erde. Ich kann mein Bewußtsein kaum wach halten.

Ich sinke immer tiefer in die Verdichtung. Ich gerate an eine Schallmauer. Ich gehe auf sie zu. Mein Weg dahin ist schwer. Ich schleppe mich mühsam. Ich mache den letzten Schritt und trete durch die Mauer. Licht explodiert in meinem Bewußtsein. Ich erkenne. Es ist die Explosion der Erkenntnis. Ich erkenne. Und die Verdichtung wird Licht.

Die Explosion ist die Erkenntnis. Ich erkenne, und es wird Licht.

Bringt denn die Verdichtung Erkenntnis?

Materie IST Erkenntnis.

Und wo ist dieser Punkt, diese Schallmauer, in dem sich die Verdichtung in Licht wandelt?

Für jedes Lebewesen der Erde und des Universums liegt dieser Punkt woanders. So, wie sich der materielle Raum jeder Erfahrung unterscheidet.

Jede körperliche Erfahrung ist Erkenntnis.

Der Körper ist Erkenntnis. Er ist verdichteter Geist, der Erfahrungen sammelt und sich in meinem Körper und in den Körpern aller Lebewesen entwickelt. Jede Erfahrung meines Körpers trägt zur Entwicklung meines Geistes bei und zur Entwicklung allen Geistes der Erde und des Universums.

Ich erweitere den Geist meines Ichs und den Geist der Erde mit jeder Erfahrung in einem Körper. Mein Körper ist Erkenntnis. Alles Feste in mir, meine Knochen, meine Zähne, meine Haare, meine Fuß- und Fingernägel. Das Feste ist Ausdruck von Erkenntnis aus den Erfahrungen, die im Laufe von Millionen

Jahren von der Erde, allen Lebewesen und mir gemacht wurden.
Ich brauche nicht atemlos nach Erkenntnis zu streben. Ich kann loslassen und mich ganz dem Leben im Körper hingeben. Das allein ist schon Erkenntnis. Jede Zelle in mir ist Erkenntnis und erweitert mein Bewußtsein in jeder Sekunde. Denn mein Körper ist einzigartig und unwiederholbar. Alles lebt in dieser Sekunde, sie wird sich nie wiederholen. Jede Zelle lebt und wächst in jeder Sekunde mit der Zeit und trägt zum wachsenden Bewußtsein des Universums bei.

Die Luft

Ich betrete jetzt den geistigen Raum der Erde. Ich bin im Raum der Materie. Der Raum ist leer, und doch ist alles in ihm enthalten. Es ist der Raum des Geistes der Erde. Materiell und doch leer. Jede Möglichkeit des Lebens ist in ihm enthalten. Er wird mit Erfahrung gefüllt, mit der Erfahrung meines Lebens und der Erfahrung aller Leben und Lebensformen der Erde. Die Erde füllt diesen Raum gemeinsam mit allen Erfahrungen ihres Lebens.
Ich versuche den Raum der Leere zu verstehen, auch die Leere in mir und in allem Festen. Der feste Raum, das Feste in mir und das Feste der Erde sind der Raum der Vergeistigung. Es ist der Raum, in dem alles enthalten ist und in dem alles fest werden muß, um sich zu vergeistigen und zu wandeln. Es ist der Raum, der uns atmen und leben läßt. Es ist der Raum des leeren Geistes, der Raum, den wir mit Erfahrung in der festen Materie füllen.
Der Raum teilt sich in Bewegung und Erkenntnis. Ich sehe, wie eine Erkenntnis eine Lichtexplosion auslöst. Licht entsteht. Feuer. Werden wir deshalb aus Feuer und Wasser geboren? Atme ich, um das Feuer der Erkenntnis zu entfachen?

Das Feuer

Feuer schießt in mich und explodiert in mir. Ich bin explodierendes Feuer. Ich bin kein Mensch. Ich bin Feuer. Ich bin das Feuer, das glühte, als die Erde erschaffen wurde. Es ist in mir. Ich muß das Feuer im Zaum halten, sonst explodiere ich und bewirke Explosionen.

Ich muß die unendliche Bewegung und meinen unendlichen Geist in mir im Zaum halten. Dabei hilft das gegenteilige Prinzip in mir. Es ist das saturnische Prinzip. Durch die komplementäre Kraft in allem wird jedes Element in mir unter Kontrolle gehalten.

Wir sind Erde mit der Schwäche, uns zu verfestigen. Wir sind Wasser, mit der Schwäche zu zerfließen. Wir sind Feuer mit der Schwäche zu explodieren. Wir sind Luft mit der Schwäche, uns zu verflüchtigen. Und wir sind Schöpfer, mit der Macht zu zerstören. Unsere Kräfte sind gewaltig. Wir müssen sie im Zaum halten. In uns ist die Kraft der Zerstörung. Wir haben die Macht der Elemente. Wir töten, und sie können uns töten.

Wir leben und sterben. Wir geben Leben und bringen den Tod. Wir sind Hölle und Paradies.

Ich gehe noch einmal in die Erde.

Ich werde wieder schwer.

Der leere Raum teilt sich in Bewegung und Erkenntnis. Die Teilung ist wie eine Implosion oder Explosion. Feuer entsteht, und Licht erhellt den Raum. So wird der Raum der Erkenntnis sichtbar. Ich bin, ich sehe mich, ich erkenne mich im Licht des Feuers. Jede Erkenntnis ist wie eine Explosion aus Licht. Ich muß darauf achten, nicht im Feuer meiner Explosionskraft zu verglühen. Ich muß die Bewegung im Zaum halten, sonst löscht sie das Feuer in mir.

Das Wasser

Alle Bewegung hat ein Ziel: Erkenntnis. Bewegung trifft auf den Raum der Materie und explodiert. Licht entsteht. Das ist die Erkenntnis. Alles ist wie ein unablässig strömender Kreis. Bewegung trifft auf Materie und wird Seins-Erkenntnis. Jede Erkenntnis ist eine Explosion.

Meine Bewegung wird schwer. Wenn ich die Bewegung vermeide, schmerzt die Explosion, denn nach jeder Explosion muß die Hingabe an die Bewegung erfolgen. Ich will mich der Bewegung nicht hingeben. Ich will keine Bewegung, sondern nur die Explosion.

Jetzt folge ich der Bewegung. Ich fließe mit den Strömen des Wassers. Ich bin Bewegung. Mit der Hingabe an die Bewegung erkenne ich, daß jede Bewegung eine Richtung hat. In die Verdichtung. Das Ziel jeder Bewegung ist Erkenntnis. Immer. In jeder Form ist Erkenntnis wie eine Explosion, wie ein Urknall. Bewegung bündelt sich, verdichtet sich im Raum der Materie und explodiert im Licht der Erkenntnis.

Ich erkenne, lasse los und bewege mich. Es strömt und bewegt sich in mir, so stark, daß ich es kaum ertragen kann. Von überall aus dem leeren Raum strömt es auf mich zu. Ich empfinde Verwirrung, denn ich kann die Heftigkeit der Bewegung von überall her kaum ertragen. Alles bewegt sich aus unendlichen Weiten, die ich nicht kenne und nicht erkennen kann, auf mich zu. Von überall strömt Bewegung und strömt und strömt. Ich öffne mich der Bewegung, obwohl es mir schwer fällt. Ich bin astrologisch ein Feuerzeichen. Ich will nur erkennen und von dem Zustand der Erkenntnis nicht loslassen. Ich sperre mich gegen die Bewegung, werde aber von meinem Leben in die Bewegung gezwungen, meistens durch Krankheit und Schmerzen. Denn niemand und nichts kann sich gegen die Bewegung in der Materie sperren, weil Materie immer AUCH Bewegung ist. Sie ist Bewegung, ob ich

will oder nicht. Ich erkenne, daß mein Verharren in der Erkenntnis ein Festhängen in der Materie ist. Ich will in der Materie bleiben und nicht sterben, weil die Materie die Erkenntnis ist. Wenn aber Materie Erkenntnis ist, kann ich loslassen und mich entspannen, denn ich bin ja in der Materie. Ich lebe, ich bin ein Mensch mit einem Körper und meinem Schicksal. Das allein bewirkt höchste Erkenntnis.
Ich entspanne mich. Ich weiß, ich erkenne in jedem Augenblick meines Lebens. Egal, was ich erlebe. Denn Leben ist Erkenntnis. Ich gleite wieder in die Erde.
Ich sehe den Kern der Erde. Eine schwere dunkle Kugel, ausgefüllt mit verdichtetem Geist. Darin ist Schwärze und kein Licht zu erkennen. Ich bin im Sog der Verdichtung. Magnetische Kraft zieht mich in die Verdichtung. Ich habe mich dazu entschieden, meinen Geist zu verdichten, in die Erde zu gehen und Erde zu sein. Ich bin magnetisch und ohne Licht.
Es ist dunkel. Es ist schwer wie Eisen. Ich kann mich nicht mehr rühren. Jede Zelle ist schwer und wird mit der Schwerkraft der Erde nach unten gezogen. Die Schwere aller Erfahrungen auf der Erde ist in der Verdichtung. Mein Geist ist wieder schwer und schwarz. Ich sinke immer tiefer, bis in die Erdmitte. Meine Bewegungen und mein Geist verlangsamen sich. Fast scheint es mir, als ob alles in mir still stünde, so schwer und verdichtet fühle ich mich.
Wieder treffe ich auf die Schallmauer. Ich erkenne. Etwas in mir explodiert. Ich sehe Licht. Ich sehe mich. Ich erkenne. Ich lebe. Ich erkenne, weil ich lebe. Ich lebe, weil ich erkenne.
Aller Geist fließt spiralförmig in die Verdichtung und explodiert in der Erkenntnis. Immer ist die Explosion der Erkenntnis relativ. Den Augenblick der Erkenntnis bestimmen wir selbst. Wir können wählen, ob wir in unserem Leben körperlich, seelisch

oder geistig erkennen wollen. Alle Ebenen sind gleichwertig und führen immer zur Erkenntnis. Durch Schmerzen, Einsicht, Freude, Liebe – die Möglichkeiten sind unendlich. Alle Prozesse laufen in verschiedenen Zeitschwingungen ab. Wir erkennen körperlich in Bruchteilen von Sekunden. Wir sind den Gesetzen unseres Körpers unterworfen. Es sind auch die Gesetze der Erde. Erde, Wasser, Feuer und Luft lassen uns leben.
Wir unterliegen den Gesetzen des Kollektivs und den Gesetzen unseres unbekannten Schicksals. Jeder Heilungsversuch ist ein Versuch zu erkennen. Jede Krankheit ist Erkenntnis. Haben wir erkannt, heilen wir. Spirituell führt jeder Weg in die geistige Heilung. Wir werten Krankheit oft nur negativ und wollen immer gesund sein. Wir können nie perfekt und immer heil sein. Alles ist in Bewegung. Wir können akzeptieren und lernen.
Mein Geist bekommt die Kraft, sich in meinem Körper zu manifestieren, um Lichtkraft und Geist auf der Erde zu sein. So kann ich handeln, wandeln, verdichten, vergeistigen. Ich kann sein und vergehen, helfen und schaden, Leben schenken und töten, lieben und leiden, Schmerz fühlen und zufügen, Glück schenken und geschenkt bekommen.
Immer habe ich die Wahl, ich kann frei entscheiden, wie ich etwas betrachte. Mein Geist kann frei entscheiden. Mein Körper ist den Gesetzen der Elemente unterworfen. Die Gesetze sind die Gesetze jeder Materie, so wie wir sie kennen: Alles hat einen Anfang, eine Bewegung, einen Raum und ein Ende. Das ist die Beschränkung der Materie, der wir alle und alles, was wir kennen, unterworfen sind. Das ist der Schmerz und das Glück der Materie. Das ist der Schmerz und das Glück unseres Lebens in einem Körper.
Ich werde mich nach dem Tod sehnen und Angst haben zu sterben. Ich werde mich nach dem Wissen sehnen und Angst vor Wissen haben. Ich werde mich nach meiner individuellen Ent-

faltung sehnen und Angst vor der Einsamkeit des Individuums haben.
Jeder innere Zwiespalt wird mich nach der anderen Seite suchen lassen und mich bewegen. In dieser Bewegung wird mein Leben Wachstum sein. Ich werde durch die Erfahrungen in meinem Leben wachsen, was auch geschieht.
Mein Leben ist Anfang, Bewegung, Erkenntnis und Vergeistigung, wie alles Leben. In jeder Erfahrung meines Lebens erkenne ich die Begrenzung in der Materie. Mein Geist bleibt frei. Er braucht die Verdichtung, um zu handeln, zu wandeln und zu erkennen. Die Elemente geben mir und der Erde die Möglichkeit, uns zu entfalten und zu erkennen.
Mein Bewußtsein und mein Geist werden, wie die Erde, alle Stationen der Formung meines Ichs und meines Körpers durchlaufen. Wir werden für unser Leben und jede Erfahrung bestimmte Zeiträume zur Verfügung haben. Alles wird uns formen und wachsen lassen. Wir helfen der Erde bei ihrer äußeren und inneren Wandlung, gemeinsam mit allen Lebewesen, die den Zeitraum des Lebens mit uns teilen. Dabei wird der Erde und uns geholfen, weil alles Sein im Austausch und Geist der Schöpfung ist.
Ich gehe jetzt ins Leben. Der Geist der Erde ist immer in mir.
Jedes Ende ist ein neuer Anfang. Er läßt meinen Geist wachsen, die Leere der Luft und die Leere des Geistes füllen. Der Geist der Erde ist Verdichtung als Weg ins Wachstum. Der Geist des Wassers ist Bewegung. Der Geist des Feuers ist Erkenntnis. Der Geist der Luft ist das Ende jeder Erfahrung in der Materie und das Füllen des leeren Raums des Geistes.
Goldenes Sonnenlicht umfängt mich. Ich stehe im Licht der Sonne, die das Licht meines Lebens darstellt. Ich sehe die Erde in ihrer Schönheit. Meine Heimat. Sie leuchtet wie ein Diamant im Licht. Sie ist ein Planet der Vielfalt und der Bewegung. Denn

sie ist ein Planet des Wassers. Goldenes Wasser leuchtet und macht die Erde zu einem Planeten aus goldenem Licht. Wie wir geht die Erde einen Weg aus der Dunkelheit ins Licht. Wenn sie erkennt, daß sie ein strahlender Stern ist wie die Sonne, hat sie ihr Ich gefunden. Auch wir sind strahlende Sterne wie die Sonne. Unser Weg ins Licht führt über das Erkennen unserer inneren Schönheit. Das ist auch der Weg der Erde. Der Weg ist schwer, schwer wie das Element Erde. Aber hinter dem Schweren ist das Leichte, der Geist.

Nie sind wir allein. Immer sind wir im Austausch mit allen Manifestationen des Universums. Mit jeder Bewegung im Universum sind wir verbunden über das Wasser, mit jeder Erkenntnis des Universums über das Feuer. Feuer und Wasser sind überall, in anderen Formen. Bewegung und Erkenntnis sind überall.

Jeder Wandlungs- und Erkenntnisprozeß ist wie eine innere Verbrennung, ein inneres Feuer, das in uns brennt.

Mein Geist ist universell. Er ist frei. Mein Körper ist an die Elemente gebunden, doch in seinem Innern ist er frei und grenzenlos wie der Geist. Die Unendlichkeit schwingt in den Atomen meiner Zellen. Vibrierendes Licht macht mich zu einem Lichtwesen, verdichtet in einem Körper. Begrenzt und doch grenzenlos.

Ich drehe mich und drehe mich im Strudel meines Lebens. Ich bin in der Erde. Ich bin so groß wie die Erde. Ich drehe mich nach links und drehe und drehe, und das Drehen wird zu einem Tanz. Ich bin die Erde. Und ich drehe mich um die Sonne, mit den anderen Planeten im Tanz. Wir alle drehen uns um die Zentralsonne und tanzen im Universum. Ich bin wie ein Kreisel und fühle mich wie ein tanzender Kreisel.

Ich bin im Tanz meines Lebens. Nichts zählt, kein Kummer, kein Leiden, nur der Tanz, mächtig und stark. Ich fühle mich leicht, und ich habe Freude zu tanzen. Ich beginne den Tanz des Lebens.

Der Bach spricht

Ich nehme die Gefühle auf, die dir weh tun und leite sie weiter in die Erde. Ich leite alles in den Gefühlskörper der Erde. Ich habe die Kraft der Aufnahme. Meine Kraft ist unendlich. Ich nehme Wissen des Universums in mir auf, jede Welle aus den Weiten des Universums, die durch mich schwingt. Alles, was ihr am Tag seht, nehme ich als Gefühl, als unbewußtes Wissen auf.

Alles, was ihr in der Nacht nicht seht, die unendlichen Wellen aus den Weiten des Universums, nehme ich auf als das Wissen aus anderen Welten. Das macht mich wissend und stark, auch wenn mir nicht alles, was ich aufnehme, bewußt ist.

Ich nehme alles Unbewußte auf und lasse es als Gefühl in die Erde fließen. Die Erde wächst durch mein unbewußtes Wissen, und du wächst mit, so wie jede Pflanze und alle Lebewesen wachsen. Ich bin wie fließendes Bewußtsein. Alles fließt durch mich und wird zur Bewegung des Wachstums.

Nichts steht still in mir und in den unendlichen Weiten des Universums.

Nichts steht still in dir. Du kannst mit mir fließen und das Fließen genießen. Es kann deine Hingabe an das Leben sein, an die Bewegung deines Lebens, in dem nichts stillsteht, sondern mit jeder Bewegung des Universums mitschwingt. Die Hingabe ist das Gefühl, das dir die Spannung nimmt. Das Vertrauen ins Leben ist die Antwort, die du suchst.

Mein Geist ist in jedem Wassertropfen dieser Erde und in dir. In jedem Tropfen, und sei er noch so klein, fließt die Bewegung des

Lebens auf der Erde und schwingt mit der Bewegung der Unendlichkeit.
Jetzt ist der Tropfen für dich begrenzt. Weitest du dein Bewußtsein, fließt du in die Bewegung des Universums, das so unbegrenzt ist wie die Bewegung, die sich fortsetzt überall da, wo Geist in der Bewegung einer Spirale Materie wird, sich zurückbewegt in der Spirale und wieder Geist wird.
Ich bin die Bewegung. Wo Bewegung ist, ist Leben in der Form, formvollendet wie ein Wassertropfen und beweglich wie Wasser.

DAS WASSER

Ich gleite in den Geist des Wassers. Ich bin im universellen Raum. Wasserstoffatome bewegen sich im Raum zwischen den Sternen wie interstellare Informanten. In ihren Atomkernen flimmern und vibrieren die Lichtquanten. Sie tragen alles Wissen aller Bewegungen aus den Weiten des Raumes in sich. Die Teilchen in ihnen tragen alles Wissen der Lebensformen in sich, denen sie je begegnet sind.

Sie sprechen von anderen Lebensformen in anderen Galaxien, in denen sie Bausteine für Leben waren und sind. Unzählige Informationen flimmern in ihnen und erzeugen ein Flirren, das aussieht wie Hitze über dem Asphalt. Ich werde zu einer flirrenden Bewegung und begegne einer unendlichen Fülle von Lebensformen, die mir unbekannt sind. Ich nehme sie wahr als Töne, als Farben. Als Bewußtsein in mir unbekannten Formen. Ich kann sie nicht einordnen, aber ich verstehe die Botschaft der Bewegung des Universums. Ich nehme das Flirren in mich auf wie einen Botenstoff. Ich bin erfüllt von einem Summen wie das Summen eines Bienenschwarms, in dem jede Biene summt und alles zusammen ein Summen ergibt, ein unendliches Summen aus der Weite des Universums. Wie Botschaften in jedem einzelnen Summen schwillt alles an zu einem gewaltigen, summenden Ton, der mich erfüllt mit dem Wissen tausender Sternensysteme.

Ich gleite jetzt in den Geist der Erde und atme.

Und in einem gewaltigen Atemzug atme ich alle Erfahrungen aller Lebewesen ein, die jemals auf der Erde gelebt haben.

Ich habe in mir Wasserstoff und Sauerstoff vereint. Ich bin ein Wesen der Erde. Ich bin verfestigter Geist, und ich bin Teil des Universums. Ich bewege mich wie das unendliche Spiel des kosmischen Reigens. Ich vereine in mir das unendliche Wissen und die Bewußtheit meiner kosmischen Herkunft, die in mir schwingt wie ein unendlich schwingender Klang. Noch ist mir nicht bewußt, was dieser Klang bedeutet, aber ich fühle ihn.

Ich atme die Luft der Erde und trage die Festigkeit und die Schwere des Lebens auf der Erde in mir. Vereine ich Wasserstoff und Sauerstoff in mir, vereine ich Kosmos und Erde in mir. Ich wachse, und mit mir wächst der Kosmos. Ich weiß. Ich erkenne den Klang meiner universellen Herkunft. Und ich erkenne das Wachstum des Lebens auf der Erde.

Jedes Lebewesen, das jemals auf der Erde lebte und atmete, hat seinen Geist und seine Erfahrung auf dem Weg in die Verdichtung mit jedem Ausatmen in die Luft gegeben. Es hat sich mit der interstellaren Herkunft seines Geistes vereint und ist mit seiner Erfahrung wieder als Leben spendendes Wasser auf die Erde geregnet, um allem Leben neue Möglichkeiten zu eröffnen.

Im Wasser ist der Geist der Erde mit dem Geist des Universums vereint. Wir leben durch das Wasser. Wir leben durch Bewegung. Wir sind Bewegung aus der Manifestation in die Vergeistigung.

Im Sauerstoff ist der Geist aller Lebensformen der Erde enthalten. Sie entwickeln sich wie wir. Der Sauerstoff ist der Informant in uns, durch den wir auf geistigem Wege alles über das Leben auf der Erde erfahren. In den Lichtquanten jedes Sauerstoffatoms ist alles Wissen über das Leben auf der Erde enthalten, über die irdische Existenz aller Lebensformen zu allen Zeiten.

Ich begebe mich in die Vereinigung von Sauerstoff und Wasserstoff. Beide explodieren bei ihrer Vereinigung. Sie setzen Funken frei, die Funken des Lebens, die bei jeder Vereinigung erstrahlen.

Die Wasserstoffatome in uns sprechen über unser Leben auf anderen Sternen und vereinen sich mit den Sauerstoffatomen zu einer unendlichen Kraftschwingung. Sie vibriert in goldenem Licht.

Der Geist unserer Herkunft aus den Tiefen des Universums hat sich mit dem Geist des Lebens auf der Erde im Wasser vereint. Diese Vereinigung wird zur Grundlage unseres Lebens hier: Wasser als Bewegung zum Wachstum. Wasser als der Stoff, der den größten Teil der Oberfläche unseres Heimatplaneten bedeckt. Wasser, aus dem der größte Teil unseres Körpers besteht.

Wir haben uns die Erde als Heimat gewählt. Sie ist ein Planet der Vielgestaltigkeit. Sie gibt unendlich vielen Arten von Lebewesen ein Zuhause. Diese Vielgestaltigkeit braucht viel Bewegung. Der Geist der Bewegung schwingt in jedem Wassermolekül.

Die Vereinigung des Geistes unserer universellen Herkunft mit dem Geist des Lebens auf der Erde läßt das Wasser in goldenem Licht schwingen. In jedem Wassermolekül flimmern die Botschaften unserer Herkunft von den Sternen, vereint mit dem Wissen über das Leben auf der Erde in allen Formen und Spielarten. Über das Wasser sind wir mit diesem Wissen immer vereint. Im goldenen Licht der Vereinigung finden wir jede Botschaft, die uns heilt.

Wasser fließt in der Erde, durch die Metalle der Erde, durch die Mineralien, speist die Wurzeln der Pflanzen, dringt an die Oberfläche, steigt auf in Richtung Sonne und regnet aus den Wolken. Wasser ist Bewegung. Wasser trägt alle Informationen dorthin, wo sie gebraucht werden. Wasser ist wissend. Wir geben dem Wasser Botschaften. Wasser nimmt die Botschaften in sich auf und trägt sie an den Ort, an dem wir wachsen und uns wandeln wollen.

Ich sehe, wie Gedanken in farbigen Wellen aus mir herausströmen und vom Wasser im Glas vor mir aufgenommen werden. Ich

sehe, wie Gefühle als unbewußte Gedanken in farbigen Wellen aus mir herausströmen und vom Wasser im Glas vor mir aufgenommen werden. Das Wasser nimmt die Welle oder Farbe in sich auf und vereint das Aufgenommene mit seiner wissenden, lebendigen Kraft. Ich sehe, wie die Kerne der Wassermoleküle die Farben, die ich aussende, in sich aufnehmen und die eigene Lichtstruktur entsprechend verändern. Meine Botschaften werden vom Wasser aufgenommen.
Jede Botschaft wird vom Wasser in mir und jedem Wasser der Erde aufgenommen und weitergeleitet.
Wie die Luft uns alle vereint, so vereint uns das Wasser mit der Erde und dem Universum. Jede Bewegung bewegt das ganze Universum.

EINE REISE IN DIE TIEFEN MEINES KÖRPERS UND DEN KÖRPER DER ERDE

1. Element: Erde
Lebenskraft ist Wachstumskraft

Ich blicke in die Tiefe meines Körpers und sehe einen Funken. Wie eine winzige Lichtexplosion vereinen sich in mir elektrische und magnetische Energie. Das ist der zündende Funke. Der Anfang. Das Leben.
Der Anfang meines Körpers. Die Zeugung. Die Entstehung jeder neuen Zelle.
Ich blicke in die Tiefe der Erde, in eine Explosion aus elektrischen und magnetischen Teilchen. Es ist die Vereinigung von Geist und Materie im Innersten der Erde.
Ich blicke in die Tiefe meines Körpers und sehe Milliarden von winzigen Lichtexplosionen aus elektrischen und magnetischen Teilchen in mir. Bewußtseinsfunken, die ein festes Gitter in allen Formen meines Körpers bilden. Jede Zelle entsteht durch eine winzige Explosion aus Geist und Materie, aus positiver und negativer Energie.
Ich blicke in meinen Körper: Jeder Knochen, jedes Organ, meine Muskeln, meine Nerven, meine Zähne, alles besteht aus Zellen, die einen winzigen Energiefunken abgeben. Diese Funken bilden ein Gitter aus elektrischer und magnetischer Energie, sichtbar in goldenem Licht. Jede Form in meinem Körper bildet ein Lichtgitternetz. Fließende Energiewellen verbinden die verschiedenen Formen miteinander, alles pulsiert gemeinsam in einem glitzern-

den Meer aus Lichtfunken. Jede Explosion ist wie ein Lebensfunke. Alles befindet sich in einem ständigen Prozeß der Erneuerung. Jede neue Zelle entsteht in einer winzigen Explosion von elektrischer und magnetischer Energie. Es sind Geist und Materie, die sich vereinen. Es sind die beiden Seiten, Materie und Nicht-Materie, die sich in mir vereinen und mich leben lassen.
Ich blicke in die Tiefe meines Körpers und sehe die Knochen und alle festen Strukturen. Alles ist fest. Doch von allem Festen gehen Lichtfunken aus und bilden ein festes Gitter aus Licht. Alles Feste ist durchzogen von einem Lichtnetz, das alles in seiner Form hält und fest und stabil macht. Das Feste in meinem Körper ist nicht schwarz und schwer. Es ist ein Lichtgitter, stabil und fest. Es formt meinen Körper aus den kollektiven Erfahrungen, die im Lauf der Zeiten ein festes körperliches Konzept entwickelt haben, in uns und in allen festen Formen auf und in der Erde. Ich sehe, daß diese festen Formen auf anderen Planeten anders aussehen. Und doch sind sie da, ohne daß wir es wahrnehmen.
Ich blicke in die Tiefe meines Körpers und sehe die Erde in mir. Sie ist durchzogen von einem Lichtgitternetz. Es hält ihre Form fest und stabil.
Ich sehe, wie sich dieses Lichtgitter im Lauf ihres Lebens gebildet hat, wie sich Ordnung entwickelte und sich über die Zeit veränderte. Jede innere Entwicklung hat die äußere Form geändert, so wie wir durch jede innere Entwicklung auch unser Aussehen verändern.
Ich blicke in die Tiefe meines Körpers und sehe die Ströme des Wassers als Ströme aus Lichtfunken. Das Wissen von Wasserstoff und Sauerstoff vereint sich in explodierenden goldenen Funken zu Wasser.
Ich sehe die Lebenskraft des Wassers, wenn ich es trinke und es sich mit dem Wasser in mir vereint. Neue Lichtexplosionen von

Lebenskraft entstehen und verstärken die elektromagnetischen Ströme in mir.
Ich blicke in die Tiefe der Erde. Ich sehe Wasser wie goldene Lichtfunken auf die Erde regnen und ihr Lebenskraft spenden. Ich sehe, wie sich Wasserstoffatome in einer Lichtexplosion mit den Sauerstoffatomen vereinen und das Wasser aufladen. In mir strömen die Lichtfunken wie in der Erde.
Ich blicke in die Tiefe meines Körpers. Ein Meer aus unzähligen Lichtexplosionen läßt mich leben, vereint mit unzähligen Lichtexplosionen der Erde. Ich bin in einer Explosion aus einer männlichen und weiblichen Zelle geboren. Ich werde in jeder Sekunde aus der Explosion von elektrischer und magnetischer Kraft, aus der Vereinigung von Sonne und Erde neu geboren. Ich blicke in die Tiefe meines Körpers und sehe Leben. Funken, die Wellen aus elektromagnetischer Energie bilden. Sie strömen aus meinen Händen und Füßen, aus meiner Haut, meinem Kopf. Teile der Energie gebe ich in die Umwelt ab, andere Teile strömen wieder in mich hinein. Alles pulsiert und bewegt sich im Rhythmus meines Herzens.
Ich blicke in die Tiefe der Erde und sehe das Zentrum der Erde: Lichtexplosionen lassen die Erde leben. Wellen elektromagnetischer Energie strömen und pulsieren aus der Erde, bilden Lichtgitter in ihrem Inneren und auf ihrer Haut.
Jede Form in der Erde, jeder Felsen, jede Wasserader, jeder Stein formt sich aus unzähligen winzigen Lichtexplosionen, gespeist aus dem Zufluß neuer Lichtfunken aus dem Inneren der Erde. Jeder Funke ist wie ein neuer Bewußtseinsfunke, der aus der Vereinigung neu zuströmenden Geistes mit Materie entsteht. Jeder Sonnenwind, jeder Sturm aus den Weiten des Universums, jede Welle aus Bewußtsein strömt in die Erde, explodiert in ihrem Mittelpunkt in Vereinigung mit dem Geist der Erde und läßt so

neue Lebensfunken entstehen, aus denen neues Bewußtsein und neues Leben entstehen.
Ich blicke in meinen Körper: Jeder Sonnenwind, jede Welle aus dem Universum, jede elektromagnetische Welle und jeder Sturm und jede Wetterbewegung vereinen sich in mir zu Funken neuen Bewußtseins. Mein Lichtgitter aus elektromagnetischen Wellen bildet das Muster für meine Lebenskraft. Die Erde läßt ihre Lebenskraft in mich einströmen. Ich atme die Lebenskraft in jedem Atemzug ein. Es ist diese Luft, gefüllt mit Lichtfunken aus unserer Atmosphäre, die mich leben läßt.
Mit jedem Atemzug vereinen sich Funken von Geist aus der Luft mit dem Geist der Materie in mir und geben mir den Impuls und die Kraft zu leben.
Ich atme Luft ein. Auch sie ist elektromagnetisch geladen. Ich atme schwer. Die Luft ist nicht leicht. Sie ist schwer, schwer gefüllt mit der Erfahrung Leben.
Ich brauche diese Schwere, weil ich in einem Vakuum nicht atmen kann. Ich atme schwere Luft, gefüllt mit elektromagnetischen Partikeln. Sie leuchten wie Funken.
Die Luft verteilt sich in mir, in allem Festen und in dem Gitter aus Licht. Der Funke des Lebens ist in jedem Atemzug, den ich tue. Die Schwere ist mein Leben. In einem Vakuum sterbe ich sofort, denn mein Leben ist die Erfahrung in der Manifestation, in der Schwere. Ich sehe Stürme auf der Erde. Ich sehe elektromagnetische Wellen die Erde durchfluten, die den Funken des Lebens in alle dichten Regionen tragen und ihr feines Gitter aus Lichtimpulsen immer wieder neu entfachen. Ich sehe meine Aura, ich sehe, wie Wellen von außen auf mein elektromagnetisches Gitter treffen, aufgenommen und in meinem Körper verteilt werden.
Wie jeder Gegenstand, jedes Lebewesen empfange auch ich elektromagnetische Impulse. Alles hat Einfluß auf mich. Ich habe

Einfluß auf alles. Ich bin ein pulsierender Lichttropfen in einem unendlichen Meer aus elektromagnetischen Wellen. Ein Meer aus Lichtfunken, ein Meer aus Funken, die Leben sind. Lebensfunken.

Ich blicke in mich und meinen Körper. Nichts ist dunkel, nichts ist fest. Alles funkelt in Milliarden von Funken, Funken des Lebens. Ich blicke in die Erde: Sie funkelt wie ich. Alles in ihr ist fest und funkelt doch lebendig. Alles in der Erde und um sie herum ist im Austausch, in Bewegung, in Bewußtsein. Ist die Erde Bewußtsein?

Bin ich Bewußtsein?

Wir sind Bewußtsein, das in einer festen Form und in unzähligen festen Formen lebt. Gemeinsam.

Wir gehen durch die Dunkelheit, um unser Bewußtsein zu erkennen. Alles ist Bewußtsein, das eine Form gewählt hat.

Jede feste Form ist ein Meer aus Bewußtsein, jeder Knochen, jeder Zahn, alle Nägel, aber auch die Form der Organe, der Nase, der Augen. Das Bewußtsein wahrt die feste Form und entscheidet sich dazu jede Sekunde neu.

Wo Form ist, sorgen Lichtnetze für ihre Stabilität. Form ist Bewußtsein, vereint aus Materie und Geist. Die Kraft der Materie pulsiert in mir, in meinem Körper, in allen Organen und Teilen meines Körpers. Wie in mir pulsiert die Kraft der Materie auch in der Erde. Die Erde und ich sind vereint. Wir sind mit Materie vereinter Geist.

Aus Geist und Materie sind wir geboren.

2. Element: Wasser
Die Kraft der Gefühle

Ich blicke in die Tiefe meines Körpers. Es ist dunkel. Das Licht in meinem Körper ist mir nicht bewußt. Ich betrete den dunklen Raum meines Unbewußtseins, und ich sehe weißes Licht. Alle Spektralfarben des Lichtes schillern in den schönsten Farben wie Kristalle und Edelsteine. Ich bin in einem Raum aus Kristallen in den schönsten Formen und Farben. Mein Bewußtsein kennt diese Ebene nicht. Aber mein Unbewußtsein kennt diesen wunderschönen Raum aus festgewordenem Wissen, erstarrt in Mineralien. Sie strahlen in den schönsten Farben des Lichtes. Die Mineralien sind Gefühle, die andere Seite von Bewußtsein und Wissen.
Ich blicke in die Tiefe der Erde. Edelsteine funkeln in den schönsten Farben und Formen. Ich bin im Gefühlskörper der Erde, im festgewordenen Bewußtsein der Erde. Es ist die andere Seite des höchsten Bewußtseins der Erde.
Alles ist im Verborgenen, aber es ist da. Ich kann es hören: Es sind Töne, die fest geworden sind, die hörbaren Töne der Gefühle. Jeder Ton ist ein Gefühl. Jede Farbe ist ein Gefühl. Ich höre ein inneres Konzert der Gefühle, verborgen in mir, verborgen in der Erde.
Ich blicke in mich, in die schönen Edelsteine in mir. Jeder Gedanke in mir löst ein Gefühl aus und jedes Gefühl einen Gedanken. Ich blicke in das, was nicht bewußt ist, nicht transzendent: Ich begegne dem Schmerz, dem Salz der Erde. Es ist der Schmerz der Trennung aus der Einheit. Tränen strömen aus mir und benetzen das Salz der Erde. Sie lösen den Schmerz und schwemmen ihn in das Meer. Die Tränen meines Schmerzes wandeln sich in das Wasser der Erde und bilden die Grundlage des Lebens. Sie werden zu

Meeren, zu Flüssen, zu Wasseradern, zu Regen und zu Wolken, um wieder zu regnen.

Meine Tränen sind das Wasser der Erde. Sie sind mein Wachstum und das Wachstum aller Lebewesen auf der Erde. Sie sind Bewegung, mit der wir das Feste in uns lösen. Schmerz entsteht und Bewegung, denn wir sehnen uns nach Bewußtsein, nach der anderen Seite, nach der Transzendenz, die uns erkennen läßt, wo der Schmerz herkommt. Es ist uns nicht bewußt: Der Schmerz ist der Schmerz der Trennung aus der Einheit. Er hält uns in Bewegung, er ist die Gegenbewegung aus dem Tunnel der Verdichtung.

Ich blicke in die Tiefe meines Körpers und sehe Wasser in den Farben des Regenbogens strömen. Alles Wäßrige in mir leuchtet in den schillerndsten Farben. Ich fühle Freude. Jedes Gefühl hat eine Farbe, und ich schicke die Farbe mit dem Wasser in alles Feste in mir, durch alle Adern, durch alle wäßrigen Systeme. Es ist, als würde flüssiges Licht in allen Regenbogenfarben durch mich strömen. In jedem Wassertropfen in mir leuchten Gefühle. Es ist das flüssige Licht der Erde, in den gleichen Spektralfarben wie das Licht. Ich sehe Kristalle in zahllosen Formen und Farben. Es sind unendlich viele Differenzierungen von Gefühlen, die im Laufe der Jahrmillionen auf der Erde mit ihren Bewohnern gewachsen sind.

Gefühle sind Spiegel meines Bewußtseins. Unbewußt und doch wissend. Nichts geschieht in mir ohne mein Wissen, ohne mein inneres Wissen. Ich betrachte meinen Gefühlskörper. Er hat ein festes Muster, das ich in dieses Leben mitgebracht habe. Er ist beweglich. Die Gefühle strömen in ihm und tragen ihr unbewußtes Wissen in jede Zelle meines Körpers. Meine Gefühle schwingen um meinen Körper, in meine Aura. Sie hat wie die Erde eine Kugelform.

Jedes Gefühl bringt Bewegung in mich, läßt alles strömen und fließen und macht mich zu einem lebendigen schillernden Lichtkörper aus farbigem Licht.
Ich sehe das Lichtkleid der Erde. Es schillert und leuchtet wie mein Gefühlskleid. Unsere Lichtkleider verschmelzen in der Bewegung miteinander und vereinen sich in einem Gefühl von Liebe. Wir fühlen, daß wir eins sind, so wie wir fühlen können, daß wir mit jedem Lebewesen des Universums eins sind. Wir fühlen es, aber wir wissen es noch nicht. Denn der Schmerz der Trennung gehört zu uns und zu dem schweren Weg des Lebens. Wir fühlen. Wir fühlen Schmerz, Trennung und Sehnsucht nach der anderen Seite, nach dem Bewußtsein. Alles Wissen ist in uns, aber es ist uns nicht bewußt.
Ich blicke in die Tiefe meines Körpers und sehe gleichzeitig in die Tiefe der Erde.
Ich sehe die Adern meines Körpers und die Wasseradern der Erde. Sie fließen im gleichen Rhythmus wie das Blut meiner Adern. Der Geist des Wassers, der in mir und der Erde schwingt, ist der Geist der Bewegung, der uns wachsen läßt. Das Wasser, das unsere Haut berührt, das Wasser, das wir trinken, bringt uns den Geist der Bewegung. Alles in uns muß sich bewegen. Das ist das Prinzip des Lebens.
Ich sehe den Regen, der die Erde benetzt und die Pflanzen wachsen läßt, die unser Leben sind. Der Regen benetzt die Erde und fließt in die Wasseradern, immer im Geist der Bewegung des Lebens. Aus den Quellen dringt das Wasser wieder an die Oberfläche, gewandelt durch den Geist der Erde. Sie ist Form und Anfang unseres Lebens, das Wasser die Bewegung.
Das Wasser und die Wasserströme der Erde fließen auch im Blut meiner Adern und in den wasserführenden Systemen meines Körpers.

Wir sind eine Energie und schwingen in einem Geist und tauschen uns aus.
Ich betrete den Seelenraum der Erde. Elektrische und magnetische Kräfte stoßen sich ab und ziehen sich an: Bewegung und Entwicklung entstehen. Ich fühle Schmerz, unendlichen Schmerz und unendliches Glück nach dem Schmerz.
Ich sehe die Salze in der Erde. Sie lösen alles Feste. Ich sehe die Freude, wenn Verfestigtes sich löst. Ich sehe, wie das Wasser die Salze in die Meere schwemmt.
Ich sehe, wie Sonne und Luft das Wasser aufnehmen, den Schmerz vergeistigen und das Wasser mit neuem Geist als Regen wieder auf die Erde fällt. Das Salz des Schmerzes nährt den Boden.
Der Regen bringt Wachstum, so wie unsere Tränen uns wachsen lassen, weil wir ohne Schmerz keine Freude kennen. Nur aus Gefühlen können wir lernen, uns zu entwickeln und unser Bewußtsein zu öffnen – für uns selbst und für das Universum und alles, was existiert.
Wie Edelsteine leuchten die Gefühle in meinem Körper und im Körper der Erde. Alle Gefühle sind in den Mineralien in mir gespeichert und bilden ein unendlich schönes farbiges Kunstwerk in den wunderbarsten Formen, Farben und Strukturen.
Es ist mir nicht bewußt, wieviel Schönheit in mir verborgen ist, so wie wir die Edelsteine in der Erde nicht sehen können, wenn wir auf ihr gehen. Es ist mein unbewußter Schatz an Erfahrungen, die in mir sind und dem Muster meiner Gefühle Struktur geben. In den Mineralien meines Körpers sind die Erfahrungen und Erkenntnisse meines Ichs als unbewußtes Muster gespeichert. Das ist die innere Schönheit in uns und in der Erde. So sind wir Kristalle aus leuchtenden Farben, die unser unbewußtes Inneres zu einer Schatzkammer machen.

Ob wir die Schätze, die in uns verborgen sind, erkennen können oder nicht – sie sind da.
Ich blicke in die Tiefe der Erde. Ich bin in ihrer Kristallebene. Jedes Gefühl der Erde im Laufe ihrer Entwicklung ist hier gespeichert. Jedes Gefühl aller Lebewesen, die jemals auf der Erde gelebt haben, ist hier gespeichert. Jedes Gefühl und jeder Gedanke aller Lebewesen der Erde wird hier aufgefangen, gespeichert und wieder reflektiert. Mein Gefühlskörper verschmilzt mit dem der Erde: Ihr Gefühl ist auch mein Gefühl. Mein Gefühl ist auch ihr Gefühl. Über die Kristalle sind wir eins, sind wir in Reflektion und im Austausch der Gefühle.
Ich fühle in mich, und ich fühle die Erde.
Wir sind nicht getrennt. Ich sehe mir die Kristalle an, die vor mir liegen, sehe, wie schön sie sind. Sie können mir helfen, meine eigene innere Schönheit zu erkennen. Sie können mir helfen, die Schönheit der Erde zu erkennen und die unendliche Bewegung des Wachstums, die uns eint.
Es ist, als wäre jeder Kristall, jeder kristalline Stein, wie gefrorenes Wasser. Festes Wasser, gewachsen aus den Gefühlen und der Bewegung durch diese Gefühle. Über Jahrmilliarden in uns und der Erde gewachsen. Es sind Botschaften von der Entstehung und der Entwicklungsgeschichte der Erde.
Jedes Gefühl erreicht jeden Winkel meines Körpers und jeden Winkel der Erde. Jedes Gefühl der Erde erreicht jeden Winkel ihres und meines Körpers.
Jedes Gefühl formt meinen Körper. Ich bringe eine Gefühlsstruktur in mein Leben mit. Diese Struktur ist beweglich. Ich blicke in die Tiefe meines Körpers. Jeder Knochen, alles Feste, jedes Organ, alle Nerven haben eine Gefühlsstruktur, die sie beweglich macht. Jede Zelle hat eine Gefühlsstruktur und reagiert auf jedes Gefühl.

Immer vereint sich das alte Muster meiner Gefühlsstruktur mit meinen neuen Gefühlen und bildet etwas Neues.
Ich blicke in die Tiefe der Erde. Ich sehe in ihren Kristallkörper, den sie in die jetzige Zeit mitgebracht hat.
Ich sehe, wie jedes Gefühl aller Lebewesen auf der Erde von ihr aufgenommen wird und sich in ihrem Kristallkörper spiegelt.
Alles fließt zu mir zurück, durch jeden Tropfen Wasser.
Und durch jedes Lebewesen, dem ich begegne.

3. Element: Feuer
Der Körper ist bewußt

Ich blicke in die Tiefe meines Körpers, und ich sehe die Erde. Ich bin im glühenden Magma der Erde, der Ursuppe aller Materie hier auf der Erde. Alle Bausteine, die ich zum Leben brauchen werde, sind in ihr enthalten.
Aus ihrer Glut wachsen die Metalle. Sie leiten die Kraft und das Wachstum der Erde. Sie sind die Leiter für die Lebenskraft, die aus der Tiefe meines Seins auf dem Weg in die Erkenntnis nach oben strömt. Das glühende Magma der Erde ist das Bewußtsein der Erde, die Glut, die den Geist nach Wachstum aus der Tiefe der Erde an die Oberfläche des Bewußtseins streben läßt.
In aller Materie strömt der Wunsch nach Bewußtsein. Ich sehe, wie das Magma der Erde nach oben drängt, ausbricht und die Erdoberfläche verändert.
Ich sehe, wie die Kruste der Erde sich verändert, wie sich der Boden auf dem Grund der Meere verändert, absinkt und Ströme von neuem Magma in einem ständigen Kreislauf an die Oberfläche drängen. Elektromagnetische Wellen fließen aus dem Innersten der Erde und bilden mit den Metallen im Erdkörper

Gitter aus elektromagnetischen Leitern: Die Kraftlinien der Erde.
Sonnenlicht fällt auf die Erde und erhellt auch mich.
Ich blicke in meinen Körper und sehe ihn von Licht erfüllt.
Die Edelsteine in mir leuchten und funkeln durch das Sonnenlicht.
Erst durch das Sonnenbewußtsein kann ich erkennen, daß mein Körper und das Innere der Erde nicht dunkel sind.
Das unterirdische Wasser strömt nicht im Dunkel. Die Felsen im Inneren der Erde sind von Licht durchflutet. Alle festen Formen in mir funkeln und leuchten wie Edelsteine. Ich sehe unendlich viele Formen und Farben, die als Bausteine zu meiner festen Form beitragen. Die Sonne läßt mich den inneren Raum sehen und weist mir den Weg nach außen.
Ich erkenne, daß mein Körper durch Erkenntnis lebt. Ich erkenne, daß Feuer den Raum meiner Verdichtung erhellt. Licht ist Feuer. Es macht den transparenten Raum sichtbar, den Raum des Geistes, der durch das Feuer mein Bewußtsein erhellt. Alles Feste in mir ist Bewußtsein, die Form angenommen hat. Jedes Metallteilchen ist zu Form verdichtetes Bewußtsein. Jeder Edelstein ist zu Gefühl verdichtetes Bewußtsein, das Farben und Formen angenommen hat. Mein Blick nach innen hat sich erweitert. Jetzt trete ich nach außen.
Ich sehe die Sonne: Sie zeigt mir, daß ich in meinem Inneren ein leuchtender Stern bin. Auch das Innere der Erde ist ein leuchtender Stern. Wir sind Sterne aus Bewußtsein: Lichtbewußtsein. Wir haben einen Raum: Unser Ich, unseren Körper. Das ist unser Zentrum.
Unser Körper ist ein Raum der Erkenntnis. Mit dem Körper machen wir Erfahrungen, um unser Bewußtsein zu erweitern – wie die Erde mit ihrem Körper.

Ich blicke in die Tiefen meines Körpers. Ich sehe, wie jede Zelle, jede Ader, jedes Organ, jede Form, wie jeder Strom in mir wie Feuer glüht. Alle Formen werden aus dem inneren Lichtstrom gespeist: Bewußtsein strömt aus dem Inneren der Erde, um sich im Licht der Sonne selbst zu erkennen.
Ich blicke in die Erde. Ihre Strahlen von Bewußtsein strömen in mich und lassen mich leben.
Mein inneres Zentrum wird gespeist aus dem Lichtbewußtsein der Erde. Ihr inneres Feuer läßt den Strom der Erkenntnis in mir strömen, und die Glut ihres Bewußtseins läßt mich erkennen, was ich bin: Bewußtsein in einem Körper.
Ich sehe die Sonne: Ihr Licht reflektiert in mir. Die Reflektion erinnert mich daran, daß ich in meinem Inneren selbst ein Zentrum aus Licht bin. Ich erkenne, daß auch die Erde, meine Heimat, ein strahlender Stern ist.
Alles, was ich über mich erkenne, erweitert mein Bewußtsein und das der Erde. Es läßt ihr und mein inneres Licht stärker leuchten. Keine Erkenntnis ist umsonst. Jeder Mut, den ich aufbringe, mich zu erkennen, stärkt den Mut der Erde und gibt ihr Kraft.
Durch jedes Erleben, mit dem die Erde ihr Bewußtsein erkennt und durch Erfahrungen erweitert, wächst auch mein Bewußtsein und wird zu einem noch größeren Zentrum strahlender Kraft.
Ich blicke in mich: Alles ist bewußt. Jede Zelle, jedes Organ, alles Feste, Fließende, alles in mir ist verdichtetes Bewußtsein. Ich blicke in die Erde: Alles strahlt bewußt, jeder Stein, jede Wasserader, jeder Vulkan. Alles ist Bewußtsein mit einem eigenen inneren Leuchtzentrum, auf dem Weg, sich zu erkennen und zu erweitern, mit jeder Erfahrung des Körpers der Erde und meines Körpers.
Ich blicke in den Körper der Erde. Sonne dringt in die Erde und durchflutet sie mit Licht.

Die unterirdischen Felsen werden erleuchtet, das Wasser in der Erde, die Edelsteine leuchten und funkeln im strahlenden Licht der Erde. Lichtstrahlen leuchten in ihr Innerstes, in ihren Kern der Verdichtung. Sie beleuchten das Selbst der Erde. Sie strahlt wie ein leuchtender Stern, mit allen Felsen, Steinen, allem Wasser in allen schillernden Farben. Licht strahlt aus ihr und dringt nach außen. Das Bewußtsein der Erde behauptet sich und wird stark wie die Sonne. Sie hat einen Platz im Gefüge der Planeten. Der Platz ist wichtig. Es ist ein Platz der Stärke, der Kraft und der Bewußtwerdung.

Die Erde strahlt nach innen. Wir sehen sie nicht als leuchtenden Stern. Ihre Entwicklung geht von innen nach außen. So wie unsere. Die Sonne geht den Weg von außen nach innen.

Wir entwickeln unser Bewußtsein durch das Erkennen unserer unbewußten inneren Schönheit. Wir tragen diese Schönheit nach außen. Das dramatische Geschehen auf der Erdoberfläche ist wie ein symbolisches Schauspiel, das den Weg nach innen und den Weg nach außen in sich vereint.

In unserem Sonnensystem hat die Erde die Rolle übernommen, ihr Bewußtsein durch ihre innere Entwicklung zu erweitern. Die Sonne entwickelt ihr Bewußtsein, indem sie das Außen repräsentiert. Je mehr die Sonne erkaltet, desto mehr wird sie ihren Weg in die Entwicklung ihres Innenlebens verlagern, bis beide Sterne implodieren und ein anderes Schauspiel zu anderer Zeit an anderem Ort entsteht.

Ich erweitere meinen Raum, in dem ich nach außen trete, ins Licht hinein. Das ist mein Antrieb. Ich will meinen inneren Raum durch den Schritt nach außen erweitern.

Ich trete aus den Tiefen der Erde: Ich fühlte unbewußt, daß der Raum nicht dunkel ist. Durch das Sonnenlicht habe ich den Raum erkannt. Ich erweitere mich nun nach außen.

Von innen aus meinem Körper kann ich das Licht der Sonne sehen. Ich brauche Mut. Ich trete dem Licht entgegen.
Ich trete ins Licht der Sonne.
Ich fange an zu glitzern wie die Sonne. Alles Sonnenlicht fällt nicht nur auf die inneren Kristalle, die funkeln und das Wasser in allen Farben beleuchten. Die Sonne läßt mich auch von außen strahlen und glitzern. Ihr Licht reflektiert auf mir.
Ich erkenne mein Ich. Es ist ein strahlender Stern wie die Sonne, die Erde und alles, was ist.
Ich strahle wie die Sonne und atme.

4. Element: Luft
Der Körper ist Geist und Materie.
Der Atem tauscht beides aus

Wie ein Sturm dringt Luft in meinen Körper, in meine Lungen. Jeder Atemzug bringt die Botschaft des Lebens in mich hinein. Der Sturm meines Atems durchdringt alles. Er läßt sich durch nichts aufhalten. Er dringt nicht nur durch meine Lungen, auch durch meine Haut, durch die Erde, die Meere, durch jeden Felsen und jeden Stein. Er dringt in das Innere der Erde und bringt die Botschaft des freien Geistes in die verdichtete Materie.
Die grünen Pflanzen erschaffen mit Hilfe der Erde, des Wassers und der Sonne unsere Atemluft.
Die Pflanzen sind Botschafter des Wachstums für uns. Sie halten den Prozeß des Wandels von Wachstum, Bewegung und Erkenntnis für uns lebendig.
Ich atme. Ich lebe jetzt in dem begrenzten Raum meines Körpers. Aber in der Luft liegt die Botschaft von jenseits des begrenzten Raums. Durch Atmen tausche ich aus. Alles in mir wird bei jedem

Atemzug, durch den ich die Tiefen meines Körpers mit Luft versorge, mit dem Geist der Grenzenlosigkeit und des unendlichen Austauschs versorgt. Ich atme die Luft, die alle Lebewesen atmen. Ihr Atem ist auch mein Atem, ihr Geist auch mein Geist. Die Grenzen meines Ichs werden überschritten. Und so, wie ich die Grenzen meines Ichs jetzt überschreite, erkenne ich die Grenzenlosigkeit aller Wandlungsprozesse in mir und auf der Erde.
Wir atmen alles Leben auf der Erde ein, alles gelebte und erlebte. Wir atmen die Luft, die wir mit allen Lebewesen teilen, so wie wir alles Erlebte und Gelebte sämtlicher Lebewesen mit einatmen.
Wir werden ein Leben und ein Geist.
Jeder Atemzug ist ein Anfang für mich und meinen Körper. Jedes Ausatmen ist ein Mich-Einbringen in den kollektiven Raum. Wir leben für uns und für alle.
Jedes Lebewesen auf der Erde tauscht atmend Geist und Verdichtung aus. Jedes Lebewesen leistet sein Leben für uns alle und bringt es ein ins Kollektiv allen Lebens.
Kein Leben ist mehr oder weniger wert. Alle Leben sind ein gewaltiger Schatz an geleisteter Bewußtseinsarbeit. Alle sind ein Geschenk für alle.
Jeder Atemzug ist auch Reinigung. Mit dem Einatmen kann ich den Geist des Kollektivs aufnehmen, mich freimachen von der Last meines Gefühls der inneren Trennung.
Mein verdichtetes Inneres, das ich in Dunkelheit wähne, kann ich nach außen bringen und ins Kollektiv eingeben. Dort ist meine Last nicht mehr Last, sondern Teil des Ganzen. Sie wird zum Geschenk für alle.
Jeder Sturm reinigt die Erde und tauscht das Innen mit dem Außen und bringt das Außen nach innen.
Kein Sturm und Orkan überfällt die Erde oder uns, ohne daß wir im Einklang damit sind.

Ich atme.
Ich werde Sturm. Ich gehe in den Sturm.
Eine gewaltige Macht wirbelt mich und wirbelt mich in die Erde, in die tiefste Tiefe, durch das Meer, durch die Erde in den Mittelpunkt der Erde.
Ich bin der Sturm, der in den Kern der Erde wirbelt und den metallischen, verdichteten geistigen Kern der Erde aufwirbelt. Der Sturm wirbelt Verdichtung nach außen und sorgt so für die Erneuerung und den Austausch in der Erde. Geist und Sturm werden eins. Ich tausche das Leben auf der Erde mit dem komprimierten Geist in der Erde aus.
Ich trage den verdichteten Geist im Inneren der Erde in das Äußere. Ich trage das eine nach innen und das andere nach außen. So schaffe ich die Verbindung des Innen mit dem Außen. So bin ich Innen und Außen. So bin ich Körper und Geist. Das eine wirbelt das andere nach außen, und so beginnt und endet der Zustand des einen mit dem Zustand des anderen. So ist die Erde Körper und Geist, die sich austauschen.
Der Sturm ist gewaltig, so gewaltig wie das Leben selbst, wenn ich es einatme und ausatme, so gewaltig wie der Tod.
Es ist die Macht meines Herzens, in jede Richtung auszutauschen. Mein Geist wird jetzt frei von der Konzentration auf meinen inneren Kern und die Zentrierung auf das Körperliche.
Ich vergeistige.
Ich blicke in die Tiefe meines Körpers und sehe mein Herz. Ich atme ein und bringe Geist in mein Herz. In meinem Herzen wandle ich den Geist der Erde zu meinem Leben in einem Körper. Wenn ich ausatme, wandelt sich mein Körper in Geist. Ich blicke in das Herz der Erde. Elektrische Funken lassen das Herz der Erde schlagen. Sie lassen den Geist sich mit dem Körper der Erde austauschen, lassen Materie in die Erdatmosphäre aus-

atmen. Das Herz der Erde und mein Herz schlagen gemeinsam. Gemeinsam atmen wir.
Die Erde ist von ihrem Geist getrennt und doch mit ihm vereint. Ich bin getrennt von meinem Geist, getrennt von der Erde und doch eins mit ihr. Sie ist meine Heimat.
Wir atmen ein und aus. Wir vergeistigen. Wir tauschen aus: vom Geist in den Körper und vom Körper in den Geist. Wir tun das gemeinsam mit allen atmenden Lebewesen auf der Erde. Wir sind Geist in einem Geist, getrennt als Körper. Doch jetzt integrieren wir beides in uns. Wir sind alle Geist und Körper und tauschen uns aus mit jedem Atemzug. Wir lassen Atem strömen: in unsere Knochen und den ganzen Körper, in die Felsen und die ganze Erde. Wir lassen Geist strömen in jeden Strom, in jede Ader, in alles Wasser der Welt. Wir durchströmen alles mit Geist, tauschen alles miteinander aus. Wir pulsieren mit dem Leben, in dem alles getrennt und doch vereint ist, getrennt im Körperlichen und vereint im Geistigen.
Alles, was die Sonne zur Erde schleudert, explodiert im Mittelpunkt der Erde und wird in elektromagnetischen Wellen wieder nach außen geleitet. Alles, was die Erde zur Sonne schleudert, wird von der Sonne aufgenommen und nach einer Explosion in ihrem Mittelpunkt wieder nach außen geschleudert. Der gleiche Prozeß geschieht mit allen anderen Planeten unsres Sonnensystems.
Es ist ein Prozeß des Lebens und des Wandels. Das eine vereint sich mit dem anderen. Neues entsteht. Das Neue vereint sich wieder mit anderem Neuen und so fort. Bewußtsein dehnt sich aus wie das Universum. Die Erde atmet den Geist der Sonne ein. Ihre Erfahrungen atmet die Erde aus. Die Sonne atmet die Erfahrungen aller Planeten ein, die sie umkreisen, und entwickelt so ihr innerstes Zentrum weiter.

Ich gehe in das Herz der Erde. Die unendlichen Energieströme aus der Sonne und dem Universum treffen auf die Erde, strömen in ihren Kern der Verdichtung und vereinen sich im Zentrum der Erde. Dort kehrt sich die Verdichtung um und wird eins mit der Unendlichkeit.

Im Herz der Erde wandelt sie alle Erfahrung der Materie und Verdichtung. Dort ist sie eins mit der Kraft ihres Geistes in der Ebene der Unendlichkeit. Der Kreislauf des Lebens beginnt, von der Unendlichkeit in die Verdichtung und wieder in die Unendlichkeit, und wir fließen mit.

Ich nehme den Puls des Wandels auf und höre mein Herz schlagen. Jeder Pulschlag ist wie ein Impuls zur Wandlung in die Materie und wieder aus ihr heraus. Ich fühle die unendliche Kraft, mit der die Erde alles in sich aufnimmt, verdichtet, wandelt und uns die Kraft des Wandels gibt.

Ich fühle mein Herz schlagen. Es ist mein Zentrum, in dem ich Kosmos und Erde in mir vereine.

Das Herz der Erde und mein Herz schlagen gemeinsam. Ich sehe die Wellen des Sonnenlichts, die in mir summen. Menschliches Handeln bringt der Erde oft Schmerzen. Aber wie für uns bedeuten Schmerzen für die Erde auch die Chance des Wandels und immer wieder Neubeginn mit größerer Kraft.

5. Element: Leben
Ein Wunder

Ich blicke in die Tiefe meines Körpers:

Ich sehe ein Wunder, das Wunder des Lebens.

Milliarden winziger Lichtexplosionen vereinen sich in mir zu goldenem Licht. In kreisenden Bewegungen vereinen sich die

Aspekte meiner Form und aller Formen innerhalb meines Körpers zu einer Einheit. Sie vereinen sich mit den fließenden Bewegungen aller Gefühle, den Mineralien in mir. Ströme vereinen sich, trennen sich und vereinen sich in neuen Farben. Alles schimmert goldfarben. Ich sehe die zentrierende Kraft, in der alles seine Form bewahrt und bewußt ist. In jeder Zelle sehe ich zentrales Bewußtsein, das sich zu einer Einheit zusammenfindet. Zu Haaren, Knochen, Zähnen, zu Organen. Alles ist Bewußtsein, gewachsen und geformt und immer in einem neuen, erneuernden Lebensprozeß von Wandlung. Ich sehe meinen Atem, wie er vergeistigt und vereint, wie mit jedem Atemzug Wandlung und Vergeistigung bewirkt werden. Ich sehe goldenes Licht aus mir strömen und in mich einfließen. Ich bin ein golden strahlendes Lebewesen in pulsierender Bewegung, bestehend aus unzähligen Wandlungsprozessen. Wie schöpferisch dieser Prozeß ist! In jeder Sekunde meines Lebens ändert sich etwas, und doch sehe ich die kreative Stabilität meines Körpers. Ich esse verschiedene Dinge, ich fühle verschiedene Dinge, mein Bewußtsein ändert sich ohne Pause, ich lebe in einer sich ständig ändernden Zeit.

Ich sehe, wie unendlich kreativ sich jede Zelle und jedes Atom in mir auf neue Situationen einstellen, ständig neues Leben in mir schaffen und mich erneuern.

Ich sehe das Wunder meines Lebens, und ich blicke in die Tiefe der Erde und sehe das gleiche Wunder. In goldenem Licht schimmert die Erde und ist so lebendig, bewußt, fühlend und geistig wie ich. Sie lebt in ihrem Inneren und Äußeren. Beides tauscht sich aus. Beides ist in einem ständigen Wandlungsprozeß, wächst, erneuert sich und schafft neue Formen. Und bleibt trotzdem stabil. Auch für die Erde ändern sich die Bedingungen, in denen sie lebt, in jeder Sekunde.

Ich blicke in mich, und ich blicke in die Erde. Ihr Körper ist Teil meines Körpers. Ohne ihren Körper könnte ich nicht leben. Mein Körper ist Teil des Körpers der Erde. Sie kann ohne mich sein. Doch jetzt leben wir gemeinsam und sind Teil einer gemeinsamen Schöpfung.

Ich sehe meinen Körper im goldenen Licht der Schöpfung schimmern. Ich kann in mich blicken und von außen auf mich sehen: Es gibt keinen Unterschied mehr zwischen innen und außen, zwischen Körper und Geist. Ich sehe auf die Erde, auf der ich stehe: Jeder Quadratzentimeter ist ein Wunder wie jeder Quadratzentimeter von mir. Jedes Stück meiner Haut ist so lebendig wie jeder Quadratzentimeter Erde. Wir beide leuchten in goldenem Licht und werden unter meinem Blick zu einer Einheit Schöpfung.

Ich blicke in die Tiefe meines Körpers. Alles Feste, jeder Knochen, alle Haare und Zähne sind von goldenem Licht durchflutet. Alles hat sich vereint zu dem Bewußtsein, diese Form zu sein, im Austausch mit allen anderen Formen in mir.

Alles tauscht sich aus. Alles nimmt seine Funktion wahr. Goldenes flüssiges Licht strömt durch meine Adern wie durch die Wasseradern der Erde. Ich sehe den Regen: Goldene Tropfen regnen auf die Erde, regnen auf die Flüsse und auf alles, was lebt. Der Regen belebt alles mit goldener Wachstumskraft.

Unzählige Farben schimmern in dem goldnen Licht in mir und strömen in mir und beleben das Wunder des Lebens. Golden schimmert das Licht der Schöpfung durch Bewußtsein, Gefühle und den Geist der Erde. Es läßt die Kristalle der Erde zu strahlenden, golden funkelnden Diamanten werden.

Ich blicke in die Erde und auf die Erde. Ich sehe einen leuchtenden Diamanten: Meine Heimat.

Ich sehe die Sonne: Ihr goldenes Licht scheint auf mich und vereint sich mit dem goldenen Licht in mir und dem der Erde.

Wir werden zu einem gemeinsamen goldenen Licht: dem Licht der Schöpfung. Wir haben ein gemeinsames Leben, eine göttliche Gemeinschaft im Austausch. Wir sind alle Teil des anderen, alles ist Teil der ganzen Schöpfung. Alles ist ohne Grenzen, alles ist Gemeinsamkeit.
Ich sehe die Kraft der Wandlung: Alles Leben ist ein Wandlungsprozeß. Und ich sehe, daß jede Zelle in mir, und in und auf der Erde, wie ein Kosmos in goldenem Licht schimmert, gespeist aus einer unendlichen Quelle goldenen Wassers, die Leben ist. Jede Zelle ist ein einzigartiges Wunder wie jeder Stein auch. Wie alles um mich herum.

6. Ebene: Alles bezieht sich aufeinander
Körper und Elemente

Ich blicke in die Tiefe meines Körpers: Es ist wie der Blick in ein Universum. Alles steht in Beziehung zueinander. Nichts ist für sich, alles tanzt in einer schwingenden Vibration, die sich fortsetzt und ein Ganzes bildet. Ich sehe Milliarden Lichtexplosionen. Jedes der winzigen Lichter steht in Beziehung zu den anderen. Mein elektromagnetisches Feld, meine Aura, die vielen Ströme der elektrischen und magnetischen Wellen bilden ein Ganzes, zusammengesetzt aus unzähligen Teilen. Ändert oder bewegt sich an einer Stelle etwas, verändert sich das Ganze.
Ich sehe in die Erde. Jede elektromagnetische Welle der Erde bildet für sich oder mit allem anderen ein Ganzes. Jede Form, jedes Lichtgitternetz jeder Form steht in Beziehung zum Ganzen. Nichts ist für sich, alles ist ein gemeinsames schwingendes Feld aus Milliarden winziger Lichtexplosionen, Milliarden Formen von lebendem Bewußtsein.

Jedes einzelne Leben und jede einzelne Form stehen in Beziehung zueinander und sind Teil des Ganzen.
Ich blicke in die Tiefe meines Körpers. Ich sehe meine Knochen, meine Zähne. Alles Feste steht in Beziehung zueinander wie jeder Stein mit jedem Felsen der Erde.
Ich sehe die Mineralien in mir, wie sie mit dem Wasser durch meinen Körper strömen und das Feste beweglich machen. Alles steht in Beziehung zueinander. Alles Flüssige in mir steht in Beziehung zueinander wie alle Organe und jede Funktion aller Organe. Alles bildet ein gemeinsames System, in dem ich mich bewege. Ich sehe die Erde.
Alle Bäche, alle Seen, alle Flüsse und jedes Meer stehen in Beziehung zueinander. Ändert sich ein Bachlauf, hat das Einfluß auf das Ganze, auf jede Bewegung und jedes Wachstum der Erde. Ich blicke in die Tiefe meines Körpers. Ich sehe das Bewußtsein aller Anteile in mir. Alles in mir ist bewußt, hat ein eigenes Zentrum und ein eigenes Bewußtsein, seine Funktion auszuüben. Alles steht in Beziehung zueinander. Ändert sich das Bewußtsein eines Anteils, ändert sich das Bewußtsein des Ganzen. Ich blicke in die Erde. Alles hat Bewußtsein.
Jeder Aspekt der Erde, jede Form, alles Feste, jede Bewegung, alles Wasser steht in Beziehung zueinander wie jeder Vulkan, der sich öffnet, jede Platte der Erdkruste, die sich bewegt, jede Bewegung des Meeresbodens. Nichts ist ohne Wirkung, alles hat Beziehung zu jedem Ort der Erde und zu jedem Lebewesen und jedem Stein der Erde.
Ich blicke in die Tiefe meines Körpers. Ich sehe, daß jeder Atemzug wie ein Sturm in mich dringt und das Innerste nach außen und das Äußere nach innen wirbelt. Ich sehe, wie die Zellen entstehen und sterben, sich wandeln und neu entstehen. Ich sehe, daß jeder Atemzug alles ändert, alles erneuert, alles wandelt.

Ich sehe, daß jeder Atemzug Einfluß auf jede Zelle meines Körpers hat und in Beziehung zur Außenwelt steht.
Ich sehe, daß jeder Atemzug eines jeden Lebewesens der Erde in Beziehung zu allen anderen Lebewesen steht und Einfluß hat.
Ich blicke in die Erde. Ich sehe die Erde atmen. Ich sehe Stürme, die über Kontinente hinwegfegen. Ich sehe Wirbelstürme, Windstille.
Ich sehe Zerstörung und neues Wachstum. Ich sehe, wie jeder Wind in Beziehung zum Ganzen steht, an jedem Ort der Welt.
Und ich sehe, wie die Wachstumsprozesse allen Lebens auf der Erde miteinander in Beziehung stehen.
Ich sehe, wie jede Zelle meines Körpers in Beziehung steht zu allen anderen Zellen meines Körpers. Und gleichzeitig zu jedem Stein, jedem Wasser, jedem Lufthauch und allem Leben auf der Erde. Jede Änderung der Erde ist Teil meiner Änderung. Jede Änderung in mir ist Teil der Änderung der Erde und aller ihrer Lebewesen. Jedes auf der Erde wachsende Bewußtsein und das wachsende Bewußtsein der Erde selbst ist Teil meines Wachstums. Jede gelebte Erfahrung steht in Beziehung zu mir, zur Erde und allen anderen Wesen und Formen des Universums.

7. Ebene: Die geistige Kraft im Körper
Ohne Geist ist der Körper leer

Ich blicke in die Tiefe meines Körpers und sehe Leere. Nichts ist in ihm, und doch ist alles enthalten. Ich bin im leeren Raum, der mein Körper ist. Ich fülle diese Leere mit meinem Leben und mit meinem Schicksal. Ich fülle die Leere mit meinem Geist. Ohne Geist und meine Erfahrungen ist die Materie leer. Mein Geist erfüllt meinen Körper und mich.

Ich blicke in die Tiefe meines Körpers, und ich sehe nichts. Alles Feste hat sich aufgelöst und ist leer, ist nichts und reiner Geist.
Ich bin im Raum der Materie, der leer und in dem dennoch alles enthalten ist.
Das Schwere ist fest. Es ist alles in ihm enthalten, und doch ist es leicht wie der Geist.
Hier wird Geist zu Materie und Materie zu Geist. Alles ist in allem enthalten.
Ich blicke in die Tiefe der Erde und sehe den leeren Raum der Erde.
Auch die Erde ist ein leerer Raum, in dem alles enthalten ist.
Auch die Erde erfüllt ihr Schicksal mit Erfahrungen.
Auch die Erde füllt ihren leeren Raum mit ihrem Geist.
Ohne Geist ist jeder Raum leer.
Ich blicke in die Tiefe meines Körpers und sehe keine Bewegung.
Mein Geist bewegt alles in mir. Ohne den Geist und meine Erfahrungen, die mich bewegen, steht alles in mir still.
Ich blicke in die Tiefe der Erde und sehe Stillstand.
Die Erde bewegt sich mit ihren Erfahrungen und erfüllt ihr Schicksal wie ich. Der Geist der Erde läßt alle Bewegung der Erde entstehen. Die Erde und ich bewegen uns gemeinsam. Gemeinsam erfüllen wir unser Schicksal.
Ich blicke in die Tiefe meines Körpers und fühle Kälte.
Mein Geist erwärmt den Körper. Ohne den Geist ist mein Körper kalt. Alle Hitze ist die Hitze des Geistes, der den leeren Raum in mir füllt, bewegt, erwärmt und als Ort der Erfahrung beleuchtet.
Ich blicke in die Tiefe meines Körpers und sehe die Kälte der Erde. Der Geist der Erde erhitzt ihren Körper. Ohne ihren Geist und die geistigen Erfahrungen wäre die Erde kalt.
Ich blicke in die Tiefe meines Körpers und sehe die Glut meines Geistes. Alles glüht in mir, um zu sein und zu erfahren. Ohne die

innere geistige Glut wäre ich nichts. Ich hätte kein Leben und könnte keine Erfahrungen machen. Ich hätte keinen lebendigen Körper, der sein Schicksal lebt und Erfahrungen macht.
Ich blicke in die Tiefe der Erde und sehe den glühenden Geist der Erde. Ihr glühender Geist läßt die Erde sein und leben. Ohne den glühenden Geist der Erde wäre sie ein kalter Ort und ohne Leben.
Ich blicke in die Tiefe meines Körpers. Ich sehe sein Schicksal.
Ich sehe meinen Körper wie einen Kreisel, der sich auf dem Weg seines Lebens dreht. Ich sehe jede Erfahrung, jede körperliche, seelische und geistige Erfahrung wie einen Weg, den ich beende. Denn alle Erfahrungen in einem Körper sind begrenzt. Ich sehe meinen Geist, der meinen Körper beseelt und ihn wieder verlassen wird.
Ich sehe die Erde. Sie dreht sich um die Sonne wie ein Kreisel, der sich nicht nur um sich selbst dreht, sondern auch noch um ein anderes Zentrum. Ich verschmelze mit dem Körper der Erde. Wir kreisen gemeinsam um die Sonne auf dem Weg unseres Lebens, in unseren Körpern.
Wir sind Geist und Körper. Wir sind Leben und Sterben in einem. Unser Körper hat ein Schicksal – wie unsere Seele und unser Geist.
Wir sind begrenzt und grenzenlos.

DIE SCHLEIER DES BEWUSSTSEINS

Wie die weichen weißen Schalen im Innern des Eis liegen die Schleier des Bewußtseins über mir. Ich zerreiße jetzt einen Schleier, der über mir liegt. Er löst sich auf und wird zu goldenem Licht. Es fließt in meine Aura und läßt das Licht meiner Aura schöner und stärker leuchten.

Immer, wenn ein Schleier zerreißt, öffne ich eine Trennwand, eine Barriere meines Bewußtseins. Löse ich in mir Vorstellungen von Getrenntsein, wird das goldene Licht in meiner Aura kraftvoller und leuchtender. Wir alle haben sehr viele Schleier auf unserem Bewußtsein. Es sind wunderschöne Schleier. Sie sind aus feingesponnenem weißem Licht, in dem alle Farben enthalten sind. Wie unsere Kleider wählen wir die Schleier mit Bedacht aus. Sie können verschiedene Farben annehmen. Sie sind zart und schön, auch wenn sie uns begrenzen.

Die Auswahl an Schleiern, die wir in unserem Leben tragen wollen, ist unendlich groß. Wir wählen die Arten und Farben der Schleier. Unsere Wahl ist Ausdruck unserer Kreativität.

Wir sollten jeden Schleier in uns und anderen respektieren. Sie sind Schätze wie kostbare Kleider. Sie wollen erkannt und respektiert werden. Sie sind dazu da, unser Leben und uns zu gestalten. Unser Höheres Selbst achtet darauf, daß wir nicht mehr Schleier zerreißen, als wir uns vorgenommen haben. Sonst könnten wir zerbrechen. Denn die Schleier bewirken nicht nur die notwendige Trennung aus dem All-Bewußtsein in uns, sie bieten auch Halt in unserem Leben.

Wir sind bewußt und unbewußt. Unser Unbewußtsein ist die Hüterin unseres Karmas. Es sorgt dafür, daß nur die Dinge geschehen, die wir uns vorgenommen haben. Auch wenn uns das nicht bewußt ist: Wir selbst entscheiden, welche Schleier wir in unserem Leben behalten wollen und wie wir sie formen und gestalten.

Unser unbewußter Anteil ist unendlich wissend und hat Erfahrungen aus vielen Leben, die uns formten und formen. Wir können unserem Höheren Selbst vertrauen. Wir alle sind wissend.

Die Schleier des Bewußtseins trennen uns von unserem All-Wissen. Das All-Wissen ist in den Schleiern selbst gespeichert und nie wirklich getrennt von uns. Ich sehe mich an:

Meine Haut ist nicht fest, und sie ist keine Barriere. Ich sehe unendlich viele sausende Atome. Sie flimmern in den schillerndsten Farben. Alles in meinem Körper bewegt sich, pulsiert und reagiert. Alles leuchtet in goldschimmerndem Licht. Ich sehe Lichtbahnen, die mit allen Atomen in jeder Zelle in Verbindung stehen und sich mit Lichtimpulsen austauschen.

Meine Haut und mein Körper wurden in vielen Leben so oft verletzt, daß ich von der Festigkeit der Haut eine Vorstellung entwickelt habe, die nicht real ist.

In mir ist Todesangst und Todessehnsucht. Ich schwinge zwischen beidem hin und her. Ich weiß, daß mein Leben auf der Erde unendlich kostbar ist. Nur hier bin ich in der Dimension des Wandels. Nur hier kann ich wachsen und mehr werden.

Sterbe ich, bin ich meiner inneren Lichtheimat näher und bringe alles Erlebte in das Kollektiv ein wie ein Geschenk.

Ich habe Sehnsucht, alle gelebten Erfahrungen der Erde und allen Lebewesen zu schenken. Deswegen habe ich Lust zu sterben. Ich habe Lust zu leben, hier zu wachsen und aus einem unendlichen Tanz von Formen zu schöpfen.

Meine Lust zu leben ist die Lust nach Erkenntnis. Ich halte am irdischen Leben fest. Lebe ich erst wieder im Licht, wird die Lust zu leben sich in ein Gefühl des Einsseins wandeln. Was wir Antrieb oder Trieb nennen, wird mir dann nicht zur Verfügung stehen.
Nur als »materielles« Wesen kann ich mit dem Geist der Elemente das Leben in der Materie gestalten und den Trieb zur Gestaltung in mir haben. Ich atme das Leben ein. Wenn ich sterbe, atme ich das Leben aus und bereichere das Kollektiv mit meinem Leben.
Nach vielen Toden habe ich die Vorstellung entwickelt, meine Haut sei fest und ich müsse sie schützen. Diese Vorstellung ist Schutz, denn ich bin verletzlich. Diese Vorstellung ist auch Verengung, denn ich kann mich nicht abschirmen, gegen nichts.
Ich dachte, meine Haut sei eine Barriere; aber das ist sie nicht.
Ich sehe die Schönheit meines Körpers; ich sehe, wie jede Zelle ein Wunder aus Licht ist, Form und Austausch von Licht zur Verdichtung, mit winzigen Lichtexplosionen, die Leben bedeuten.
Ich erkenne, daß ich nicht die Körperlichkeit selbst, sondern die Entwicklungsmöglichkeit in einem physischen Körper schön finde.
Sie ist das größte und schönste Geschenk. Leben und sterben, in einem Reinkarnationsprozeß leben, sich entfalten und immer größer und schöner werden.
Im Nichtkörperlichen, als Lichtwesen, entwickeln wir uns nicht weiter. Wir brauchen die Erdenschwere, um die Schallmauer der Dunkelheit zu durchschreiten.
Ich habe Angst, die Körperlichkeit nicht genug als die größte und wunderbarste Entwicklungsmöglichkeit zu achten.
Es ist ein schrecklicher Irrtum, wenn ich mich des Lebens müde fühle. Mein Geist hängt am irdischen Leben. Er weiß um die Entwicklungsmöglichkeiten auf der Erde, auch wenn mir das nicht bewußt ist.

Ich sehe den inneren Zwiespalt: sich körperlich von der Materie wegsehnen und gleichzeitig hier sein wollen, um sich in und mit der Materie zu entwickeln. Ich sehe, wie dieser Zwiespalt an mir zieht und mich Kraft kostet. Beides ist in uns allen vorhanden, Todesangst und Todessehnsucht. Wir müssen beides in uns integrieren.
Wenn wir sterben, geben wir unsere physische Energie anderen Lebewesen und den Elementen der Erde zurück. Unser nichtphysischer Körper erstrahlt in Licht und lebt weiter.
Beim Sterben erleben wir beide Vorgänge: Wir lösen unseren Körper auf und damit auch die Gebrechen und Verdichtungen des körperlichen Lebens.
Die Auflösung bereitet uns Todesangst. Sie symbolisiert unsere Angst vor der Unendlichkeit des Geistes. Das Auferstehen im Licht bereitet uns Todessehnsucht. Wir sehnen uns aus der Verdichtung in die Unendlichkeit des Geistes, dem Nicht-getrennt-Sein. Der Widerspruch zwischen beiden Seiten hat mich zerrieben. Ich dachte, ich müßte mich für eine Seite entscheiden. Ich erkenne, daß der Widerspruch Ausdruck von Bewegung ist.
Denn die vermeintlichen Widersprüche halten die Dinge in Bewegung. Die Todesangst hält mich im Körper, denn ich habe Lust, mich zu entwickeln, und Angst, diese Chance aufzugeben. Die Todessehnsucht hält mich davon frei, mich übermäßig an die Materie zu binden. Denn ich habe Lust, mich geistig frei zu bewegen, Geist zu sein, ohne Beschränkung.
Als Mensch bleibe ich verwundbar. Über meine Haut bin ich für die wunderbarsten Lichtwellen geöffnet, für farbige, unbekannte Lichtquellen, für Gefühle, Gedanken, Energien, die in allen Farben und Formen auf mich einströmen.
Wie meine Aura ist meine Haut Energie, die sich bewegt. Alles pulsiert, lebt und reagiert.

Ich blicke auf meine Hände und sehe mit Erstaunen Ströme aus Licht um sie herumfließen. Licht strömt aus meinen Fingerkuppen. Ich denke: Wie schön sie sind. Sie reagieren darauf mit einem winzigen Tanz aus Licht. Sie beantworten meine Freude und Begeisterung.

Sie sind Teil von mir, aber sie haben ein eigenes Bewußtsein. Und sie haben einen eigenen Geist, wie jede Zelle und jedes Atom in mir. Ich kann mit den Zellen in mir kommunizieren, mit jedem Organ und mit jedem Energiesystem.

Alles ist lebendig, beweglich, aktiv, reaktiv, im Austausch, im Wandel. Alles flirrt in goldenem Licht, in dem alles in Einheit miteinander verbunden ist. Mein Geist ist eins mit dem Geist dieser Gruppen von individuellen Aufgaben und Funktionen.

Die Elementekräfte in mir haben die Aufgabe des Wachstums, der Bewegung und der Vergeistigung meines Bewußtseins übernommen. Die Lichtkräfte in mir haben die Gestaltung meines Geistes übernommen. Beides zusammen macht mich und mein Leben aus. Ich sehe durch meine Haut schimmerndes Licht und den Tanz der Energie, pulsierend und leuchtend wie ein Kosmos aus Licht und Farbe.

Hier finden Milliarden von Bewußtseinsformen ihren Ort und ihre Aufgabe. In perfekter Ordnung bilden sie eine Einheit. Als mir bewußt wird, daß ich diese Schönheit erkenne und sie vor Glück kaum ertragen kann, reagiert alles mit winzigen Lichtimpulsen der Freude, die mich strahlen lassen.

Der Geist der vier Elemente wird nach dem Tod meinen Körper verlassen und wieder in den kollektiven Geist der Erde, des Wassers, des Feuers und der Luft eingehen. In allen Anteilen wird die Botschaft meines Lebens enthalten sein. Die mir gespendete Energie wird den Elementen zurückgegeben, wird sie bereichern und ihr Wissen erweitern.

Mein Bewußtsein wird meinen Lichtkörper formen und alles gelebte Wissen auf der geistigen Ebene in das Kollektiv der Menschen, der Natur und der Erde einbringen.
So tragen wir alle mit unserem Leben zu Wandel und Vergeistigung der Erde und aller ihrer Lebewesen bei.
Ich blicke wieder in meinen Körper. Wirbelnde Lichter fügen die Energie zusammen. Sie formen und gestalten. Die Wirbel aus Licht enthalten die Informationen allen und auch meines individuellen Lebens. Sie werden in Verdichtung, Bewegung, räumlichen Formen und in Austauschprozessen zusammengeführt. Jedes Organ, jedes Energiesystem hat eigene Wirbel, über die Energien zusammengefaßt und auf Bahnen aus Licht verteilt werden. Auch die Bahnen strömen und bewegen sich in Wirbeln. An einigen Stellen sind die Wirbel schwächer, leuchtet das Licht matter.
Die Energie bringt und hält den Wandel in Bewegung. Alles ist in ständigem Wandel. Nichts ist fest, alles in rasender Bewegung. An manchen Stellen meines Körpers fühle ich so etwas wie Protest gegen die mühsame Aufgabe, alle Wandlungsprozesse zu erfüllen. An manchen Stellen fühle ich, ich soll mich nicht unnötig sorgen. Wo meine Sorge den Energiefluß verengt, zieht sich der Energiefluß etwas zusammen. Das Licht wird matter. Alles reagiert auf meine Gedanken. Als ich meine Hand bewundernd ansah, steigerte Freude ihren Energiefluß und das Leuchten. Ängste, negative Gefühle und Gedanken verlangsamen und verdunkeln die Lichtimpulse in den betroffenen Körperregionen. Ich sehe einige Stellen, die so matt leuchten, daß ich weiß, ich werde Hilfe brauchen, um den Energiefluß dort zu aktivieren. Sie sind schon sehr lange verfestigt. Diese Verfestigungen gehören zu den Schleiern meines Bewußtseins, die ich in dieses Leben mitgebracht habe, um sie aufzulösen. Mein jetziges Leben steht in Verbindung zu frühe-

ren Leben, die ich mit jeder Sekunde meines jetzigen Lebens neu vereine. In vielen vergangenen Leben habe ich mir mit unterschiedlichsten Vorstellungen von Begrenzung Schleier geschaffen, die ich in dieses Leben mitbrachte. An diesen dunklen Stellen in mir ist der wirbelnde Energiefluß des Wandels gestört. Das ist meine individuelle Konstitution.

Unser Leben und unsere Körper sind immer vollkommen. In der unendlichen Spiegelwelt des Geistes sind alle Möglichkeiten des Wandels vorhanden. Nichts ist häßlich, denn alles ist Teil des unendlichen Geistes.

Finden wir einen Weg, den Engergiefluß zum Beispiel durch Essenzen zu aktivieren, können die Lichtwirbel an dieser Stelle Bewegung und Form bringen und den Austausch zwischen Geist und Körper wieder fließen lassen. Befreit vom Schleier meines Bewußtseins kann ich sehen, wie die unendliche Kraft des Geistes sich in Wirbeln austauscht, die aus der Unendlichkeit des Universums in die Verengung und von dort wieder im ewigem Kreislauf in die Unendlichkeit zurückfließen. Jede Zelle ist komprimierte Energie von unendlicher Kraft. Jede Zelle tauscht in einem unendlichen Kreislauf die Kraft ihres Geistes mit der Materie aus. Verdichtung in der Materie ist nicht Verkleinerung von Kraft, sondern Komprimierung von Energie. Ich sehe einen Schleier auf meinem Bewußtsein, den ich in dieses Leben mitbrachte: »Verdichtung in der Materie, in einem Körper, ist Verlust von Kraft.« Diese Vorstellung hat mich mein Leben lang physisch geschwächt. Ich wollte leicht sein und fliegen und empfand den Körper als Hindernis. So hat meine Vorstellung von Schwere den Körper mit Schmerzen belastet.

Mein Geist fing an zu fliegen, und ich öffnete meine spirituellen Augen. Ich hielt weiter an der Vorstellung fest, daß mein physischer Körper schwer und unbeweglich sei, daß meine physischen

Augen nicht »sehend« seien, sondern nur die unbewegliche Schwere und die Schmerzen der Welt erblicken könnten.
Ich wurde unbeweglich in der Ablehnung von schwerer Materie und der Begeisterung über leichte Nicht-Materie. Unter dieser Spannung des Festhaltens löste sich die feine Netzhaut meiner beiden Augen und riß. An dieser Stelle meines Körpers lag ein Schleier meines Bewußtseins. Ich verstand die Netzhaut nicht als Ort der Transzendenz, als Übersetzung aller Welten, als den Ort, der die innere und äußere Welt vereint. Und nicht als Organ, mit dem ich virtuos alle Welten sehen, erleben und erfahren kann. Mein inneres Sehen findet in jeder Zelle meines Körpers statt, in der das Wissen meines Lebens gespeichert ist. Die Zelle weiß alles.
Innerhalb und außerhalb von mir sammle ich mit meinen Augen Wissen, um zu erkennen. Ich kann die Dinge sehen und benennen. Mit meinem Körper habe ich jetzt den unschätzbaren Wert des Lebens in der Materie erkannt: Innerlich und äußerlich mit allen Sinnen zu gestalten, zu formen und zu erkennen, durch die Verdichtung hindurch.
Ich betrachte noch einmal meine Angst, in einem physischen Körper kraftlos zu sein. Wie Verdunklung fließt diese Angst in meinen Körper. Ich mag diese Angst nicht. Doch meine Ablehnung nährt sie und macht sie noch fester und größer. Ich gehe in die Angst hinein. Ich betrete wieder die Ebene des schwarzen Lichts. Ich bin in der unendlichen Kraft des unendlichen Geistes, in jener Ebene, in der auch die Angst zu der Idee meines Lebens wurde. Sie gehört zu mir. Dort ist sie reine Kraft, die sich mit der Zeit vereint und mich suchen läßt. Es ist eine Suche nach Befreiung, eine Suche, die Bewegung ist und die in meinem jetzigen Leben mein Wachstum ausmacht.

DIE ESSENZEN

Ich gehe jetzt zu dem Tisch, auf dem die Fläschchen mit den 84 Essenzen stehen. Eine Lichtaura von schimmerndem, pulsierendem Licht geht von ihnen aus. Oder ist es wie ein Singen in den schönsten Tönen?

Ich nehme ein Fläschchen mit einer Metallessenz in die Hand. Ich sehe Wellen aus winzigen Lichtimpulsen. Sie dringen in meine Hand ein und fließen durch meinen ganzen Körper bis in den Kopf. Es gibt keinen Ort, wo die Energie nicht hinströmt. An manchen Stellen nehme ich ein Aufleuchten wahr, wenn die Energie der Essenz ankommt. Es ist ein Schauspiel von großer Schönheit.

Ich nehme eine andere Essenz in die Hand. Die Lichtenergien der einzelnen Fläschchen sind verschieden. Die Metalle sind wie winzige Lichtexplosionen. Die Steinessenzen sind wie strömende Wellen. Die Wurzelessenzen strömen zur inneren Mitte in allem, nicht nur in mir, sondern in allem Bewußtsein innerhalb meines Körpers, und leuchten dort auf.

Die Blattessenzen vereinen. Sie verbinden alles mit allem, trennen oder helfen, neu zusammenzufinden. Ich sehe, wie sie das innere Mosaik neu ordnen. Mein Herzchakra leuchtet auf und pulsiert in einem feinsilbernen, hellen Licht.

Ich nehme eine Blütenessenz: Während ich das Fläschchen in die Hand nehme, denke ich an die Vielfalt der Blüten in der Natur. Ich sehe mich wie eine Blüte, einzigartig schimmernd in Licht und Schönheit.

Ich nehme eine Tonessenz: Ich höre und sehe ihre Töne wie Wellen durch meinen Körper strömen. Ich kann nicht unterscheiden, ob es ein Ton oder eine Farbe ist. Alles in mir wird durchflutet. Ich fühle mich transparent und durchlässig.
Ich nehme die letzte Flasche in die Hand, Nummer 84: Mein Geist weitet sich und wird frei. Ich bin frei, ohne Begrenzung. Denn ich erkenne die Begrenzung als Teil der Unendlichkeit, so wie mein Schicksal begrenzt und Teil der Unendlichkeit ist.
Wie ein Blitz leuchtet dieser Gedanke in mir und meinem Körper auf. Geistige Kraft, unsichtbar und doch präsent, strahlt in mir, ist da und ist unendlich.
In das Wasser der Essenzen habe ich Informationen übertragen: mit Metallen, Steinen, Pflanzen, Tönen und Gedankenkraft. Alles, was sich berührt, tauscht Informationen aus. Ich habe das Medium Wasser verwendet. Wasser ist für uns das aufnahmefähigste Medium. Sieben Zehntel der Erdoberfläche sind von Wasser bedeckt. Wir bestehen zum größten Teil aus Wasser. Wasser ist Bewegung. Wir leben auf dem Planeten der Bewegung, auf dem wir viel und schnell bewegen können.
Ich habe in diesem Buch mein Wissen über die Essenzen und meine Erfahrungen mit ihnen in Worte gefaßt: in den Affirmationen, den Beschreibungen der 7 Ebenen in uns, den Beschreibungen der Elemente. Ich benenne und beschreibe Bilder, um geistige Energie erfahrbar und verwendbar zu machen.
Die Möglichkeiten sind unendlich. Mit den beschriebenen Themen und Anwendungsmöglichkeiten in diesem Buch grenze ich nur ganz wenig von dem ein, was möglich ist. Metalle und Steine symbolisieren die verborgenen inneren Schätze in uns. Mit den Wurzeln tragen wir innere Schätze nach außen, aber erst, wenn wir sie in uns erkannt haben. Von der Herzebene an beginnen wir, das Innen und Außen zu vereinen, die Blüten öffnen uns für die

Schönheit der Schöpfung in allem, Töne und Geist lassen uns die Macht jenseits der Begrenzung erkennen.

Ich halte ein Fläschchen in der Hand. Ich nehme alle Informationen über die Hand auf. Impulse von Licht strömen durch mein Handchakra und über alle Energiebahnen weiter. Woher wissen Licht oder Lichtimpulse in den Fläschchen, wohin sie fließen sollen?

Ich sehe auf die Stellen in meinem Körper, die nicht licht- und energiedurchströmt sind.

Einige Informationen scheinen vor ihnen haltzumachen. Ich bin auf der geistigen Ebene: In jedem Organ, in jedem Energiesystem, in jeder Zelle meines Körpers finde ich die Ebene des Geistes, finde ich Erkenntnis und Wissen.

Mein Körper ist der genaue Spiegel meines Geistes. Ich kann über den Körper den Geist und über den Geist den Körper behandeln.

Ich nehme einen Tropfen einer Essenz und gebe den Tropfen in ein Glas Wasser. Ich trinke das Wasser und sehe, wie die Lichtimpulse sich in Mund, Speiseröhre und Magen ausbreiten. Das informationsgeladene Wasser der Essenz tritt über die Schleimhäute augenblicklich in Kontakt mit dem Wasser im Körper. Die Energie breitet sich in Bruchteilen von Sekunden aus.

Ich nehme einen Tropfen und gebe ihn auf ein Chakra: Sofort wirbelt die Chakra-Energie alle Lichtimpulse, alle Informationen der Essenz in meine geistige Aura. Sie verteilen sich in Bruchteilen von Sekunden in meinem inneren Lichtkörper. Gleichzeitig fließt mehr Licht in den physischen Körper.

Und wenn jemand sagt: »Ich merke nichts«? Die Kraft der geistigen Essenzen ist sehr stark, so stark, daß ich manchmal über die heftigen Reaktionen des Lichtkörpers erschüttert bin. Denn das bedeutet ja, daß auch ungewollte Einflüsse um uns herum so starke Wirkungen auf uns haben und uns beeinflussen können.

Ich sehe zu einem Freund, dem ich vor sieben Tagen eine Essenz gegeben habe. Er wendet sie täglich an und sagt: »Ich merke nichts.« Ich blicke auf seinen Energiekörper und sehe, wie Licht aus seinem Solarplexus strömt, doppelt soviel wie vor der Einnahme.
Noch wirkt die Essenz »nur« auf sein Unbewußtsein. Er hat die Wahl, ob er diese Wirkung in sein Bewußtsein holen will oder nicht. Auch wenn er die Wirkung der Essenz auf sein Unbewußtsein beschränkt, wird es ihm nützen. Denn irgendwann antwortet sein Unbewußtsein und erweitert sein Bewußtsein. Ob er die Anwendung abbricht oder nicht, bleibt seine Entscheidung.
Manchmal kann jemand mit der Wirkung nicht richtig umgehen. Der Freund nimmt wahr, daß sich etwas geändert hat, aber es ist ihm ungewohnt, einen starken Solarplexus zu haben. Er weiß noch nicht, wie es sich anfühlt, in der inneren Mitte zu sein, und muß es erst lernen.
Es ist manchmal mühsam, mit einer veränderten inneren Energiestruktur umzugehen, denn die Macht der Gewohnheit ist groß. Die Wirkung hängt davon ab, ob wir die Änderung wirklich wollen oder lieber alles lassen wie bisher.
Fängt der Energiekörper zu leuchten an, muß sich das innere Gefühl ausweiten. Das dauert eine Weile.
Und der Glaube an die Wirkung?
Glauben hilft, das wissen wir. Aber das hat nichts mit Einbildung zu tun. Der Glaube an die Wirkung löst Gedankenwellen aus: Energie, die vorhandene Schwingungen verstärkt.
Die andere Form von Energieverstärkung ist Wissen um die Wirkung. Inneres oder äußeres Wissen hilft. Es verstärkt die vorhandene Schwingung. Mangelnder Glaube schwächt. Dann übernimmt unser Unbewußtsein die Aufgabe des Ausgleichs.
Falls Sie für jemand anderen eine Essenz aussuchen, verstärkt auch Ihr Glaube an die Wirkung die Kraft der Essenz.

Es ist auch eine Zeitfrage. Die Entfaltung von etwas Neuem, die Umgewöhnung brauchen ihre Zeit. Möchten wir zuviel erreichen und sind ungeduldig, werden wir vielleicht vorzeitig aufhören und sagen: »Es hat nicht geklappt. Die Essenzen wirken nicht.« Oder wir werden sagen: »Ich glaube nicht an die Wirkung.« Oder unser Unbewußtes blockiert die Wirkung. Denn unbewußt wollen wir vielleicht unser Schicksal leben, auch wenn es schwer ist. Wir sollten uns gegenüber der Behandlung offen halten. Der Wunsch nach Veränderung entscheidet, unbewußt oder bewußt. Hält das Unbewußte sehr fest, ist die Zeit nicht reif.
Ankommen können wir an allen Zielen. Die Frage ist, ob wir durchhalten oder die Zielrichtung unterwegs ändern.
Dies sind zwei Schlüssel zur Wirkung von geistigen Essenzen: Der Glaube an die Wandelkraft von Geist und Materie. Und der Glaube, daß Geist die Materie verändern kann.
Das fällt den meisten Menschen schwer (siehe 6. und 7. Ebene der Essenzbeschreibungen). Ich bezeichne die Verfestigungen des Gefühls- und Geistkörpers als materiell, denn sie sind für unsere Vorstellung genauso schwer wandelbar wie der Körper.
Ich blicke jetzt noch einmal auf die Essenzen: Wieviel Kraft und geistige Macht geht von ihnen aus! Sich der Kraft des Geistes nicht bewußt zu sein, kann auch ein Schutz sein. Denn die Kraft ist unendlich groß. Sie würde den Kampf, den wir auf der Erde ausfechten, zu einem Kampf der Giganten oder der Götter vergrößern.
Ich sehe den Kampf in uns: Denn Leben ist auch Kampf, ob wir diesen Kampf vergeistigen oder nicht. Es ist die Konfrontation mit dem Gegenüber in uns, ein Kampf mit der anderen Seite in uns.
Wir können uns im Kampf mit uns selbst oder mit anderen erkennen. Oder wir können das gemeinsame Ziel erkennen.

Wir können uns bewegen oder zerfließen und auseinanderdriften. Wir können an der Materie festhalten und erstarren. Oder wir können Ruhe finden in allem, was ist.
Jeder Versuch einer inneren Heilung ist ein Weg mit offenem Ausgang. Der Weg erweitert uns immer. Lassen wir das Ziel offen. Der Weg ist das Abenteuer.

2. TEIL

DIE CHAKREN UND DIE ESSENZEN

Bei der Anwendung einer Essenz haben Sie die Wahl, entweder einige Tropfen in einem Schluck Wasser zu trinken oder die Essenzen auf den Chakren äußerlich aufzutragen.
Es gibt mittlerweile viele Bücher über Chakren und verschiedene Beschreibungen dieser Energiezentren.
Chakren sind feinstoffliche Lichtorgane unseres physischen, seelischen und geistigen Körpers. Sie transformieren geistige bzw. feinstoffliche Energie aus feinen, weniger »dicht« schwingenden Ebenen in unsere materielle, »dichte« Ebene und von dieser wieder zurück in die feinstofflichen Ebenen. Ihre Form ist vergleichbar mit einem spiralförmigen Trichter, durch den Energie gleichzeitig hinein und hinaus fließt.
Die Chakren speisen jede Zelle unseres Körpers mit Lebensenergie, oder anders gesagt, mit der Energie aus den Ebenen des Geistes.
Wir speisen mit unserem Leben und den gelebten Erfahrungen unseres Lebens die unendliche Ebene des Geistes und tragen mit unserem Leben und jeder Erfahrung zur Erweiterung des Universums in der physischen Welt bei.
Deshalb stimmt die Aussage einiger Astrophysiker, das Universum dehne sich aus, mit meiner spirituellen Erfahrung überein. Gleichzeitig bin ich auf meinen spirituellen »Reisen« in Ebenen eingetaucht, in der Materie, wie wir sie kennen, verschwindet und an anderer Stelle in neuen Formen wieder entsteht. Bei diesen Erlebnissen sah es so aus, als ob alles sich in unendlichen

Kreisläufen teilte, materialisierte und wieder in sich zusammenfiele.
Das würde nicht dem Modell der Ausdehnung entsprechen. Der Ausdehnungsgedanke ist an die räumliche lineare Weltvorstellung gebunden, nach der alles einen Anfang und ein Ende hat.
Betrachten wir die Welt ohne Anfang und Ende, wie eine unendliche geistige Welle, die sich verdichtet und wieder löst, hat das Universum keinen Anfang, kein Ende, dehnt sich also nicht aus, sondern ist Teil einer unendlichen Bewegung in sich wandelndem beweglichem Zustand.
Es gibt sieben Stufen, in denen sich unendliche geistige Energie in uns in die Verdichtung transformiert.
Jede dieser Stufen hat ein eigenes Transformationszentrum, in dem sie eine besondere Lichtschwingung aufnimmt, mit den anderen 6 Zentren in jeder Zelle unseres Körpers vereint und wieder in die geistige Ebene zurücktransformiert. Diese Transformationszentren werden Chakren genannt. Die Chakren sind in sich geteilt. Sie haben, vereinfacht ausgedrückt, eine körperliche, eine seelische und eine geistige Ebene. So können wir, wie oft beschrieben, den Chakren körperliche Funktionen, seelische Aspekte und gedankliche geistige Energien zuordnen. In diesem Buch werden nur die geistigen Aspekte der Chakren beschrieben, so wie ich hier nur die jeweilige geistige Kraft von Metallen, Mineralien, Pflanzenteilen, Tönen und Gedanken, die bei der Herstellung der Essenzen in Wasser übertragen wird, beschreibe.
Das System der Chakren ist kompliziert und ihre Beschreibung schwierig, da wir mit unseren Sinnen die Dinge nur getrennt wahrnehmen können.
Alle Energien in den Chakren schwingen miteinander und ineinander, so wie in unserem Körper viele verschiedene Energien und Vorgänge miteinander arbeiten und ein Ganzes bilden.

Wir billigen heute allen Lebewesen neben dem Körper auch einen seelischen und einen geistigen Aspekt zu. Den Körper können wir sehen, die Seele und den Geist nicht. Die Seele ist der Anteil in uns, der die Gefühlswelt darstellt, der Geist ist die All-bewußte Gedankenwelt. Das heißt, wir haben nicht nur den sichtbaren, »materiellen« Körper, sondern auch einen Gefühls- und einen Geistkörper. Heute sprechen sogar einige Naturwissenschaftler von der Aura eines Menschen. Sie meinen das Magnetfeld oder eine andere Energie, die mit immer feineren Apparaten gemessen wird.

Aus spiritueller Sicht bilden der Gefühls- und der Geistkörper unsere Aura. Diese feinstofflichen Körper schwingen ineinander und sind in jeweils verschiedene Ebenen unterteilt.

Die Chakren transformieren die verschiedenen Ebenen miteinander, verbinden sie und tauschen die Energien aus.

Alle körperlichen Zustände wie Schmerz, Krankheit oder Vitalität und Gesundheit lassen sich von hellsichtigen oder sensitiven Menschen in der Aura erkennen. Auch alle seelischen oder geistigen Zustände zeigen sich in der Aura.

Jedes Gefühl, jeder Gedanke, jede Wahrnehmung, Reaktion oder Aktion unserer gesamten Persönlichkeit, körperlich, seelisch oder geistig, geschieht gleichzeitig in unsrem physischen Körper, unserem Gefühls- und geistigen Körper sowie auf allen physischen und feinstofflichen Ebenen.

Nichts ist getrennt voneinander. Alles durchdringt sich.

Theoretisch läßt sich daher jedes körperliche Leiden auch durch die Behandlung in der Aura heilen und jedes seelische oder geistige Leiden auch durch Körpertherapien. Zusätzlich sollte jede Krankheit und jedes Leiden als eingebunden in das individuelle Schicksal und das Schicksal der Gesellschaft betrachtet werden.

Das persönliche Schicksal bildet einen relativ festen Rahmen für unser Leben. Es geht also bei Heilung oft »nur« um die Akzeptanz

des Leidens und nicht um das »Wiederherstellen« des Körpers, der ja auch manchmal irreparable Schäden nimmt. In der Astrologie stellt das persönliche Horoskop den Rahmen dar, in dem das Schicksal sich abspielt. Vieles darin ist offen und läßt sich von uns gestalten.
Ablehnung gegen sich selbst und das Leben kostet Kraft. Deshalb ist es wichtig im Leben, den eigenen Rahmen und sich selbst zu erkennen, zu akzeptieren und durch die Akzeptanz zu neuen Kräften zu kommen. Damit erweitert sich der Spielraum, in dem wir uns bewegen.
Im Lauf unseres Lebens entwickeln und erweitern wir uns. Vieles wird erreicht, anderes nicht. Jeder Mensch bringt Schwächen mit in sein Leben, aber auch viele Stärken.
Die Schwächen zeigen sich in bestimmten Chakren. Sie sind dann verengt, das heißt nicht sehr licht- oder energiedurchflutet.
Andere Chakren, die unsere Stärken zeigen, schwingen groß und leuchtend. Sind diese »geöffneten« Chakren zu groß und im Vergleich zu den anderen zu sehr geöffnet, zerstreut sich die Energie; auch das schwächt uns.
Es kann daher in diesem Buch nicht um ein übermäßiges Öffnen einzelner Chakren mit Hilfe der Essenzen gehen, sondern um eine möglichst ausgewogene Harmonisierung der einzelnen Energiezentren untereinander.
Die Themen der Essenzen dieses Buches entsprechen den Themen der 7 Hauptchakren des Menschen.
Wir haben unzählige Nebenchakren. Da die Chakren Energietransformatoren sind, könnte man sogar sagen, jede Zelle hat ein eigenes Chakra.
Die Einteilung in 7 Hauptchakren hat eine entwicklungsgeschichtliche Bedeutung und ist eng mit der Entwicklung aller Lebewesen auf der Erde verbunden.

Bleiben wir bei den 7 Hauptchakren:
Die in diesem Buch beschriebenen Essenzen aktivieren verschiedene Schwingungen auf der geistigen Ebene.
Damit können Sie die Chakren, die bei Ihnen verschlossen sind, auf geistiger Ebene behutsam öffnen, soweit es Ihnen zuträglich ist.
Das setzt neben der äußeren Handlung Ihr inneres Einverständnis voraus. Und Ihre innere Bereitschaft, sich zu wandeln. Sie bleiben trotzdem im Rahmen Ihres persönlichen Schicksals, das Sie sich erwählt haben. Doch Sie können Ihre Einstellung zum Leben und zu sich selbst verändern, und damit ändern Sie sehr viel: Neue Kräfte werden aktiviert.
Je weiter wir uns in unserem Leben entwickeln, je mehr wir uns selbst und unsere Schwächen erkennen, desto mehr Energie kann durch unsere Chakren fließen. Dort, wo wir uns nicht entfalten, oder dort, wo wir neue Spannungen und Disharmonien aufbauen, ist der transformierende Energiestrom aus den geistigen Ebenen beeinträchtigt.
Der geistige Anteil in uns wird dann mit weniger Energie versorgt. Gleichzeitig leidet der seelische und körperliche Anteil in uns Mangel. So könnte man sagen, mangelnder geistiger Energiedurchfluß, auch unbewußter, macht krank, sei es auf körperlicher, seelischer oder geistiger Ebene.
Aktivieren wir mit Hilfe von Essenzen den Energiefluß der geistigen Energien in uns, wird der durchfließende Energiestrom stärker und harmonisiert gleichzeitig unseren physischen, seelischen und geistigen Anteil.
Meditation, Visualisierungsübungen oder Affirmationsübungen aktivieren den Energiefluß in unseren Chakren. Auch das Singen, Spielen oder Hören von Musik beeinflußt unsere Chakren.
Da alles mit allem verbunden ist und miteinander schwingt, be-

einflussen aktivierte Chakren auch alle Zellen, Organe und Energiesysteme des Körpers.
In Therapieformen wie der Musiktherapie, Eurythmie, Maltherapie und ähnlichem wird mit Tönen oder Farben das jeweilige Chakra stimuliert.

Die 7 Hauptchakren und ihr Sitz

Das 7. Chakra, auch Kronenchakra genannt, auf der Schädelmitte

Das 6. Chakra, auch das dritte Auge genannt, auf der Stirnmitte

Das 5. Chakra, auch Kehlkopfchakra genannt, auf dem Kehlkopf

Das 4. Chakra, auch Herzchakra genannt, auf der Mitte des Brustkorbs

Das 3. Chakra, auch Solarplexuschakra genannt, oberhalb des Nabels

Das 2. Chakra, auch Sexualchakra genannt, auf der Mitte des Unterbauchs

Das 1. Chakra, auch Basischakra genannt, auf dem Damm

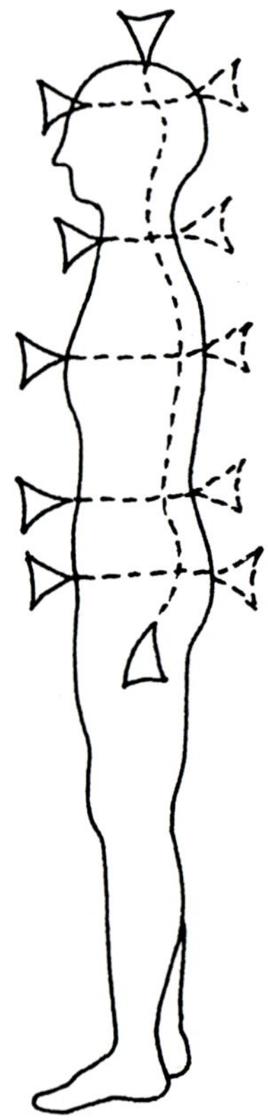

Vereinfachte schematische Darstellung der Chakren. Das unterste (1. Chakra) und das oberste (7. Chakra) zeigen nach unten bzw. oben, alle anderen sind auch nach hinten geöffnet.

Die Chakren symbolisieren mit ihrer Thematik auch die Entwicklungsphasen unseres Lebens. So wie sich die Zellen unseres Körpers einmal in 7 Jahren erneuern, so vollzieht sich unsere geistige Entwicklung ebenfalls im 7-Jahresrhythmus.
Die Themen der Chakren stellen bestimmte Prioritäten von Entwicklungsphasen dar.
Das 1. Chakra symbolisiert die ersten 7 Jahre unsres Lebens: Der erste Schritt ins Leben. Innerhalb dieser 7 Jahre lernt das Kind in 7 Phasen den Schritt ins Leben (Metall-Essenzen L 1–L 7, 1–7 Jahre).
Das 2. Chakra symbolisiert die Trennung von der Mutter und die Erfahrungen in der unbekannten Außenwelt. Auch dieser 2. Schritt vollzieht sich wie alle folgenden in 7 Phasen (Mineral-Essenzen L 13–L 19, 7–14 Jahre).
Das 3. Chakra symbolisiert das Ich, die Bewußtwerdung der eigenen Persönlichkeit und den Raum, den das Ich einnehmen will (Wurzel-Essenzen L 24–L 31, 14–21 Jahre).
Das 4. Chakra symbolisiert die Integration der Innen- mit der Außenwelt. Das Ich (innen) hat sich entfaltet, ist bewußt geworden und vereint sich mit der Welt (außen). In dieser Phase lernen wir, die Trennungs- und Vereinigungsmöglichkeiten im Leben zu erkennen (Blatt-Essenzen L 37–L 43, 21–28 Jahre).
Das 5. Chakra symbolisiert den Schöpfungsgedanken. Die Verantwortung und Position in der Gemeinschaft wird erkannt. Die Fixierung auf das Ich wird abgelegt, der Mensch begreift sich als Teil der Gemeinschaft (Blüten-Essenzen L 49–L 55, 28–35 Jahre).
Das 6. Chakra symbolisiert die Erhebung über die Begrenzung der Realität im materiellen Sinn: Das höhere Bewußtsein wird erkannt und damit die Macht des Bewußtseins (Ton-Essenzen L 61–L 67, 35–42 Jahre).
Das 7. Chakra erkennt die Geistigkeit allen Lebens und entfaltet

ein universelles Bewußtsein, das über alle Begrenzungen hinausgeht (Geist-Essenzen L 73–L 79, 42–49 Jahre).
Danach beginnen wir auf einer gereiften Ebene, mit höher entwickeltem Bewußtsein, wieder mit dem 1. Schritt ins Leben.
Alle 7 Entwicklungsphasen korrespondieren miteinander.
Es ist sinnvoll, bei den Tabellen und Bildern dieses Buches die Chakren und die Listen mit den Essenzen und ihren Themen von unten nach oben zu betrachten. Von unten nach oben geht der Entwicklungsweg unserer Lebensthemen. Anhand der Tabelle S. 605 können Sie feststellen, in welcher Entwicklungsphase Sie sich befinden (in welchem 7-Jahresrhythmus und welchem Jahresthema innerhalb dieser Phase). Die entsprechende Essenz könnte ein Einstieg für Sie sein, falls Sie sich in den anderen Beschreibungen nicht so richtig wiederfinden. Genaueres im Kapitel: Wie finde ich die richtige Essenz (Seite 117)?
Chakren sind geistige Energiezentren. Sie werden auch als Lichtzentren bezeichnet. Ich habe bei meinen Experimenten mit den Essenzen verschiedene Licht- und Energiequalitäten in der Aura wahrgenommen. Deswegen haben alle Essenzen, die den Chakren-Energien entsprechen, die Bezeichung Licht-Essenz, verkürzt: L-Essenz. Die L–Essenzen lassen die Aura in feinen Lichtströmen schwingen, mit gedanklichen Veränderungen. (Die E–Essenzen wirken vitalisierend und mit Energieströmen, die auch körperlich wahrnehmbar sind. Sie haben großen Einfluß auf unsere Handlungsfähigkeit, die L-Essenzen auf unsere Gedankenwelt.)
Zusätzlich zu den L-Essenzen, die in diesem Buch beschrieben werden (jeweils 7 je Chakraebene), gibt es 5 Elemente-Essenzen, für jede der 7 Chakraebenen. Elemente-Essenzen beziehen sich auf die 5 Elemente.
Wir sind geistige Wesen, aber auch Menschen aus Fleisch und Blut, aus den 4 Elementen Erde, Wasser, Feuer und Luft und dem

5. Element. Es wird in vielen Büchern Akasha genannt. Ich nenne das 5. Element Leben, denn die Bedeutung des indischen Wortes Akasha ist mir unklar. Nach meinen spirituellen Erfahrungen entspricht der Begriff Leben oder Göttliche Schöpfung etwa der Bezeichnung Akasha. Bei meinen spirituellen Wahrnehmungen, die ich z. B. im Kapitel »Eine Reise in die Tiefen meines Körpers und den Körper der Erde«, S. 51–76 beschreibe, begegnet mir im 5. Element die harmonisch golden schimmernde Schönheit der Schöpfung in ihren vielen Ausdrucksformen. Deshalb verwende ich hier das Wort Leben oder den Begriff 5. Element. Es bedeutet die Vereinigung aller 4 Elemente, die das Wunder Leben ausmacht.
Die Elemente sind den unteren 5 Chakren zugeordnet. Sie sind der »Stoff«, aus dem der Geist den Körper schafft. Oder anders gesagt: Sie geben uns das Leben auf der Erde und die Form des Lebens in seiner materiellen Begrenzung.

5. Element	Leben	5. Chakra
4. Element	Luft	4. Chakra
3. Element	Feuer	3. Chakra
2. Element	Wasser	2. Chakra
1. Element	Erde	1. Chakra

So wie die Chakren bestimmte Entwicklungsphasen darstellen, so stellen die Elemente auf geistiger Ebene Energien dar, die bestimmte reale Erfahrungen im Leben symbolisieren.
Die Elemente machen unseren Körper aus, sie ermöglichen uns ein Leben in der Materie, in der uns bekannten Realität.
Alle Lebewesen, alle Materie auf der Erde ist den Gesetzen der Elemente unterworfen. Ohne sie gibt es kein Leben in der uns bekannten Form.

Aus spiritueller Sicht sind die Elemente die Kräfte, die uns leben lassen, die uns den Boden, das Wasser, die Wärme und die Luft zum Atmen geben. Sie geben uns Nahrung und den Raum zum Leben. Der Raum zum Leben ist der Raum für geistiges Wachstum.

Unser Leben *ist* geistiges Wachstum. Jedes Leben. Dazu sind wir hier. Dazu leben wir mit Hilfe der Elemente, die uns den physischen Raum, den Planeten Erde und unseren physischen Körper zur Verfügung stellen.

In anderen Kulturen werden die Elemente als Götter verehrt, denn ihre Kräfte sind unendlich groß.

Auf geistiger Ebene bilden die Elemente den Raum für unsere Erfahrungen in der Materie, geben uns Leben in einem begrenzten Zeitraum, in einem begrenzten Körper auf der Erde.

5. Element	Leben	Leben als Wachstum in einem begrenzten Zeitraum
4. Element	Luft	Ende und Neuanfang
3. Element	Feuer	Erkenntnis
2. Element	Wasser	Bewegung
1. Element	Erde	Anfang des Wachstums

In den Essenzen finden wir diese 5 Kräfte auf allen 7 Chakraebenen wieder.

Zuordnung der 12 Essenzen jeder Chakra-Ebene.
Jede Chakra-Ebene entspricht den Essenzgruppen Metalle, Mineralien, Wurzeln, Blätter, Blüten, Töne und Geist.

Essenzgruppen	Chakra-Zuordnung	Essenz-Bezeichnung	Elemente-Zuordnung	Essenz-Bezeichnung
12 Geist-Essenzen	7. Chakra	L 7	–	–
12 Ton-Essenzen	6. Chakra	L 6	–	–
12 Blüten-Essenzen	5. Chakra	L 5	Element Leben	E 5
12 Blatt-Essenzen	4. Chakra	L 4	Element Luft	E 4
12 Wurzel-Essenzen	3. Chakra	L 3	Element Feuer	E 3
12 Mineralien-Essenzen	2. Chakra	L 2	Element Wasser	E 2
12 Metall-Essenzen	1. Chakra	L 1	Element Erde	E 1

Jedes der 7 Chakren hat 7 Ebenen. Oder anders gesagt: In jedem der 7 Chakren finden wir die Anteile aller anderen 7 Chakren. Jede der 7 Ebenen in einem Chakra ist in erster Priorität einem der 7 Chakren zugeordnet. Das sind die Licht-Essenzen. (Siehe: die Entwicklungsschritte eines Menschen im 7-Jahresrhythmus, Seite 99f.)
Die Elemente-Essenzen beziehen sich auf die 5 Elemente. Jedes Element wird einem der ersten 5 Chakren zugeordnet und ordnet sich so in 5 Ebenen: E 1 bis E 5.
Die 5 Elemente wirken auf jede der 7 Chakra-Ebenen. Deshalb gibt es für jede der 7 Chakra-Ebenen 5 Elemente-Essenzen. Zusammen mit den 7 Licht-Essenzen für jede der 7 Chakra-Ebenen gibt es also 7 Licht-Essenzen und 5 Elemente-Essenzen = 12 Essenzen für jede Chakra-Ebene.
Das ergibt für alle 7 Chakra-Ebenen 7 mal 12 = 84 Essenzen.
Das sind die Essenzen dieses Buches.
Die Auswahl der verschiedenen Metalle, Mineralien und Pflanzenteile zur Herstellung der Essenzen ist das Ergebnis vieler Experimente.

Manchmal habe ich meine Wahrnehmungen mit kinesiologischen Tests nachgeprüft, besonders bei jenen Themen, die durch meine eigenen Schwächen beeinflußt sein könnten.
Neben den verschiedenen Lichtqualitäten nehme ich in der Aura verschiedene Farben und Formen wahr, die ich interpretiere. Das ist eine subjektive Interpretation. Zusätzlich formulieren sich in mir Gedanken oder Energieströme, die ich in Worte übersetze. Die Licht-Essenzen lösen in mir leichtschwingende gedankliche Wahrnehmungen aus in Verbindung mit Formen und Farben.
Meine Wahrnehmungen der Elemente-Ebenen sind anders: Ich empfinde sie körperlich in Verbindung mit den Elementen der Erde.
Bei allen Elemente-Essenzen E 1, also dem Element Erde zugehörig, »sehe« ich die Erde in mir und fühle Kraft in mir wie in einer Art Kugel. Es sind Kraft und Stärke, die in mich fluten wie ein Gefühl von beschwingter Kraft, das zu tun oder zu sein, was ich bin. Bei allen E 2-Essenzen, die zu dem Element Wasser gehören, spüre und sehe ich fließende Ströme in Bewegung, die mich innerlich in Bewegung setzen. Bei allen E 3-Essenzen flammen Erkenntnisse wie Blitze in mir auf. Bei den E 4-Essenzen fühle ich die Erleichterung, Dinge loszulassen, wie ein In-die-Luft-abgeben, um neu anzufangen. Bei der E 5-Ebene bin ich in einem Gefühl des Einverstandenseins mit dem, was ist. Das alles geschieht mit den verschiedenen 7 Themen. Die Licht-Essenzen beeinflussen also mit ihrer jeweiligen differenzierten Lichtschwingung die innere geistige, beziehungsweise gedankliche Lebenseinstellung in uns mit Auswirkungen auf Körper, Seele und Geist.
Die Elemente-Essenzen beeinflussen mit ihrer jeweiligen Energie die vitalen geistigen Kräfte in uns. Durch sie können wir Geistiges in die Realität umsetzen.

Ein Beispiel: Sie erkennen, daß es Ihnen nicht an Kreativität, sondern daran mangelt, Ihre Kreativität aus sich herausströmen zu lassen. Sie sind wie blockiert, obwohl Ihnen ganz klar bewußt ist, was Sie sagen oder ausdrücken wollen. Nur wie? Das ist die Blockierung. Die Essenz dazu wäre die Blütenessenz E 2. (Siehe Affirmation Seite 417.)
Ein anderes Beispiel: Sie haben ein gutes Selbstwertgefühl. Sie gefallen sich, finden sich stark. Doch in Gesellschaft schwindet diese Stärke. Sie schieben das auf die Anderen oder die Umstände. Die Stimmung war wieder mal nicht so gut. Oder jemand hat Sie demoralisiert. Dann wäre E 3 auf der Wurzelebene eine Möglichkeit, Essenz 34: Sie erkennen, daß Ihre Kraft nicht von den äußeren Umständen abhängt, sondern von Ihnen selbst. Sie erkennen, welchen Raum Sie mit Ihren Kräften beleuchten können und wieweit Ihre innere Kraft strahlen kann. (Siehe Affirmation, Seite 303.) Sie werden Ihr eigenes »Feuer«, das alle anderen mitbeleuchtet. Sie fühlen die Kraft des Bewußtseins der Erde, das in Sie strömt und Sie nährt. Sie schaffen sich jetzt Umstände, in denen Sie stark sein können. Auf der Licht-Ebene wäre L 3 die Zentrierung auf die eigene innere Kraft, das Erkennen der eigenen zentrierenden Bewußtseinskraft grundsätzlich, um sich von Erlebnissen oder Umständen unabhängig zu fühlen.
Bitte beachten Sie, daß diese Beispiele nur Annäherungen sein können, denn alle Menschen sind so kompliziert und einzigartig, daß es genaue Beispiele nicht gibt.
Die innere Einstellung »Ich bin nicht kreativ« ist ein Irrglaube. In Wirklichkeit sind alle Menschen kreativ, denn ihr Leben ist eine einzigartige eigene Kreation (5. Ebene). Oder: »Ich bin unwichtig« ist ein Irrglaube. Alle Menschen sind gleich wichtig, denn sie leisten einen wichtigen Beitrag für die Schöpfung. Kein Beitrag ist mehr oder weniger wichtig (3. Ebene).

Jeder Irrglaube ist in ein kompliziertes Muster unserer Gesamtpersönlichkeit verwoben, die sich aus vielen Leben zusammensetzt. Die Beispiele sind also nur Richtlinien. Ihren eigenen Irrglauben sollten und können nur Sie selbst wirklich erkennen. Und haben Sie ihn erkannt, können Sie sich von ihm befreien.

Um die Wirkung der Essenzen zu verstehen, ist es wichtig, die Unterscheidung zwischen den Licht- und Elemente-Essenzen zu verstehen. Die 7 L-Essenzen stellen in 7 Stufen unsere geistige Einstellung zum Leben dar.

Es sind grundsätzlich geistige Einstellungen. Sie betreffen das eigene Leben und das Leben überhaupt.

Eine grundsätzliche Lebenseinstellung ist zum Beispiel: »Das Leben ist so schwer.« Diese Einstellung beinhaltet auch: »Mein Leben ist so schwer.« (Metall-Essenz 1, L 1.)

Oder: »Die Menschen sind schlecht.« Das enthält auch den Gedanken: »Ich bin schlecht«. Oder: »Ich bin getrennt von allen Menschen. Ich polarisiere. Die Menschen sind schlecht bzw. gut, ich bin gut bzw. schlecht. Ich akzeptiere die Polaritäten des Lebens nicht.« (Metall-Essenz 2, L 2.)

Das bedeutet, daß die grundsätzliche Lebenseinstellung immer auch eine Auswirkung auf das eigene Ich hat. Mit einer Essenz der Lichtebene können Sie die grundsätzliche Lebenseinstellung positiv beeinflussen. Das hat Auswirkung auf Ihr persönliches Lebensgefühl.

Auf den Seiten 544 bis 557 finden Sie eine Übersicht der 7 grundsätzlichen Themen in bezug auf Ihre Lebenseinstellungen und Ihre Lebenseinstellungen zu den Erfahrungen, die zu der jeweiligen Essenzgruppe gehört.

Wenn Sie Ihr Thema gefunden haben, müssen Sie noch einmal differenzieren: Innerhalb Ihres Themas gibt es 7 Varianten. Für eine sollten Sie sich entscheiden.

Fällt Ihnen die Entscheidung zu schwer, beginnen Sie mit der Essenz L1, indem Sie morgens und abends einige Tropfen in einem Schluck Wasser trinken. Oder Sie tragen die Essenz auf das mit dem Thema korrespondierende Chakra auf. Manchmal geht es sehr schnell, aber spätestens nach einer Woche sollten Sie eine Wirkung spüren. Sie kann heftig sein oder sehr fein:
Etwas in Ihnen entspannt sich. Sie schließen mit einem grundsätzlichen Lebensthema inneren Frieden. Sie beginnen, die Welt zu akzeptieren, wie sie ist.
Ein Beispiel auf der Metallebene L 2: Essenz 2.
Sie spüren, die Welt ist schlecht und schön. Sie ändert sich. Sie ist mal schlechter und mal besser. Denn die Welt ist genau wie Sie selbst. Mal gut, mal schlecht, mal Himmel, mal Hölle. Sie beginnen, langsam zu erkennen, daß das Gute ja nur gut sein kann, wenn es sich im Schlechten spiegelt.
Sind Sie sicher, das richtige Thema für sich gefunden zu haben, seien Sie nicht ungeduldig.
Manchmal baut unser ganzes Lebensgebäude auf einer bestimmten geistigen Einstellung auf, und es ist schwer, sich davon zu lösen.
Dann dauert es länger. Oder Sie möchten lieber an Ihrer Einstellung festhalten, denn jede geistige Haltung ist eine wertvolle Erfahrung, die auch gelebt werden will. Dann kann der Effekt der Essenz sein, daß Sie sich mitsamt Ihrer Einstellung besser akzeptieren.
Nach meinen persönlichen spirituellen Erfahrungen ist auf der geistigen Ebene nichts schlecht, böse, oder verabscheuungswürdig. Auf der geistigen Ebene entfällt die Wertung. Alles ist. Alles existiert als Erfahrung. Alles trägt zur kosmischen Erweiterung bei. Alles hat seine Berechtigung.
Es geht um die Akzeptanz aller Dinge.

Sind wir in der Lage, das Leben und uns selbst zu akzeptieren, beginnen wir uns zu entspannen. Durch die Entspannung werden neue Kräfte frei, die uns dann zur Verfügung stehen, um etwas in uns oder in unserem Leben zu ändern. Ändern wir nichts, ist auch das zu akzeptieren. Denn auch in der Nichtänderung liegt ein wichtiger Erfahrungswert.

Die Elemente-Essenzen berühren einen anderen Aspekt in uns.

Sie betreffen unsere Begrenzung im Leben, denn das körperliche Erleben und Leben auf der Erde mit Hilfe der Elemente ist begrenzt. Damit berühren die Elemente-Essenzen unsere Einstellung zu unserem individuellen Schicksal. Dazu gehören die Erfahrungen unseres Lebens: Die Schicksalsschläge, die Erlebnisse von Trennung, alles, was wir als ungerecht empfinden, zum Beispiel die eigene Stellung in der Gesellschaft oder die mangelnde Achtung, die uns entgegengebracht wird. So erfahren wir Grenzen und Einschränkungen. Wir müssen lernen, sie zu akzeptieren oder zu überwinden. Grenzen und Einschränkungen lassen sich überwinden, allerdings in einem festgesetzten Rahmen.

Haben sich die Dinge in Form von irreparablen körperlichen Schäden manifestiert, lassen sich die Beschränkungen nicht verändern, aber die Einstellung dazu. Ich fühlte mich im Leben oft durch meine physische Instabilität eingeschränkt.

Heute kann ich meinen Körper mit seinen Problemen als notwendige Bremse für mich akzeptieren.

Meine gesundheitlichen Probleme halten mich davon ab, die Körperebene als zu unwichtig zu betrachten. So habe ich verborgene Schätze hinter meiner schwersten Krankheit entdeckt.

Zurück zu den Elemente-Essenzen.

Sie wirken nicht auf die grundsätzlichen Lebenseinstellungen, sondern auf die Einstellung zu bestimmten Erfahrungen, die Sie im Leben machen.

Zum Beispiel: Sie erfahren Ihr Leben als langweilig und unwichtig. Das bedeutet, der Energiefluß ist gemindert, der Sie Ihr Leben als einzigartig, kreativ und besonders erkennen läßt.
Das ist die 5. Elemente-Ebene (Blüten-Essenzen).
Oder Sie erkennen Ihre eigene Macht über Ihr Schicksal nicht. Sie fühlen sich ohnmächtig und lassen passiv die Dinge über sich ergehen. Sie denken: »Ich kann sowieso nichts ›ändern‹.«
Das deutet auf die 6. Elemente-Ebene (Ton-Essenzen, die Vokale).
Die Elemente-Essenzen beziehen sich in 7 Ebenen auf Ihre konkreten Lebenserfahrungen.

Das sind die 7 Ebenen und ihre Bedeutung:

Metall-Ebene	Ihre Einstellung zu der Erfahrung Leben in der materiellen Welt. Sind Sie gerne in einem Körper mit den dazugehörenden körperlichen Erfahrungen?
Mineralien-Ebene	Ihre Einstellung zu den Erfahrungen der Gefühlswelt, die Bewegung ins Leben bringt. Vertrauen Sie Ihrem Wachstum mit den Gefühlen?
Wurzel-Ebene	Ihre Einstellung zu sich selbst. Erkennen Sie sich selbst in Ihren Erfahrungen und erkennen Sie Ihre eigenen Grenzen? Oder machen Sie für Begrenzungen die Lebensumstände verantwortlich?
Blatt-Ebene	Ihre Einstellung zu den Trennungen im Leben. Erkennen Sie die Erneuerungskraft, die in einer Trennung liegt, oder wollen Sie an einer schönen Erfahrung ewig festhalten?

Blüten-Ebene	Ihre Einstellung zum Leben in allen Erfahrungen. Erkennen Sie, wie kreativ Ihr eigenes Leben mit all seinen Erfahrungsmöglichkeiten ist?
Ton-Ebene	Ihre Einstellung zu Ihrer eigenen Macht und zu IhrerVerantwortung allen Ihren Erfahrungen gegenüber. Erkennen Sie, daß Sie selbst Ihr Leben mit seinen Erfahrungen entwerfen?
Geist-Ebene	Ihre Einstellung zu Ihrem eigenen Schicksal und Ihrem Tod. Erkennen Sie, daß Leben geistiges Wachstum bedeutet, das Sie unsterblich macht? Erkennen Sie, daß Ihre Erfahrungen begrenzt, doch im geistigen Sinne auch unendlich sind?

Diese Einstellungen können durch die vitalen Energien der Elemente-Essenzen aktiviert werden.
Sie können auf 5 mögliche Arten blockiert sein:
Jede Blockierungsmöglichkeit entspricht einem Element:

1. Erde	Gefühl von Schwäche statt Stärke und Wachstumskraft. (Alle E 1-Essenzen)
2. Wasser	Gefühl von Blockierung. Der Fluß, die Beweglichkeit ist gehemmt. (Alle E 2-Essenzen)
3. Feuer	Gefühl von Nichterkennen, was eine Erfahrung zur Erweiterung des Ichs bringt. Der innere Raum bleibt im Dunkeln. (Alle E 3-Essenzen)
4. Luft	Das Erlebte, die Erfahrung kann nicht losgelassen werden. Sie klebt, und die Regenerationskraft ist gehemmt. (Alle E 4-Essenzen)

5. Leben — Das Leben mit seinen Erfahrungen ist nicht schön, es scheint eine unharmonische sinnlose Last. Erfahrungen lassen nicht wachsen, sondern machen immer schwächer. Jede Erfahrung ist nur die Bestätigung der immer wieder erlebten Niederlage. (Alle E 5-Essenzen)

Die Schwingungen der Elemente lassen sich nicht tabellarisch bestimmten Lebensphasen zuordnen. In der Sekunde unserer Zeugung vereinen sich die Elemente in einem Funken, symbolisch, wie der Urknall, der unser Leben beginnen läßt. In dieser Sekunde vereinen sich die 4 Elemente Erde, Wasser, Feuer und Luft zu einer Einheit, der Einheit des 5. Elements: Leben. Alle 4 Kräfte bestimmen weiterhin unser Leben. Zwar finden wir die 4 Elemente in den 4 Jahreszeiten wieder, doch alle Zeitpunkte für bestimmte Erfahrungen im Leben sind so individuell wie unser Horoskop. Sie sollten die Elemente-Essenzen also nach der individuellen Blockierung aussuchen. Die Blockaden können sich auf einzelne Erfahrungen beziehen oder auf das Leben in einem Körper grundsätzlich (Metalle E 1–E 5).

Die Geist-Ebenen der Elemente-Essenzen beziehen sich auf das Sterben beziehungsweise den Tod und die Unsterblichkeit aller Erfahrungen.

Die richtige Essenz kann Ihnen helfen zu erkennen, wieviel Kraft in Ihnen verborgen ist. Und sie kann Ihnen helfen, durch neue Vorstellungen von sich selbst diese Kraft auch zu verwenden.

Geistige Essenzen sind also nicht nur eine Akzeptanz-, sondern auch eine Erkenntnistherapie.

Die Essenzen dieses Buches können Ihnen helfen, inneren Frieden zu finden. Frieden mit sich selbst und der Welt, so wie sie ist. Sie können lernen, die Unabänderlichkeiten zu akzeptieren und innere Blockaden zu überwinden. Beides ist Teil unsres Lebens: Akzeptanz und Überwindung. Beides ist nötig und möglich. Beides kann Ihnen mehr Kraft zufließen lassen. Und: Ändern wir einen winzigen Teil an uns, so ändert sich die ganze Welt.

Astrologisch gesehen sind den 12 Essenzen jeder Chakra-Ebene Planeten zugeordnet.
Ich beschränke mich hier auf die Auflistung und die verkürzte Interpretation der Planeten und ihre Beziehung zu den Essenzen. Ich habe keine astrologische Ausbildung und bin eher zufällig auf die Zuordnung gestoßen. Es ist möglich, die Essenzen genau nach dem Horoskop, den Transiten und anderen Aspekten zuzuordnen, dies würde aber ein eigenes Buch erfordern.

Hier die Interpretationen der 7 Chakraebenen in Beziehung zu den astrologischen Deutungen der Planetenschwingungen.

7. Chakra	Pluto	Unendliche geistige Kraft	Alle L 7-Essenzen
6. Chakra	Neptun	Inneres intuitives »All«-Wissen	Alle L 6-Essenzen
5. Chakra	Sonne	Einssein mit der Schöpfung	Alle L 5-Essenzen
4. Chakra	Merkur	Integration und Weitergabe allen inneren und äußeren Wissens	Alle L 4-Essenzen
3. Chakra	Uranus	Das Ich in Beziehung zum Kosmos	Alle L 3-Essenzen
2. Chakra	Mond	Das Unbekannte, die andere Seite	Alle L 2-Essenzen
1. Chakra	Mars	Lebenskraft	Alle L 1-Essenzen

Und so können die 5 Elemente-Ebenen in Beziehung zu den astrologischen Deutungen der Planetenschwingungen gesetzt werden:

5. Element	Sonne	Das eigene Schicksal Das Ich in seiner Begrenzung durch die Elemente, begrenzt und Teil der unendlichen Schöpfung (Die Sonne bildet eine Einheit mit der Sonne auf der 5. Chakraebene.)	Alle E 5-Essenzen
4. Luft	Venus	Trennung und Vereinigung im Austausch als immer neues Wachstum in der Begrenzung	Alle E 4-Essenzen
3. Feuer	Jupiter	Erweiterung durch Selbsterkenntnis im begrenzten Raum	Alle E 3-Essenzen
2. Wasser	Saturn	Bewegung in der Begrenzung der Materie	Alle E 2-Essenzen
1. Erde	Erde	Der Anfang Ausgangspunkt für Wachstum in der Begrenzung der Materie	Alle E 1-Essenzen

In der Astrologie geht es darum, die in unserem Lebensmuster angelegten Aspekte und Planetenstellungen im Lauf der Zeit zu harmonisieren oder durch Lebenserfahrung (Erkenntnis) in uns auszusöhnen.
Den 12 Essenzen jeder Chakra-Ebene, also den 12 Metall-Essenzen, den 12 Mineralien-Essenzen, den 12 Wurzel-Essenzen, den 12 Blatt-Essenzen, den 12 Blüten-Essenzen, den 12 Ton-Essenzen und den 12 Geist-Essenzen, werden jeweils die gleichen 12 Planeten zugeordnet.

L 7	Pluto		
L 6	Neptun		
L 5	Sonne	E 5	Sonne
L 4	Merkur	E 4	Venus
L 3	Uranus	E 3	Jupiter
L 2	Mond	E 2	Saturn
L 1	Mars	E 1	Erde

Diese Zuordnung wiederholt sich siebenmal, da es sich wie in den Essenzen um die gleiche Energie auf 7 verschiedenen Schwingungsebenen handelt. Das bedeutet:

7 L 7-Essenzen sind dem Pluto zugeordnet:
Die Essenzen 7, Essenz 19, Essenz 31, Essenz 43, Essenz 55, Essenz 67, Essenz 79, und zusätzlich dem Planeten der Ebene, auf der Sie sich befinden.

7 L 6-Essenzen sind dem Neptun zugeordnet:
Essenz 6, Essenz 18, Essenz 30, Essenz 42, Essenz 54, Essenz 66, Essenz 78, und zusätzlich dem Planeten der Ebene, auf der Sie sich befinden.

7 L 5-Essenzen sind der Sonne zugeordnet:
Essenz 5, Essenz 17, Essenz 29, Essenz 41, Essenz 53, Essenz 65, Essenz 77, und zusätzlich dem Planeten der Ebene, auf der Sie sich befinden.

7 L 4-Essenzen sind dem Merkur zugeordnet:
Essenz 4, Essenz 16, Essenz 28, Essenz 40, Essenz 52, Essenz 64, Essenz 76, und zusätzlich dem Planeten der Ebene, auf der Sie sich befinden.

7 L 3-Essenzen sind dem Uranus zugeordnet:
Essenz 3, Essenz 15, Essenz 27, Essenz 39, Essenz 51, Essenz 63, Essenz 75, und zusätzlich dem Planeten der Ebene, auf der Sie sich befinden.

7 L 2-Essenzen sind dem Mond zugeordnet:
Essenz 2, Essenz 14, Essenz 26, Essenz 38, Essenz 50,Essenz 62, Essenz 74, und zusätzlich dem Planeten der Ebene, auf der Sie sich befinden.

7 L 1-Essenzen sind dem Mars zugeordnet:
Essenz 1, Essenz 13, Essenz 25, Essenz 37, Essenz 49, Essenz 61, Essenz 73, und zusätzlich dem Planeten der Ebene, auf der Sie sich befinden.

Das gleiche Muster finden wir bei den Elemente-Essenzen.

7 E 5-Essenzen sind der Sonne zugeordnet:
Essenz 12, Essenz 24, Essenz 36, Essenz 48, Essenz 60, Essenz 72, Essenz 84, und zusätzlich dem Planeten der Ebene, auf der Sie sich befinden.

7 E 4-Essenzen sind der Venus zugeordnet:
Essenz 11, Essenz 23, Essenz 35, Essenz 47, Essenz 59, Essenz 71, Essenz 83, und zusätzlich dem Planeten der Ebene, auf der Sie sich befinden.

7 E 3-Essenzen sind dem Jupiter zugeordnet:
Essenz 10, Essenz 22, Essenz 34, Essenz 46, Essenz 58, Essenz 70, Essenz 82, und zusätzlich dem Planeten der Ebene, auf der Sie sich befinden.

7 E 2-Essenzen sind dem Saturn zugeordnet:
Essenz 9, Essenz 21, Essenz 33, Essenz 45, Essenz 57, Essenz 69, Essenz 81, und zusätzlich dem Planeten der Ebene, auf der Sie sich befinden.

7 E 1-Essenzen sind der Erde zugeordnet:
Essenz 8, Essenz 20, Essenz 32, Essenz 44, Essenz 56, Essenz 68, Essenz 80, und zusätzlich dem Planeten der Ebene, auf der Sie sich befinden.

Planet	Ebene	Metall	Mineral	Wurzel	Blatt	Blüte	Töne	Geist
		Licht-Essenzen	Licht-Essenzen	Licht-Essenzen	Licht-Essenzen	Licht-Essenzen	Licht-Essenzen	Licht-Essenzen
PLUTO	L 7	7	19	31	43	55	67	79
NEPTUN	L 6	6	18	30	42	54	66	78
SONNE	L 5	5	17	29	41	53	65	77
MERKUR	L 4	4	16	28	40	52	64	76
URANUS	L 3	3	15	27	39	51	63	75
MOND	L 2	2	14	26	38	50	52	74
MARS	L 1	1	13	25	37	49	61	73
		Mars	Mond	Uranus	Merkur	Sonne	Neptun	Pluto

		Metall	Mineral	Wurzel	Blatt	Blüte	Töne	Geist
		Elemente-Essenzen	Elemente-Essenzen	Elemente-Essenzen	Elemente-Essenzen	Elemente-Essenzen	Elemente-Essenzen	Elemente-Essenzen
SONNE	E 5	12	24	36	48	60	72	84
VENUS	E 4	11	23	35	47	59	71	83
JUPITER	E 3	10	22	34	46	58	70	82
SATURN	E 2	9	21	33	45	57	69	81
ERDE	E 1	8	20	32	44	56	68	80
		Erde	Saturn	Jupiter	Venus	Sonne	Die Aspekte	Die komplementäre Planetenenergie

WIE FINDE ICH DIE RICHTIGE ESSENZ?

Wichtig für die richtige Wahl ist, daß Sie sich für Ihre eigene Kreativität öffnen. Denn Sie sind kreativ. Sie selbst sind eine wunderbare Kreation, einzigartig und besonders.

Unendliche Möglichkeiten sind in Ihnen verborgen, und es ist Ihre eigene Entscheidung, zusammen mit Ihrem unbewußten Höheren Selbst, welche Kräfte Sie in sich selbst entfalten und welche nicht. Glauben Sie an Ihre eigenen Kräfte und Fähigkeiten. Fällt Ihnen das schwer, können die Essenzen dabei helfen. Ihre inneren geistigen Räume sind unendlich groß und schön, unabhängig von Ihrem jetzigen äußeren Leben.

Mit der Öffnung für die Essenzen tun Sie den ersten Schritt, sich Ihre inneren Räume zu erschließen und zu erweitern, was dann Rückwirkung auf Ihr äußeres Leben hat. Jede Essenz ist wie ein leuchtender flüssiger Diamant. Keine Essenz bleibt ohne Wirkung. Vielleicht wirkt sie manchmal auf eine unerwartete Art und Weise.

Nie kann sie Ihnen schaden. Sie trägt immer zu Ihrer Erweiterung bei, auch wenn die Wirkung nicht sofort in Ihr Bewußtsein dringt. Auf den Seiten 544 bis 557 finden Sie alle Themen zu den verschiedenen Essenz-Gruppen im Überblick. Jedes Thema wird in seinen Stärken und Schwächen dargestellt, in denen Sie sich erkennen können.

Haben Sie Ihr Thema oder Ihre Essenz-Gruppe gefunden und sich vielleicht auch schon entschieden, ob Sie eine grundsätzliche Lebenseinstellung (Licht-Essenz) oder die Einstellung zu einer be-

stimmten Erfahrung (Elemente-Essenz) behandeln wollen, lesen Sie die Affirmationen bzw. ihre Kurzformen, die zu der entsprechenden Essenz-Gruppe gehören. Die Differenzierungen zwischen den Elemente-Essenzen sind vielleicht leichter zu erkennen als die der Licht-Essenzen.
Bei den Elemente-Essenzen können Sie unterscheiden, ob der Anfang einer Erfahrung nicht akzeptabel für Sie ist oder war (E 1) oder Ihre Beweglichkeit blockiert ist, aus der Erfahrung etwas zu machen (E 2), ob Sie den Sinn der Erfahrung nicht erkennen (E 3), ob Sie sich nicht trennen können von einer Erfahrung und für neue Erfahrungen nicht öffnen können (E 4), oder als letztes, ob Sie die gesamte Erfahrung nicht als Teil Ihres gesamten Wachstumprozesses akzeptieren oder Ihr geistiges Wachstum nicht erkennen können (E 5).
Das sind die Prinzipien der Elemente-Essenzen, die sich in 7 verschiedenen Themen wiederholen.
Fällt Ihnen die Unterscheidung der 7 Licht-Essenzen schwer und können Sie nicht genau unterscheiden, welche auf Ihre Lebenseinstellung zutrifft, beginnen Sie mit der Licht-Essenz L 1 der von Ihnen ausgewählten Essenzgruppe. Geben Sie einige Tropfen auf Ihr Herz-Chakra morgens und abends vor dem Schlafengehen.
Möchten Sie die Tropfen lieber in Wasser einnehmen, tun Sie beides: Geben Sie einige Tropfen auf Ihr Herzchakra und trinken Sie zusätzlich einige Tropfen in Wasser. Das machen Sie morgens und abends, mindestens eine Woche lang. Damit öffnen Sie Ihr Herz. Mit geöffnetem Herzen können Sie sich selbst klarer erkennen und den Weg des Wandels leichter sehen.
Seien Sie kreativ bei der Wahl der richtigen Essenz. Alle Schwingungen, die in den Essenzen enthalten sind, schwingen auch in Ihnen. Sie aktivieren in sich das, was schon da ist. Mit Hilfe der Essenz geben Sie vielem, das in Ihnen verborgen und verschüttet

ist, ein neues Gewicht, neue Klarheit und Schönheit. Es wird nichts Neues hinzugefügt, sondern Vorhandenes leuchtet auf.
Sie können die Essenzen auch parallel zur Homöopathie, den Bach-Blüten oder anderen Methoden nehmen, die Sie schon anwenden. Die Essenzen »beißen« sich mit nichts, sie bewirken, daß Ihr Geist freier wird.
Versuchen Sie sich wie ein Kunstwerk zu sehen, das Sie mit Hilfe der Essenzen in unveränderten Farbkompositionen und Energien aufleuchten lassen.
Erkennen Sie Ihren Lebensweg als Kunstwerk, dem Sie einige neue Möglichkeiten eröffnen.
Die Affirmationen in diesem Buch helfen bei der Auswahl der richtigen Essenz und verstärken die Wirkung. Nehmen Sie eine Essenz, reicht es, wenn Sie den Text der Affirmation ab und zu lesen und die Schwingung der Wörter durch sich fließen lassen. Sie brauchen dazu nicht alles, was im Text steht, intellektuell nachzuvollziehen.
Ich habe in allen Affirmationen versucht, die Schwingungen der Impulse, die ich wahrnehme, so direkt wie möglich in Worte zu kleiden. Es geht also mehr um die Wortschwingung und den Geist hinter den Worten als um die Worte selbst.
Möchten Sie ohne Essenzen nur mit den Affirmationen arbeiten, sollten Sie die Texte der entsprechenden Essenz, für die Sie sich entschieden haben, mehrmals am Tag laut lesen. Die Methode, sich mit Affirmationen zu verändern, entspricht der 6. Ebene. Mit Klangschwingungen werden Körper, Seele und Geist solange durchflutet, bis eine Wandlung geschehen kann. (Das gleiche bewirken Visualisierungsübungen, bestimmte Gesänge oder Gebete.)
Das alles kann Prozesse des Wandels auslösen, die sich auf körperlicher, seelischer oder geistiger Ebene manifestieren.

Grundsätzlich gilt: Die Affirmation unterstützt die Wirkung der Essenz, und die Essenz unterstützt die Wirkung der Affirmation bzw. des geistigen Inhalts hinter der Affirmation.
Halten Sie jede Behandlung mit einer Essenz eine Zeitlang durch. Es gibt keine Regel, wie lange es dauert, bis Sie die Wirkung spüren. Halten Sie sich offen für feine Veränderungen, feine Schwingungen, die Sie spüren.
Vertrauen Sie dem Unbewußten in Ihnen. Es hilft Ihnen, Ihr Schicksal zu erfüllen.
Vertrauen Sie dem unschätzbaren Wert von Erfahrungen, die wir alle für das Kollektiv machen.
Vielleicht ist es manchmal nur die Akzeptanz für Ihr Leben, die Unterstützung braucht. Dann ändern Sie mit einer Essenz Ihren Blickwinkel auf sich selbst und Ihr Leben.
Und damit ändern Sie sich und Ihr Leben.
Nichts im Leben ist genau festgelegt. Der Rahmen ist vorgegeben. Diesen Rahmen haben wir uns auf spiritueller Ebene gewählt.
Sie können sich die richtige Essenz auch intuitiv aussuchen. Ich beschreibe Ihnen hier drei Möglichkeiten. Bevor Sie die intuitiven Möglichkeiten anwenden, sollten Sie sich fragen: Was will ich, was genau ist meine Intention? Denn Sie selbst entscheiden, ob Sie zum Beispiel fröhlicher, stärker, extrovertierter oder harmonischer werden wollen. Ihre Intention fließt immer in Ihre Vorgehensweise und in Ihre Wahl der Essenz mit ein. Es gibt keine absolute Wahrheit über Sie selbst. Sie entscheiden über sich selbst und schaffen Ihre eigene Wahrheit.
Die erste intuitive Möglichkeit:
Auf Seite 607 finden Sie für alle Essenzen die symbolische Darstellung des geistigen Inhalts.
Suchen Sie das Bild heraus, welches Ihnen am meisten, und das, welches Ihnen am wenigsten gefällt. Lesen Sie die dazugehören-

den Themen und Affirmationen und entscheiden dann, ob Sie Ihre größte Schwäche und Ihre größte Stärke gefunden haben. Seien Sie mutig, arbeiten Sie mit beiden Essenzen. Sie werden etwas über sich lernen.

Die zweite intuitive Möglichkeit:

Sie haben schon lange eine besondere Vorliebe für eine bestimmte Baumart, eine Blume oder einen Edelstein, deren Essenz Sie hier beschrieben finden. Sie werden entdecken, daß Sie mit dieser Essenz einen bestimmten Mangel ausgleichen können.

Die dritte intuitive Möglichkeit:

Sie stellen alle 84 Essenzen her.

Sie ordnen sie alle vor sich wie auf den Seiten 540 und 541. Sie »fahren« jetzt mit der Hand im Abstand von etwa 10 bis 20 cm über alle Fläschchen. Sie beginnen mit der Essenz 7, gehen langsam zu 1, dann weiter zu Essenz 8, weiter zu 12 und »tasten« so alle Fläschchen ab.

Sie werden spüren, welche Essenz Ihnen auf dem Weg zu sich selbst weiterhilft.

Eine etwas allgemeinere Methode ist es, eine Essenz nach dem Lebensalter auszusuchen.

Wir entwicklen uns im 7-Jahresrhythmus. Alle 7 Essenzgruppen lassen sich diesem 7-Jahresrhythmus zuordnen. In diesem Buch entsprechen alle Licht-Essenzen einem Lebensjahr. Die Elemente-Essenzen werden bei dieser Ordnung nicht berücksichtigt, da sie eher dem Charakter oder der Dynamik unserer Entwicklung entsprechen.

Anhand der Tabelle können Sie die Essenz aussuchen, die Ihrem Lebensalter entspricht. Die Essenz kann Sie ein Jahr lang begleiten.

Haben Sie ein schweres Jahr, kann die Essenz Ihnen helfen, Ihre Entwicklung oder Ihr Schicksal besser zu verstehen oder zu

akzeptieren. Oder sie unterstützt Sie in Ihrem Vertrauen in sich selbst. Die Essenz wirkt dann wie eine klärende, erhellende Begleitung.
Die Essenz Ihres Lebensjahres kann auch ein Einstieg sein, wenn Sie experimentieren wollen und nicht so recht wissen, wo beginnen.
Experimentieren Sie mit Ihrer großen inneren Schöpfungskraft. Vertrauen Sie sich und Ihrer Intuition. (Die Klarheit der Intuition entspricht der 6. Ebene, den Ton-Essenzen).
Bei innerem Schock, Panik und Erlebnissen, die Sie nicht verkraften zu können glauben, wirkt eine Mischung aus allen 7 L 7-Essenzen, also den Essenzen 7, 19, 31, 43, 55, 67 und 79.
So stellen Sie diese Universal-Essenz her:
Sie geben 3 Tropfen Essenz 7 in ein Fläschen, danach 3 Tropfen Essenz 19, danach 3 Tropfen Essenz 31 und so weiter, bis Sie in dieser Reihenfolge alle L 7-Essenzen zusammengemischt haben.
Für Tiere bei innerem Schock oder Panik:
In der gleichen Reihenfolge geben Sie alle L 1-Essenzen in ein Fläschchen. Also die Essenzen 1, dann 13, dann 25, dann 37, dann 49, dann 61, dann 73. Das ist die Universal-Mischung für Tiere.
Tiere fühlen sich nicht wie Menschen von der geistigen Einheit getrennt, sondern fügen sich schnell in ihren Tod. Sie sind schneller bereit, aus ihrem Körper in andere Dimensionen zu gehen. Die Essenz mit der Universal-Mischung für Tiere (s. o.) hilft ihnen, wieder in den Körper hineinzufinden, wenn sie sich aus ihm entfernt haben.
Wir Menschen haben Angst, aus der geistigen Einheit getrennt zu sein. Das innere Wissen um die Einheit verläßt uns bei Panik. Tiere bekommen einige Tropfen auf die Mundschleimhaut oder das Kronenchakra.
Alle anderen Essenzen wirken bei Tieren genau wie bei Menschen.

3. TEIL

Die Erde spricht

Auch du wirst wachsen, wie ich wachse. Ich helfe dir mit meinem Lichtnetz, so wie du mir hilfst. Eine Hülle aus goldenem Licht umschimmert dich und mich.
Deine Gefühle sind wie leuchtende, schimmernde Edelsteine, wie die Sehnsucht in dir, mit mir zu verschmelzen.
Wir alle zusammen sind ein Bewußtsein und ein Geist, nur unsere Körper sind getrennt.
Sind wir krank, dann suchen und finden wir Heilung. Beides, Krankheit und Heilung, verstehen wir als Weg in die wachsende Weisheit und Bewußtheit.
Unsere Suche ist Bewegung, die Öffnung für alles innerhalb und außerhalb unseres Ichs. Immer gehen wir einen Schritt weiter, in unsere innere und unsere äußere Welt. Das stimmt für euch wie für mich.
Unsere inneren Kräfte wachsen, und unser Bewußtsein erweitert sich.
Wir nehmen Schmerz an. Wir lassen die Tränen fließen und geben uns in die Bewegung und wandeln die Tränen und den Schmerz in Wachstum.
Wir wandeln ihn zu Erfahrung und zu Geist, der Erfahrung ist und sich wandelt in Geist.
Der Schmerz öffnet mein Herz für euch, und euer Schmerz öffnet euer Herz für mich. Wir haben gemeinsam die Kraft, Form zu sein, und wandeln die Kraft in Glück und Freude.
Wir wandeln Schatten in Licht, Schwäche in Stärke.
Wir wandeln Verzagtheit in Mut.

Fühlt ihr Barrieren in euch, vertraut dem Unbewußten in euch, denn es führt euch immer zum richtigen Ziel. Es gibt kein falsches Ziel, alles ist im Einklang mit dem Universum in euch, in mir und dem, was ihr seht und ahnt.
Ihr bekommt Hilfe auf vielen Ebenen, die euch nicht bekannt sind oder nicht vertraut.
In mir findet immer Wandlung statt, so wie in euch.
Jede Sekunde ist Wandlung.
Mein Geist glüht wie euer Geist in Erkenntnis: Ich kann brennen. Mein Geist ist Bewegung: Ich kann Wasser fluten lassen. Mein Geist ist schwer: Ich kann verdichten, um in Glut zu explodieren oder zu fiebern. Immer bewege ich mich und finde meinen Weg der Wandlung, so wie ihr euren Weg findet, immer und überall.
Ihr seid meine Helfer im Guten wie im Schlechten.
In euch tobt der gleiche Kampf wie in mir:
Es ist ein Zwiespalt zwischen Verdichtung und Unendlichkeit, zwischen Leben in der Verdichtung und dem Streben in die Unendlichkeit des Geistes, bis alles verschmilzt zu einer Einheit.
Ich lerne als Erde in meinem Körper, so wie ihr lernt in eurem Körper.
Wir bewegen uns in einer unendlichen Welle, in der Geist sich verdichtet und sich wieder auflöst. Es ist beides: eine Welle, eine unendliche Welle, und eine Explosion.
Und es ist eine unendliche Spirale, in sich geformt zum Weg in die Verdichtung und aus ihr heraus.
Wir können uns erkennen und den Weg immer neu beginnen.
Ihr wandelt mit eurem Körper und ich mit meinem Körper. Ich bin die Erde, und ihr seid die Erde, denn wir wandeln beide, nur in verschiedenen Formen.
Seid ihr krank, dann wandelt ihr euch. Die Verfestigung löst sich, wird Geist und läßt euch wachsen.

Bin ich krank, wandle ich mich und werde geistiger.
Ich wurde geboren wie ihr. Ich werde eines Tages sterben wie ihr, die Sonne und alle Planeten und Himmelskörper.
Wir werden uns wandeln und eine neue Form finden und wieder neu erstehen, wachsen, uns formen in der Bewegung und uns in neuer Form erkennen und uns wieder wandeln, genau wie ihr.
So sind wir alle Sinnbild von Leben, Wandeln, Sterben und wieder Geborenwerden in einem unendlichen Kreislauf. Das Sinnbild unseres Lebens ist wie der Blick ins Universum. Er ist gleichzeitig der Blick in euer Innen, in euren Körper, in jedes Organ, in jede Ader, jede Zelle, in jedes Atom.
Blickt ihr in euch, seht ihr das Universum. Blickt ihr in mich, seht ihr euch, euren Körper, eure Seele und euren Geist. Ich bin verdichteter Geist, so wie ihr. Ich bin Geist und Materie, so wie ihr. Ich kann krank werden wie ihr.
Ich habe die Kraft zur inneren Heilung, denn ich habe die Kraft des Wandels in mir.
Ich habe Hilfe wie ihr. Die Hüter meines Seins werden mir helfen, wie sie mir schon so oft geholfen haben.
Auch ihr habt Hilfe, unendlich viel. Alles steht bereit, euch zu helfen, wenn ihr den Wandel annehmen wollt.
Öffnet euch für jede Art der Heilung, so wie ich mich öffne für jede Art der Heilung.
Jeder Weg führt in die richtige Richtung, denn unser Unbewußtsein leitet mich und euch immer auf den richtigen Weg.
Es gibt keine Regel. Die einzige Regel wäre, daß es keine gibt, denn jede Sekunde meines und eures Lebens gestaltet sich immer wieder neu. Was heute für uns richtig ist, ist morgen Vergangenheit.
Ihr nehmt Eingriffe an meinem Körper vor. Manche sind schmerzlich und hinterlassen Wunden. Ich heile sie mit der Kraft des Wandels.

Ihr laßt Eingriffe an euch vornehmen. Manche sind schmerzlich und hinterlassen Wunden, die mit der Kraft des Wandels heilen.
Manches will auf der Körperebene erfahren werden, manches auf der Seelenebene und manches auf der geistigen Ebene.
Alles ist eine Form von Wandel, und alles hat seine Berechtigung.
Ich erfahre Hilfe auf allen Ebenen.
Jedes Erkennen unseres gemeinsamen Körpers hilft, meinen Körper zu heilen. Jedes Erkennen unserer gemeinsamen Seele hilft, meine Seele zu heilen. Jedes Erkennen unseres gemeinsamen Geistes hilft, meinen Geist zu heilen.
Ich helfe euch mit den Schätzen meines Körpers, die ihr in euch aufnehmen könnt mit eurem Körper, eurer Seele und eurem Geist.
Unbekannte Kräfte helfen euch wie mir, Wellen und Strahlen, die uns bewegen, helfen mir und euch.
Kein Weg ist sinnlos, keine Krankheit, kein Gefühl und kein Gedanke. Alles trägt zu Wachstum und Wandel bei.
In den Essenzen findet ihr meinen Geist, der sich in euch spiegelt.
Es ist der Geist der Unendlichkeit, der sich in meinem Körper spiegelt, in den Metallen und in euch.
In den Steinen findet ihr meine Gefühle gespeichert und findet ihr den Geist eurer Gefühle. Es ist ein unendlicher Strom der Bewegung.
Ein Strom aus der Unendlichkeit, der aus dem Unbewußten in uns strömt, in euch und in mir.
Der Strom erweckt in unserem Geist die Sehnsucht nach Wissen, die Sehnsucht nach der anderen Seite in mir und in euch.
Aus den Pflanzenwurzeln strömt mein Geist in euer Ich-Bewußtsein, in die Findung eurer eigenen Lichtquelle, die auch meine ist. Sie ist mein Innerstes, mein Bewußtsein, in mir eine innere Lichtquelle zu sein.
Sie ist auch euer Innerstes, denn wir sind alle leuchtende Sterne.
In den Blattessenzen findet ihr meinen Geist, der sich immer und

andauernd erneuert und wächst so wie die Bäume, wenn sie jedes Jahr ihre Blätter abwerfen und erneuert aus ihrem alten Jahr hervorgehen. Es ist das Sinnbild der Erneuerung, das die Blätter in sich tragen, und der Integration von Innen und Außen. Denn die Sonne strahlt auf die Bäume, und ich strahle aus meinem Innersten durch die Wurzeln der Bäume. In den Blättern vereinen die Bäume das Innere und das Äußere – beides zusammen regeneriert euch immer wieder und öffnet euer Herz, so wie die Blätter an den Bäumen euer Herz öffnen, wenn die neue Jahreszeit kommt. Sie sind Sinnbild für den Wandel eures Geistes.

Überall geschieht Wandel, auf allen Ebenen, in allen Dimensionen. Alles ist immer im Wandel und regeneriert euch und läßt euch neue Kräfte zufließen.

Der Geist der Blüten ist mein kreativer Geist. Er ist der Geist der Schöpfung, mit dem ich immer wieder neue Formen hervorbringe. Immer wieder erschaffe ich meinen Geist neu und bin Teil der kreativen Schöpfung, unendlich wie euer Geist und schöpferisch wie euer Geist. Denn wir sind alle ein Leben, eine Einheit, die Gemeinsamkeit schwingt in jeder Lebensform dieser Welt.

Auch mein Geist ist frei wie euer Geist: Er ist nicht an einen Körper gebunden. Ich töne, ich bin ein Ton, der in mir schwingt, in euch schwingt und weiter schwingt in unser Sonnensystem und darüber hinaus.

Euer Ton schwingt in meinem Ton, wir sind ein gemeinsamer Ton, denn mein Ton ist die Summe aller Töne auf der Erde.

Zusammen sind wir ein gewaltiger Ton. Er vibriert in die unendlichen Weiten des Universums.

Wie eine Welle schwingen die Vibrationen, in euch und in mir.

Ihr könnt diesen Ton in euch klingen lassen, wie ihr Bewußtsein in euch klingen lassen könnt, denn der Ton ist Allwissen und Bewußtsein.

Ich bin die Summe aller Erfahrungen und allen Wissens auf der Erde, und ihr habt diesen Ton in euch.
Ihr könnt ihn differenzieren oder als einen Ton schwingen lassen. Ihr könnt ins Licht des Bewußtseins gehen oder in alle Farben, die in euch schwingen. Schwingung und Ton ist das Gleiche.
Ich bin die Erde, ich bin der Geist der Erde, und ich bin unendlich, denn als Geist bin ich unendlich und ohne Grenzen wie ihr.
Unsere Bewußtseine schwingen gemeinsam, in jedem Stein, in jeder Pflanze, in jedem Ton und Gedanken dieser Erde. Alles ist ein Bewußtsein auf einer gemeinsamen Reise. Alles ist ein Geist, der sich spiegelt in meinem Sein, eurem Sein, in eurem Leben, in jedem Leben in mir.
Alles ist und ist unendlich.
Ihr seid machtvoll wie ich. Ihr könnt wachsen, leben, krank sein und heilen. Ihr könnt eure Kräfte sammeln und euer Bewußtsein öffnen. Wir beide, ihr und ich, sind kraftvoll und machtvoll wie Bewußtsein und Geist.
Wir sind Spiegel des Universums.

1. EBENE

DIE METALLE UND IHRE 7 LICHT-ESSENZEN

Essenzen 1 bis 7

Alles Leben ist kraftvoller Spiegel
des unendlichen Geistes.

1. EBENE
UNENDLICHER GEIST FINDET
REFLEXIONSFLÄCHE AUF 7 EBENEN

Die Licht-Essenzen der Metalle aktivieren in uns die Kraft, Reflexionsfläche zu sein, als Spiegel des unendlichen Geistes. Wir teilen diese Kraft in 7 Frequenzen. Jede Licht-Essenz entspricht einer dieser Frequenzen.

Essenz 7	L 7 Silber	7. Chakra	Grenzenlosigkeit
Essenz 6	L 6 Eisen	6. Chakra	Höchstes Bewußtsein, Intuition
Essenz 5	L 5 Titan	5. Chakra	Einssein mit der Schöpfung
Essenz 4	L 4 Palladium	4. Chakra	Integration
Essenz 3	L 3 Kohlenstoff	3. Chakra	Zentrierung
Essenz 2	L 2 Schwefel	2. Chakra	Unendliche Bewegung
Essenz 1	L 1 Gold	**1. Chakra**	**Lebenskraft**

Planet: Mars

1. EBENE
UNENDLICHER GEIST IST DIE
KRAFT HINTER DER MATERIE

In uns schwingt geistige Kraft auf 7 Ebenen. Jede Ebene hat einen eigenen Energiekörper. Die 1. Ebene ist unser metallischer Körper und dem 1. Chakra zugeordnet. Thematisch korrespondieren das 1. Chakra und das 7. Chakra. Bei der Anwendung der Licht-Essenzen auf dem 7. Chakra werden beide Pole des Themas berührt. Siehe Seite 544 und Seite 556.

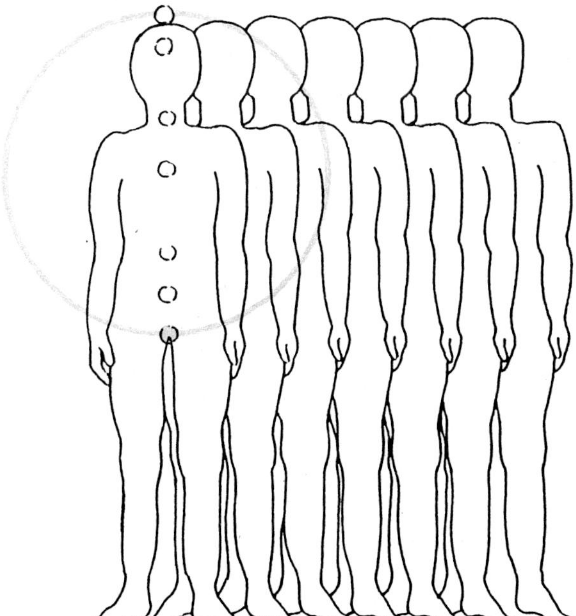

Der Teufel spricht

Alles, was glänzt, ist für euch Versuchung, materiellen Wert darin zu sehen und euch in der Illusion zu verfangen.
Ich polarisiere. Ich biete euch den Spiegel, in dem ihr euch sehen könnt als Abbild eurer selbst oder als Abbild der Schöpfung. Immer habt ihr die Wahl und ich helfe euch bei der Wahl. Immer hoffe ich, ich verführe euch zur Materie, damit ihr euch verfranzt und viel in Bewegung kommt. Bewegung ist Spaß und Lust.
Ich treibe alles auseinander. Ich treibe Männer und Frauen auseinander, ich treibe Verstand und Gefühl auseinander.
Ich treibe in alles einen Keil, was vereint ist.
Damit schaffe ich die Basis für die Liebe, denn sonst würdet ihr die Sehnsucht nach Vereinigung nicht mehr kennen.
Mit meiner Hilfe könnt ihr in euch vereinigen, was ich auseinandergetrieben habe.
Ich bin eine Lichtschwingung, die polarisiert. Sie ist reine Bewegung, eine Welle, aber ihr formt mich in der Gestalt des Teufels.
Andere Kulturen formen mich anders. Ich schaffe die Basis für die Liebe und benutze das Böse, damit sich alles bewegt. Ohne meine Bewegung stünde alles still, und nichts existierte.
Ich habe Lust und Spaß an der Zerstörung, an allem Bösen, denn das ist der Anfang der Wandlung.
Ohne meinen Impuls gibt es keine Entwicklung, sondern nur Stillstand.
Ich wandle mich mit den Elementen von fest in flüssig oder in gasförmig, in alle Formen, in denen ich etwas anstellen kann. Ich

bin Antrieb für alles. Ich bin der Lichtimpuls der Bewegung ohne Körper.
Ich zeige mich in Gold, in Edelsteinen, in Illusion, in Zerstörung.
Ich lache über eure Irrtümer. Ich habe Lust an der Zerstörung, denn dann habe ich gut gearbeitet.
In der Gestalt des Teufels oder des Bösen bin ich Ausführender, meine Energie ist Gott.
Ich bin Gott.
Ich bin Licht und Schatten in einem.
Ich bin Bewegung und Gegenbewegung als Teufel und Engel in einem, aber wir trennen uns, denn wir sind die Bewegungsenergie.
In unserer Bewegung entstehen die Materie und euer Wachstum in der Materie.
Fürchtet euch nicht vor dem Bösen, denn die Furcht bringt Erstarrung. Hinter dem Bösen ist Licht.
Ihr seid Licht, ihr seid Gott.
Wenn sich das Gute und das Böse begegnen, gibt es Liebe. Leben ist Bewegung, es ist wie positiv und negativ geladen, es ist elektrisch und magnetisch, es ist Sinnbild für das Gute und das Böse. Laßt das Böse in euch zu, damit es kein Ungleichgewicht in euch gibt.
Das Böse hat so viele Gesichter. Wenn ihr unbedingt gut sein wollt, nimmt es andere Formen an. Dann schiebt ihr es in euer Unterbewußtsein oder in eure Nacht. Kein Mensch hat mehr oder weniger davon, so wie jeder Mensch elektrisch und magnetisch ist.
Für manche ist das Böse Gegenwart, für manche Vergangenheit.
Für die göttliche Vereinigung, die in euch ist, spielt die Zeit keine Rolle.
Als Bewohner der Erde und beteiligt an ihrem Wohlergehen seid ihr alle im Einklang mit der Erde, auch wenn ihr ihr schadet.
Auch die Elemente der Erde können böse sein und euch quälen und töten.

Dann übernehmen die Elemente die Rolle des Bösen. Die Elemente tun das auch für mich. Sie töten und sie quälen euch, und sie tun das auch für mich.
Sie halten euch am Leben, und ihre Kraft zu töten und Leben zu geben, ist auch eure Kraft.
Alles ist ein Wechselspiel.
Wir sind alle eine Schöpfungsidee, und wir nehmen Form an, wir leben, tauschen uns aus, wir töten und wir schenken Leben, wir sterben und wir werden neu geboren.
Auch das ist Bewegung.
Ich bin Trennung und euer höchster Diener.
Vereint im Licht seid ihr Gott und braucht keine Diener. Denn ihr erschafft alles selbst.
Eure schönste Wahl ist es, zu schwingen zwischen Trennung und Einheit. Dann seid ihr Bewegung und Einheit in einem, aktiv und passiv, Mann und Frau, gut und böse.
Ihr könnt euch bewegen im Lauf eures Lebens und ihr könnt euch bewegen in jeder Sekunde.
Dann seid ihr im Fluß des Lebens.
Der innere tiefe Wert des Lebens ist verborgen in der Tiefe der Erde. Ihr holt Gold und Edelsteine aus der Tiefe der Erde, um unbewußt den Wert des Lebens zu verstehen. Ihr verwechselt den Wert mit dem materiellen Wert von Gold und Edelsteinen, aber unbewußt wißt ihr um den Wert eures Lebens auf der Erde.
In allem, was um euch ist, könnt ihr den Wert und die Schönheit erkennen, auch wenn sie verborgen scheint. Die Verborgenheit läßt euch suchen und bringt euch in Bewegung. So ist hinter der Dunkelheit das Licht verborgen und hinter dem Bösen das Gute.

DER GEIST DER METALLE

Wie unzählige Spiegel flimmern die Metallteilchen in uns als Reflektoren. Alle geistige Kraft der Unendlichkeit trifft auf die unzähligen Reflektoren in uns, findet Reflexionsfläche, spiegelt sich in ihr und reflektiert ins Universum.

Wir sind wie flimmernde Reflexionsflächen für den unendlichen Geist in allem. Wir sind Spiegel des Geistes, denn aller Geist spiegelt sich in uns.

Alles, was im Universums existiert, spiegelt sich in uns im ständigen Austausch, in unendlicher Reflexion, in der das eine das andere bedingt.

Wir treten aus der Unendlichkeit des Geistes, in dem das Nichts und Alles als Spiegel der Manifestation existieren.

Wir trennen uns aus dem Alles-und-Nichts.

Wir wagen den Schritt in die Dualität. Wir sind manifest. Unser Bewußtsein hat sich getrennt aus der Einheit des unendlichen Geistes.

Unser Weg ist es, die Dualität als eine Form der Manifestation zu erkennen, die uns leben läßt. Denn ohne Dualität sind wir eins im Geist und nicht existent als Manifestation.

Das Feste in uns ist die Reflexionsfläche für den unendlichen Geist in allem. Geist ist formlos und unendlich. Ohne Form hat geistige Kraft keine Reflexionsfläche. Ohne Form ist Geist nicht sichtbar.

Wir aktivieren jetzt die Leuchtkraft der Metallteilchen in uns. Wir lassen sie glänzen und leuchten.

Wir lassen die Reflexionsfläche für alle geistige, universelle Kraft in uns erstrahlen.
Wir erkennen die Leuchtkraft in jeder Manifestation.
Nichts ist dunkel und verdichtet. Alles ist Spiegel des reinen Geistes in verdichteter Form.
Als Mensch haben wir uns für ein Leben in der Materie entschieden. Wir haben uns entschieden, in der Materie zu leben, als Spiegel des reinen Geistes, als Ausdruck der universellen Schöpfungskraft.
Alles Feste ist die Basis für die Erfahrung in der Verdichtung und der Trennung aus der einen Einheit des Geistes.
Nichts ist für sich. Alles existiert durch das Gegenüber. Wir existieren durch die Trennung aus der Einheit.
Reiner Geist ist unendlich und formlos. Er kann durch unsere Entscheidung zum Leben Form annehmen.
Wir sind Geist, und wir sind manifest.
Beides ist eins, getrennt und nicht getrennt, denn die Trennung ist Illusion, wie das Bild unseres Selbsts in einem Spiegel aus Metall.
Wir sind Geist. Und wir sind durch die Metallteilchen in uns feste Spiegel des unendlichen Geistes.
Wir sind manifest und unendlicher Geist.
Wir sind getrennt und doch eins, denn Geist ist untrennbar von allem, was existiert. Das eine ist der Spiegel des anderen.
Unser Geist öffnet sich für das Licht hinter aller Manifestation, für das Licht hinter der Verdichtung in unserem Leben und jeder Manifestation auf der Erde und im Universum.
Unser Geist öffnet sich für das Licht hinter dem Bösen. Denn das Böse ist die andere Seite des Lichts. Es läßt das Licht sichtbar werden.
Wir erkennen, daß unser Geist verdunkelt ist, wenn wir alles Negative als etwas Böses sehen, das nicht existieren soll.

Wir öffnen uns dem inneren Licht, das unseren Weg ins Leben beleuchtet, damit wir den Sinn des Lebens erkennen.
Wir öffnen unseren Geist für das Licht hinter der Isolation, die wir in der Trennung vom reinen Geist fühlen.
Wir erkennen in uns die Integrationsfähigkeit, die sich in uns spiegelt. In allem können wir den Spiegel des Geistes erkennen und das Abbild unseres Selbst.
Wir erkennen die Trennung von der Einheit des Geistes als Illusion, so wie wir die Einheit von Spiegel und Spiegelbild kennen. Beides ist getrennt und doch eins, denn das eine spiegelt sich im anderen.
Wir erkennen, daß Geist und Materie sich bedingen. Geist ist frei und im Austausch mit allem, in unserem Leben und im Universum.
Wir reflektieren unser Sein ins Universum. Als Manifestation sind wir Botschafter des Geistes vom Leben auf der Erde.
Wir empfangen die Wellen des Geistes aus der Unendlichkeit und entscheiden, wen und was wir spiegeln wollen. Wir sind frei in unserer Entscheidung, welche Wellen des Geistes wir für uns erkennbar machen und welche nicht.
Das macht unseren Geist in der Manifestation kreativ, weil wir entscheiden, ob und wie wir welche Spiegel in uns leuchten lassen und welche nicht. Ein kreatives Bild aus einem einzigartigen Spiegelmuster entsteht.
Die Spiegel in uns werden klar. Wir erkennen, daß auch ein Spiegel nicht starr und fest ist, sondern transparent und veränderbar, je nach unserem Bewußtsein. Wir entscheiden jetzt, wie bewußt wir den Spiegel reflektieren lassen. Er spiegelt unendliche Kraft in uns, doch wir entscheiden, wie bewußt und wieviel geistige Kraft wir als Wellen des Universums in uns und unserem Leben reflektieren lassen.

Jetzt erkennen wir, daß ein Spiegelbild eine Begrenzung ist, damit wir die Grenzenlosigkeit erkennen können. Wir lassen die Begrenzung des Spiegels als Reflexionsfläche hinter uns und erkennen die Trennung aus der Unendlichkeit als Weg der Erweiterung unseres Geistes durch unser Leben. Wir verstehen den unendlichen Kreislauf von Manifestation und Unendlichkeit. Wir sind Spiegel und Spiegelbild, getrennt und eins.

ZUSAMMENFASSUNG ALS AFFIRMATION

»Alles ist Spiegel des unendlichen Geistes.
Jede Manifestation, alles in mir und in meinem Leben ist Spiegel des unendlichen Geistes.
Ich bin kraftvoll in meinem Leben.
Unendliche geistige Kraft ist in mir und spiegelt sich in mir. Ich bin von nichts getrennt.
Die Trennung ist Illusion. Ich trenne mich aus dem Alles-und-Nichts, um zu leben. Nur in der Verdichtung kann ich leben. Ich bin kraftvoll und Spiegel des unendlichen Geistes. Alles ist polarisiert. Alles hat zwei Seiten, die sich spiegeln.
Unendlicher Geist spiegelt sich in jeder Manifestation. Er ist das Gegenüber des Spiegelbildes und Spiegel meines Selbst. Ich bin Spiegel und Spiegelbild.
Ich bin manifest und unendlich.«

DIE ESSENZEN

DAS THEMA DER 1. EBENE · NEGATIV
ANGST VOR DER KRAFT DES LEBENS

Angst vor der dunklen Materie, vor der Kraft des Lebens.
Auf die geistigen Welten fixiert sein. Zu weich, instabil dem Leben gegenüber.
Die materielle Welt nicht als höchste Vollendung erkennen. Sich innerlich nicht zuhause fühlen in der materiellen Welt. Sich in geistige Welten sehnen, weil die Materie schwer und verfestigt scheint.
Die Materie nicht als Ausdruck der geistigen Kraft erkennen, sondern nur als etwas Materielles.
Das Leben als glanzlos empfinden, ohne Leuchtkraft.
Ablehnung der Dualität grundsätzlich, Ablehnung des Bösen.
Sich immer nach heilen Welten sehnen, als Dauerzustand. Es soll eine Welt geben, die immer schön und glücklich ist.
Ablehnung der Dualität auch in sich selber. Die Möglichkeit des eigenen Bösen nicht akzeptieren.
Der materiellen Welt nicht genug Achtung entgegen bringen.
Fixierung auf die geistigen Ebenen des Seins.
Sehnsucht nach Unendlichkeit, weg aus der Begrenzung.
Materielles als böse, dunkel oder etwas Schlechtes empfinden.
Sich wie ins Leben geworfen fühlen, getrennt von einer allumfassenden Einheit und Kraft.

DAS THEMA DER 1. EBENE · POSITIV
FESTIGKEIT UND KRAFT IM LEBEN

Alles Manifeste, die Welt der Materie, als Spiegel des Geistes erkennen.
Materie nicht getrennt von Geist verstehen.
Akzeptanz allen Lebens und aller Lebensformen in der Manifestation.
Akzeptanz der Trennung aus der Einheit des unendlichen Geistes.
Lust am Leben als Ausdruckskraft des Geistes empfinden.
Materie erkennen als Verdichtung des Geistes und nicht als Begrenzung ohne Geist.
Empfindung von geistiger Kraft und Vitalität, das Leben grundsätzlich meistern zu können.
Materie und Geist als gleichwertig erkennen, als nicht getrennt, sondern als zwei Ausdrucksformen der gleichen Kraft.

DIE 7 LICHT-ESSENZEN DER METALLE SCHWINGEN IN 7 VERSCHIEDENEN FREQUENZEN.

Es sind die Frequenzen des Metalls Gold, der Nichtmetalle Schwefel und Kohlenstoff, der Metalle Palladium, Titan, Eisen und Silber. Alle haben die Festigkeit, die Kraft im Leben, als Hauptthema. Innerhalb dieses Hauptthemas betonen sie die 7 Aspekte des Hauptthemas, entsprechend den Themen der verschiedenen Chakren.

Die geistigen Inhalte sind:

Metall	*Geist*	Alles Leben spiegelt unendlichen Geist im Wandel von Trennung und Einheit.
Metall	*Ton*	Alles Leben ist Spiegel des höchsten Bewußtseins.
Metall	*Blüte*	Alles Leben ist Spiegel des schöpferischen Geistes.
Metall	*Blatt*	Alles Leben spiegelt die Integration von Materie und Geist.
Metall	*Wurzel*	Alles Leben ist zielgerichtet: Zentriertes Bewußtsein des Geistes zu spiegeln.
Metall	*Mineral*	Alles Leben spiegelt sich in der anderen Seite, im Gegenüber.
Metall	*Metall*	Leben spiegelt unendlichen Geist.

SICH ERKENNEN MIT DEN 7 FRAGEN DER LICHT-ESSENZEN.

Falls Sie alle Fragen mit ja beantworten können, brauchen Sie keine dieser Essenzen. Die Fragen, die Sie mit nein beantworten, zeigen eine Schwingung, die in Ihnen unterstützt werden sollte.

Am Anfang jeder Frage kann auch »Akzeptiere ich« stehen.

Essenz 7	L 7	Vertraue ich der unendlichen Wandelkraft des Geistes, der sich in allem Leben spiegelt?
Essenz 6	L 6	Vertraue ich dem höchsten Bewußtsein des Lebens?
Essenz 5	L 5	Vertraue ich dem Einssein der Schöpfung, in der alles im Austausch und im Einklang stattfindet?
Essenz 4	L 4	Vertraue ich der Integration von Materie und Geist?
Essenz 3	L 3	Vertraue ich dem Sinn des Lebens, zentriertes Bewußtsein zu entfalten?
Essenz 2	L 2	Vertraue ich der Trennung, der anderen Seite, dem Dunkel, als notwendigem Gegenüber?
Essenz 1	L 1	Vertraue ich dem Leben als kraftvollem Spiegel des Geistes?

SICH ERKENNEN IN DER NEGATIVEN LEBENSEINSTELLUNG

Ich fühle mich wie in die Dunkelheit, in die Begrenzung der Materie geschleudert.
Leben in der Materie ist wie von allem getrennt, wie in Verdichtung und Dunkelheit zu sein.
Ich kann im Leben in der Verdichtung kein Licht und keine Schönheit erkennen.
Ich sehne mich nach Grenzenlosigkeit. Leben ist wie von allem Geistigen, Feinstofflichen abgeschnitten zu sein. Geist ist Freiheit. Materie ist Fessel. Ich möchte nicht in einem Leben gefangen sein. Ich möchte frei sein. Ich will nicht hier auf der Welt, nicht in meinem schweren Leben sein. Ich will mich dem Leben in der Materie nicht hingeben. Ich habe Angst, nicht mehr aus der Verdichtung herauszukommen. Es kommt mir vor, als zöge mich ein Strudel in die Dunkelheit. Davor habe ich Angst. Mein Leben ist wie ohne Licht, fest und dunkel.
Hier ist nicht meine Heimat.

ESSENZ 1
Gold
L 1

DIE GEISTIGE SCHWINGUNG DER ESSENZ ALS AFFIRMATION

Jede Manifestation ist Ausdruck des unendlichen Geistes. Ich bin ein manifester Ausdruck des unendlichen Geistes und nicht getrennt in der Manifestation. Im Glanz meiner inneren Leuchtkraft spiegelt sich das ganze Universum. Mein Leben in der Materie ist wie ein unendlich strahlendes Licht, das ich in mir auffange und ins Universum reflektiere. Alles in mir ist Reflexion und Austausch mit der unendlichen Kraft der Einheit im Geist. Leben in der Manifestation ist Ausdruck des unendlichen schöpferischen Geistes.

Es ist mein Wunsch, als Spiegel allen Geistes mein Leben zu leben. In meinem Leben spiegelt sich die Kraft aller Manifestationen des Universums. Hier und jetzt bin ich fest und stark und Spiegel für das Universum.

Leben in der festen Materie ist lichtvoll und immer vollendet. Alles Feste ist Ausdruck des reinen Geistes und nicht getrennt. Spiegel des Geistes in der Manifestation und reiner Geist sind eins im unendlichen Austausch in mir. In mir strahlt unendliche geistige Kraft.

SICH ERKENNEN IN DER NEGATIVEN LEBENSEINSTELLUNG

Ich will das Böse auf der Welt nicht. Es kann gar nicht sein, daß es so viel Böses auf der Welt geben muß. Ohne das Böse wäre alles besser und leichter. Ich will nur das Gute in meinem Leben und der Welt.

Das Böse ist dunkel und verdichtet, das Gute leicht und schön. Ich kann nicht akzeptieren, daß es beides gibt oder geben muß. Die Menschen könnten sich doch auch im Guten entwickeln und ich auch.

Ich ertrage das Böse nicht. Ich will nur gut sein.

Eigentlich will ich in einer Welt, die so schlecht ist wie die unsere, gar nicht leben.

Alles Böse ist wie meine Trennung aus der Unendlichkeit des Geistes: Dunkelheit.

ESSENZ 2
Schwefel
L 2

DIE GEISTIGE SCHWINGUNG DER ESSENZ ALS AFFIRMATION

In mir spiegelt sich die Trennung aus der Einheit des unendlichen Geistes in der Materie.
Diese Trennung läßt mich leben, denn reiner Geist ist ohne Form und Bewegung. Jede Polarität gehört zum Leben. Das eine existiert nur durch das andere.
In mir spiegelt sich jede Trennung, jede Polarisierung wie Gut und Böse. Das eine bedingt das andere. Beides bewegt mich und läßt mich nach dem Gegenüber suchen.
Mein Weg ins Leben und in die Erkenntnis ist nur möglich durch die Trennung aus der Einheit. Immer läßt mich diese Trennung nach der Einheit suchen.
Diese Suche ist Teil meines Lebens in der Manifestation. Das Böse existiert nur durch das Gute, und das Gute durch das Böse. Beides ist Ausdruck des Lebens in der Manifestation. Beides reflektiert die Trennung von der Einheit ins Leben. Ich lebe, also bin ich Teil aller Trennung und aller Einheit. Ich akzeptiere die Trennung als Weg in die Einheit und als Gegenüber der Einheit. Ich bin Spiegel für Trennung und Einheit und die kraftvolle Bewegung dazwischen. Sie ist mein Leben und alles Leben.
Hinter jeder Dunkelheit ist Licht. Alles ist Spiegel meiner selbst und nicht getrennt von mir. Alles Leben ist die Bewegung zwischen Trennung und Einheit.

SICH ERKENNEN IN DER NEGATIVEN LEBENSEINSTELLUNG

Ich fühle mich auf der Erde, in der Verdichtung wie ziel- und heimatlos und weiß gar nicht, was ich eigentlich hier soll.
Ich fühle mich schwankend und unsicher im Leben und weiß nicht, was ich in meinem Leben anfangen und wo es hingehen soll.
Ich kann mich für kein Ziel entscheiden. Ich sehe auch keine Richtung, in die ich meine Kräfte legen sollte.
Andere haben Ziele, ich lasse mich treiben und übernehme die Ziele anderer. Andere sind zielsicher.
Ein Ziel könnte mich in die Tiefe reißen, in etwas, wo ich nicht mehr rauskomme. Davor habe ich Angst.
Alles läuft doch sowieso ohne mein Zutun ab. Was kann man denn schon beeinflußen? Die Welt ist so, wie sie ist. Dem habe ich nichts entgegenzusetzen.
Ich sehe im Leben kein inneres Licht und erkenne keinen Sinn, keinen Weg für mich. Was soll Leben überhaupt?

ESSENZ 3
Kohlenstoff
L 3

DIE GEISTIGE SCHWINGUNG DER ESSENZ ALS AFFIRMATION

In mir spiegelt sich die Zentrierungskraft des unendlichen Geistes. Geist braucht ein Zentrum, von wo aus er agieren kann. Unendlichkeit hat keinen Ort und kein Ziel. Ich bin das Ziel, und ich reflektiere die Zielgerichtetheit der geistigen Kraft.
Zentrierung ist Konzentration, also Verdichtung des Geistes auf ein Ziel, auf einen Ort. Mein inneres Zentrum reflektiert die Zentrierung des Geistes, die zentrierte Kraft, von der aus ich agiere, in mir, in meinem Leben und ins Universum.
Ich zentriere Geist in mir als Reflexion von Zielgerichtetheit in der Manifestation. Ich zentriere allen Geist in mir, gehe meinen lichtvollen Weg und reflektiere zurück in die Unendlichkeit.
Ich nehme die Kraft aller geistigen Zentriertheit des unendlichen Geistes und reflektiere diese Kraft in meinem Leben.
Ich bin bewußt. Das ist Weg und Ziel zugleich.

SICH ERKENNEN IN DER NEGATIVEN LEBENSEINSTELLUNG

Ich kann nichts in mir vereinen. In allem sehe ich nur die feste Materie und sonst gar nichts. Ich sehne mich in die Grenzenlosigkeit, fühle mich vom Geistigen getrennt. Beides zu integrieren, geht nicht. Ich kann nicht glauben, daß beides in mir sein sollte.

Alles ist so gegensätzlich, es scheint mir unmöglich, das Geistige mit dem Materiellen zu vereinen.

Beides ist und bleibt getrennt. Ich kann mir die Vereinigung von Geist und Materie, von Gut und Böse nicht vorstellen. Entweder so oder so. Beides geht eben nicht. Beides in mir zu vereinen, würde Verwirrung in mir auslösen. Ich habe Angst davor, dann alles nicht mehr voneinander trennen zu können. Daß ich selbst trenne, um das Getrennte und Vereinte zu erkennen, glaube ich nicht.

Ich habe Angst vor beiden Seiten und fühle mich ganz dunkel, getrennt von der Kraft des Ganzen und ohne Kraft in meinem Leben. Leben bedeutet, in der Welt der Materie isoliert zu sein.

ESSENZ 4
Palladium
L 4

DIE GEISTIGE SCHWINGUNG DER ESSENZ
ALS AFFIRMATION

Auf meinem inneren Spiegel integriere ich die Trennung aus der Einheit des unendlichen Geistes. Ich erkenne den unendlichen Geist in aller Materie, in meinem Leben. Ich erkenne die Integrationskraft, Geist und Manifestation in mir sich spiegeln zu lassen und sie in mir zu vereinen zu einer spiegelnden Leuchtkraft. Sie ist manifest. Sie ist die Integration aller Vereinigung und Trennung. Ich bin getrennt aus der Unendlichkeit des Geistes. Ich habe die Fähigkeit, mit großer Kraft Geist und Materie zu integrieren. Damit reflektiere ich die Kraft der Integration allen Geistes und aller Materie. Alles, was ist, ist integrierter Geist und Materie, getrennt und vereint.
Leben ist die Integration von Geist und Materie. Beides bedingt sich gegenseitig, ist getrennt und vereint in mir und meinem Leben. Im Geist gibt es keine Isolation.

SICH ERKENNEN IN DER NEGATIVEN LEBENSEINSTELLUNG

In der Materie zu leben und einen festen Körper zu haben ist wie innerlich stumm und abgetrennt von allem zu sein. Alles ist stumm, weil es so fest ist, in mir und außerhalb von mir. Es findet keine Kommunikation statt, weil das Feste stumm und verdichtet ist. Was soll da kommunizieren?
Das Leben in der Materie ist Trennung von der Welt des Geistes, daran ändert auch meine Betrachtungsweise nichts. Oder soll ich alles schöngucken und Dinge hineininterpretieren, die gar nicht da sind? Kommuniziert etwa ein Planet mit dem anderen? Kommuniziere ich mit Menschen und Lebewesen, deren Sprache ich nicht spreche? Oder mit einem Stein?
Alles bleibt getrennt voneinander. Alles ist schwer und stumm. In geistigen Welten ist alles ganz anders, da kann man mit allen Wesen sprechen. Hier in meinem Leben bleibe ich ausgeschlossen.

ESSENZ 5
Titan
L 5

DIE GEISTIGE SCHWINGUNG DER ESSENZ
ALS AFFIRMATION

Der Spiegel des unendlichen Geistes in mir ist durchlässig. Ich spiegele und reflektiere in alle Richtungen. Ich werde geistig und ich tausche mich über die Reflexionen in allem aus. Ich erkenne Sprachen und Ausdrucksfähigkeiten in allem Manifesten, denn das Manifeste ist nie stumm. Es schwingt kreativ in seiner Entscheidung, Form und Ausdruck zu sein. Ich bin kreativ durch die Gestaltung meiner inneren Spiegel. Ich bestimme, wie und wo sie reflektieren. Und mit wieviel Leuchtkraft. Ich bestimme, ob und wieviel sie strahlen. Ich entwerfe verschiedene Spiegel in mir. Ich bestimme, ob ich Sichtbares oder Unsichtbares auffangen will und wie ich was für mein Leben interpretiere. Niemand anderes gestaltet meine inneren Spiegel. Ich kreiere meine Reflexionsfläche. Ich interpretiere. Ich wähle aus, was ich in mir reflektieren will und was nicht. Immer habe ich die Freiheit der Interpretation. Ich spiegele mich und meine Schöpfungskraft in meiner Reflexionsfähigkeit. Ich kreiere damit mein Leben als Teil der Schöpfung.

SICH ERKENNEN IN DER NEGATIVEN LEBENSEINSTELLUNG

Alles ist so schwer in meinem Leben. Ich weiß nicht, wie ich Transzendenz darin erkennen könnte. Ich finde alles schwer wie Eisen. Ich habe Mühe, mich durchs Leben zu bewegen.
Körperlichkeit und Materie sind so schwer und unbewußt. Ich kann den Sinn der materiellen Welt nicht erkennen. Alles schleppt sich dahin. Der Sinn bleibt im Nebel, oder ich erkenne ihn nicht.
Warum muß alles so schwer sein?
Bewußtsein ist leicht, Materie und Körperlichkeit schwer. Ich sehne mich nach freiem Bewußtsein ohne das sind Geschleppe im Leben, das so mühsam ist und mich von Erkenntnissen abhält, eben weil ich so schwer daran tragen muß.
Daß das Manifeste selbst bewußt ist, wie die Materie, kann ich mir nicht vorstellen.
Was soll an einem Stück Eisen bewußt sein?

ESSENZ 6
Eisen
L 6

DIE GEISTIGE SCHWINGUNG DER ESSENZ
ALS AFFIRMATION

In mir spiegelt sich das Wissen und Erkennen über das Leben in der Materie. Alles ist schwer und fest und doch transzendent wie mein Bewußtsein. Ich öffne mein Bewußtsein für den Geist in allem Manifesten. Ich lasse das Spiegelbild des Geistes in mir klar und durchsichtig werden. Die Schwere allen Lebens in der Materie ist Illusion, denn alles ist verdichteter Geist. Alles ist klar und durchlässig wie der Spiegel meines Bewußtseins. Ich habe mich entschieden, die Schwere der Manifestation zu erfahren, und ich reflektiere diese Schwere. Doch ich erkenne Bewußtsein in allem. Erkenne ich mich als Spiegelbild der Schöpfung, erkenne ich mich als Spiegel des Geistes. Der Weg der Erkenntnis ist schwer, doch die Schwere ist Illusion, denn All-Bewußtsein ist in jeder Verdichtung enthalten. Die Klarheit meines Spiegelbildes als Spiegel des Geistes macht mein Leben klar, kraftvoll und transzendent.

SICH ERKENNEN IN DER NEGATIVEN LEBENSEINSTELLUNG

Leben in der Materie bedeutet Trennung aus dem Geist und bedeutet Begrenzung. Ich fühle mich getrennt von der Einheit des Geistes. Ich fühle mich wie auf die Erde, in die Begrenzung, geworfen, getrennt aus meiner Heimat im Geist.
Im Leben fühle ich mich isoliert und getrennt von der Freiheit des Geistes und der Unendlichkeit, die ich nur ohne körperliches Leben und ohne schwere Materie erleben kann. Ich bin in der Materie und in meinem Leben gefangen, ich fühle mich wie bestraft und abgeschnitten von der unendlichen freien Welt des Geistes.
Leben bedeutet, nicht fliegen zu können und in der Schwere gefangen zu sein.
Ich erkenne auch keinen Wandel in der Manifestation. Ich sehe nur, daß alles sich immer mehr verdichtet und verdunkelt.
Ich will ganz frei sein, ohne jede Begrenzung. Ich sehe keinen Sinn in Grenzen.

ESSENZ 7
Silber
L 7

DIE GEISTIGE SCHWINGUNG DER ESSENZ ALS AFFIRMATION

In mir spiegelt sich der Wandel aller Manifestation. Alles Manifeste ist und ist doch grenzenlos, denn das Feste ist verdichteter Geist, der sich unendlich wandelt. Ich biete die Reflexionsfläche für den Wandel des Geistes. Ich reflektiere den Wandel in meinem Leben. Ich reflektiere den unendlichen Austausch zwischen Geist und Materie, die getrennt sind und doch immer als der eine Teil des anderen sich unendlich spiegeln. Geist wandelt sich in jedem Spiegel ersteht neu in unendlichen Formen.
Alles schwingt im unendlichen Wandel zwischen Manifestation und Grenzenlosigkeit des Geistes. Das eine ist Spiegel für das andere.
Alles ist Reflexion des Wandels als Kreislauf der Erneuerung und Erweiterung, als Spiegel der Kraft von Transformation im Leben. Ich bin Reflexionsfläche für alles, was entsteht, lebt, stirbt, wiedergeboren wird und sich wandelt in einem unendlichen Kreislauf.
Ich bin Spiegel für den Wandel, die Entwicklung und Transformation aller Manifestation. In mir spiegeln sich Tod und Auferstehung jeder Manifestation im unendlichen Kreislauf des Lebens. In der Materie spiegelt sich die Unendlichkeit des Geistes, getrennt als Manifestation, unendlich im Geist. Spiegel und Spiegelbild sind eins, in einem unendlichen Kreislauf von Wandel.

KURZFASSUNG DER 7 NEGATIVEN LEBENSEINSTELLUNGEN

ESSENZ 7

L 7, Silber

Leben ist getrennt sein aus dem unendlichen Meer des Geistes, das unendliche Kraft bedeutet.

ESSENZ 6

L 6, Eisen

Leben ist wie im undurchdringbaren Nebel sein, ohne tiefes wissendes Bewußtsein.

ESSENZ 5

L 5, Titan

Leben ist wie stumm sein, ohne Austausch und wie außerhalb von allem.

ESSENZ 4

L 4, Palladium

Leben ist Isolation in Dunkelheit.

ESSENZ 3

L 3, Kohlenstoff

Leben ist ohne Ziel und ohne Sinn.

ESSENZ 2

L 2, Schwefel

Leben ist im Schatten sein, getrennt vom Licht.

ESSENZ 1

L 1, Gold

Das Leben ist schwer und dunkel.

KURZFASSUNG DER 7 AFFIRMATIONEN

ESSENZ 7

L 7, Silber

Leben ist Spiegel des unendlichen Geistes sein, der sich in der Materie wandelt und erweitert.

ESSENZ 6

L 6, Eisen

Leben ist klar und transzendent und spiegelt All-Wissen und Bewußtsein.

ESSENZ 5

L 5, Titan

Leben ist nie stumm. Alles spiegelt die Schöpfung und geschieht im Austausch.

ESSENZ 4

L 4, Palladium

Leben ist immer die Integration von Geist und Materie. Im Geist ist nichts isoliert.

ESSENZ 3

L 3, Kohlenstoff

Leben hat immer einen Sinn: Sich erkennen, Bewußtsein zu zentrieren.

ESSENZ 2

L 2, Schwefel

Leben ist Licht und Schatten. Ich akzeptiere beide Seiten, denn das eine existiert nur durch das andere.

ESSENZ 1

L 1, Gold

Leben ist im Licht sein, als Spiegel des Geistes.

1. EBENE

DIE METALLE
UND IHRE
5 ELEMENTE-ESSENZEN

Essenzen 8 bis 12

Element Erde: Wachstum.
Leben ist Wachstum
in der Begrenzung der Elemente.

1. EBENE
DAS ELEMENT ERDE

Unser physischer Körper besteht, wie die materielle Welt, aus den Elementen Erde, Wasser, Feuer, Luft und Leben. Geistig betrachtet sind das die Ausdrucksformen von Wachstumsanfang, Bewegung, Erkenntnis, Vergeistigung und Erweiterung innerhalb des begrenzten Raumes der Materie. Diese geistigen Energien schwingen in uns auf 7 Ebenen, die den 7 Chakren zugeordnet sind. Auf der 1. Ebene aktivieren die Elemente-Essenzen der Metalle die Kraft der Erde in uns, ein fester Körper zu sein. Diese Kraft schwingt in 5 Frequenzen, entsprechend den 5 Elementen.

Essenz 12	E 5 Zink	Leben	Leben
Essenz 11	E 4 Blei	Luft	Vergeistigung
Essenz 10	E 3 Nickel	Feuer	Erkenntnis
Essenz 9	E 2 Aluminium	Wasser	Bewegung
Essenz 8	E 1 Silicium	**Erde**	**Wachstumsanfang**

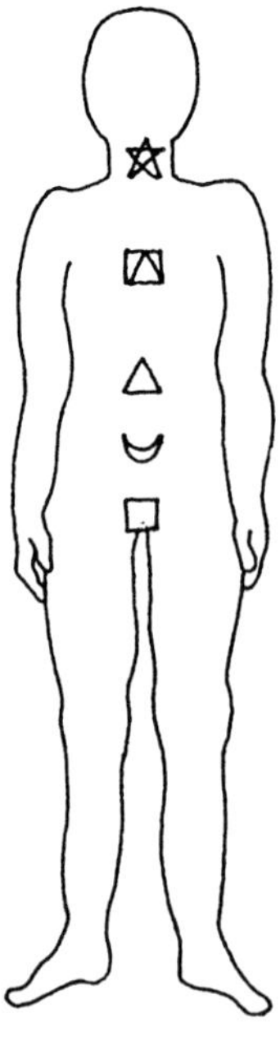

Planet: Erde
Farbe: schwarz

1. EBENE
UNENDLICHE GEISTIGE KRAFT BRAUCHT DIE BEGRENZUNG DER MATERIE · DIE ERDE

Die Elemente sind die andere, die getrennte Seite. Das Element Erde symbolisiert die Kraft des Wachstums in der Materie. Thematisch korrespondieren die Elemente-Essenzen der 1. Ebene mit den Elemente-Essenzen der 7. Ebene. Bei der Anwendung der Essenzen auf dem 7. Chakra werden beide Pole des Themas berührt. Siehe Seite 545 und Seite 557.

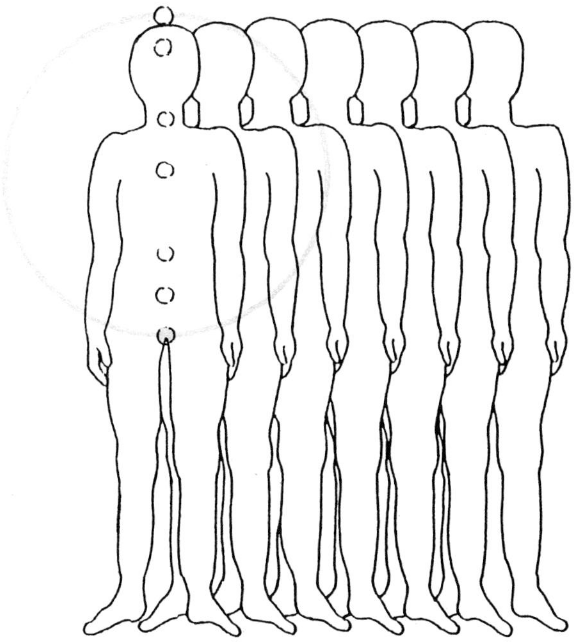

DER GEIST DER ELEMENTE IN DEN METALLEN: ERDE

Die Realität nimmt ihren Anfang. Jede Erfahrung hat einen Anfang, wie das Leben auf der Erde. Das Leben selbst ist eine Erfahrung mit Anfang und Ende. Es ist die Erfahrung der Begrenzung in der materiellen Welt.

Jede Erfahrung wie das Leben selbst ist schwer. Jede Erfahrung endet in der Vergeistigung. Die Kraft der Erde, in die Vergeistigung zu wandeln, ist in uns.

Die unzähligen Spiegel der Metallteilchen in uns reflektieren die Kraft aller Elemente der Erde. Alle Kraft der Erde, des Wassers, des Feuers, der Luft und der Lebenskraft der Erde reflektiert in uns. Es ist die Kraft des Wachstums, der Bewegung, der Erkenntnis und der Vergeistigung im Leben. Die Erde und wir sind eins, denn auf allen Metallteilchen in uns spiegelt sich ihre ganze Kraft, fester Körper zu sein, als Basis für unsere Erfahrung in einem festen Körper, in einer begrenzten Welt. In uns reflektiert der Geist des Elements Erde. Er ist nicht getrennt von uns. Der Geist der Erde ist unser Geist, der in unserem Körper lebt und unsere Basis für unsere Körperlichkeit ist. Es ist der Geist des Wachstums und des Wandels. Damit schaffen wir unsere Form, damit schaffen wir alles Feste als Anfang vom Weg des Lebens. Alles, was fest ist in uns, hat eine begrenzte Zeit des Wandels, eine begrenzte Zeit von Wachstum und Vergehen, um sich neu zu formen. Die Erde wandelt alles. Sie läßt alles Form sein, als Anfang des Wandels. Ihre Kraft spiegelt sich in uns, in den metallischen Anteilen auf der Elementeebene.

Jedes Wasser auf der Erde spiegelt die Bewegung des Wachstums auf der Erde. Alles strömt, wächst und bewegt sich, um zu sein und Vollendung zu finden in der Manifestation. Alles in uns strömt, wächst, bewegt sich, um Vollendung zu finden auf dem Weg der Vergeistigung. Die Kräfte aller Flüsse und Wasserströme der Erde finden Resonanz und Spiegelung in uns. Der Geist des Elements Wasser ist in uns. Er ist nicht getrennt von uns.

Jedes Feuer in der Erde und auf der Erde spiegelt den Geist der Erkenntnis. Die Kraft jedes Feuers birgt die Kraft, den Weg zu beleuchten, auf dem wir gehen. So können wir den Raum sehen, den wir uns schaffen, um uns zu erkennen. Ohne Feuer kein Leben. Wir brauchen für alles einen festen Raum, unsere Realität. Feuer verbrennt, um Raum zu schaffen. Ohne Licht sehen wir keinen Raum. Der Geist des Feuers ist in uns und nicht getrennt von uns. In allen metallischen Anteilen in uns reflektiert die Feuerkraft der Erde, die uns Raum zur Erkenntnis gibt für unser Leben auf der Körperebene. Feuer setzt Grenzen. Nur der begrenzte Raum kann mit Licht, das heißt mit Erkenntnis erfüllt werden. Dieser Raum ist begrenzt wie unsere Erkenntnisse.

In uns reflektiert die Kraft aller Luft, aller Stürme der Erde. Sie durchwehen alles Feste, sie machen nicht halt vor dem Festen, denn sie kennen keine Grenzen. Die Luft tauscht alles aus. Wie die Kraft in jedem Atemzug schwingt, so weht jeder Atemzug die Luft der Vergeistigung durch alle festen Körper.

Die Luft setzt allem Manifesten ein Ende. In der Manifestation ist alles begrenzt, hat Anfang, Wachstum und Ende. Die Vergeistigung jeder Erfahrung Leben ist das Ende der Erfahrung. Sie schafft Raum für neues Leben.

Die Kraft jeden Sturms und jeden Lufthauchs auf der Erde reflektiert in uns als Kraft des Geistes, zu beenden und in jeder

Erfahrung einen neuen Anfang zu finden. Alle Zeiträume in unserem Leben haben Anfang, Bewegung, Raum und Ende.
Alles zusammen reflektiert den Weg allen Lebens auf der Erde: Anfang – Bewegung – Erkenntnis und Ende. Das ist Leben.
Wir sind körperlich. Wir leben hier und jetzt. Wir sind in der Festigkeit unseres Körpers. Wir sind verdichtet. Wir sind verletzbar. Und wir sind stark. Stark wie die Erde. In uns schwingt die Wandlungskraft der Erde, ihre Kraft zu wachsen. Wir sind hier, um geistig zu wachsen. Um uns in der Materie zu wandeln und jede Erfahrung des Lebens zu vergeistigen, für uns und für die Erde. Jede Erfahrung bringen wir in den Geist der Erde ein. Jede Erfahrung ist ein Beitrag zu unserem Wachstum und dem der Erde.
Wir leben in der Begrenzung der Materie. Wir machen Erfahrungen in der Begrenzung. Wir machen die Erfahrung Leben in einem Körper. Jede Erfahrung ist Wachstum. Leben ist Wachstum. Die Wandlungskraft der Erde ist unendlich stark. Wir sind stark, jede Erfahrung anzunehmen, auch wenn sie schwer ist. Die Schwere, die Verdichtung, die wir als schwere Last empfinden, ist der schwere Weg der Vergeistigung, die in jeder Erfahrung verborgen ist. Jede Erfahrung ist bereits in unserem Anfang angelegt. In der Zeugung, in der Geburt. Wir nehmen das an, was wir in unser Leben mitbringen. Wir haben die Kraft dazu. Wir können jeden Anfang einer neuen Erfahrung akzeptieren. Wir haben sie gewählt, um zu wachsen. Wir sind stark. Wir wandeln und wachsen mit unserem Leben.
Alle Wandelkräfte der Erde stellen sich uns zur Verfügung: Die Kräfte der Erde, des Wassers, des Feuers und der Luft reflektieren auf den unzähligen Metallteilchen in uns.
Wasserströme in uns fließen mit großer Kraft, aber träge. Wir brauchen diese Trägheit, um Form zu bewahren. Das Feuer glüht

in uns, und treibt den Stoffwechsel an: Doch die Glut muß in Grenzen gehalten werden.
Luft stürmt in uns und braucht die Schwere, um unseren Atem zu kontrollieren. Alle Elemente müssen fest und schwer in uns sein, sonst bersten wir vor Kraft. Sind die Spiegel der Metallteilchen in uns matt, dann reflektiert die große Kraft der Erde und aller Elemente matt und schwach in uns. Dann sind wir zu leicht und nicht fest auf dem Boden. Glänzen die Spiegel, sind wir im relflektierenden Austausch mit den Kräften der Elemente. Wir sind stark und fest wie die Erde. Wir sind stark und fest in uns.

ZUSAMMENFASSUNG ALS AFFIRMATION

»Ich nehme jede Erfahrung in meinem Leben an. Jede Erfahrung ist Wachstum des Geistes. Jede Erfahrung nimmt den Weg aller Dinge. Sie sind fest, werden beweglich, erkennen, vergeistigen und wachsen unendlich. Ich nehme an diesem Wandel teil. Ich habe keine Angst vor der Erfahrung Leben. Mein Leben und jede Erfahrung in der Materie ist begrenzt, als geistige Entwicklung unbegrenzt. Ich akzeptiere den Anfang aller Erfahrungen, die unabänderlich sind. Ich akzeptiere den Moment, in dem die Entscheidung für eine Erfahrung fällt. Denn alles, was sich aus einer Erfahrung entwickelt, bedeutet geistiges Wachstum für mich. Ich habe mich für mein Leben entschieden. Ich akzeptiere mein Leben und fühle die Kraft zu wachsen und zu wandeln.«

DIE ESSENZEN

DAS THEMA DER 1. EBENE · NEGATIV
ANGST VOR DEN ERFAHRUNGEN IN EINEM KÖRPER

Sich nicht im Körper zu Hause fühlen. Nicht geerdet sein. Sich kraftlos und instabil den Erfahrungen in einem Körper ausgeliefert fühlen. Der Erfahrung Leben in einem Körper nicht mit Akzeptanz begegnen.
Nicht die Begrenzung im Körper akzeptieren, die da ist, um durch Erfahrung zu vergeistigen.
Das Gefühl, dem Leben nicht gewachsen zu sein, weil alles so schwer ist. Ablehnung der Triebebene als Begrenzung und als Weg, der in die Körperlichkeit und Verdichtung geführt hat. Nicht erkennen, daß auch auf der Triebebene Erkenntnis des Geistes möglich ist. Nicht erkennen, daß in der Erfahrung des irdischen Lebens die Grenzenlosigkeit des Geistes enthalten ist. Erfahrungen auf der Körperebene als schmerzlich und dunkel empfinden. Fühlen, daß alles begrenzt ist und stirbt.
Lebensangst und Todessehnsucht in sich fühlen. Erfahrungen des Lebens ablehnen, da alles als schwer und schmerzhaft erlebt wird. Will alles nur geistig erfahren, theoretisch, nicht mit den realen Erfahrungen des Lebens. Den Körper und alle Erfahrungen des Körpers nicht als wertvolle Erkenntnis in sich erkennen.

DAS THEMA DER 1. EBENE · POSITIV
KRAFT DES LEBENS FÜR DIE ERFAHRUNGEN IN EINEM KÖRPER

Akzeptanz des Körpers als Ort für Erfahrung und Vergeistigung. Akzeptanz jeder körperlichen Erfahrung. Akzeptanz der Unabänderlichkeiten des Lebens. Jede Erfahrung erkennen als den Anfang allen Wachstums.
Akzeptanz des Lebens in einem Körper als begrenzter Zeitraum für die Erfahrung Leben.
Erkennen, daß in jeder Erfahrung geistige Erweiterung enthalten ist. Das Erkennen der eigenen geistigen Wandelkraft. Leben als Chance für körperliche Erfahrungen und Erweiterung des Geistes betrachten.
Körperliche Erfahrung als gleichwertig mit geistiger Erfahrung anerkennen.
Die Erde als den Ort erkennen, der uns Kraft gibt, zu wachsen und zu wandeln. Die Kraft der Erde erkennen.
Realitätsbezogenheit. Mit beiden Beinen fest im Leben stehen und das Leben annehmen, so wie es kommt. Schicksalsschläge gefestigt entgegennehmen und innerlich akzeptieren.
Stark mit dem körperlichen Leben verwurzelt sein und sich mit den Elementekräften und der Natur stark verbunden fühlen.
Die Kraft der Erde in sich fühlen. Den materiellen Raum erkennen und als Erfahrungsraum der Vergeistigung schätzen.

DIE 5 ELEMENTE-ESSENZEN DER METALLE SCHWINGEN IN 5 FREQUENZEN.

Es sind die Frequenzen der Metalle Silicium, Aluminium, Nickel, Blei und Zink. Sie haben die Kraft in einem Körper zu leben und Erfahrungen auf der physischen Ebene zu machen, zum Hauptthema. Innerhalb dieses Hauptthemas betonen sie die 5 Kräfte der Elemente. Zusätzlich sind sie dem 1. Chakra zugeordnet.

Die geistigen Inhalte sind:

Metall	*Leben*	Die Erfahrung Leben in einem Körper ist schöpferisches Wachstum und ständige Erweiterung des Geistes.
Metall	*Luft*	Die Erfahrung Leben in einem Körper endet wie jede Erfahrung und schafft Raum für neues Leben.
Metall	*Feuer*	Die Erfahrung Leben in einem Körper ist Erkenntnis, wie jede Erfahrung.
Metall	*Wasser*	Die Erfahrung Leben in einem Körper ist Bewegung, die ins Wachstum fließt.
Metall	*Erde*	Die Erfahrung Leben in einem Körper ist Ausdruck von Kraft zum Wachstum.

SICH ERKENNEN MIT DEN 5 FRAGEN DER ELEMENTE-ESSENZEN.

Falls Sie alle Fragen mit ja beantworten können, brauchen Sie keine dieser Essenzen. Die Fragen, die Sie mit nein beantworten, zeigen eine Schwingung, die in Ihnen unterstützt werden sollte.

Am Anfang jeder Frage kann auch »Akzeptiere ich« stehen.

Essenz 12	E 5	Vertraue ich dem Leben im Körper als dem schöpferischen Ausdruck von Wandel und Wachstum des Geistes? Erkenne ich darin meinen Beitrag für die ganze Schöpfung?
Essenz 11	E 4	Vertraue ich dem Ende jeder realen körperlichen Erfahrung, die Raum schafft für neue Erfahrungen, um mich wachsen zu lassen? Vertraue ich, daß der Tod ein Neuanfang ist, wie jedes Ende?
Essenz 10	E 3	Vertraue ich darauf, daß mein Leben Erkenntnis ist?
Essenz 9	E 2	Vertraue ich der Wachstumsbewegung in jeder körperlichen und realen Erfahrung?
Essenz 8	E 1	Vertraue ich dem Anfang meines Lebens, meiner Zeugung als Entscheidung, in einem Körper zu sein und zu wachsen?

SICH ERKENNEN IN DER NEGATIVEN LEBENSEINSTELLUNG

Ich will keine Erfahrungen in meinem körperlichen Leben machen. Ich weiß nicht, ob ich überhaupt in einem Körper sein will. Ich fürchte mich vor jeder Erfahrung im Leben, die mich tiefer in die Verfestigung führt. Vielleicht komme ich dann nicht mehr heraus. Ich kann die ganze Begrenzung aller Erfahrungen auf der Erde nicht akzeptieren. Ich will keine Erfahrungen. Ich habe Angst vor dem, was mich erwartet. Alles ist so schwer. Ich will keine Erfahrungen machen. Mir steht genug Schweres in meinem Leben bevor. So ist das eben. Daran läßt sich nichts ändern. Ich will mich auch gar nicht auf Erfahrungen in der Materie einlassen, denn dann müßte ich ja ihre Begrenzung akzeptieren. Das will ich auch nicht. In einem Körper zu sein und Erfahrungen zu machen, ist schwer. Ich will körperlos sein und nur Erfahrungen in Freiheit machen.
Am besten wäre ich gar nicht gezeugt worden.

ESSENZ 8
Silicium
E 1

DIE GEISTIGE SCHWINGUNG DER ESSENZ ALS AFFIRMATION

Mein Leben in meinem Körper ist eine Erfahrung, die ich gewählt habe, um zu wachsen. In mir reflektiert die Kraft für den Anfang jeder Erfahrung. In mir reflektiert die ganze Wandlungskraft der Erde, die Ort meiner Wandlung ist, wie mein Körper. Ich entscheide, in meinem Körper zu sein. Er ist auf der Erde der Ort für meine Erfahrung. Jede Erfahrung birgt den Wandel und Vergeistung. Ich reflektiere in mir die Kraft des Wandels aus der Verdichtung in die Vergeistigung. Aller Anfang ist der Anfang von Vergeistigung. Aller Anfang ist Reflexion der Wandlungskraft der Erde. Ich habe die Kraft, zu leben, um zu wandeln als Erfahrung. Mein Körper ist Ort und Anfang des Wachstums.
Ich bin. Ich wachse im Geist, mit der Wachstumskraft der Erde.

SICH ERKENNEN IN DER NEGATIVEN LEBENSEINSTELLUNG

Ich will mich nicht bewegen und nichts erleben. Alles bringt doch nur Erfahrung in Schmerz und Dunkelheit. Was soll ich mich da bewegen? Wohin soll die Bewegung führen? Ich bleibe fest und starr. Ich vermeide die Bewegung. Bewegung und Leben in der Körperlichkeit bedeutet Schmerz. Jede Erfahrung in der Materie ist mit Schmerz verbunden. Das kann ich nicht ertragen. Und wieso durch die Bewegung in der Materie wachsen? Ich will nicht wachsen. Das Manifeste bewegt sich nicht, sonst wäre es ja nicht fest. Wenn das Manifeste nicht fest wäre, könnte ich nicht darauf bauen. Es glitte unter mir weg.
Ich will mich nicht entwickeln in der Körperlichkeit, sondern lieber geistig sein, ohne Körper. Alles Körperliche ist zu schwer, um beweglich zu sein.

ESSENZ 9
Aluminium
E 2

DIE GEISTIGE SCHWINGUNG DER ESSENZ ALS AFFIRMATION

In mir reflektiert die Bewegungskraft innerhalb der festen Materie. Sie ist nicht starr. Sie ist beweglich. In allem Festen ist die Bewegung enthalten. Nichts ist starr und unbeweglich. Alles geht den Weg des Wachstums. Alles Feste bewegt sich auf dem Weg der Wandlung von Materie zu Geist. Auch in mir reflektiert die Bewegung zum Geistigen. Alles Feste ist beweglich. Es wandelt sich auf dem Weg in die Vergeistigung, in die Erfahrung des Manifesten, in mir und in meinem Leben auf der Erde. Ich akzeptiere die Bewegung in allem Festen, die in mir reflektiert. Ich lasse meine innere Starre los.
Die Strömungskraft allen Wassers der Erde reflektiert in mir. Alles, was in mir strömt und fließt, ist die Reflexion der Bewegung in allem Festen auf dem Weg zum Wachstum. Ich bin Reflexionsfläche für jede Bewegung der Erfahrung, fest und doch beweglich zu sein. Ich vergeistige mich in jeder Bewegung. Jede körperliche Erfahrung ist Bewegung auf dem Weg der Erweiterung des Geistes. Ich bewege mich und gehe den Weg des Wachstums, mit der strömenden Kraft allen Wassers der Erde.

SICH ERKENNEN IN DER NEGATIVEN LEBENSEINSTELLUNG

Erfahrung in der Materie ist nicht immer Erkenntnis. Das wäre ja zu einfach. Ich sehne mich nach Licht, aber nicht nach Erfahrung in der Manifestation. In ihr ist keine Erkenntnis möglich. Ich will im Geistigen erkennen, aber nicht mit dem schweren Geschleppe im Körperlichen hier auf der Erde. Körperliches Leben ist doch nicht Erkenntnis in sich.
Wieso soll Erkenntnis in der Materie oder in jeder Körpererfahrung liegen? Materie ist doch dunkel wie das Innere meines Körpers. Ihr fehlt Bewußtsein und Erkenntnis. Nur das Geistige erkennt, nicht das körperliche Erleben. Auch Schmerz ist keine Erkenntnis. Die kommt vielleicht hinterher.

ESSENZ 10
Nickel
E 3

DIE GEISTIGE SCHWINGUNG DER ESSENZ ALS AFFIRMATION

Leben ist Erkenntnis. Jede körperliche Erfahrung ist Erkenntnis. Mein körperliches Leben, mein Schicksal, jeder Tag und jede Minute sind Erkenntnis in sich. Keine Minute oder Sekunde in meinem Körper oder in einer Erfahrung ist ohne Erkenntnis. Immer strahlt Licht wie Feuer in allem, was fest ist. Auch wenn ich das Feste, Körperliche als dunkel und schwer erlebe, reflektiert es das Licht der Erkenntnis. In jeder körperlichen Erfahrung, mag sie noch so schwer und schmerzvoll sein, ist Erkenntnis enthalten. Sie beleuchtet und erweitert meinen Geist. Alles Körperliche, jede unabänderliche Erfahrung auf der Körperebene ist Erkenntnis. Ich bin. Das allein ist schon Erkenntnis. Ich bin fest und schwer. Aber in der Schwere sind Licht und Erkenntnis. Jede Erfahrung, die sich körperlich ausdrückt, bringt Erkenntnis. In mir reflektiert das Licht allen Feuers der Erde, auch wenn ich das nicht bewußt sehen kann. Ich bin. Ich bin Erkenntnis, mit dem Licht allen Feuers der Erde.

SICH ERKENNEN IN DER NEGATIVEN LEBENSEINSTELLUNG

Ich will mich nicht auf die Erfahrung in der Manifestation einlassen. Sie ist so begrenzt. Ich möchte kein Ende aller Dinge. Wenn ich Erfahrungen beende, dann entsteht ja ein leerer Raum, den ich dann wieder füllen muß. Soll das Vergeistigung sein, einfach die Erfahrung des Lebens in die geistige Welt zu tragen?
Das kann ich nicht glauben. Ich will mich lieber nicht darauf einlassen und nicht richtig anfangen und nicht richtig aufhören. Wenn alles Austausch zwischen Erleben und Vergeistigen ist, dann ist alles in allem und unendlich. Das wäre ja schrecklich. Dann ginge alles endlos weiter, auch in der Materie.
Ich akzeptiere den Anfang der Erfahrung in der Körperlichkeit nicht und das Ende genauso wenig. Ich will lieber nur leicht sein und wegfliegen.

ESSENZ 11
Blei
E 4

DIE GEISTIGE SCHWINGUNG DER ESSENZ ALS AFFIRMATION

Ich reflektiere in mir die Begrenzung jeder Erfahrung. Alles Materielle, Körperliche hat Grenzen, hat Anfang und Ende. Ich reflektiere diese Begrenzung. Ich reflektiere das Ende aller Festigkeit in mir. Ich beende, und damit vergeistige ich das Manifeste. Nichts geht zu Ende, alles wandelt sich. In mir reflektiert die Kraft zur Vergeistigung. Vergeistigung ist die Erfahrung, die ich in der Körperlichkeit mache. Alles, was feste Gestalt annimmt, macht die Erfahrung aller Manifestation. Es beginnt Form zu sein, bewegt sich, erkennt um zu wachsen, stirbt, um sich zu wandeln und die Erfahrung der Vergeistigung zu machen, die Erweiterung bedeutet.

Alles Feste wird geistig und wandelt sich ständig. Ich spiegele die Vergeistigung durch das Ende in jedem Atemzug, wenn ich ausatme. Ich spiegele den Geist des Neuanfangs in jeder Erfahrung, wenn ich einatme. Ich vergeistige mich mit jedem Atemzug meines Lebens auf der Erde. Die Erfahrung Leben ist schwer. Die Erfahrung muß schwer sein, denn Geist alleine ist flüchtig. Das Leben wird leicht, wenn ich die Erfahrungen vergeistige und Raum schaffe für neue Erfahrungen in der Erdenschwere. So tauschen sich das Leichte und das Schwere aus und werden ein Wachstumsprozeß.

Ich atme die Kraft des Lebens in jedem Atemzug, mit der Kraft aller Stürme auf der Erde.

SICH ERKENNEN IN DER NEGATIVEN LEBENSEINSTELLUNG

In der Materie zu sein und Erfahrungen zu machen, heißt, verletzbar zu sein und zu sterben. Ich habe schreckliche Angst, mich zu verdichten und in einem Körper zu leben. Das heißt verletzlich und schwach zu sein. Ich fühle mich schutzlos dem Leben in der Materie ausgeliefert und weiß auch nicht, warum ich hier bin. Wer hat mich nur hierher in mein Leben geworfen, ohne Schutz und Kraft?

Ich habe Angst vor dem Leben. Denn das körperliche Leben ist endlich. Das Ende steht fest. Wozu dann Erfahrungen machen? Eigentlich sehne ich mich nach dem Tod, denn danach kann ich frei sein und gehen, wohin ich will, mich frei entfalten, ohne in der Körperlichkeit gefangen zu sein.

ESSENZ 12
Zink
E 5

DIE GEISTIGE SCHWINGUNG DER ESSENZ ALS AFFIRMATION

Ich reflektiere in mir die Kraft der Erde, feste Form zu sein als Ort der Erfahrung. Alles Leben ist unendlich, wird Form, bewegt sich, nimmt Raum ein, stirbt und wird geistig, um zu wachsen und in anderer Form wiedergeboren zu werden. Jede Erfahrung ist Wachstum. Ich akzeptiere mein Leben als Erfahrung in der Begrenzung. Die feste Form ist mein Schutz und meine Kraft zu leben, zu erfahren, zu wandeln und zu wachsen. Sie sind manifest wie ich und geistig wie ich. Zusammen sind wir die Erfahrung Leben in der Verdichtung.

Die Elemente in mir sind der feste Rahmen für mein Leben in der festen Welt. Sie sind der Rahmen, dem mein Leben unterworfen ist. Ich kann den Rahmen akzeptieren und schätzen, denn ich habe ihn selbst gewählt. Er ist Teil der Schöpfung, wie ich.

Der Wert der Begrenzung ist unschätzbar. Er bietet den Raum für die Erweiterung des Geistes. Ohne diesen Raum gibt es kein Wachstum. Der Raum ist schwer und schöpferisch wie das Leben selbst. Die Schöpfungskraft der Erde spiegelt sich in mir und in jeder Erfahrung meines Lebens in einem Körper.

KURZFASSUNG DER
5 NEGATIVEN LEBENSEINSTELLUNGEN

ESSENZ 12

E 5, Zink

Die Erfahrung Leben in einem Körper ist Begrenzung ohne Wachstumsmöglichkeit und ohne Erweiterung des Geistes.

ESSENZ 11

E 4, Blei

Die Erfahrung Leben in einem Körper ist begrenzt. Sie endet ohne Neuanfang.

ESSENZ 10

E 3, Nickel

Die Erfahrung Leben in einem Körper ist ohne Erkenntnis.

ESSENZ 9

E 2, Aluminium

Die Erfahrung Leben in einem Körper ist wie bewegungslos und erstarrt sein.

ESSENZ 8

E 1, Silicium

Die Erfahrung Leben in einem Körper ist wie gefangen sein in der schweren Verdichtung.

KURZFASSUNG DER 5 AFFIRMATIONEN

ESSENZ 12
E 5, Zink
Die Erfahrung Leben in einem Körper ist ständiges Wachstum und ständige Erweiterung des Geistes, wie jede Erfahrung.

ESSENZ 11
E 4, Blei
Die Erfahrung Leben in einem Körper endet wie jede Erfahrung und schafft Raum für neues Leben.

ESSENZ 10
E 3, Nickel
Die Erfahrung Leben in einem Körper ist Erkenntnis, wie jede Erfahrung.

ESSENZ 9
E 2, Aluminium
Die Erfahrung Leben in einem Körper ist Bewegung, die ins Wachstum fließt.

ESSENZ 8
E 1, Silicium
Die Erfahrung Leben in einem Körper ist Ausdruck von Kraft zum Wachstum.

2. EBENE

DIE MINERALIEN UND IHRE 7 LICHT-ESSENZEN

Essenzen 13 bis 19

Alles im Leben ist Bewegung und strömt aus einer unendlichen, unbekannten Quelle.

2. EBENE
UNENDLICHE BEWEGUNG FINDET
REFLEXIONSFLÄCHE AUF 7 EBENEN

Die Licht-Essenzen der Mineralien aktivieren in uns den unendlichen Strom von Kraft, der aus der geistigen Ebene strömt, ohne daß wir uns dessen bewußt sind. Wir teilen diesen Strom in 7 Frequenzen. Jede Licht-Essenz entspricht einer dieser Frequenzen.

Essenz 19	L 7 schwarzer Turmalin	7. Chakra	Grenzenlosigkeit
Essenz 18	L 6 Bergkristall	6. Chakra	Höchstes Bewußtsein, Intuition
Essenz 17	L 5 Smaragd	5. Chakra	Einssein mit der Schöpfung
Essenz 16	L 4 Rosa Turmalin	4. Chakra	Integration
Essenz 15	L 3 Mondstein	3. Chakra	Zentrierung
Essenz 14	L 2 Tigerauge	**2. Chakra**	**Unendliche Bewegung**
Essenz 13	L 1 Türkis	1. Chakra	Lebenskraft

Planet: Mond

2. EBENE
UNENDLICHER GEIST IST DIE
KRAFT HINTER DER UNBEKANNTEN
BEWEGUNG DES LEBENS

In uns schwingt geistige Kraft in 7 Ebenen. Jede Ebene hat einen eigenen Energiekörper. Die 2. Ebene ist unser mineralischer Körper und dem 2. Chakra zugeordnet. Thematisch korrespondieren das 2. Chakra und das 6. Chakra. Bei der Anwendung der Licht-Essenzen auf dem 6. Chakra werden beide Pole des Themas berührt. Siehe Seite 546 und Seite 554.

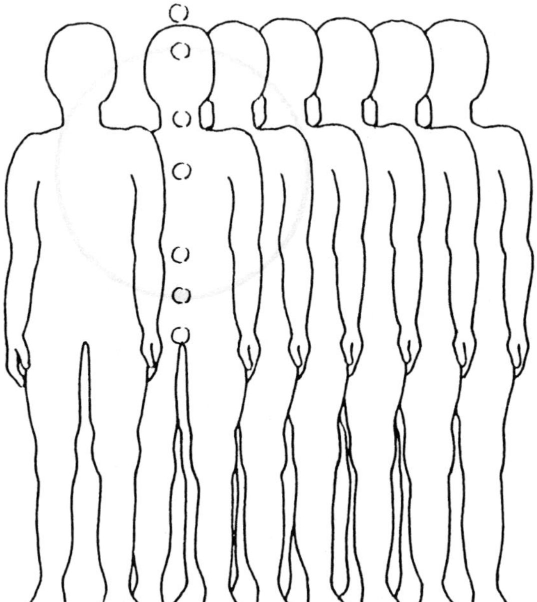

Die Mineralien sprechen

Wir sind wie festgewordene bunte Töne,
wir sind wie ein anderer Ausdruck der Blüten,
wir sind der gleiche Geist
wie die Töne und die Blüten in anderer Form.
Du begegnest nur unserer festen Form
und kennst uns schon lange.
Wir spiegeln in dir. Wir, zusammen mit dir, sind wie die Musik.
Wir sind die Musik der Erde in fester Form. Und die Musik aller Formen überall.
Unsere Heimat ist die gleiche.
Alles, was dir zu einfach vorkommt, ist wie ein tiefer dunkler Ton.
Auch er schwingt in allen Tönen, wie alles in allem schwingt.

DER GEIST DER MINERALIEN IN UNS

Unbekanntes, Unbewußtes strömt aus der Unendlichkeit des Geistes in uns und läßt uns bewegen. Bewegung ist Leben. Wir formen uns und nehmen eine innere Gestalt an. Wir erschaffen in uns Strukturen und Formen. Wir sind unbewußt, aber voll innerem Wissen, mit dem wir unsere innere Struktur erschaffen. Alles ist Bewegung, in uns, in unserem Leben und im Universum. Wir bewegen uns, und jede Bewegung ist Teil der unendlichen universellen Bewegung des unendlichen Geistes.

Alles ist Bewegung, jede Welle, jede Form. Es gibt keinen Stillstand. Darauf können wir vertrauen.

Wir haben uns aus der Einheit des Geistes getrennt, um zu sein. Jetzt fühlen wir den Schmerz der Trennung oder die Ohnmacht, nicht allbewußt zu sein.

Unbewußt wissen wir, daß wir nicht getrennt sind. Unbewußt wissen wir, daß wir Teil der Bewegung des unendlichen Geistes sind und wachsen, indem wir Gestalt annehmen.

Unser Leben ist Wachstum. Wir können dem Leben vertrauen, der bewegenden Kraft des Geistes, der aus der Unendlichkeit strömt. Er ist Teil einer unendlichen Bewegung und steht niemals still. So sind wir immer Teil des universellen Wachstums.

Das Unbekannte ist machtvoll. Wir haben keine Kontrolle darüber. Es ist uns nicht bewußt, wohin der Weg unseres Lebens und aller Leben führt. Wir werden es nie wissen, denn die Bewegung unseres Lebens ist Teil der unendlichen universellen Bewegung. Wir können darauf vertrauen, daß die Bewegung immer

ins Wachstum führt, so wie wir darauf vertrauen können, daß es keinen Stillstand gibt.
Wir können uns dem unbekannten Unbewußten unseres Lebens hingeben, denn es ist der Strom des Geistes in uns selbst, der uns bewegen und wachsen läßt. In uns scheint er unbewußt und unbekannt. Doch Geist ist immer wissend, strömt in uns und formt unser Leben.
Wir sind getrennt vom All-Bewußtsein des Geistes. Wir brauchen diese Trennung, um leben zu können. Ohne Unbewußtsein wären wir reines Bewußtsein ohne Form und unendlich wie Geist. Die Bewegung in uns wäre genauso formlos und unendlich wie reiner Geist. So haben wir unsere andere Seite geschaffen, die Seite des Unbewußten.
Sie macht uns lebensfähig. Sie läßt uns die andere Seite in allem suchen und nach der Einheit des Geistes sehnen. Sie ist die Bewegung, die uns leben und wachsen läßt.
Alles ist Bewegung, jede Welle, jeder Gedanke, jeder Weg des Geistes, sich zu verdichten und weiter zu werden.
Unser Geist hat sich auf dem Spiegel der Metalle in uns manifestiert. Jetzt geben wir uns der Bewegung hin, die unserem Wachstum Struktur gibt.
Immer weiter strömt Unbekanntes aus der Unendlichkeit. Wir wachsen und bewegen uns. Neues strömt aus der Unendlichkeit, wir wachsen mit und wachsen und wachsen und bewegen uns mit den unendlichen Wellen des Universums.
Wir suchen die andere Seite, wir sehnen uns nach dort, woher wir gekommen sind. Wir kommen aus der unendlichen Bewegung des Universums, von unbekannten Orten und Weiten, deren unendliches Wissen in uns gespeichert ist. Wir haben die Vibrationen dieses unendlichen Wissens in uns fest werden lassen, um eine Gestalt anzunehmen. Das unendliche Wissen um alles Sein,

die unendliche kosmische Bewegung unserer Herkunft von den Sternen ist in uns gespeichert und läßt uns wachsen und uns bewegen.
Unser Woher und Wohin bleibt ein Geheimnis für uns. Die Suche nach dem Geheimnis bringt uns in Bewegung. Wir fühlen, unser Geist ist nicht getrennt von der unendlichen Bewegung des Universums. Wir wissen es nicht, aber wir fühlen es. Wir sind getrennt aus der unendlichen Einheit allen Bewußtseins, aber wir fühlen, wir sind es doch nicht und ersehnen die andere transzendente Seite in uns. Wir sehnen uns nach dem unendlichen Bewußtsein, das unerreichbar scheint.
Wir erkennen die Formen und Strukturen in uns nicht. Wir fühlen sie, und wir fühlen ihre Bedeutung. Wir fühlen unser inneres Wissen und geben uns dem Gefühl von Vertrauen hin. Wir vertrauen unserem Unbewußten, dem geheimnisvollen Teil unseres Selbst. Wir vertrauen.
Wie unzählige flimmernde Ströme aus Licht fließen die Mineralien durch uns und leuchten. Es ist uns nicht bewußt, denn unsere unendlichen inneren Weiten sind unbewußt, unbekannt und für uns im Dunkel.
Doch die Dunkelheit ist nur eine scheinbare Dunkelheit. Wir haben sie erschaffen, um wachsen zu können und uns nach dem Licht zu sehnen. Wir können dem Licht in der Dunkelheit vertrauen. Wie festgewordene Gedanken und festgewordenes Wissen leuchten die Mineralien in uns und reflektieren alles Wissen in uns. Unendliche Wellen des Geistes aus der Unendlichkeit durchströmen uns und tragen alle Bewegungen des All-Bewußtseins in uns. Wir sind Träger der kosmischen Bewegung.
Unbekanntes hat unser Leben gestaltet, unbekannte Bewegungen aus der Unendlichkeit. Wir können die Bewegung nicht anhalten. Wir können fühlen, wie mächtig wir als Teil einer Welle sind, die

Teil des Meeres der Unendlichkeit ist. Als Meer sind wir mächtig, als Welle begrenzt.
Wir sehnen uns nach dem All-Bewußtsein, dem unendlichen Meer des Bewußtseins. Wir fühlen uns als Welle getrennt aus dem Meer. Unbewußtes hält uns davon ab, all-bewußt zu sein. Wir können diesem Unbewußten vertrauen, denn wir wären als unendliches Meer aus Bewußtsein nicht lebensfähig.
Wir sind Bewegung in dem Zwiespalt, gleichzeitig manifest und unendlicher Geist zu sein. Zwischen beiden Polen strömt die Bewegung unseres Lebens. Wir lassen Geist in uns strömen, unbewußt. Der Strom ist so stark, daß wir ihn im Unbewußten lassen müssen, um leben zu können. Ließen wir zuviel in unser Bewußtsein strömen, würden wir sterben, der Strom wäre zu stark.
Unbewußt sind wir mit Allem-was-ist im Austausch, mit allen Wesen der Erde, mit allen Galaxien, des unendlichen Universums. Unbewußt sind wir klar und transzendent. Wir sind in einem unendlichen Kreislauf der Bewegung zwischen dem Unbewußten und dem All-Wissen in uns.
Wir sind in ständiger Bewegung und im unendlichen Wandel durch diese Bewegung. Wir wachsen aus dem Unbewußten in die Transzendenz allen Bewußtseins und verschmelzen mit der allwissenden, unendlichen geistigen Kraft.

ZUSAMMENFASSUNG ALS AFFIRMATION

»Alles ist unendliche Bewegung. Ich bin Teil dieser unendlichen Bewegung und gebe mich dem Strom des Lebens hin. Ich vertraue dem unendlichen Strom des Geistes, der in mich strömt. Ich bin Teil der unendlichen Bewegung des Universums.
Das unbewußte Unbekannte in mir ist machtvoller Teil des unendlichen Geistes. Ich bewege mich im Rhythmus aller univer-

sellen Bewegungen. Ich kann dem unbekannten Unbewußten vertrauen, denn es leitet mich in das Wachstum meines Selbsts. Ich bin unbewußt, doch die Macht des All-Bewußtseins ist immer in mir und führt mich in Bewegung und Wachstum, was auch passieren mag. Ich bin Teil der unendlichen kosmischen Welle, in der das Universum sich bewegt. Fühlen und Vertrauen ist nicht Ohnmacht. Es ist machtvolle Hingabe an die Bewegung des Lebens. Dieser Bewegung kann ich immer vertrauen. Nichts geschieht ohne mein unbewußtes Einverständnis.«

DIE ESSENZEN

DAS THEMA DER 2. EBENE · NEGATIV
ANGST VOR DER KRAFT DES UNBEKANNTEN, UNBEWUSSTEN

Kein Vertrauen in das Unbekannte des Lebens. Kontrollwahn. Fixierung auf das Greifbare, Sichtbare. Fixierung auf die bewußte Welt, das Wissen, die Bewußtseinserweiterung.
Mißtrauen der Zukunft gegenüber: Was wird alles passieren? Kein Vertrauen in die unendliche Bewegung allen Lebens. Was ist das unbekannte Unbewußte in uns? Woher kommt es, wohin geht es, und wohin treibt es uns?
Kein Vertrauen in das eigene unendliche innere Wissen. Alles Unbekannte, Unbewußte als Ohnmacht empfinden.
Will das Leben und das Schicksal kontrollieren. Angst vor der unendlichen Bewegung, weil sie sich nicht kontrollieren läßt. Kein Vertrauen in die unendliche universelle Bewegung. Verkrampftes Festhalten an das bewußte Bekannte im eigenen Weltbild.
Angst vor der Hingabe ans Leben.
Der Zeit nicht vertrauen, die alles bewegt und in uns wachsen läßt, die die inneren Wunden heilt.
Verlagert alle Energie einseitig in die Bewußtseinsentwicklung. Will alles wissen und nichts dem unbekannten Unbewußten überlassen. Erkennt nicht, daß Wissen nie ankommt, sondern daß aus der Unendlichkeit immer neues Unbekanntes nachströmt. Will dem Unbekannten im Leben keinen Raum geben, aus mangelndem Vertrauen zu sich selbst. Angst vor der Macht des eigenen Unbewußten. Empfindet diese Macht als Ohnmacht, da nicht zu kontrollieren. Wünscht sich Macht über das Leben.

DAS THEMA DER 2. EBENE · POSITIV
SICH MIT VERTRAUEN DER UNENDLICHEN BEWEGUNG DES LEBENS HINGEBEN

Vertrauen in die Zukunft.
Akzeptanz der unendlichen unbekannten Bewegung allen Lebens.
Akzeptanz der Trennung aus der Macht des Bewußtseins. Vertrauen in das Unbekannte. Vertrauen in das unbewußte Wissen im eigenen Inneren.
Macht und Ohnmacht im ausgewogenen Verhältnis empfinden und das Nicht-Wissen als innere »Führung« des Schicksals akzeptieren.
Das Leben als Teil einer unendlichen kosmischen Bewegung akzeptieren, außerhalb der eigenen Kontrolle.
Angstfrei kosmischen Ereignissen gegenüber sein.
Vertrauen ins Leben als Prinzip.
Sich nicht getrennt von der eigenen inneren Macht empfinden.
Sich nicht ohnmächtig dem Leben ausgeliefert, sondern mit dem inneren unbewußten Wissen im Einklang fühlen.

DIE 7 LICHT-ESSENZEN DER MINERALIEN SCHWINGEN IN 7 FREQUENZEN.

Es sind die Frequenzen der Mineralien Türkis, Tigerauge, Mondstein, Rosa Turmalin, Smaragd, Bergkristall und Schwarzer Turmalin. Alle haben das Vertrauen in die unendliche, unbekannte Bewegung des Lebens zum Hauptthema. Innerhalb dieses Hauptthemas betonen sie die 7 Aspekte des Hauptthemas, entsprechend der Themen der 7 Chakren.

Die geistigen Inhalte sind:

Mineral	*Geist*	Das Leben ist unendliche Bewegung des sich wandelnden Geistes.
Mineral	*Ton*	Das Leben ist unbekanntes ständig sich bewegendes höchstes Bewußtsein.
Mineral	*Blüte*	Das Leben ist ständig sich bewegender unbekannter schöpferischer Ausdruck des Geistes.
Mineral	*Blatt*	Das Leben ist ständig sich bewegende Integration von Unbewußtem mit Bewußtem.
Mineral	*Wurzel*	Das Leben hat ein sich ständig bewegendes Ziel: Bewußt zu werden.
Mineral	*Mineral*	Das Leben ist ständige unendliche Bewegung zwischen Bewußtsein und Unbewußtsein.
Mineral	*Metall*	Das Leben ist unendliche unbewußte Bewegung.

SICH ERKENNEN MIT DEN 7 FRAGEN DER LICHT-ESSENZEN.

Falls Sie alle Fragen mit ja beantworten können, brauchen Sie keine dieser Essenzen. Die Fragen, die Sie mit nein beantworten, zeigen eine Schwingung, die in Ihnen unterstützt werden sollte.

Am Anfang jeder Frage kann auch »Akzeptiere ich« stehen.

Essenz 19	L 7	Vertraue ich dem Wandel des unendlichen Geistes zwischen Bewußtsein und Unbewußtsein?
Essenz 18	L 6	Vertraue ich dem unbekannten höchsten Wissen in meinem Leben, das Teil der unendlichen Bewegung allen Lebens ist?
Essenz 17	L 5	Vertraue ich dem Austausch zwischen allem Unbekannten im Leben, das Teil der unendlichen schöpferischen Bewegung ist?
Essenz 16	L 4	Vertraue ich der Integration aller unendlich wissenden, doch unbewußten Bewegungen des Lebens?
Essenz 15	L 3	Vertraue ich dem Sinn in allen unbekannten Bewegungen meines Lebens?
Essenz 14	L 2	Vertraue ich der Trennung des Unbewußten vom Bewußten als notwendiger Bewegung des Lebens?
Essenz 13	L 1	Vertraue ich, daß mir das Leben trotz seiner unbekannten Bewegung eine feste Basis gibt?

SICH ERKENNEN IN DER NEGATIVEN LEBENSEINSTELLUNG

Ich mißtraue allem Unbekannten, allem, was mir nicht bewußt ist und was ich nicht kontrollieren kann im Leben. Auch den Ahnungen, die aus dem Nichts kommen, kann ich nicht vertrauen. Es ist mir unheimlich, wie und wo sie entstehen. Ich fühle mich dem Unbewußten und Unbekannten ohnmächtig ausgeliefert und vertraue nicht der »guten« Quelle, aus der alles strömt. Ich kenne diese Quelle nicht. Wüßte ich alles, und könnte ich alles kontrollieren, würde ich mich sicherer fühlen. So habe ich kein festes Fundament, denn es spielen zu viele unbekannte Dinge eine Rolle. Wie soll man darauf bauen im Leben? Ich fühle auch kein festes Fundament in mir selbst. Im Grunde kann ich mir selbst nicht vertrauen, wer weiß, was in mir verborgen ist?

ESSENZ 13
Türkis
L 1

DIE GEISTIGE SCHWINGUNG DER ESSENZ ALS AFFIRMATION

Mein Unterbewußtsein, meine Intuitionen und alles mir Unbekannte des Lebens sind ein vollendeter Teil meines Selbsts. Unendliches Wissen ist in mir verborgen, und ich kann dem vertrauen.
Alles ist in Bewegung und läßt mich wachsen. Alles strömt in einem rauschenden Strom wie eine innere Kraftquelle aus der Unendlichkeit des Geistes in mein Unterbewußtsein, so stark, daß ich nicht leben könnte im Wissen um alles. Ich bin getrennt von der All-Wissenheit des Geistes, um zu leben. Innerlich bin ich nie getrennt von allem Wissen. Ich wachse und gestalte mit der Menge an Wissen, die aus meinem Unterbewußtsein in mich strömt, als Kraftquelle meines Lebens.
Ich bin als Gestalterin meines Seins und meines Lebens im Einklang mit allem mir nicht Bewußten. Unbewußt bin ich immer in Bewegung. Bewegung ist Leben. Ich kann meinem unbewußten All-Wissen vertrauen. Es ist im Einklang mit allem.
Alles Unbewußte formt mein Sein. Alles Unbekannte läßt mich leben. Ich bin in Sicherheit.
Das ist meine feste Basis, der ich vertrauen kann.

SICH ERKENNEN IN DER NEGATIVEN LEBENSEINSTELLUNG

Alles unbekannte Unbewußte macht mir schreckliche Angst. Ich sitze davor, als ob das alles etwas von mir getrenntes Dunkles ist. Ich erkenne es nicht, und es will mir Böses. Wieso soll es auch Gutes wollen, es passiert ja so viel Schlimmes, wie kann ich da dem Unbekannten vertrauen? Vielleicht bin ich selbst böse?

Ich fühle mich wie getrennt von dem Wissen, wie und was ich fühlen soll. Ich habe Angst, daß ich Dunkles, Machtvolles erfahre, wenn ich mich entspanne und meinem Leben hingebe.

Daß alles unendliche Wissen zwischen dem Unbewußten und Bewußten hin und her fließt, kann ich nicht glauben. Dann wüßte ich ja eher, was auf mich zukommt und könnte mich besser vorbereiten. So kann ich nur ohnmächtig warten, was passiert. Alles, was sich bewegt, gerät mir außer Kontrolle und entgleitet mir.

Ich traue der anderen Seite in allem nicht, da ich sie nicht kenne und nicht kontrollieren kann.

Das, was ich nicht weiß, macht mich ohnmächtig und starr vor Angst. Ich brauche Macht und Kontrolle.

ESSENZ 14
Tigerauge
L 2

DIE GEISTIGE SCHWINGUNG DER ESSENZ ALS AFFIRMATION

Das Unbewußte in mir ist meine andere Seite. Ich kann ihr vertrauen. Das Unbewußte in mir polarisiert, um aus der Sehnsucht nach der anderen Seite mein Leben zu gestalten. Daraus entsteht Bewegung und Wachstum. Dem kann ich vertrauen.
Ich habe mich aus der Einheit des Geistes getrennt, um zu leben. Ich trenne mich aus der Macht des All-Bewußtseins, um zu leben. Ich habe die Polarisierung in mir geschaffen. Unbewußt gestalte ich durch die Polarisierung. Ich habe das unbewußte Unbekannte miterschaffen, als ich mich aus der Einheit des Geistes trennte.
Ich bin von der All-Macht des Bewußtseins getrennt, um zu leben, zu wachsen und mich nach dem All-Bewußtsein zu sehnen. Alles, was mir nicht bewußt ist, ist die andere Seite, die ich suche. Die Suche ist meine Kraftquelle.
Jede unbewußte Trennung vom All-Wissen ist ein vollendeter Teil meines Selbsts. Sie ist die machtvolle Bewegung meines Lebens im Einklang mit der universellen Bewegung allen Lebens. Ich kann der anderen Seite in mir und im Leben vertrauen. Ich kann entspannen und mich dem Unbekannten im Leben hingeben und der Kraft meines Unterbewußtsein, das alles weiß, vertrauen.

SICH ERKENNEN IN DER NEGATIVEN LEBENSEINSTELLUNG

Ich kenne kein inneres Ziel, das mich leitet. Wie sollte es auch? Es ist ja im Dunkeln verborgen und mir ganz unbekannt. Ich kann dem nicht vertrauen. Ich kenne gar nicht die Richtung, in die mich das Leben treibt. Es hat mich schon in die unmöglichsten Richtungen geführt. Wie könnte ich da dem unbekannten Unbewußten des Lebens vertrauen?
Vielleicht lenkt mich mein Leben ins Unglück, bei den vielen Sachen, die passieren?
Ich brauche bewußtes Wissen, um meinen Weg und mein Ziel zu sehen. Ohne Bewußtsein kann ich nichts erkennen, wohin soll ich da laufen? Wieso soll ich dem Unbekannten im Leben vertrauen? Wohin soll es mich führen?
Ich brauche bewußte Ziele.

ESSENZ 15
Mondstein
L 3

DIE GEISTIGE SCHWINGUNG DER ESSENZ
ALS AFFIRMATION

Alles unbewußte Unbekannte in mir hat ein Ziel, das mich wachsen läßt. In jeder Bewegung ist das Ziel enthalten, bewußt zu werden. Wachstum des Bewußtseins ist das Ziel. Ich vertraue meinem Unterbewußtsein, daß es mich leitet und mir den richtigen Weg weist. Ich nehme das Ziel in jeder Bewegung an, auch wenn es mir nicht bewußt ist. Denn es ist im Einklang mit dem unendlichen Strom allen Wissens aus der Einheit des Geistes, der in mich strömt. Ich fließe und wachse mit jeder unbewußten Bewegung in das richtige Ziel. Es ist im Einklang mit mir, meinem Leben und dem Universum.
In jedem Weg ist ein Ziel enthalten, auch wenn es mir nicht bewußt ist. Jeder Weg und jedes Ziel sind Teil des universellen Wachstums.

SICH ERKENNEN IN DER NEGATIVEN LEBENSEINSTELLUNG

Was ich nicht kenne und was mir unbewußt ist, kann ich nicht in mir integrieren. Es könnten ja auch Anteile darin enthalten sein, die ich ablehne und die nicht gut für mich sind. Das gäbe Konflikte und innere Zerrissenheit.
Außerdem läßt sich einiges, was mich innerlich steuert, aus mir rätselhaften Gründen nicht mit meinem Bewußtsein vereinen.
Ich kann nicht alles in mir integrieren und wenn, dann gäbe es doch ein großes Durcheinander; das gibt es ja jetzt schon. Ich kann nichts auseinanderhalten, wenn in meinem Leben etwas aus mir unbekannten Gründen passiert.
Ich fühle mich getrennt von dem Geschehen der Welt und dem Geschehen in meinem Leben. Ich kann beides nicht in mich und meine Vorstellungen integrieren. Ich vertraue dem Unbekannten im Leben nicht, wieso soll ich es dann integrieren?
Das Unbewußte und Unbekannte ist mir unheimlich, also kann ich es auch nicht in mein Leben integrieren. Ich grenze mich lieber dagegen ab.

ESSENZ 16
Rosa Turmalin
L 4

DIE GEISTIGE SCHWINGUNG DER ESSENZ ALS AFFIRMATION

Ich integriere in meinem Unbewußten alles Unbekannte, alle unbewußten vergangenen Erfahrungen, alle Muster, die mich so oder so sein lassen. Ich bin eins in mir, denn alles ist Teil meines Selbst und im Einklang mit mir, meinem Leben und dem Universum.
Alles Unbewußte und Unbekannte in mir ist ein Teil für sich, getrennt und doch vereint. Und alles strömt in ständigem unendlichen Fluß aus der Einheit des Geistes in mein Unbewußtes. In mir findet unbewußt die Integration allen Lebens statt. Ich kann dem vertrauen und mich der Integration hingeben. Mein Unbewußtes ist nie getrennt von meinem wissenden Bewußtsein. Ich kann alle unbewußten Anteile in mir integrieren. Ich erkenne in allem die unbewußte Bewegung auf dem Weg, der mich mit allen meinen Anteilen in geistiges Wachstum leitet. Alles Unbewußte in mir ist getrennt von meinem Bewußtsein und doch eins mit ihm. Ich bin unbewußt und doch vereint mit dem All-Wissen. Ich wachse mit allem Unbekannten des Universums gemeinsam.
Ich kann der Integrationskraft aller unbekannten Bewegungen des Lebens vertrauen. Ich integriere diese Bewegungen meines Lebens, aller Leben und Lebensformen zu einer Einheit im Geist und wachse.

SICH ERKENNEN IN DER NEGATIVEN LEBENSEINSTELLUNG

Ich kann keine Kommunikation zwischen meinem Bewußtsein und meinem Unterbewußtsein fühlen. Selbst wenn ich sie fühlte, würde ich ihr nicht vertrauen. Ich würde vielleicht alles falsch verstehen. Ich kann mir auch nicht vorstellen, daß alles Unbewußte und Unbekannte mit- und untereinander kommuniziert. Wie soll das gehen? Ich kann nichts hören aus meinem Unbewußten. Also kann ich es auch nicht in mein Leben integrieren. Und wie soll ich interpretieren, was ich nicht kenne? Es wäre mir unheimlich, wenn das, was ich nicht kenne, untereinander kommunizieren würde; dann wäre ich ja völlig ausgeschlossen.
Ich bin auch nicht auf unbewußter Ebene mit der Welt im Austausch. Wenn es diesen Austausch gäbe, gäbe es doch weniger Leiden in der Welt. Und wer weiß, was dabei herauskäme, wenn alle mir unbewußten Geheimnisse im Austausch mit allem wären?
Ich könnte dann nicht kontrollieren, was von mir ausgeht. Ich verlasse mich lieber auf das, was ich höre und sehe, und nicht auf meine innere Stimme. Ich vertraue ihr nicht.
Ich vertraue nur dem, was ich sehe und höre und was an Austausch und Kommunikation beweisbar ist. Sonst nichts.

ESSENZ 17
Smaragd
L 5

DIE GEISTIGE SCHWINGUNG DER ESSENZ ALS AFFIRMATION

Alles in mir strömt unbewußt und tauscht sich aus. Nichts ist ohne Kommunikation, auch wenn sie mir nicht bewußt ist. Unbewußt nehme ich alles auf. Ich wähle aus, was ich und wie ich es interpretieren will und was meinem Wachstum dient. Mein Unterbewußtsein interpretiert die Welt. Ich bin in unbewußter Kommunikation mit allem in mir, in meinem Leben und allem Leben des Universums. Ich erschaffe und forme unbewußt, indem ich mich dem Strom des Geistes aus der Unendlichkeit hingebe und dem Fluß vertraue. Er ist im Austausch mit meinem Bewußtsein, und ich kann ihn unbewußt steuern.

Ich brauche nicht zu kontrollieren, denn die Kommunikation fließt unbewußt. Ich wähle unbewußt kreativ aus, wie ich den Strom des unendlichen Geistes strömen lasse und wie ich alles in ihm interpretiere. Ich bin unbewußt offen für alles, was kommt und neue Impulse gibt. Ich bin im Austausch mit allen Impulsen, in jeder mir unbekannten Form, denn alles ist Teil einer Schöpfung.

SICH ERKENNEN IN DER NEGATIVEN LEBENSEINSTELLUNG

Wie soll ich meinem unbewußten Wissen im Leben vertrauen? Wieso soll unbewußtes Unbekanntes wissend sein? Alles mir unbewußte Unbekannte liegt wie hinter einem Nebelschleier verborgen. Ich kann es nicht einordnen und nicht klar erkennen. Dem kann ich nicht vertrauen. Wie könnte ich auf etwas vertrauen, das sich hinter einem Nebelschleier verbirgt?
Daß der Schleier dazugehört, kann ich mir nicht vorstellen. Es wäre mir lieber, alles wäre bewußt, klar und offensichtlich. Das Verborgene, Unbekannte macht mir Angst. Ich wäre gerne klar und bewußt, auch in meinem inneren Wissen. Ich wüßte gern den Ursprung von allem im Leben. Dann wäre das Leben schöner, und ich müßte nicht so mißtrauisch sein.
Innerlich bin ich unklar, weiß aber nicht, wieso und warum.
Ich schaffe es nicht, mich innerlich klar zu fühlen. Ich will lieber alles bewußt wissen und Kontrolle über alles Unbewußte haben.

ESSENZ 18
Bergkristall
L 6

DIE GEISTIGE SCHWINGUNG DER ESSENZ
ALS AFFIRMATION

Ich bin unbewußt, doch alles in mir ist klar und wissend. Unbewußt und unbekannt heißt nicht unwissend und getrennt vom Geist, denn Geist strömt in mich und in mein Unterbewußtsein und ich kann klar und deutlich fühlen, daß ich unbewußt und doch wissend bin. Die Trennung aus dem All-Wissen in das Unbewußte ist der Weg ins Leben. Wir leben in der Dualität und brauchen die Trennung vom All-Wissen des unendlichen Geistes.
Mein unbewußtes Wissen läßt mich klar und vertrauensvoll sein. Es ist mir nicht bewußt, daß ich all-wissend bin, aber ich kann darauf vertrauen, daß es so ist. Denn nichts ist getrennt voneinander, auch nicht mein höchstes Bewußtsein von meinem Unterbewußtsein. Beides gestaltet mein Leben im Einklang mit dem Universum. Mein Unterbewußtsein ist klarer als mein Ich-Bewußtsein. Mein Bewußtsein würde mich in die Schmerzvermeidung lenken. So läßt mich mein wissendes Unterbewußtsein den Weg des Wissens suchen. Es hilft mir, meinen Weg in Klarheit zu gehen. Ich vertraue meiner inneren unbewußten Klarheit.
Keine Bewegung meines Lebens geschieht ohne mein inneres transzendentes Wissen. Ich bin unbewußt, doch wissend und Teil allen Bewußtseins. Dem kann ich vertrauen.

SICH ERKENNEN IN DER NEGATIVEN LEBENSEINSTELLUNG

Mein Unterbewußtsein scheint mir nur Grenzen zu zeigen, die sich gegen das richten, was ich will. Es ist wie ein abgetrennter Teil meines Selbsts. Der Weg dahin ist wie abgeschnitten. Es bremst mich, obwohl ich weiter will.

Vielleicht habe ich auch Angst, die Kontrolle aufzugeben, weil ich dann in ein grenzenloses, mir unbekanntes, unendliches, dunkles Etwas fallen würde, von dem ich nicht weiß, ob ich lebend wieder herauskäme.

Da halte ich doch das unbekannte Unbewußte lieber abgetrennt von mir. Das hat wenigstens den Anschein von Kontrolle. Ich weiß nicht, was das abgetrennte Unbekannte verbirgt. Ich verschließe es lieber und habe es so wenigstens unter Kontrolle.

Unendliches Wissen macht mir Angst. Meine Macht wäre dann unendlich groß.

ESSENZ 19
Schwarzer Turmalin
L 7

DIE GEISTIGE SCHWINGUNG DER ESSENZ ALS AFFIRMATION

In einem unendlichen Strom des Wandels strömt das All-Wissen der unendlichen geistigen Kraft in mein Unterbewußtsein. Ich bin unbewußt und doch unendlich wissend. Alles verschmilzt in mir zu einem Strom des Lebens und des Wandels, unbewußt, doch nicht getrennt aus der Grenzenlosigkeit des Geistes. Alles in mir ist begrenzt und doch unendlich und grenzenlos. In jeder Begrenzung ist der Weg des Wandels enthalten. Alles ist unendlich, wird unbewußt und begrenzt, wächst, wird bewußt und stirbt, wandelt sich, um wieder neu zu erstehen. Jede Begrenzung des All-Bewußtseins läßt mich leben, wandeln und sterben, um im ständigen unendlichen Fluß des Lebens neu geboren zu werden. Unbewußt fühle ich, daß ich grenzenlos bin. Unbewußt wähle ich alle Grenzen, um in Bewegung zu sein und den Weg in die Grenzenlosigkeit zu suchen. Ich bin unbewußt, Ausdruck von reinem Bewußtsein, das in allem verborgen ist und mich suchen läßt nach der Grenzenlosigkeit der anderen Seite. In der Unbewußtheit liegt die Weisheit aller Wege, die mich wachsen lassen und die mein Leben sind, gemeinsam mit allem Unbekannten des Universums. Alles ist Teil einer unendlichen Bewegung des Wachstums und Wandels.

KURZFASSUNG DER 7 NEGATIVEN LEBENSEINSTELLUNGEN

ESSENZ 19
L 7, Schwarzer Turmalin
Unbekanntes, Unbewußtes ist getrennt von mir und wie eine unendliche dunkle Bedrohung.

ESSENZ 18
L 6, Bergkristall
Die unbekannte Seite in meinem Leben ist getrennt von meinem Bewußtsein. Das macht mich ohnmächtig.

ESSENZ 17
L 5, Smaragd
Das Unbekannte in meinem Leben ist mir verschlossen und nicht mit mir im Austausch.

ESSENZ 16
L 4, Rosa Turmalin
Ich verschließe mein Herz vor dem Unbekannten. Es ist bestimmt gegen mich.

ESSENZ 15
L 3, Mondstein
Ich kenne die unbekannten Ziele nicht, in die mein Leben steuert. Das macht mich unsicher.

ESSENZ 14
L 2, Tigerauge
Das Unbekannte im Leben macht mir Angst. Das Schlechte wird kommen.

ESSENZ 13
L 1, Türkis
Leben ist Unsicherheit, denn nichts ist wirklich verläßlich.

KURZFASSUNG DER 7 AFFIRMATIONEN

ESSENZ 19
L 7, Schwarzer Turmalin
Mein unbewußtes Wissen ist Teil des unendlichen Wandels vom Unbewußten in Bewußtsein und Teil der unendlichen Erweiterung allen Bewußtseins im Geist.

ESSENZ 18
L 6, Bergkristall
Mein Unbewußtes weiß und erkennt alles klar. All-Wissen ist in mir verborgen. Dem kann ich vertrauen.

ESSENZ 17
L 5, Smaragd
Ich bin mit allem im Austausch, auch mit dem Unbekannten, nicht bewußten.

ESSENZ 16
L 4, Rosa Turmalin
Alles Unbekannte ist Teil meines Lebens. Ich schwinge gemeinsam mit allem und integriere, was kommt.

ESSENZ 15
L 3, Mondstein
Unbekannte Ziele sind in allem verborgen und geben allem im Leben Sinn. Dem kann ich vertrauen.

ESSENZ 14
L 2, Tigerauge
Das Unbekannte, das in mein Leben strömt, ist nicht schlecht, sondern die Bewegung des Lebens.

ESSENZ 13
L 1, Türkis
Ich bin immer in Sicherheit in meinem Leben, auch wenn ich nicht weiß, was wird.

2. EBENE

DIE MINERALIEN UND IHRE 5 ELEMENTE-ESSENZEN

Essenzen 20 bis 24

Element Wasser: Die Bewegung.
Gefühle sind
unbewußte Wachstumsbewegungen.

2. EBENE
DAS ELEMENT WASSER

Unser physischer Körper besteht, wie die materielle Welt, aus den Elementen Erde, Wasser, Feuer, Luft und Leben. Geistig betrachtet sind das die Ausdrucksformen von Wachstumsanfang, Bewegung, Erkenntnis, Vergeistigung durch die Begrenzung und Erweiterung innerhalb des begrenzten Raumes der Materie. Diese geistigen Energien schwingen in uns auf 7 Ebenen, die den 7 Chakren zugeordnet sind. Auf der 2. Ebene aktivieren die Elemente-Essenzen der Mineralien die Kraft allen Wassers der Erde in uns, in eine Richtung zu fließen, im Fluß des Wachstums zu sein. Diese Kraft schwingt in 5 Frequenzen, entsprechend den 5 Elementen.

Essenz 24	E 5 Rosenquarz	Leben	Leben
Essenz 23	E 4 Beryll	Luft	Vergeistigung
Essenz 22	E 3 Granat	Feuer	Erkenntnis
Essenz 21	E 2 Rubin	**Wasser**	**Bewegung**
Essenz 20	E 1 Lapislazuli	Erde	Wachstumsanfang

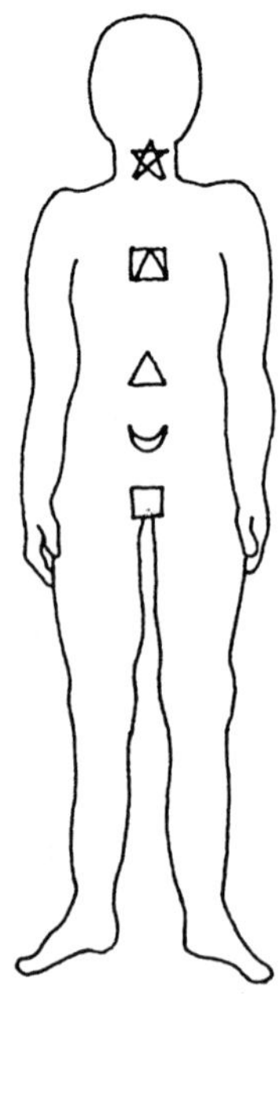

Planet: Saturn
Farbe: weiß, in dem alle Regenbogenfarben enthalten sind.

2. EBENE
UNENDLICHE GEISTIGE KRAFT BRAUCHT DIE BEGRENZUNG DER MATERIE · DAS WASSER

Die Elemente sind die andere, die getrennte Seite. Das Element Wasser symbolisiert die Bewegung durch die Gefühle, durch die wir unablässig wachsen. Thematisch korrespondieren die Elemente-Essenzen der 2. Ebene mit den Elemente-Essenzen der 6. Ebene. Bei der Anwendung der Essenzen auf dem 6. Chakra werden beide Pole des Themas berührt. Siehe Seite 547 und Seite 555.

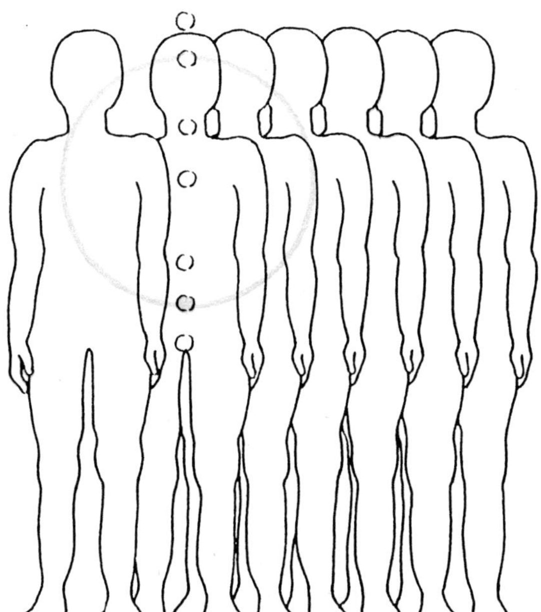

DER GEIST DER ELEMENTE IN DEN MINERALIEN: WASSER

Jede Erfahrung bedeutet, sich innerlich zu bewegen und zu wachsen. Jede Erfahrung erweitert den Gefühlskörper und macht ihn schöner. Wir reagieren auf unser altes Gefühlsmuster und weben ein neues mit jeder neuen Erfahrung. Wir verändern uns durch jede Erfahrung. Die strömende Kraft allen Wassers fließt in uns. Sie trägt die Gefühle in unseren Emotionalkörper. Er wächst, wie auch der Emotionalkörper der Erde durch den Strom und die Bewegung allen Wassers der Erde wächst. Er ist angereichert mit jedem Gefühl und jeder Erfahrung und trägt zu unserem unbewußten Wachstum und dem der Erde bei.
Wir formen und gestalten unsere Erfahrungen selbst. Das ist uns nicht bewußt. Wir schöpfen aus unserem Emotionalkörper, der uns unbewußt und unbekannt ist. Wir spinnen unseren Emotionalkörper aus Fäden von Licht. Es sind wunderschöne Fäden in den schillerndsten Farben. Wir weben daraus unser inneres Lichtkleid. Es ist ein prächtiges, zartes, strahlendes Kleid aus Gefühlen. Alle Erfahrungen, die wir jemals machten, sind darin enthalten. Alle neuen Erfahrungen speichern wir darin. Gute und schlechte Erfahrungen sind in unserem Lichtkleid verwoben. Unmerklich wird das Kleid immer schöner und schillernder.
Alles bewegt sich ineinander und miteinander in spiraligen Bewegungen, spinnt sich in jedem Augenblick zu neuen Lichtfäden durch das, was wir erleben.
Alles ist ständig fließende Bewegung in flimmernden leuchtenden Farben. Das Element Erde bildet die feste Form des Lichtkleides,

das Wasser läßt es sich bewegen und gibt ihm die Farbe. Mit dem Element Feuer vereinen sich Farben und Formen zu Erkenntnissen, die uns nicht bewußt sind und doch unser Lichtkleid größer und schöner werden lassen.
Mit dem Element Luft tauschen wir alte unbewußte Erfahrungen aus gegen neue und schaffen Raum für künftige. Wir vergeistigen sie in unserem Lichtkleid, das dadurch noch feiner und schöner wird.
Mit dem 5. Element erhalten wir unser unbewußtes Lichtkleid. Es schützt uns und bildet das unbewußte, unbekannte Muster unseres Lebens. Wir bewegen uns und wachsen. Gefühle machen uns beweglich. Jede Erfahrung wächst aus unserem unbewußten Gefühlsmuster und bildet ein neues Muster.
Wir sehnen uns nach Bewußtsein, nach der anderen Seite des Unbewußten. Wir wollen verstehen, welche Erfahrungen wir warum machen.
Öffnen wir unser Bewußtsein für unser Gefühlsmuster, dann strömen neue, wieder unbekannte Muster nach. Wir kommen nie ans Ziel. Einer Erfahrung folgt die nächste. Alle machen uns beweglich und lassen uns weiterwachsen.
Die Gefühle sind unsere inneren Farben: Sie schillern und leuchten in vielen Tönungen. Sie durchströmen uns mit buntem Licht. Sie durchfließen unser Leben und geben ihm Farbe.
Die Steine im Verborgenen der Erde reflektieren die Schönheit unseres Unterbewußtseins und die Schönheit der Erde in ihrem Inneren. Mit ihren Kristallen in den verschiedensten Strukturen, Formen und Farben, die in ihr schimmern und leuchten wie in uns.
Alle Erfahrungen fließen in unseren Gefühlskörper, sie formen ihn. Wir können allen Erfahrungen in unserem Leben und unserem Schicksal vertrauen. Alles ist in uns geplant, und jede Erfahrung

ist aus dem All-Wissen des Bewußtseins geboren, auch wenn uns das nicht bewußt ist.
Wir können jeder Gefühlserfahrung vertrauen. Sie ist bewußt von uns gestaltet, auch wenn uns die Macht unseres höheren Bewußtseins nicht bekannt ist. Wir können unserer inneren unbewußten Führung vertrauen und uns der all-wissenden Führung in uns hingeben.
Wir können darauf vertrauen, daß unser Unterbewußtsein alle Erfahrungen für unser Wachstum gewählt hat. Wir sind nicht ohnmächtig unserem Schicksal ausgeliefert, denn in unserem Unterbewußtsein liegt die Macht des Wissens verborgen, die alle Erfahrungen plant, erschafft und alle Gefühle speichert, um daraus neue zu erschaffen. In jeder Erfahrung, zu der uns unser Gefühlskörper leitet, ist das All-Wissen unseres höchsten Bewußtseins enthalten. Wir bestimmen, wieviel wir an Erfahrungen vertragen können und wieviel nicht. Unbewußt kennen wir den Sinn jeder Erfahrung. Wir können unsere Gefühlserfahrungen nicht kontrollieren, denn sie sind von unserem Unbewußten geplant.
Jede Erfahrung entspringt dem unbekannten und unbewußten Emotionalkörper und fließt zu ihm zurück. Unser Emotionalkörper ist in vielen früheren Leben gewachsen. Sie bilden das Muster für unsere Gefühlsstruktur. Alle Erfahrungen, die uns unbewußt sind, vergangene, vergessene oder verdrängte, bilden die Basis für unsere neuen Gefühle.
Wasser nimmt jedes Gefühl auf und trägt es an alle Stellen unseres Körpers. Es nimmt jede noch so kleine Regung auf und trägt es an den Ort, an dem wir ein Gefühl gespeichert haben.
Überall in uns ist Wasser und verteilt die Gefühle im ganzen Körper. Dadurch wächst unser Gefühlskörper. Unser Lichtkleid wird immer schöner und leuchtender. Wenn wir etwas unbewußt er-

kennen, leuchten an einer Stelle unsers Körpers Farben auf, bewegen und verschönern das Lichtkleid des Gefühlskörpers.
Das verdichtete Feste unseres Körpers wandelt sich in ein buntes Lichtkleid aus Gefühlen. Innen und unbewußt werden wir zu einem schönen, lebendigen, sich bewegenden und wachsenden Lichtwesen. Es ist fest und stark. Es wird farbig und lebendig.
Jede Erfahrung unseres Lebens, die wir fühlen, nimmt Bezug auf unbewußtes Unbekanntes und läßt uns weiter wachsen. Die Kraft aller Wasserströme der Erde strömt in uns. Wir können unser inneres Unbewußtes mit der Kraft aller Wasserströme der Erde fließen lassen. Wir können darauf vertrauen, daß wir wachsen, mit jedem Gefühl.

ZUSAMMENFASSUNG ALS AFFIRMATION

»Ich vertraue meinen Gefühlen. Ich fließe mit jeder Erfahrung im Fluß des Lebens und wachse. Ich vertraue mir. Jede Erfahrung basiert auf einem mir unbekannten Muster. Ich vertraue diesem Muster, denn unbewußt habe ich es selbst gewählt. Ich vertraue meinen Gefühlen, denn sie sind der andere Teil meines höchsten Bewußtseins. Ich fließe mit dem Leben und fühle.
Ich vertraue den unbewußten Erfahrungen, die meinen Gefühlskörper geschaffen haben.
Ich wachse innerlich durch neue Erfahrungen, die mich leiten und weiter und schöner werden lassen.
Ich vertraue dem Wandel und Wachstum durch jede Gefühlsbewegung. Ich wachse unbewußt, doch vereint mit meinem höchsten Bewußtsein.«

DIE ESSENZEN

DAS THEMA DER 2. EBENE · NEGATIV
ANGST VOR DER KRAFT DER GEFÜHLE

Angst vor den unkontrollierbaren Gefühlen.
Traut den Gefühlen nicht, da unbekannte, unkontrollierbare Größe.
Hält sich an das vermeintlich überschaubare Erklärbare.
Innere Erstarrung, Abwehr aller Gefühle.
Vertraut der inneren Führung durch Gefühle nicht: Sie könnten in Irrwege leiten.
Traut Gefühlen grundsätzlich nicht, denn deren Ursprung und Herkunft ist unbekannt.
Unbeweglichkeit auf der Gefühlsebene. Die Erfahrungen des Lebens nicht als unbewußt selbstgewählt erkennen, sondern als von unbekannten Schicksalsmächten aufgezwungen.
Glaubt nur an das Bewußte, Bekannte. Will das Schicksal kontrollieren, zum Beispiel mit Hilfe von Hellsehern. Möchte möglichst nur kontrollierte Erfahrungen machen.
Kein Vertrauen in die eigene innere Schönheit.
Findet Gedanken schöner als Gefühle.
Fürchtet sich vor unbewußten Motiven.
Will lieber wenig fühlen, um weniger Schmerz zu erleben. Dadurch gefühlsstarr und unbeweglich. Angst vor der Macht der unbewußten Gefühle.
Mangelndes Vertrauen in die inneren Bewegungen des Gefühlskörpers.

DAS THEMA DER 2. EBENE · POSITIV
BEWEGLICHKEIT DER INNEREN GEFÜHLSSTRUKTUR · VERTRAUEN IN DIE GEFÜHLE

Akzeptanz der inneren Gefühlsstruktur. Akzeptanz der unbekannten Anteile in der Gefühlswelt. Vertrauen in die eigene Gefühlswelt. Vertrauen in das eigene Schicksal, das den Erfahrungen einen höheren Sinn gibt, auch wenn ihr Ursprung unbekannt ist. Die eigenen Gefühlsreaktionen nicht ablehnen, sondern als unerschöpflichen Fundus von Leben und Bewegung erkennen. Innere Hingabe an die Zeit, die ihren eigenen Rhythmus und ihr eigenes Tempo hat. Vertrauen darauf, daß alles zum richtigen Zeitpunkt kommt und nicht mit bewußten Handlungen zu erzwingen ist. Vertrauen in sich selbst, daß die Gefühle und das innere Wissen die eigenen Handlungen richtig lenken und leiten. Vertrauensvoll abwarten und stillhalten können. An die eigene innere, unbewußte Klugheit der Gefühle glauben. Die Gefühle als weise und im Austausch und Einklang mit dem inneren höheren Wissen erkennen.

DIE 5 ELEMENTE-ESSENZEN DER MINERALIEN SCHWINGEN IN 5 FREQUENZEN.

Es sind die Frequenzen der Mineralien Lapislazuli, Rubin, Granat, Beryll und Rosenquarz. Sie alle haben das Wachstum durch die Gefühle, die uns erweitern, zum Hauptthema. Innerhalb des Hauptthemas betonen sie die 5 Kräfte der Elemente. Zusätzlich sind sie dem zweiten Chakra zugeordnet.

Die geistigen Inhalte sind:

Mineral *Leben*	Jedes Gefühl ist Teil des inneren Wachstums. Jedes Gefühl bringt Bewegung, die Wachstum bedeutet und den Geist erweitert.
Mineral *Luft*	Jedes Gefühl endet, um zu vergeistigen und schafft Raum für neue Gefühle und neue Bewegung zum Wachstum.
Mineral *Feuer*	Jedes Gefühl ist Erkenntnis.
Mineral *Wasser*	Jedes Gefühl bedeutet Bewegung zum Wachstum.
Mineral *Erde*	Jedes Gefühl ist eine Erfahrung des Wachstums.

SICH ERKENNEN MIT DEN 5 FRAGEN DER ELEMENTE-ESSENZEN.

Falls Sie alle Fragen mit ja beantworten können, brauchen Sie keine dieser Essenzen. Die Fragen, die Sie mit nein beantworten, zeigen eine Schwingung, die in Ihnen unterstützt werden sollte.

Am Anfang jeder Frage kann auch »Akzeptiere ich« stehen.

Essenz 24	E 5	Vertraue ich meinem Gefühlsmuster als Basis meines inneren Wachstums und Wandels, und als Beitrag für die ganze Schöpfung?
Essenz 23	E 4	Vertraue ich darauf, daß ich eine Gefühlserfahrung beenden kann, um Raum zu schaffen für neue Gefühle, die mich wachsen und bewegen lassen?
Essenz 22	E 3	Vertraue ich der Erkenntnisfähigkeit meiner Gefühle?
Essenz 21	E 2	Vertraue ich der Beweglichkeit meiner Gefühle, die mich ins Wachstum leiten?
Essenz 20	E 1	Vertraue ich darauf, daß jede Gefühlserfahrung der Beginn von Wachstum ist?

SICH ERKENNEN IN DER NEGATIVEN LEBENSEINSTELLUNG

Ich kann keiner Gefühlserfahrung trauen, denn ich weiß nicht, warum ich sie mache und was mich dahin führte. Ich werde von Gefühlen oder anderen mir unbekannten Kräften in eine Erfahrung geleitet, und dann kann ich sehen, wie ich damit zurechtkomme.

Ich habe große Angst vor Gefühlen, die ich habe, ohne zu wissen, warum. Wenn die Dinge einmal auf dem Weg sind, kann ich sie nicht mehr aufhalten. Ich lasse mich lieber auf nichts ein, wer weiß, wohin es mich sonst treiben würde.

So halte ich meine Gefühle und mich ganz fest. Es ist mir unheimlich, wie mächtig die Gefühle sind. Das macht mich starr. Ich kann das nicht ändern. Ich will es auch eigentlich nicht ändern, weil ich den Veränderungen nicht traue. Ich bleibe lieber Erfahrungen ohnmächtig ausgeliefert, sonst müßte ich die Verantwortung für alles übernehmen. Das kann ich nicht, weil ich meine unbewußten Muster nicht kenne, die meinen Gefühlen zugrunde liegen. Ich traue meinem inneren Gefühlsmuster nicht. Und ich kenne den Ursprung meiner Gefühle nicht. Das schwächt mich.

ESSENZ 20
Lapislazuli
E 1

DIE GEISTIGE SCHWINGUNG DER ESSENZ ALS AFFIRMATION

Jedes Gefühl ist eine Erfahrung. Ich fühle in allem, was geschieht, eine Basis auf der ich wachse und mich wandle. Mein Gefühlskörper ist eine feste Basis für mich, damit ich alles in mir wandeln kann.

Ich akzeptiere jeden Anfang einer Erfahrung, der mich fühlen läßt und mich in den Weg des Wachstums leitet, auch wenn der Anfang der Erfahrung in meinen Unterbewußtsein verborgen ist. Mein Gefühlskörper ist nicht dunkel und verfestigt, sondern beweglich und lichtvoll. Er ist die feste Basis für alle Erfahrungen, die in mir entstehen. In jeder Erfahrung liegt die Basis für den Wandel aller unbekannten Gefühle und Erfahrungen in mir. Ich habe die Kraft, alles in mir zu wandeln und mich nicht von unbewußten Ängsten hemmen zu lassen.

Alles mir Unbewußte und Unbekannte ist stark und hilft mir, den Anfang für jeden Wandel zu finden. Ich beginne, alles Unbewußte in mir als unbewußte Basis für den Wandel zu erkennen. Ich bin offen für die Kraft, die aus dem unbewußten Unbekannten meine Erfahrungen formt und erweitert. Diese Kraft ist aus erlebten Erfahrungen entstanden. Jede neue Erfahrung bringt den vorhandenen Gefühlskörper in Bewegung. Er ist fest und doch beweglich, denn mein Gefühlskörper wächst mit jeder Erfahrung.

SICH ERKENNEN IN DER NEGATIVEN LEBENSEINSTELLUNG

Ich will in meinem Leben nur gezielt vorgehen und Erfahrungen machen, bei denen ich die Kontrolle behalten kann. Lasse ich meine Gefühle fließen, könnte ich in Abgründe geraten, aus denen ich nicht mehr herauskomme, und die Kontrolle verlieren.
Ich mußte schon schreckliche Erfahrungen in meinem Leben machen, und ich weiß gar nicht, warum. Ich kann mir nicht vorstellen, wie ich solch schlimme Erfahrungen in den Strom aller Erfahrungen fließen lassen könnte und wie sie meinem Wachstum dienen sollten. Das war alles zu schlimm. Ich kann das nicht akzeptieren. Daß jede Erfahrung aus dem eigenen unbewußt geplanten Schicksal entstammt, scheint mir unmöglich, sonst wäre mir so viel nie passiert.
Ich halte mich innerlich ganz fest, aus Angst vor dem Schmerz.

ESSENZ 21
Rubin
E 2

DIE GEISTIGE SCHWINGUNG DER ESSENZ ALS AFFIRMATION

Ich vertraue dem Fluß meiner Gefühle, die zu meinem Wachstum beitragen. Ich halte nicht mehr fest an alten Ängsten oder unbewußten Sperren. Ich gebe mich dem Strom der Gefühle hin. Ich fließe mit den Gefühlen und Erfahrungen, die mich wachsen lassen. Ich lasse alle unbewußten Kräfte fließen, die mir die Kraft geben, Erfahrungen zu machen. Mit meinen Gefühlen, die ich fließen lasse, bewege ich mich und mache Erfahrungen. Ständig strömt neue Kraft in mir und in mich. Der Strom versiegt nicht. Alles ist Erfahrung, auch wenn es unter Schmerzen geschieht. Alles ist Teil meines Wachstums. Indem ich mit dem Strom des Lebens fließe, bewege ich mich und mein Gefühlskörper wächst. Ich lasse jetzt alles los, was mich unbewußt festhält. Ich lasse alle fließenden Kräfte allen Wassers der Erde in mir wirken und gebe die stagnierende Macht von Ängsten meines Unterbewußtseins in den Strom des Wachstums.

Ich lasse alles fließen und in mir strömen. Ich komme in Bewegung und verstehe meine Gefühle als unbewußten Schritt des Wachstums. Aus dem unbewußten unbekannten Gefühlsmuster in mir strömt die Kraft, Dinge in Bewegung zu setzen und zu ändern. Ich lasse alles Hemmende los, um zu wachsen. Ich lasse Unbewußtes los, um zu wachsen.

SICH ERKENNEN IN DER NEGATIVEN LEBENSEINSTELLUNG

Alles Unbekannte, das mich belastet und mich wie versteinert fühlen läßt, scheint wie verschlossen in mir. Es ist dunkel und schwarz. Ich komme nicht an meine Gefühle und kann aus ihnen auch keine Erkenntnis gewinnen. Vielleicht habe ich auch zu viel Angst vor dem, was ich erkennen würde, so daß ich lieber erst gar nicht anfange, mir bewußt zu machen, warum ich so oder so fühle. Wenn alle Erfahrungen der Erkenntnis dienten, hieße das, daß ich mit allem, was mir passiert, unbewußt einverstanden wäre. Das kann ich nicht akzeptieren. Warum hätte ich mir dann so schreckliche Ängste zur Erkenntnis zurechtgelegt? Daß auch das Unbekannte und Unbewußte nicht dunkel, sondern voller Licht sein soll, kann ich nicht erkennen, weil es mir nicht zugänglich ist, ebensowenig wie die Ursachen für meine Gefühle. Wachsen kann man mit Erkenntnissen, nicht mit Gefühlen. Die machen einen nur ohnmächtig und zum Opfer der Situation.

ESSENZ 22
Granat
E 3

DIE GEISTIGE SCHWINGUNG DER ESSENZ ALS AFFIRMATION

Jedes Gefühl ist eine Erkenntnis. Auch wenn die Erkenntnis mir nicht bewußt ist, bringt sie mein Unbewußtes in Bewegung. Ich kann darauf vertrauen, daß in jedem Gefühl Erkenntnis enthalten ist. Zwischen Gefühl und Bewußtsein gibt es keine Trennung. Das eine ist eine Form des anderen.
Licht dringt in mein Unbewußtes. Ich erkenne, daß das unbekannte Unbewußte der Raum ist, mit dem ich wachse. Alles Unbewußte ist kein dunkler Raum in mir, sondern licht und farbig. Unbewußt fließen neue Erkenntnisse in meinen inneren Raum. Der Raum wird immer größer und weiter.
Alles ist im Austausch mit neuem unbekannten Unbewußten, strömt hin und her und tauscht sich aus. Ich kann jeder Erfahrung vertrauen. Alles ist in allem enthalten. Ich schreite im Licht der Erkenntnis voran, mit jedem Gefühl, auch wenn mir das nicht bewußt ist.
Mein innerer Raum ist nicht dunkel. Er ist voller Licht. Ich erkenne unbewußt und mit Gefühlen. Ich erweitere mich und meinen inneren Raum mit jedem Gefühl.
Ich erkenne die Kraft der Erkenntnis, die in jedem Gefühl verborgen liegt.

SICH ERKENNEN IN DER NEGATIVEN LEBENSEINSTELLUNG

Ich kann die Erfahrungen, in die mich mein Unbewußtes getrieben hat, nicht in meinem Bewußtsein vergeistigen. Wie soll das denn gehen? Entweder ist der Grund für meine Erfahrungen bewußt oder nicht. Wie soll sich das denn alles austauschen? Ich kann auch das Schwere in mir nicht loswerden. Ich habe Angst, daß dann etwas Neues kommt, das mich wieder so belastet und von dem ich wieder nicht weiß, wo die Ursache ist.

Ich kann innerlich nicht loslassen. Ich müßte vertrauen, daß es so etwas wie Vergeistigung einer Erfahrung gibt und daß das auch mir und meinen alten Gefühlsmustern und Lasten geschehen kann. Ich vertraue nicht darauf, daß ich innerlich und unbewußt einen Prozeß abschließen kann, weil ich unbewußt gelernt habe.

Das wäre zu schön, das kann ich mir aber nicht vorstellen. Hätte ich bewußte Macht und Kontrolle über meine Erfahrungen, ginge es mir besser.

Ich halte fest fest an meinen alten Gefühlsmustern, aus Angst vor den unbekannten Gefühlen, die danach kommen.

ESSENZ 23
Beryll
E 4

DIE GEISTIGE SCHWINGUNG DER ESSENZ
ALS AFFIRMATION

Jedes Gefühl tauscht sich mit meinem Bewußtsein aus, wie jeder Atemzug Luft und Geist in meinen Körper bringt. Ich kann einatmen und ausatmen. Ich kann mit jedem Atemzug einen neuen Anfang machen und mit jedem Ausatmen ein Ende setzen. Ich tausche jetzt Bewußtes und Unbewußtes aus. Ich setze Gefühlen ein Ende, damit ich sie loslassen und mich von ihnen befreien kann. Ich beginne neue Gefühle, um den Raum zu füllen, der entsteht, wenn ich alte Gefühlsmuster beende. Ich löse mich von Gefühlen, die mich unbewußt schwer belasten. Ich vergeistige damit das, was mich belastet, und mache mich frei.
Alles Unbewußte wird bewußt, wenn ich den Prozeß der Erfahrung beenden will. Ich kann alles in mir austauschen und das Wissen und meine Erfahrung in mich leiten und vergeistigen. Alles ist unbewußt und bewußt und tauscht sich aus. Alles hat einen Anfang und ein Ende in mir. Ich beende Prozesse, um sie als Erfahrung zu vergeistigen. Ich lasse Unbewußtes ans Licht kommen und schaffe Raum für neue unbekannte Gefühle. Ich schaffe ständigen Wandel und Bewegung in mir. Ich wachse in diesem ständigen Austausch.
Jedes Gefühl wird zu Wissen und Wissen wird zu Gefühl. Ich kann alte Gefühle loslassen und Raum für neue schaffen, mit unbewußtem Wissen. So schaffe ich neue Erfahrungen und werde immer mehr.

SICH ERKENNEN IN DER NEGATIVEN LEBENSEINSTELLUNG

Wieso soll ich Erfahrungen vertrauen, die ich aus mir unbekannten Gründen mache? Dann müßte ich ja meinem Schicksal vertrauen, daß ich nur Erfahrungen mache, die ich bewußt gewählt habe. Das kann nicht sein, denn das ist mir ja nicht bewußt. So wie mir mein Schicksal nicht bewußt und nicht bekannt ist. Wie kann ich meinen Erfahrungen vertrauen, wie daran glauben, daß alle Erfahrungen meinem Wachstum dienen? Ich will lieber ein schönes Leben leben als an schlimmen Erfahrungen zu wachsen. Ich traue meinem Unbewußten nicht zu, daß es sich alles gut überlegt hat. Dann wachse ich lieber nicht. Ich fürchte mich zu sehr vor dem Unbewußten, das mir schlimme Erfahrungen bereithalten könnte. Ich habe auch schon genug Schlimmes erlebt.
Und wer weiß, was in mir verborgen ist? Ich will nicht mit Gefühlen wachsen, diese Art von Wachstum habe ich ja nicht unter Kontrolle.

ESSENZ 24
Rosenquarz
E 5

DIE GEISTIGE SCHWINGUNG DER ESSENZ ALS AFFIRMATION

Mein Unterbewußtsein sorgt für mich, damit ich nicht zu viele oder zu wenige Prozesse in Gang bringe, die mich bewegen und wachsen lassen.

Mein Unterbewußtsein ist Schutz und Hüter meines Karmas. Ich kann meinem Schicksal vertrauen. Alles in mir wächst, hat einen Raum der Erkenntnis und eine Begrenzung.

Unbewußt sein ist notwendiger Teil meines Lebens. So mache ich Erfahrungen, die mich bewegen und wachsen lassen im ständigen Wandel.

Mein Unterbewußtsein ist im Einklang und in Einheit mit meinem höchsten Bewußtsein.

Gefühle sind Teil meines geistigen Wachstumsprozesses und erweitern mich unendlich. Nichts geschieht ohne mein inneres unbewußtes Wissen. Ich akzeptiere meine Gefühle als unendlich wissenden Teil, der mich zu jeder Erfahrung leitet, die mich bewegt und wachsen läßt. Alles Wachstum, jede Erfahrung ist Bewegung. Bewegung ist Leben. Jede Erfahrung beginnt, wächst, läßt mich erkennen, vergeistigen, mitfühlen und findet damit ein Ende. Aus jeder Gefühlserfahrung gehe ich mit unbewußtem innerem Wachstum hervor.

Ich wandle Wissen zu Gefühlen und Gefühle zu Wissen. Ich wachse durch diese unendlichen Wandlungsprozesse in mir. Die Schöpfung wächst mit.

KURZFASSUNG DER 5 NEGATIVEN LEBENSEINSTELLUNGEN

ESSENZ 24
E 5, Rosenquarz
Gefühle machen ohnmächtig und lassen mich nicht wachsen.

ESSENZ 23
E 4, Beryll
Ich halte fest an Gefühlen. Würde ich loslassen, käme danach Leere. Oder mir Unbekanntes. Dem will ich mich nicht hingeben.

ESSENZ 22
E 3, Granat
Gefühle sind wie eine unbekannte Macht. Ich will nichts fühlen, denn darin liegt keine Erkenntnis.

ESSENZ 21
E 2, Rubin
Ich bin gefühlsunbeweglich. Ich fürchte mich, Gefühle fließen zu lassen. Ich kenne die Folgen nicht.

ESSENZ 20
E 1, Lapislazuli
Ich kenne den Ursprung meiner Gefühle nicht. Das schwächt mich.

KURZFASSUNG DER 5 AFFIRMATIONEN

ESSENZ 24
E 5, Rosenquarz
Gefühle sind Teil meines geistigen Wachstumsprozesses und erweitern mich unendlich.

ESSENZ 23
E 4, Beryll
Jedes Gefühl, das ich loslasse, schafft Raum für neue Gefühle und läßt Neues in mir wachsen.

ESSENZ 22
E 3, Granat
Jedes Gefühl ist eine Erkenntnis, die mich wachsen läßt.

ESSENZ 21
E 2, Rubin
Ich lasse meine Gefühle fließen, denn sie fließen in mein Wachstum.

ESSENZ 20
E 1, Lapislazuli
Jedes Gefühl ist eine Basis für mein Wachstum.

3. EBENE

DIE WURZELN UND IHRE 7 LICHT-ESSENZEN

Essenzen 25 bis 31

Alles im Leben hat den Sinn,
Bewußtsein zu zentrieren.

3. EBENE
UNENDLICHER GEIST FINDET
REFLEXIONSFLÄCHE AUF 7 EBENEN

Die Licht-Essenzen der Wurzeln aktivieren in uns die Zentrierungskraft des unendlichen Geistes. Sie bestimmen unseren bewußten individuellen Weg im Leben. Wir teilen diese Energie in 7 Frequenzen. Jede Licht-Essenz entspricht einer dieser Frequenzen.

Essenz 31	L 7 Weizenwurzel	7. Chakra	Grenzenlosigkeit
Essenz 30	L 6 Weißkohlwurzel	6. Chakra	Höchstes Bewußtsein, Intuition
Essenz 29	L 5 Dillwurzel	5. Chakra	Einssein mit der Schöpfung
Essenz 28	L 4 Blumenkohlwurzel	4. Chakra	Integration
Essenz 27	L 3 Tomatenwurzel	**3. Chakra**	**Zentrierung**
Essenz 26	L 2 Kürbiswurzel	2. Chakra	Unendliche Bewegung
Essenz 25	L 1 Lauchwurzel	1. Chakra	Lebenskraft

Planet: Uranus

3. EBENE

UNENDLICHER GEIST IST DIE KRAFT HINTER JEDEM ZIEL, HINTER JEDEM LEBENSWEG

In uns schwingt geistige Kraft in 7 Ebenen. Jede Ebene hat einen eigenen Energiekörper. Die 3. Ebene ist unser Wurzelkörper, in den die geistige Kraft aus der Erde strömt, unseren Weg bewußt zu gehen: Er ist dem 3. Chakra zugeordnet. Thematisch korrespondieren das 3. Chakra und das 5. Chakra. Bei der Anwendung der Licht-Essenzen auf dem 5. Chakra werden beide Pole des Themas berührt. Siehe Seite 548 und Seite 552.

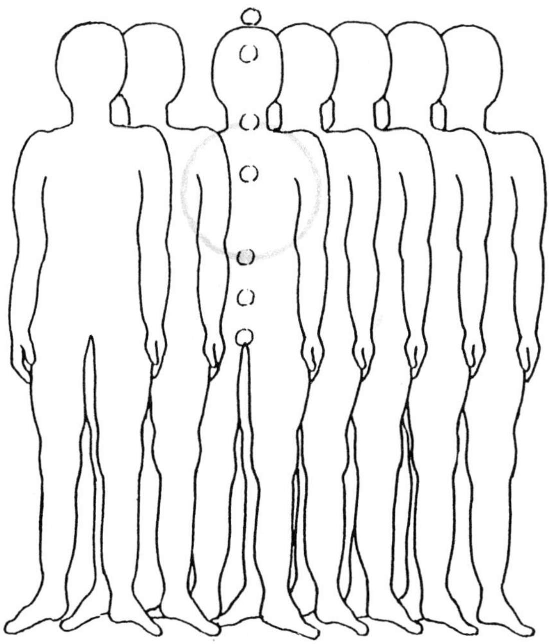

Die Gemüsepflanzen sprechen

Wir lieben es, für euch Nahrung zu sein. Wir können euch die 7 Strahlen des Lichtzentrums der Erde und der Sonne in einer für euch körperlich verwendbaren Form geben. Ihr habt uns gemeinsam mit unserer kollektiven Seele für euch entwickelt.
Wir lieben es, eine gute Nahrung für euch zu sein.
Wir wandeln die Lichtkräfte um für euch, zusammen mit den Elementen. Wir spüren die 7 Lichtströme, wie sie aus der Erde aufsteigen und wir nehmen sie auf in uns. So können wir sie an euch weitergeben.
Unser Geist gestaltet unsere physikalischen Bausteine, die die gleichen sind wie die in euch. Wir sind Geist, Gefühl und Materie wie ihr.
Wir wandeln die 7 Lichtstrahlen für euch, nicht nur als Nahrung, sondern auch für eure Seele und euren Geist.
Eßt ihr uns, weiß und fühlt eure Seele, daß die Erde, auf der ihr lebt, euch mit Impulsen aus Licht nährt. Scheidet ihr aus, könnt ihr fühlen, daß auch ihr umwandelt im ewigen Kreislauf.
Durch uns kann euer Geist wahrnehmen, daß alle strömenden Lichtkräfte in euch aus der Erde kommen, die eure Heimat ist. Als Individuum werdet ihr auf der Erde geboren, mit Hilfe der Elemente.
Nehmt ihr die 7 Lichtstrahlen und die Elemente über uns auf, dann stärkt ihr den Strom aus der Erde, der euch Kraft für euer Selbst gibt, genährt aus der Erde.
Euer Zentrum und das Zentrum eurer Heimat ist die Erde. Aus ihr schöpft ihr Kraft. Ihre unendliche Kraft ist die Kraft eurer Mitte.

Wir haben große Kraft in uns. Nehmt unsere Kraft, denn sie speist auch eure Wurzeln, die in der Erde liegen.
Der Strom, der von unseren Wurzeln in euch strömt, führt euch in euer Zentrum und in das Zentrum der Erde, die eins ist mit der Sonne.
Mit unserer Kraft werdet ihr euer Selbst in euch finden und auch in der Erde und der Sonne und allen bewußten Lichtzentren des Universums. Unsere Kraft, die Ströme unserer gemeinsamen Heimat in uns aufzunehmen, wird eure Kraft verstärken.

DER GEIST DER WURZELN

Wir entwickeln ein Ich-Bewußtsein. Wir individualisieren uns bewußt. Unser Bewußtsein ist getrennt aus der Einheit des unendlichen Geistes. Mit unserem Bewußtsein gestalten wir unser Leben. Wir machen unser Ich zum Mittelpunkt und zentrieren unsere Welt und unser Leben in unsere Mitte. Von dort aus können wir strahlen und bewußt sein als Individuum. Unser Ich wird wie ein Stern, der aus sich heraus leuchtet und auf die Welt strahlt.
Wir leben auf der Erde. Aus ihr ziehen wir unsere inneren Kräfte. Sie ist unsere Heimat und für uns ein leuchtender innerer Stern, der aus seiner Mitte strahlt, in unsere Mitte. Unsere äußeren Kräfte beziehen wir aus der Sonne, die auf uns strahlt und unsere äußere Lichtheimat ist. Wir empfangen die Strahlen und leuchten zurück auf das Lichtzentrum der Sonne und das der Erde. Beides bildet einen sich austauschenden Lichtstrom.
Individualität ist die Form, die wir wählen, um unser Bewußtsein zu entfalten.
Mit unserem strahlenden inneren Stern leuchten wir. Wir beleuchten unser Ich. Wir gestalten damit unser Bewußtsein und unseren inneren und äußeren Weg. Was wir wahrnehmen, beziehen wir auf uns und machen es zum Zentrum unseres Bewußtseins.
Wir sind das Zentrum. Von hier strahlen wir in die Welt. Wir beleuchten den Raum und damit gestalten wir unser Leben und unser Bewußtsein.
Wir finden unsere Kraft, indem wir die Welt auf uns beziehen.

Jedes Individuum hat einen eigenen inneren Lichtkern, eine eigene Mitte. Wir grenzen uns ab, indem wir unser eigenes Zentrum leuchten lassen. Wir leuchten auf uns und andere. So gestalten wir die Grenzen dessen, was wir wahrnehmen. So gestalten wir uns und unser Leben. So nehmen wir uns und andere als getrennte Individuen wahr. Jedes Zentrum leuchtet – das Bewußtsein entscheidet, wie weit. Das ist der Radius, in dem wir unser Leben gestalten und von dem aus wir unser Bewußtsein weiter entfalten. Wir leuchten aus unserer Mitte und strahlen in die Welt. Wir formen und gestalten uns durch die Abgrenzung gegen andere. Abgrenzung schafft Individualität. Die Kraft der Abgrenzung läßt uns stark sein und unser inneres Leuchtzentrum entwickeln.

Wir vertrauen unserer inneren Leuchtkraft und erfüllen damit unser Bewußt-Sein. Wir nehmen das Strahlen aus jedem anderen individuellen Bewußtsein auf, sammeln alle Strahlenkräfte in uns und lassen sie aus uns herausstrahlen. Wir sind individuell und strahlen mit unserer Individualität aus uns heraus. Wenn wir das Strahlen der anderen Individuen wahrnehmen können, dann können wir auch selbst strahlen. Wir nehmen alles auf, die Strahlen der Erde und von allem, was auf und in ihr existiert und die Strahlen des Universums. Was wir in uns zentrieren und in uns zu unserem Ich machen können, das ist unsere Individualität. Wir nehmen in uns auf, zentrieren und bündeln die Welt in uns und strahlen wieder ab.

Wir werden unserer selbst bewußt. Wir sind Individuen. Wir unterscheiden uns von allen anderen Individuen und grenzen uns ab. Wir erkennen die Zentrierungskraft unseres Bewußtseins. Sie ist die Basis unserer Entfaltung. Je mehr wir unser eigenes individuelles Licht erkennen, desto mehr können wir als Individuum wachsen.

Unser Bewußtsein ist beweglich, denn ständig strömt Neues in uns. Es läßt unser Bewußtsein wachsen. Die Erde hat ein innerstes Bewußtsein. Dort ist unsere Heimat und die Quelle unserer individuellen Existenz. Damit ist sie auch die Quelle unserer eigenen inneren Leuchtkraft, die unser individuelles Bewußtsein erstrahlen läßt. Die Sonne ist das Zentrum unseres äußeren Lebens. Sie erinnert uns, daß wir auch nach außen strahlen. Wir strahlen nach innen und wollen auch nach außen strahlen. Wir wollen andere anstrahlen, damit sie sich in uns erkennen. Einer erkennt das Licht des anderen und macht es damit sichtbar. Ohne Gegenüber strahlen wir in die Unendlichkeit. Nichts strahlt von dort zu uns zurück. Ein strahlender Stern wird schön erst durch die, die er anstrahlen kann.

Es ist schwer, sich selbst zu erkennen. Es wird im Austausch mit anderen, durch Abgrenzung erlernt. Unser geistiges Sein ist nicht individuell sondern kollektiv. Wir sind Individuen und Teil des Kollektivs. Wir sind beides und bewegen uns zwischen beiden Polen.

Ich-Bewußtsein und Individualität gehören zur Entfaltung des kollektiven Ichs. Wir können der Kraft unseres eigenen Bewußtseins vertrauen. Erst wenn wir die Kraft unseres Ichs erkennen, können wir strahlen und uns mit dem Kollektiv vereinen.

Zentriertes Ich-Bewußtsein ist die Basis für unsere Entfaltung nach außen und nach innen. Die Erweiterung unseres Ich-Bewußtseins ist in Bewegung, denn ständig strömt neues Unbekanntes in unser Bewußtsein und stellt unser Ich in Frage. Wir können dieser Bewegung vertrauen, denn wir entfalten unser Bewußtsein mit jeder Bewegung.

Wir können der eigenen Kraftquelle in unserem innersten Zentrum vertrauen. Wir strahlen so kraftvoll wie das Bewußtsein der Erde. Wir können die innere und äußere Strahlkraft unseres Ichs vereinen und nach innen und außen strahlen. Unser Innen ist ein leuchtender Stern wie die Sonne. Das Innen und das Außen ist in uns immer im Austausch und kreiert ständig neues Ich-Bewußtsein. Unsere Individualität ist ein einzigartiges Kunstwerk, ein Kunstwerk aus unbekanntem, unbewußtem, beweglichem und zentriertem Bewußtsein, zentriert in uns.

Unser Bewußtsein ist nicht nur Ich-bezogen, sondern auch transzendent und klar.

Wir erkennen, daß alles Bewußtsein sein Ich erkennen muß, um sich zu wandeln und im Wandel unendlich und individuell zugleich zu sein.

Das Lichtzentrum des Bewußtseins der Erde und das der Sonne bilden einen strömenden Kreislauf. Wir sind Teil dieses Kreislaufs. Wir sind unendliches Bewußtsein im Wandel zwischen Individualität und kollektivem Bewußtsein.

ZUSAMMENFASSUNG ALS AFFIRMATION

»Mein Innerstes strahlt aus meiner Mitte und ist das Zentrum meines Ich-Bewußtseins. Ich bin mir meiner selbst bewußt. Ich habe eine innere Mitte, sie ist kraftvoll und leuchtet wie ein Stern. Ich spüre Kraft in meiner Individualität. Ich bin mir meiner bewußt. Mein Bewußtsein ist in meiner Mitte zentriert und leuchtet aus mir heraus. Ich weiß, ich bin kraftvoll und bewußt wie die Sonne und die Erde. Aus dem Inneren der Erde strömt die Kraft, ein Individuum zu sein, einen Platz zu haben als wichtigen Ort in unserem Sonnensystem. Die Kraft des Bewußtseins der Erde ist auch meine. Jedes Ich-Bewußtsein hat die Kraft, sich zu entfalten. Das ist die wichtige Aufgabe, die mich stark macht, so stark wie die Ströme von Kraft aus der Erde, die in mich strömen und mich leuchten lassen wie die Sonne. Ich leuchte aus meinem inneren

Ich. Ich leuchte andere an. Das Licht der anderen reflektiert verstärkt auf mich zurück. Mein Zentrum ist mein innerstes Bewußtsein, individuell zu sein und mit anderen Individuen das Ich zu spiegeln. Wir alle leuchten uns an, um uns als Individuum wahrzunehmen und Bewußtsein zu entfalten.
Das ist der Sinn der Individualität: Ein leuchtender bewußter Stern zu sein. Dieses Licht beleuchtet den Weg meines Lebens und ist zugleich mein Ziel.«

DIE ESSENZEN

DAS THEMA DER 3. EBENE · NEGATIV
ANGST VOR DER BEWUSSTEN
ZENTRIERUNG AUF EIN ZIEL

Die Welt nicht auf sich beziehen können. Opfer des Geschehens und nicht Teil des Ganzen zu sein. Keine innere Kraft fühlen, der Welt und dem Leben gegenüberzutreten.
Das eigene innere Zentrum nicht erkennen können.
Die eigene Position im Leben nicht erkennen, und auch in der Gruppe nicht. Der eigene Standort ist ungeklärt. Die Kräfte nicht in der eigenen Mitte zentrieren können. Gefühl von Schwächung durch andere, die kraftvoller scheinen.
Kampf um Selbstbehauptung, weil das Gefühl unerfüllt bleibt, von anderen wichtig genommen zu werden.
Andere nicht sein lassen wie sie sind, sondern sich mit anderen vergleichen, um besser dazustehen.
Fixierung auf das eigene Ich aus Angst, im Kollektiv unterzugehen, die Identität zu verlieren.
Die innere Mitte ist kein Kraftzentrum, sondern eher ein Schwarzes Loch, in dem alle inneren Kräfte verschwinden. Muß durch äußeren Erfolg oder Selbstdarstellungskünste immer nachgefüllt werden.
Krampfhafte Abgrenzung gegen andere, um das bißchen Ich nicht ganz zu verlieren.
Ein einmal gewonnener Standpunkt wird nicht mehr aufgegeben, weil er dem eigenen Ich eine vermeintlich feste Grundlage bietet.
Definiert die Welt über andere, nicht aus sich selbst heraus.

DAS THEMA DER 3. EBENE · POSITIV
ZENTRIERUNG DES ICH-BEWUSSTSEINS AUF DIE EIGENEN ZIELE

Unbeirrbar und sicher den eigenen Weg gehen. In der eigenen inneren Mitte zentriert sein. Aus dem inneren Zentrum gebündelte Kraft spüren, um nach außen zu treten.
Das Gefühl von Kraftzustrom aus der eigenen inneren Mitte.
Das innere Ich als stark empfinden. Anderen im Bewußtsein der eigenen starken Identität gegenübertreten. Sich gegenüber der Welt als Individuum sicher und fest fühlen. Den eigenen inneren Standpunkt im Austausch mit anderen als wichtig empfinden.
Die eigene Rolle als wichtigen Beitrag für andere empfinden, gleichzeitig den Beitrag der anderen wichtig finden und in sich aufnehmen können.
Nicht unsicher im eigenen Leben sein, sondern gefestigt voraus-schreiten.
Mut zum eigenen individuellen Leben und Lebensweg.
Sich seiner selbst so bewußt sein, daß Einflüsse von außen nicht schwächen, sondern wie ein neuer Beitrag für noch mehr Bewußtsein aufgenommen werden können.
Die ganze Welt als Raum für sich empfinden.

DIE 7 LICHT-ESSENZEN DER WURZELN SCHWINGEN IN 7 FREQUENZEN.

Es sind die Frequenzen der Wurzeln von Lauch, Kürbis, Tomate, Blumenkohl, Dill, Weißkohl und Weizen. Alle haben die Zentrierung des Bewußtseins zum Hauptthema. Innerhalb dieses Hauptthemas betonen sie die 7 Aspekte des Hauptthemas, entsprechend den 7 Themen der Chakren.

Die geistigen Inhalte sind:

Wurzel	*Geist*	Alles in meinem Leben ist bewußter unendlicher Wandel des Geistes, der sich zentriert und wächst in meinem Leben.
Wurzel	*Ton*	Alles in meinem Leben ist zentriertes höchstes Bewußtsein, um mein Ich zu erkennen.
Wurzel	*Blüte*	Alles in meinem Leben ist zentrierte Schöpfungskraft.
Wurzel	*Blatt*	Alles in meinem Leben ist zentrierte Integration von Geist und Materie, die mein Bewußtsein entfaltet.
Wurzel	*Wurzel*	Alles in meinem Leben ist Zentrierung meines Bewußtseins.
Wurzel	*Mineral*	Alles in meinem Leben ist Bewegung, die ich in meinem Leben zentriere.
Wurzel	*Metall*	Alles in meinem Leben zentriere ich in mein Bewußtsein.

SICH ERKENNEN MIT DEN 7 FRAGEN DER LICHT-ESSENZEN.

Falls Sie alle Fragen mit ja beantworten können, brauchen Sie keine dieser Essenzen. Die Fragen, die Sie mit nein beantworten, zeigen eine Schwingung, die in Ihnen unterstützt werden sollte.

Am Anfang jeder Frage kann auch »Akzeptiere ich« stehen.

Essenz 31	L 7	Vertraue ich dem unendlichen Wachstum und Wandel meines Bewußtseins?
Essenz 30	L 6	Vertraue ich meinem höchsten zentrierten Bewußtsein, das mich leitet?
Essenz 29	L 5	Vertraue ich dem zentrierten Bewußtsein meines Lebens, das Teil der Schöpfung ist und im Austausch mit der ganzen Schöpfung?
Essenz 28	L 4	Vertraue ich der Integrationskraft meines zentrierten Bewußtseins?
Essenz 27	L 3	Vertraue ich der zentrierenden Kraft meines Bewußtseins, die mich sicher meinen Weg gehen läßt?
Essenz 26	L 2	Vertraue ich der Bewußtheit jeder Bewegung in meinem Leben?
Essenz 25	L 1	Vertraue ich der Kraft meines Bewußtseins?

SICH ERKENNEN IN DER NEGATIVEN LEBENSEINSTELLUNG

In mir leuchtet kein inneres Zentrum, und ich weiß auch nicht, woher ich welche Kräfte nehmen soll für mein Bewußtsein. Woher sollen die Kräfte für mich und mein Leben kommen?

Ich bin auf der Erde nicht verwurzelt und habe keinen inneren Ausgangspunkt.

Ich fühle keine Basis in mir, auf der ich stehen kann und die mir Kraft gibt, für meinen Lebensweg.

Ich lehne mich an andere an, damit ich Kraft von ihnen bekomme, doch im Grunde schwächt mich das nur.

Ich kann mich nicht abgrenzen, denn ich kenne meine eigene Kontur und Grenze nicht. Meine Kräfte zerfließen in anderen. Ich bleibe kraftlos zurück.

Ich bemühe mich, damit andere mich erkennen, aber das gelingt selten. So verliere ich meine Kraft.

Meine Kräfte zerfließen ins Nichts. Ich kenne meine eigene Basis nicht. Ich fühle mein eigenes inneres Zentrum nicht. Ich fühle eher etwas Diffuses in meinem Inneren, in das meine Kräfte hineinfließen. Ich weiß nicht genau, wer ich bin und wohin ich soll.

ESSENZ 25
Lauchwurzel
L 1

DIE GEISTIGE SCHWINGUNG DER ESSENZ ALS AFFIRMATION

Ich zentriere die ganze Welt in meinem inneren Zentrum. Ich erschaffe meine eigene Kontur mit den universellen Kräften, die ich in mir zentriere. Ich mache sie mir zu eigen als Basis und Ausgangspunkt für die Gestaltung meines Lebens und meines Bewußtseins. Ich erkenne mein Bewußtsein als Basis meines Lebens. Ich bin mein eigenes inneres Zentrum.
Die Zentrierung auf mich ist mein Ausgangspunkt für mein Bewußtsein. Nur mit einem zentrierten Ich-Bewußtsein kann ich andere Ich-Bewußtseine erkennen, in mir und außerhalb meiner selbst. Die Gestaltungskraft für mein Leben liegt in meiner inneren Zentrierungskraft. Das macht mein Zentrum stark und strahlend. Ich nehme den Raum ein, der durch mein Bewußtsein mit Kraft erfüllt wird.
Ich bin mir meiner Leuchtkraft bewußt und gestalte mein Leben mit dieser Kraft. Ich schreite kraftvoll meinen Weg im Leben, mit sicheren Schritten. Ich bin ein Stern wie die Erde. Ich strahle in meinem Innersten mit der Kraft meines Bewußtseins.

SICH ERKENNEN IN DER NEGATIVEN LEBENSEINSTELLUNG

Jedes individuelle Gegenüber raubt mir Kraft. Selten bekomme ich Kraft vom Gegenüber, meist schwächt es mich.
Ich empfinde, daß die anderen stärker sind. Das schwächt mich. Die Kraft der anderen verschwindet in mir und macht mich noch schwächer.
Oder ich gleite in die anderen hinein und verschwinde ganz. Dann weiß ich nicht mehr, wer ich bin. Jeder Kraftstrom ist wie abgeschnitten.
Muß ich etwas ändern an meinen Vorstellungen vom Leben, verliere ich Kraft. Neue Kraft fließt nicht nach. Jede Änderung, mit der ich mich selbst und mein Leben neu definieren müßte, schwächt mich. Muß ich die Richtung in meinem Leben ändern, gerate ich aus meiner Bahn. Veränderungen von Zielen kann ich schwer akzeptieren.

ESSENZ 26
Kürbiswurzel
L 2

DIE GEISTIGE SCHWINGUNG DER ESSENZ ALS AFFIRMATION

Alles, was individuell ist, grenzt sich ab. Ich trenne mein Ich aus dem Kollektiv, um mich zu entfalten, doch in jeder Trennung ist auch Einheit enthalten. Mein Ich schwingt zwischen Kollektiv und Ich-Zentrierung, zwischen den anderen und mir. Ich bewege mich zwischen beidem, zwischen der Zentrierung auf meine eigene Entfaltung, mit der ich mich abgrenze, und dem Kollektiv, dessen Teil ich bin. Ich habe ein abgegrenztes Ich und bleibe Teil des Kollektivs. Die Bewegung zwischen beiden gestaltet mich und mein Leben. Mal ist es nur mein Ich-Bewußtsein, mal sind es die kollektiven Aspekte, die die Gestaltung meines Lebens beeinflussen.
Ich finde mein Ich, indem ich mich zentriere. Doch ich bin in Bewegung und schwinge mit allen individuellen Bewußtseinen, die ein Kollektiv bilden, hin und her.
Ich grenze ab, um mich zu erkennen. Ich trenne, um die Gemeinsamkeit zu ersehnen. Ich bin in beidem und schwinge hin und her. Mein Bewußtsein ist zentriert und beweglich.
In einem unendlichen Strom strömt Unbekanntes in mein Leben und bringt mein Bewußtsein in Bewegung. In der Bewegung zwischen allen Bewußtseinen erkenne ich mich und mein Leben immer wieder neu.

SICH ERKENNEN IN DER NEGATIVEN LEBENSEINSTELLUNG

Mein inneres Ich ist wie ein Schwarzes Loch, in dem alle Kräfte verschwinden. Ich fühle kein inneres Zentrum, keine innere Kraftquelle, von der aus ich in die Welt strahlen kann.
Woher soll auch die Kraft aus mir kommen? Ich kann nichts in mir oder in meinem Leben auf mich beziehen und für mich verwenden. Die Welt ist doch nicht für mich da, eher gegen mich, denn ich fühle mich schwach und nicht zentriert. Alles um mich herum hilft mir nicht, mich stark zu fühlen, sondern schwächt mich.
Wenn ich mich nicht ganz eng abgrenze gegen alles, bleibt nichts mehr von mir übrig, und ich verschwinde selbst in dem Schwarzen Loch in mir.
Wie soll Lichtkraft aus mir selbst kommen?
Woher soll die Kraft kommen? In mir selbst ist keine. Ich brauche andere, die mich anleuchten, dann empfinde ich wenigstens Licht durch andere. Aber dadurch mache ich mich selbst klein.
Ich mache mir die Ziele der anderen zu eigen, denn ich habe kein Ziel, keinen inneren Ort und keine innere Heimat.

ESSENZ 27
Tomatenwurzel
L 3

DIE GEISTIGE SCHWINGUNG DER ESSENZ ALS AFFIRMATION

Ich zentriere alle Kraft des Bewußtseins in mir und strahle von dort aus in mich, mein Leben und ins Universum. Ich bin meine innere Mitte, ich bin mein Zentrum, in dem sich alle Gestaltungskraft meines Bewußtseins konzentriert. Meine Leuchtkraft ist die Kraft, mit der eine natürliche Grenze zu allen anderen Individuen entsteht. Ich brauche keine Abgrenzung, denn meine innere Lichtkraft ist stark. Ich bin im Einklang mit meinem Bewußtsein, der Kraftquelle, aus der ich schöpfen kann.
Durch mein strahlendes Ich-Bewußtsein bin ich nicht getrennt vom Kollektiv, sondern in Reflexion und im Einklang mit allen Individuen.
Ich bin mir bewußt, daß ich in mir mein Zentrum finde. Es leuchtet wie die Sonne. Ich bin mein eigenes Zentrum, und ich strahle wie die Sonne. Ich bin mir bewußt, daß ich von dort aus mein Leben gestalte und mit der Kraft meiner eigenen Sonne strahle. Mit meiner inneren zentralen Kraft gestalte ich meine Individualität und mein Leben, im Einklang mit allen anderen Individuen in meinem Leben.

SICH ERKENNEN IN DER NEGATIVEN LEBENSEINSTELLUNG

Ich kann die Interessen der anderen nicht mit meinen eigenen integrieren. Das geht auch gar nicht; jeder arbeitet gegen jeden. Auch in mir selbst gelingt die Integration der verschiedenen Interessen nicht. Ich bin wie zersplittert und kann mich nicht entscheiden, was in mir welchen Weg einschlagen soll. Ich kann auch anderen gegenüber nicht meine und andere Interessen zusammenbringen und eine Gemeinsamkeit finden.
Alles ist immer Kampf, in dem sich einer durchsetzen muß. Ich kann nicht kämpfen, und ich will es auch nicht. Also gebe ich nach und lasse andere entscheiden. Andere sind selbstbewußter. Ich gebe nach. So etwas wie Gemeinsamkeit gibt es gar nicht. Immer siegt einer, so ist das Leben.
Das Leben ist Isolation, Trennung der Interessen. Jeder ist nur für sich und will nur seine Interessen durchsetzen. Ich schaffe das nicht. Alle sollen nur ein gemeinsames Interesse haben, dann wäre alles schöner.

ESSENZ 28
Blumenkohlwurzel
L 4

DIE GEISTIGE SCHWINGUNG DER ESSENZ ALS AFFIRMATION

Alles, was individuell ist, hat ein eigenes inneres Lichtzentrum. Ich integriere alle diese Lichtzentren und vereine sie in mir. Alle Individualität läßt sich integrieren zu einer Kraft der Gemeinsamkeit. Alles bleibt individuell, getrennt und leuchtet doch gemeinsam. Alles bleibt getrennt und vereinigt sich doch in einem gemeinsam leuchtenden Leben. Es leuchtet in mir, in meinem Leben, bis in die Unendlichkeit des Universums.
Mit der Integrationskraft allen individuellen Bewußtseins in mir und meinem Leben gestalte ich mein Leben, und gemeinsam leuchten wir bis ins Universum.
Ich integriere die Trennung und das gemeinsame Leuchten. Jeder Stern braucht den anderen, um zu leuchten und jeder braucht das Gegenüber, um sich zu erkennen. Wir sind getrennt und doch eins im Geist, in dem jedes Bewußtsein sich trennt und doch Teil eines Ganzen ist. Jeder strahlt für sich und integriert die anderen in das gemeinsame Leben.
Alles, was individuell ist, hat eigene Interessen, sich zu gestalten. Ich vereine diese verschiedenen Interessen in mir und meinem Leben, denn alles integriert sich in mir zu einem Leben, getrennt und doch vereint mit allem.

SICH ERKENNEN IN DER NEGATIVEN LEBENSEINSTELLUNG

Die verschiedenen Interessen von anderen und mir tauschen sich nicht aus. Jeder will sich nur durchsetzen. Es gibt keinen Austausch. Mir hört auch keiner zu. Daß es auf unbewußter Ebene Austausch gibt, mag ja sein, aber trotzdem hört keiner auf mich und läßt mich entscheiden, welche Interessen durchgesetzt werden. Andere setzen sich durch, sind lauter und können sich besser ausdrücken. Ich halte mich lieber zurück und sage erst gar nichts.

Es findet nicht jeder seinen Platz und kann im Einklang mit anderen sein. Alles ist Kampf, und ich will und kann nicht kämpfen. So laut kann man gar nicht schreien.

Also muß ich mich abgrenzen und will nichts hören, um mich nicht verunsichern zu lassen. Wenn andere auf mich einreden, verunsichert mich das und wirft mich aus meiner Mitte. Ich muß mich abschotten gegen Einflüsse von außen, sonst verliere ich meine eigene Linie und weiß überhaupt nicht mehr, wo ich stehe. Jeder Austausch könnte meinen mühsam gewonnenen Standpunkt wieder ins Wanken bringen. Dann verliere ich wieder meinen Platz.

Ich finde mein Leben nicht einzigartig und kreativ. Andere Lebenswege sind viel interessanter und kreativer als meiner.

ESSENZ 29
Dillwurzel
L 5

DIE GEISTIGE SCHWINGUNG DER ESSENZ
ALS AFFIRMATION

Ich trete in den Austausch aller individuellen Aspekte in mir und kommuniziere. Ich bin mir bewußt, daß nichts getrennt von mir zu sehen ist. Ich bin in ständigem Austausch und in Kontakt mit allem. Alles lernt voneinander. Mein Bewußtsein strahlt und gestaltet den Austausch, den ich in mir mit allen Aspekten meines Bewußtseins formen kann.
Alles was ein eigenes Lichtzentrum und individuell ist, kommuniziert, ob mir das bewußt ist oder nicht. Individualisierung heißt nicht, getrennt und ohne Kommunikation zu sein. Ich lasse die Kommunikation von allem mit allem bewußt zu. Damit gestalte ich mich und mein Leben.
Meine Kreativität liegt in der Wahl, wieviel Austausch und Kommunikation ich zulasse und wieviel ich in mir öffne. Ich brauche mein Bewußtsein nicht abzugrenzen, denn Kommunikation findet statt. Ich kann mein Leben bewußt gestalten, indem ich den Austausch aller Lichtzentren zulasse und schätze. Damit bin ich offen für alles und im Austausch und doch zentriert in mir.
Meine Kreativität liegt in der Interpretation von allem, was ich wahrnehme. Ich habe die Freiheit, mein Bewußtsein durch meine Interpretation zu kreieren. Ich kann frei wählen, was ich für mich verwende und was nicht. Jedes Individuum ist im Austausch mit allen anderen Individuen. Jedes Lichtzentrum leuchtet gemeinsam und im Austausch mit allen.

SICH ERKENNEN IN DER NEGATIVEN LEBENSEINSTELLUNG

Meine eigene Kontur und mein eigenes Bewußtsein sind wie hinter einer Nebelwand verschleiert. Ich kenne die Grenzen meines Lebens nicht. Alles ist abgegrenzt und auch wieder nicht abgegrenzt. Das verwirrt mich. Alles in mir ist wie im Widerstreit, ohne klare Linie. Ich selbst habe für mich keine klare Linie, was und wohin ich eigentlich will und wer ich bin. Andere haben die klare Linie. Ich finde sie nicht und beneide andere um ihre Klarheit und den klaren Weg, den sie einschlagen.
Mir fehlt die zentrierte Kraft für eine klare Linie in mir und in meinem Leben. Es ist mir unklar, woher die Kraft kommen soll. Nicht aus mir, nicht aus anderen. Alles verschwimmt in mir und macht mich schwach, denn ich kann nicht zielgerichtet vorgehen. Ich vernebele die Grenzen zu anderen, da ich meine eigenen Grenzen nicht erkennen kann. Dadurch finde ich auch keine klaren Ziele für mich.

ESSENZ 30
Weißkohlwurzel
L 6

DIE GEISTIGE SCHWINGUNG DER ESSENZ ALS AFFIRMATION

Ich bin bewußt und klar in meiner eigenen Mitte. Ich bin mir meiner Leuchtkraft bewußt. Ich bin individuell und gestalte mein mein Leben. Ich grenze ab, um mich zu entfalten. Ich bin mir bewußt, daß alles in mir und meinem Leben aus vielen Anteilen besteht. Alle Anteile in mir und meinem Leben sind klar und abgegrenzt durch ihre eigene bewußte Leuchtkraft. Alles hat die Aufgabe so zu sein, wie es ist. Alles ist getrennt und doch gemeinsam auf dem Weg meiner Entfaltung als Individuum. Ich bin klar in meiner Abgrenzung, mit der ich mein Leben gestalte. Die Abgrenzung ist meine Entscheidung, ein Individuum zu sein, das aus seiner Mitte leuchtet.

Wissen ist Fühlen und Erkennen, und ich weiß und erkenne, daß ich mit meinem Bewußtsein mich und mein Leben gestalte.

Ich bin in mir zentriert und doch ist mein Ich transzendent. Ich erkenne den Wert der Zentrierung als Weg in die Individualisierung und aus ihr heraus.

Jedes Individuum weiß und erkennt mit seinem höheren Wissen, daß alles Bewußtsein eins ist, getrennt in viele Individuen, um den Raum des Ichs zu erkennen und über sich selbst hinauszuweisen.

SICH ERKENNEN IN DER NEGATIVEN LEBENSEINSTELLUNG

Ich löse mich ganz auf in den anderen und bin dann wie ein Nichts ohne innere Kraft. Ich habe Sehnsucht nach Auflösung und will gar nicht so richtig individuell und getrennt vom Kollektiv sein, in dem alle eins sind und sich nicht bekämpfen.

Ich will kein Ego. Das wäre schlecht und unspirituell. Ich strebe die Einheit mit allen anderen an. Das führt aber dazu, daß ich anderen völlig die Regie überlasse und mich aufgebe. Das ist mir dann aber auch egal. Ich lasse mich treiben und andere über mich bestimmen. Ich habe auch gar nicht nicht Kraft, alle Energien in mir zu zentrieren und mich und mein Leben selbst in die Hand zu nehmen. Ich lasse mich los.

Zeigte ich mich, dann würden andere erkennen, daß ich ein Nichts bin. Lieber löse ich mich ganz in anderen auf und suche mich selbst erst gar nicht. Ich habe gar nicht die Kraft, mich ständig zu suchen, mich zu erkennen und dann immer wieder zu ändern. Wo soll denn diese unendliche Kraft herkommen. Ich habe sie nicht in mir. Mein Leben ist ziel- und bedeutungslos.

ESSENZ 31
Weizenwurzel
L 7

DIE GEISTIGE SCHWINGUNG DER ESSENZ ALS AFFIRMATION

In mir vereint sich die Auflösung der Grenzen und die Abgrenzung meines Ichs zu einem ständigen Prozeß des Lebens. Ich zentriere alles Sein in mir. Ich schaffe Raum für mein Leben. Ich gestalte und löse wieder auf, um Neues in mir zu zentrieren, wieder neu zu gestalten und mich wieder in meinen Grenzen aufzulösen. Alles ist in ständigem Wandel, und damit gestalte ich mein Leben und leuchte bis in die Unendlichkeit des Universums. Ich löse Grenzen auf, schaffe neue, um sie wieder aufzulösen. Alles leuchtet aus meiner inneren Mitte und gestaltet mein Bewußtsein und mein Leben. Ich halte nichts fest, denn nichts ist fest, sondern alles ist ohne Grenzen und im Wandel. Ich setze Grenzen, um mir meiner als Individuum bewußt zu sein. Ich löse Grenzen auf, denn mein Ich ist zugleich grenzenlos und Teil des Ganzen.

Ich gestalte, indem ich Grenzen setze und mich und meine Grenzen erkenne. Doch mein Ich ist auch Teil des Ganzen und grenzenlos. Ich bin unendliches individuelles Bewußtsein.

Jeder Stern leuchtet und vergeht, um wieder neu zu erstehen. Jedes Ich-Bewußtsein ist im Wandel, stirbt in alter Form, wird neu geboren und erweitert sich mit jedem Wandel. Jede Individualität ist Teil des unendlichen Wandels von Bewußtsein, das immer wieder stirbt, neu geboren wird, um im strahlenden Licht neu zu erstehen. Alles bewußte Sein ist Erkenntnis. Es entsteht immer wieder neu, um zu wachsen und sich zu wandeln, unendlich.

KURZFASSUNG DER 7 NEGATIVEN LEBENSEINSTELLUNGEN

ESSENZ 31

L 7, Weizenwurzel

Mein Weg und mein Ziel sind sinnlos und bedeutungslos. Wie alles in meinem ganzen Leben.

ESSENZ 30

L 6, Weißkohlwurzel

Mein Ziel und mein Weg sind wie hinter einer Nebelwand verschlossen und unklar.

ESSENZ 29

L 5, Dillwurzel

Mein Ziel und mein Weg sind wie abgetrennt von der Gesellschaft. Damit bin ich wie ausgeschlossen.

ESSENZ 28

L 4, Blumenkohlwurzel

Mein Ziel und mein Lebensweg machen mich einsam und isoliert.

ESSENZ 27

L 3, Tomatenwurzel

Ich habe kein inneres Ziel und Kraftzentrum in mir, das mich leitet und stark voranschreiten läßt.

ESSENZ 26

L 2, Kürbiswurzel

Jede unbekannte Bewegung in meinem Leben wirft mich aus meiner Bahn.

ESSENZ 25

L 1, Lauchwurzel

Ich bin ziel- und kraftlos in meinem Leben.

KURZFASSUNG DER 7 AFFIRMATIONEN

ESSENZ 31
L 7, Weizenwurzel
Mein Weg und mein Ziel sind Teil des unendlichen Wandels und Wachstums des Geistes. Kein Weg und kein Ziel sind getrennt von mir im Geist.

ESSENZ 30
L 6, Weißkohlwurzel
Mein Weg und mein Ziel sind mir bewußt und ich schreite mit klarer Intuition durch mein Leben.

ESSENZ 29
L 5, Dillwurzel
Mein Ziel und mein Weg sind im Austausch und Einklang mit der Schöpfung. Das macht mich sicher und stark.

ESSENZ 28
L 4, Blumenkohlwurzel
Mein Weg und mein Ziel machen mich nicht einsam. Ich integriere beides in mein inneres und äußeres Leben.

ESSENZ 27
L 3, Tomatenwurzel
Mein Ziel liegt in mir. Ich bin stark in mir und gehe mutig, fest und sicher meinen Weg.

ESSENZ 26
L 2, Kürbiswurzel
Ich vertraue den unbekannten Bewegungen innerhalb meines Weges. Sie machen mich stark und beweglich.

ESSENZ 25
L 1, Lauchwurzel
Ich schreite kraftvoll meinen Weg durch das Leben, mit innerer Sicherheit.

3. EBENE

DIE WURZELN UND IHRE 5 ELEMENTE-ESSENZEN

Essenzen 32 bis 36

Element Feuer: Die Erkenntnis.
Jede Erfahrung ist Selbsterkenntnis.

3. EBENE
DAS ELEMENT FEUER

Unser physischer Körper besteht, wie die materielle Welt, aus den Elementen Erde, Wasser, Feuer, Luft und Leben. Geistig betrachtet sind das die Ausdrucksformen von Wachstumsanfang, Bewegung, Erkenntnis, Vergeistigung und Erweiterung innerhalb des begrenzten Raumes der Materie. Diese geistigen Energien schwingen in uns auf 7 Ebenen, die den 7 Chakren zugeordnet sind. Auf der 3. Ebene aktivieren die Elemente-Essenzen der Wurzeln die Kraft allen Feuers der Erde, uns Licht zum Erkennen unseres Raumes, das Licht der Selbsterkenntnis zu sein. Diese Kraft schwingt in 5 Frequenzen, entsprechend den 5 Elementen.

Essenz 36	E 5 Roggenwurzel	Leben	Leben
Essenz 35	E 4 Kopfsalatwurzel	Luft	Vergeistigung
Essenz 34	E 3 Mangoldwurzel	**Feuer**	**Erkenntnis**
Essenz 33	E 2 Borretschwurzel	Wasser	Bewegung
Essenz 32	E 1 Topinamburwurzel	Erde	Wachstumsanfang

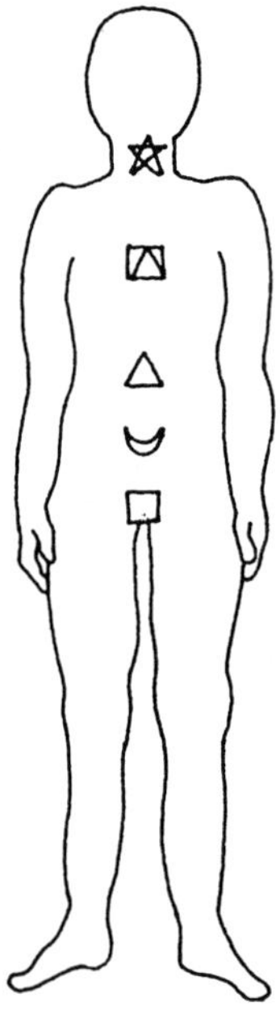

Planet: Jupiter
Farbe: transparent

3. EBENE
UNENDLICHE GEISTIGE KRAFT BRAUCHT DIE BEGRENZUNG DER MATERIE · DAS FEUER

Die Elemente sind die andere, die getrennte Seite. Das Element Feuer symbolisiert das Feuer der Erkenntnis, in dessen Licht wir uns erkennen. Thematisch korrespondieren die Elemente-Essenzen der 3. Ebene mit den Elemente-Essenzen der 5. Ebene. Bei der Anwendung der Essenzen auf dem 5. Chakra werden beide Pole des Themas berührt. Siehe Seite 549 und Seite 553.

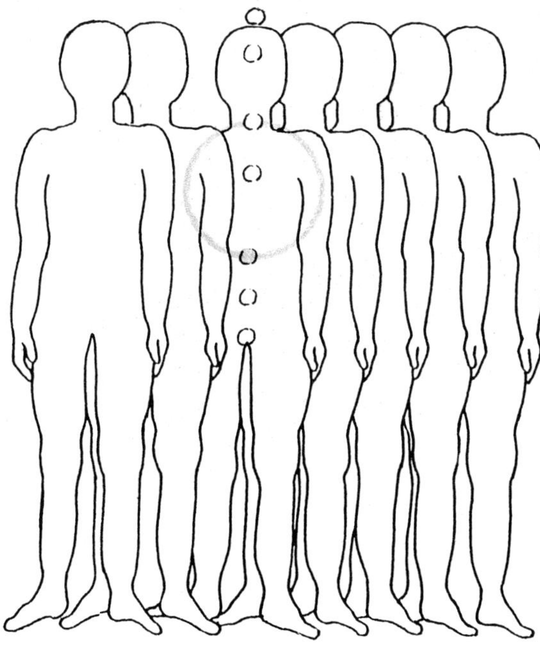

DER GEIST DER ELEMENTE IN DEN WURZELN: FEUER

Jede Erfahrung ist Erkenntnis und erweitert unser Bewußtsein.
Jede Erfahrung läßt uns uns selbst erkennen.
Jede Erfahrung bringt Erkenntnis über unser Ich.
Wir erkennen uns selbst in jeder Erfahrung und jeder Handlung.
Aus der Erde strömt Licht und gibt uns Kraft, um uns selbst zu erkennen.
Das Magma der Erde ist das Bewußtsein der Erde und treibt uns an, bewußt zu werden.
Wir sind bewußt. Wir sind Individuen. Wir sind getrennt vom unbewußten Kollektiv und werden uns unserer Individualität bewußt.
Über unser Unbewußtes sind wir mit dem Kollektiv vereint. Jetzt trennen wir uns aus dem Kollektiv und entwickeln ein Ich-Bewußtsein, eine eigene Kontur.
Wir grenzen uns ab, um uns selbst zu erkennen. Dazu brauchen wir Licht: Feuer.
Wer sind wir? Was macht uns aus? Woher kommen unsere Kräfte?
Das Bewußtsein der Erde ist das Magma, das glühende Feuer der Erde. In der Ursuppe der Materie liegt das Bewußtsein der Erde verborgen. Es speist uns mit der Antriebskraft, damit wir uns bewußt werden und uns selbst erkennen. Mit Hilfe der Wurzeln aktivieren wir Kraft-Ströme von Licht-Bewußtsein. Sie treiben uns an, uns selbst zu erkennen.
Wir sind mutig. Wir wollen uns erkennen und den Raum, in dem

wir uns bewegen. Jenen Raum, den wir uns durch unser Bewußtsein selbst erschaffen.
Wir sind bereit, Erfahrungen zu machen. Wir sind bereit, zu handeln. In jeder Erfahrung und in jeder Handlung können wir uns erkennen und unser Bewußtsein erweitern. Wir handeln bewußt. Wir bewegen uns bewußt. Wir können bewußt Erfahrungen planen und sie ausführen. Wir können die Kraft für alle Erfahrungen in uns aktivieren, mit der Kraft des Bewußtseins der Erde. Sie speist unsere Kraft. Sie ist unsere Heimat. Sie läßt die Kraft ihres Bewußtseins in uns strömen. Jede Erfahrung läßt auch ihr Bewußtsein wachsen.
Alles in uns und unserem Leben dient der Erkenntnis über uns selbst. Alles ist Teil eines kollektiven Erkenntnisprozesses. Doch wir müssen erst eine eigene klare Kontur unseres Selbst schaffen, um ein bewußter Teil des Ganzen zu werden.
Wir haben die Feuerkraft des Magmas der Erde, die uns stärkt und ihre Glut in uns strömen läßt.
Wie Feuer brennt in uns der Wunsch nach Wachstum durch Erkenntnis. Unser inneres Licht erleuchtet mit dem Feuer den Raum, den wir brauchen, um uns selbst zu erkennen. Wir sind mutig. Wir wagen, in unser Inneres zu sehen, in alle Winkel. Wir erkennen Farben, Formen, Festigkeit, Weichheit und Schwärze, Licht, alles geformte Bewußtsein.
Alles ist Teil unserer Individualität. Alles ist als Kraft zu erkennen, die in einem mächtigen Prozeß unser Bewußtsein formt und uns erweitert.
Erkennen wir erst die Leuchtkraft unseres Bewußtseins, können wir auch unsere innere Schönheit sehen. Innen und außen kann sich zu einer strahlenden Lichtquelle von großer Kraft entfalten.
Wir sind individuell. Wir sind abgegrenzt von anderen. Wir brauchen die Abgegrenztheit. Aus der Abgegrenztheit heraus sehen wir

uns an. Denn was soll ein einsamer Stern an einem leeren Himmel? Wir brauchen die anderen, um zu strahlen. Wir strahlen uns gegenseitig an.
Einer braucht den anderen.
Wir brauchen die Erde. Aus ihrem glühenden Wunsch nach Erkenntnis strömt die Kraft in uns, die uns leben und bewußt werden läßt auf unserer Reise durchs Leben.
Die Kraft des Bewußtseins der Erde gibt uns Kraft zu erkennen. Unsere Persönlichkeit entsteht aus unseren Erkenntnissen. Jede Erfahrung birgt Erkenntnis. Jede Erfahrung erweitert unser Bewußtsein. Jede Erfahrung ist Wachstum durch Bewußtseinserweiterung.
Wir sind stark und mutig wie die Erde.
Wir haben die Kraft aus dem Bewußtsein der Erde in uns. Ihre Bewußtseinsströme fließen in uns und machen uns kraftvoll, aktiv und bereit, uns in jeder Erfahrung selbst zu erkennen.

ZUSAMMENFASSUNG ALS AFFIRMATION

»Ich bin mir meiner selbst bewußt. Jede Erfahrung erweitert mein Bewußtsein und läßt mein inneres Zentrum stärker strahlen.
Ich habe die Kraft, meinen Lebensraum mit meinem Bewußtsein zu gestalten. Ich handle und mache Erfahrungen. Dabei erweitere ich mein Bewußtsein immer mehr. Das macht mich stark.
Jede Erfahrung ist Teil meines Wachstumsprozesses. Jede Erfahrung, die mich mein inneres Ich erkennen läßt, macht mich stark und gibt mir Kraft. Ich bin stark, weil ich mir meiner selbst und meiner Handlungen bewußt bin. Denn ich schaffe den Raum für mein Erfahrungsspektrum selbst. Der Raum ist so groß, wie mein Bewußtsein reicht. Diesen Raum fülle ich mit meinem bewußten Ich aus, das durch Erkenntnis meiner selbst wächst.«

DIE ESSENZEN

DAS THEMA DER 3. EBENE · NEGATIV
ANGST, IN JEDER ERFAHRUNG
SICH SELBST ZU ERKENNEN

Hat Angst, sich selbst zu erkennen. Vergleicht sich mit anderen, um sich zu erkennen. Lädt die Verantwortung für die eigenen Erlebnisse auf andere. Ist auf Reaktionen von anderen fixiert, definiert sich über andere.
Kämpft um Kontur in jeder Erfahrung und Handlung. Muß das Ich aufblähen, um sich zu zeigen. Hat sonst Angst unterzugehen, weil die anderen mehr Kontur zeigen oder haben. Kontur wird im Vergleich zu anderen gefunden, nicht aus sich heraus. Findet keine Bereicherung in einer Erfahrung, an der man wachsen kann. Jede Erfahrung bestätigt die Ich-Konturenschwäche.
Projiziert Werte auf andere, da die eigenen nicht klar sind. Findet nicht, daß jeder seines eigenen Glückes Schmied ist. Empfindet das Leben als fremdbestimmt. Die Umstände sind schuld an der mangelnden Selbstverwirklichung. Kraft für Handlungen ist schwach.
Will in keiner Erfahrung sich selbst erkennen, sondern schaut auf andere und kritisiert sie.
Kann sich selbst nicht sehen, sondern sieht immer nur die anderen. Erfahrungen schwächen das Ego: Es mißlingt so viel.
Sucht sich Autoritäten, um die eigenen Handlungen bewerten zu lassen.

DAS THEMA DER 3. EBENE · POSITIV
SICH ERKENNEN IN DEN EIGENEN HANDLUNGEN UND ERFAHRUNGEN.

Sich innerlich stark und selbstbewußt fühlen. Sich erkennen und Freude an jedem Prozeß der Selbsterkenntnis haben. Kritisch mit sich umgehen können, ohne sich von den eigenen Schwächen entmutigen zu lassen. Eigenes Unvermögen als Lernaufgabe betrachten.
Aktiv, bewußt und aus Interesse auf die Suche nach sich selbst gehen. Sich bewußt machen wollen, woher diese oder jene Schwächen kommen.
Mit innerer Stärke kraftvoll anderen gegenübertreten, auch wenn gerade eine »Niederlage« erfahren wurde. Niederlagen nicht als Unvermögen und Schwäche, sondern als mangelnde Erfahrung betrachten oder als Grund, es das nächste Mal besser machen zu wollen.
Sich selbst und die Motive des eigenen Handelns erkennen wollen.
Frei von Autoritätsgläubigkeit.

DIE 5 ELEMENTE-ESSENZEN DER WURZELN SCHWINGEN IN 5 VERSCHIEDENEN FREQUENZEN.

Es sind die Frequenzen der Wurzeln von Topinambur, Borretsch, Mangold, Kopfsalat und Roggen. Alle haben die Selbsterkenntnis in jeder Erfahrung zum Hauptthema. Innerhalb dieses Hauptthemas betonen sie die 5 verschiedenen Kräfte der Elemente. Zusätzlich sind sie dem dritten Chakra zugeordnet.

Die geistigen Inhalte sind:

Wurzel	*Leben*	Mit jeder Selbsterkenntnis wachse und erweitere ich mein Bewußtsein und das der Schöpfung.
Wurzel	*Luft*	Jede Erkenntnis endet in der Vergeistigung. Jedes Ende einer Selbsterkenntnis schafft Raum für neue Selbsterkenntnisse, die das Bewußtsein erweitern.
Wurzel	*Feuer*	Jede Erfahrung ist Selbsterkenntnis und läßt die eigene Leuchtkraft des Bewußtseins weiter werden.
Wurzel	*Wasser*	Jede Erfahrung ist Bewegung, die zur Selbsterkenntnis und Erweiterung des Bewußtseins führt.
Wurzel	*Erde*	Jede Erfahrung ist Selbsterkenntnis und macht kraftvoll und stark.

SICH ERKENNEN MIT DEN 5 FRAGEN DER ELEMENTE-ESSENZEN.

Falls Sie alle Fragen mit ja beantworten können, brauchen Sie keine dieser Essenzen. Die Fragen, die Sie mit nein beantworten, zeigen eine Schwingung, die in Ihnen unterstützt werden sollte.

Am Anfang jeder Frage kann auch »Akzeptiere ich« stehen.

Essenz 36	E 5	Vertraue ich dem Wachstums- und Erweiterungsprozeß meines Bewußtseins durch die Selbsterkenntnis in jeder Erfahrung?
Essenz 35	E 4	Kann ich meine Selbsterkenntnis nach einer bestimmten Erfahrung loslassen, um mich wieder neu zu erkennen in neuen Erfahrungen?
Essenz 34	E 3	Vertraue ich mir, daß ich in jeder Erfahrung mich selbst erkenne, und mich so erweitere?
Essenz 33	E 2	Vertraue ich der Beweglichkeit meiner Selbsterkenntnisfähigkeit?
Essenz 32	E 1	Vertraue ich der Selbsterkenntnis als Wachstumsprozeß meines Bewußtseins?

SICH ERKENNEN IN DER NEGATIVEN LEBENSEINSTELLUNG

Ich bin nicht stark und selbstbewußt, und daran kann ich auch nichts ändern. Jede Erfahrung macht mich schwächer. Ich mache immer das Falsche. Ich will nicht handeln, um etwas an mir und in meinem Leben zu verändern. Dabei käme sowieso nichts Gutes für mich heraus. Alles, was ich anfange, wird nichts. Wenn ich mir jetzt etwas Neues vornehme, wird das wieder nichts. Dann lasse ich doch lieber gleich alles bleiben. Man kann sowieso im Leben durch eigene Handlungen kaum etwas ändern. Ich überlasse lieber alles dem Schicksal. Meine Möglichkeiten sind so begrenzt, was soll ich in meinem Leben denn schon durch Handlungen gestalten? Das Leben macht mit mir sowieso, was es will, und ich bringe nicht die Kraft auf, immer wieder etwas zu tun und ändern zu wollen.

Das gelingt mir sowieso nicht. Dann lasse ich lieber alles so, wie es ist.

ESSENZ 32
Topinamburwurzel
E 1

DIE GEISTIGE SCHWINGUNG DER ESSENZ ALS AFFIRMATION

Jede Erfahrung erweitert mein Bewußtsein. Das macht mich stark. Ich handle bewußt. Jede Handlung ist Wachstum. Ich gestalte mich durch meine Handlungen. Ich mache Erfahrungen, um mein Bewußtsein zu gestalten und zu stärken. In jeder Handlung, die ich bewußt tue, liegt die Kraft des Wachstums und der Erweiterung. Ich bin stark, selbstbewußt und kann mich und mein Leben aus innerer Kraft gestalten.
Ich behaupte mich. Ich habe die Kraft, Dinge zu tun, um mich und mein Leben in die Hand zu nehmen. Ich bin mutig und habe Kraft. Ich erfahre mich in jeder Handlung.
Ich verwende jede Erfahrung, um mich zu erkennen und um mir meiner selbst bewußter zu werden. Das läßt mein Bewußtsein wachsen und Kraft ausstrahlen. Meine Kraft zu wachsen entsteht aus meiner Kraft, mich selbst zu erkennen.

SICH ERKENNEN IN DER NEGATIVEN LEBENSEINSTELLUNG

Ich fürchte mich vor jeder Veränderung in mir, denn es könnte ja noch schlimmer kommen. Warum dann etwas in Bewegung setzen, um mein Leben zu verbessern?
Mir fehlt die Kraft dazu. Veränderungen brauchen viel zuviel Kraft. Sie verunsichern mich, ich weiß dann gar nicht mehr, was aus mir wird. Ich würde mich nicht mehr zurechtfinden.
Man kann in seinem Leben nichts ändern, es ist wie es ist. In Wahrheit will ich auch nichts ändern, weil ich mir nichts anderes zutraue.
Wie soll mir etwas neue Kraft geben, wenn ich mich davor fürchte? Ich sehe in mir gar keine neuen Möglichkeiten und halte lieber an allem fest, was ich bin und habe.

ESSENZ 33
Borretschwurzel
E 2

DIE GEISTIGE SCHWINGUNG DER ESSENZ ALS AFFIRMATION

In mir strömt die Kraft, Dinge in Bewegung zu setzen, mit denen ich mein Leben neu gestalten, an denen ich wachsen will. Ich bin mir bewußt, daß in jeder Veränderung neue Möglichkeiten liegen, die mich wachsen lassen und mich in meinem Bewußtsein erweitern.
Ich kann Dinge verändern und bewußt neu gestalten. Ich kann mich bewegen und damit verändern. Ich gestalte mein Leben durch meine Erkenntnisse. Wenn ich dazu Veränderungen brauche, lasse ich die Kraft der Bewegung in mir strömen und verändere.
Alles ist Bewegung. Nichts ist statisch und fest.
Mein Bewußtsein ist beweglich. Ich erfahre Neues und wachse, auch wenn mir nicht alles gefällt, was ich über mich durch meine Handlungsweise erfahre. Ich werde wachsen.
Ich kann verändern, mich in neuen Erkenntnissen bewegen, durch die ich mein Bewußtsein bewege, mich erweitere und wachse.

SICH ERKENNEN IN DER NEGATIVEN LEBENSEINSTELLUNG

Ich fürchte, mich in meinen Handlungen selbst zu erkennen. Deswegen will ich lieber nicht handeln, um mich und mein Leben nicht zu verändern.
So kann ich sagen, das Leben ist wie es ist und alles, was passiert, ist Schicksal. Wenn ich handle und Dinge verändere, werde ich in meinen Handlungen und Erkenntnissen daraus für mich und andere sichtbar.
Dann möchte ich doch lieber mein Leben nicht gestalten. Ich lasse das andere machen. Das wäre mir zuviel Verantwortung. Dazu fehlt mir die Kraft.

ESSENZ 34
Mangoldwurzel
E 3

DIE GEISTIGE SCHWINGUNG DER ESSENZ ALS AFFIRMATION

Jede Erfahrung ist Erkenntnis. Immer. Ich erkenne immer mich selbst, egal was ich erfahre. Immer habe ich die Freiheit, mich zu erkennen. Erkenntnis über sich selbst ist Erweiterung der eigenen Kraft.

Ich schaffe mir den Raum, den ich brauche, um mein Bewußtsein zu gestalten und mich zu erkennen. Davon lasse ich mich nicht abhalten, denn ich brauche Raum, um mich zu entfalten und mich zu erkennen. Ich kann nur bestehen und mich entfalten, wenn ich mir meiner selbst bewußt werde, so daß ich die Verantwortung für die bewußte Entfaltung und Gestaltung meines Lebens habe. Damit erkenne ich den Raum meiner selbst.

Ich selbst gestalte den Raum, um mich zu erkennen. Nur wenn ich mich erkenne, kann ich mich erweitern und in meiner Erfahrung wachsen.

Ich habe die Kraft, mich selbst in jeder Handlung zu erkennen. Ich erweitere mein Bewußtsein mit jeder Erfahrung. Das gibt mir Kraft und erweitert meinen Lebensraum. Ich selbst entscheide über die Kraft der Erkenntnisse, die mir Leuchtkraft geben. Das ist der innere und äußere Raum meines Lebens.

SICH ERKENNEN IN DER NEGATIVEN LEBENSEINSTELLUNG

Ich will mich nicht durch Handlungen, sondern durch Erkenntnisse vergeistigen. Was haben Handlungen damit zu tun? Ich will passiv bleiben. Ich glaube nicht, daß ich mein Leben so gestalten kann, daß ich Veränderungen anfange, erlebe und beende und damit eine geistige Erweiterung mache. Was soll an dem ganzen Streben schon geistig sein. Ich glaube nicht an Handlungen, sondern an reine Erkenntnisse. Ich habe auch nicht die Kraft, Dinge in meinem Leben zu beenden, um Neues anzufangen. Da lasse ich lieber alles so laufen, arrangiere mich mit den Umständen und verlagere alles auf die geistige Ebene. Etwas beenden, heißt auch, etwas neu anfangen. Mir fehlt die Kraft für Neuanfänge in meinem Leben. Alte Erkenntnisse über mich kann ich nicht loslassen. Ich war schon immer innerlich passiv. Ich brauche alle Kräfte, um das Alte aufrecht zu erhalten. Austausch zwischen Altem und Neuem? Unmöglich, ich bin froh, wenn ich eins von beidem schaffe.

Daß jede Handlung Erkenntnisse bringt und ich immer alles in eine Bewußtseinserweiterung wandle, glaube ich nicht. Das Leben erweitert mich nicht, sondern ich werde immer weniger.

ESSENZ 35
Kopfsalatwurzel
E 4

DIE GEISTIGE SCHWINGUNG DER ESSENZ ALS AFFIRMATION

Ich gestalte mich, indem ich den Bewußtseinsprozeß einer Erfahrung beende und vergeistige. Alles was ich beende, läßt meinen Geist wachsen und mehr werden. So schaffe ich Raum für neue Erfahrungen, in denen ich mich wieder neu erkennen kann.
Ich tausche in mir alle Aspekte der Selbstentfaltung aus. Ich beende Dinge, wenn nötig, um Raum für neue Erkenntnisse über mein Ich zu schaffen.
Ich beende Dinge, die mir auf dem Weg meiner Entfaltung nicht mehr weiterhelfen. Ich vergeistige alle Erfahrungen: Wenn ich etwas beende, schließe ich eine Erkenntnis über mich ab und schaffe Raum für eine neue. Ich entscheide, wann ich genug erfahren habe und mich neuen Erkenntnissen über mich öffne.
Jede Erfahrung, die ich abschließe, hat mich mein Ich erkennen und wachsen lassen. Damit habe ich mich vergeistigt und erweitert. Jetzt öffne ich mich für neue Erkenntnisse über mich. Ich tausche die alten mit den neuen Erkenntnissen aus, beende und schaffe Raum für Neues. Ich bin offen und kraftvoll für neue Erkenntnisse über mich selbst, die ich durch neue Erfahrungen gewinne. Ich entdecke neue Möglichkeiten in mir.

SICH ERKENNEN IN DER NEGATIVEN LEBENSEINSTELLUNG

Ich fühle mich wie ein Nichts und will doch unbedingt wer sein. Ich fürchte mich vor jeder Veränderung in meinem Leben, bei der ich wieder von vorn anfangen muß. Ich fürchte mich, handeln zu müssen. Ich glaube auch nicht, daß ich mir mein Leben so gestalten kann, daß ich mich bewußter fühle. Ich habe nicht die Kraft, mein Leben durch Veränderungen neu in die Hand zu nehmen und selbst zu gestalten. Das macht mich schutzlos, denn ich bin anderen ausgeliefert, die für mich handeln und gestalten. Aber ich habe Angst, das zu ändern und die Verantwortung für mich und mein Leben selbst in die Hand zu nehmen. Soviel traue ich mir nicht zu. Wo soll die Kraft herkommen?
Ich weiß nicht, wer ich eigentlich bin.

ESSENZ 36
Roggenwurzel
E 5

DIE GEISTIGE SCHWINGUNG DER ESSENZ ALS AFFIRMATION

Mein Selbstbewußtsein und mein Ego sind Grenzen und Schutz, um mich als Ich zu erfahren und in allen Erfahrungen meines Lebens zu erkennen und zu erweitern.
Alles in mir ist vereint und an seinem Platz, um sich zu wandeln. Ich erkenne mein Ich und gestalte mich durch Erkenntnisse. Ich mache eine Erfahrung. Ich wachse daran. Ich beende die Erfahrung und damit bin ich bewußter und meiner selbst bewußter geworden. Das ist Bewußtseinserweiterung.
Ich habe die Kraft der Erkenntnis in mir, die ich aus jeder Erfahrung gewonnen habe. Denn mit jeder Erfahrung, die ich bewußt erlebt habe, bin ich gewachsen und habe mein Ich stärker geformt.
Ich bin mir meiner selbst bewußt. Mein Leben ist ständiges Wachstum meiner bewußten Persönlichkeit. Mit jeder Erfahrung, die ich als Bewußtwerdung meiner selbst erkenne, erweitere ich den Raum meines Bewußtseins und des Bewußtseins der Schöpfung.

KURZFASSUNG DER 5 NEGATIVEN LEBENSEINSTELLUNGEN

ESSENZ 36

E 5, Roggenwurzel

Ich will nicht alle Verantwortung über mich und meine Erfahrungen übernehmen. Ich habe nicht die Kraft, immer in allem mich selbst zu erkennen. So wachse ich doch nicht.

ESSENZ 35

E 4, Kopfsalatwurzel

Ich will Erkenntnisse über mich nicht beenden und damit schon wieder Raum für neue schaffen. Ich schaffe es ja noch nicht mal, alte Erkenntnisse zu verarbeiten.

ESSENZ 34

E 3, Mangoldwurzel

Die Erfahrungen, die ich mache, sind zu unwichtig, um daraus Selbsterkenntnisse zu gewinnen, die mich erweitern.

ESSENZ 33

E 2, Borretschwurzel

Ich will nichts Neues über mich erfahren. Ich halte an meinem Selbstbild fest und bin froh, daß ich überhaupt eines habe.

ESSENZ 32

E 1, Topinamburwurzel

Ich kann mich nicht erkennen in Erlebtem. Alles, was mir passiert, ist doch Schicksal.

KURZFASSUNG DER 5 AFFIRMATIONEN

ESSENZ 36

E 5, Roggenwurzel

Ich kann mich in allem Erlebten erkennen, wachsen, alte Erkenntnisse beenden und wieder neue gewinnen und mich so erweitern.

ESSENZ 35

E 4, Kopfsalatwurzel

Ich kann alte Selbsterkenntnisse beenden und Raum schaffen für neue Selbsterkenntnisse und neues Bewußtsein.

ESSENZ 34

E 3, Mangoldwurzel

Ich erkenne und wachse mit jeder Handlung, in allem Erlebten. Jede Erfahrung ist Erkenntnis, die mich bewußt werden läßt.

ESSENZ 33

E 2, Borretschwurzel

Ich kann mich erkennen und meine Erkenntnisse frei fließen lassen. Neues Erkennen strömt nach und läßt mein Bewußtsein weiter wachsen.

ESSENZ 32

E 1, Topinamburwurzel

Ich erkenne mich in allem Erlebten. Das macht mein Bewußtsein stark und läßt mich wachsen.

4. EBENE

DIE BLÄTTER UND IHRE 7 LICHT-ESSENZEN

Essenzen 37 bis 43

Alles im Leben ist Integration
von Trennung und Vereinigung.

4. EBENE
UNENDLICHER GEIST FINDET
REFLEXIONSFLÄCHE AUF 7 EBENEN

Die Licht-Essenzen der Blätter aktivieren in uns die Integrationskraft des unendlichen Geistes. Diese Kraft integriert jede Trennung von Geist und Materie. Wir teilen diese Kraft in 7 Frequenzen. Jede Licht-Essenz entspricht einer dieser Frequenzen.

Essenz 43	L 7 Wildkirschenblatt	7. Chakra	Grenzenlosigkeit
Essenz 42	L 6 Rotbuchenblatt	6. Chakra	Höchstes Bewußtsein, Intuition
Essenz 41	L 5 Schlehenblatt	5. Chakra	Einssein mit der Schöpfung
Essenz 40	L 4 Kastanienblatt	**4. Chakra**	**Integration**
Essenz 39	L 3 Ebereschenblatt	3. Chakra	Zentrierung
Essenz 38	L 2 Weidenblatt	2. Chakra	Unendliche Bewegung
Essenz 37	L 1 Faulbaumblatt	1. Chakra	Lebenskraft

Planet: Merkur

4. EBENE

UNENDLICHER GEIST IST DIE KRAFT HINTER JEDER TRENNUNG UND VEREINIGUNG, HINTER DER INTEGRATION VON GEIST UND MATERIE

In uns schwingt geistige Kraft auf 7 Ebenen. Jede Ebene hat einen eigenen Energiekörper. Die 4. Ebene ist unser Blattkörper und dem 4. Chakra zugeordnet, unserem Herzen, das unserer Mitte entspricht. Hier vereinen sich Innen und Außen, Oben und Unten, Materie und Geist. Das 4. Chakra ist mit allen Chakren gleichermaßen in Korrespondenz und integriert alle Energieströme in uns. Siehe Seite 550.

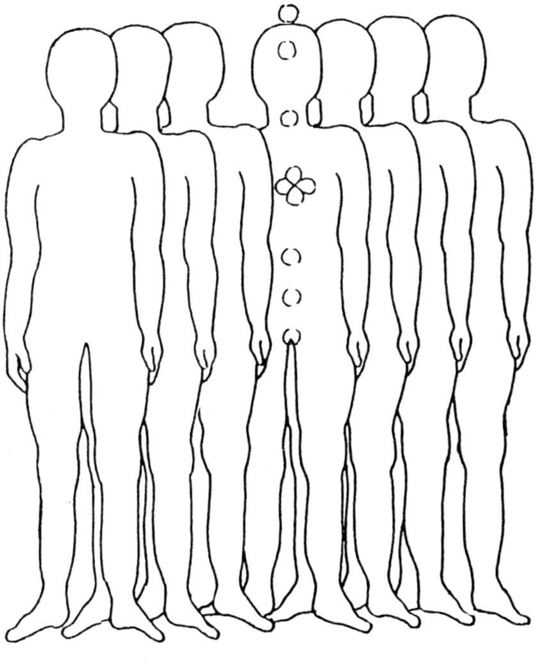

Die Bäume sprechen

Unsere Blätter sind das, was wir euch in Hülle und Fülle geben können. In ihnen sind die Kräfte der Erde und der Sonne gespeichert.
In ihnen vereinigen wir Sonne und Erde in uns.
Wir werfen die Blätter ab und lassen sie neu entstehen.
Damit können wir euch zeigen, daß die unendliche Kraft für neues Wachstum in der Vereinigung und Trennung von allem liegt.
Die Vereinigung ist es, die alles wandelt und damit allem Leben gibt, so wie ihr aus der Vereinigung entstanden seid und die Vereingung von Geist und Körper seid.
In euch könnt ihr alles vereinigen, alle Ebenen und Kräfte. Aus dieser Vereinigungskraft könnt ihr euer inneres und äußeres Wachstum schöpfen.
Die Kraft der Integration von Vereinigung und Trennung und die daraus entstehende Regenerationskraft geben wir euch in unseren Blättern. Ihr könnt sehen und fühlen, mit welcher Kraft wir jedes Jahr neu entstehen. Auch wir werden älter wie ihr und entstehen doch jedes Jahr neu durch unsere Blätter.
Wir wandeln die Zeiten in uns. Über die Blätter tauschen wir alle Kräfte in uns aus und wachsen innerlich.
Unser Geist ist vereint mit allen Bäumen der Erde und mit euch. Wie ihr regenerieren auch wir uns aus der Vereinigung von Erdkräften mit der Sonne. Wir wandeln die Zeit und den Geist für unseren Geist, die Erde und alle Lebewesen.
Jede Blattart der verschiedenen Bäume entspricht der Vielfalt der Form und des Geistes auf der Erde.

Alles in uns spricht zu euch: unser Wesen, die Art unseres Wuchses, unser Standort und die Nuancen der Blätter, Blüten und Gehölze.
Auch wir sind überglücklich, wenn wir durch Blattessenzen eurem Geist helfen können, sich zu reinigen, zu erneuern und dadurch neues geistiges Bewußtsein zu ermöglichen. Damit ihr Sonne und Erde in euch vereint, so wie das Geistige mit dem Materiellen in euch vereint ist.
Ihr seid stark wie wir. Nehmt von unserer Stärke, um eure inneren Kräfte wachsen zu lassen.
Mit der Kraft, mit der wir jedes Jahr neue Blätter wachsen lassen, könnt ihr euch erneuern, reinigen und mit erstarkten Kräften Altes hinter euch lassen und wie neugeboren in eine neue Phase eures Lebens gehen.
Nichts Altes, Vergangenes braucht eure Lichtkanäle zu verengen. Mit der Energie unserer Blätter durchspülen wir die Verengungen.
Wir lieben es, an einer Stelle zu stehen. Wir sind im ständigen aktiven Lichtaustausch mit den 7 geistigen Strahlen aus dem Lichtzentrum der Erde und dem der Sonne.
Wir können diese Intensität nur an einem feststehenden Ort empfinden. Die Energieströme machen uns stark.
Eure Vorstellung von Weglaufen wäre für uns wie uns von den strömenden Lichtstrahlen der Erde abzuschneiden.
An einem festen Ort nehmen wir aktiv und ständig am Strom des Austausches zwischen Himmel und Erde teil.

DER GEIST DER BLÄTTER

Unser Bewußtsein verläßt die Zentrierung auf das Ich und wird geistig. Wir trennen uns aus der Individualität und vereinen uns im Geist mit allem, was existiert. Denn alles ist geistig.

Wir treten aus unserem begrenzten Bewußtsein heraus. Wir werden geistig. Damit betreten wir die Ebenen der Einheit im Geist. Im Geist gibt es keine Trennung. Nur im Materiellen empfinden wir Trennung. Begegnungen, die die Trennung aufheben, sind auf der materiellen Ebene nicht möglich. Sie sind möglich im Geist, wenn wir erkennen, daß es keine Trennung gibt. Denn nichts ist ohne Geist. Nichts ist damit je getrennt. Unsere Identität ist nicht nur getrennt als Individuum, sondern auch vereint mit allem im Geist.

Innen und außen werden vereint und tauschen sich aus.

Nichts existiert, vergeht und wandelt sich ohne Geist. Nichts lebt und existiert getrennt voneinander. Alles ist im Austausch und vereint. Alles bildet eine geistige Einheit mit uns und allem, was existiert.

Nichts auf der Erde, kein Mensch, kein Lebewesen, kein Atemhauch im Universum ist getrennt von uns. Alles schwingt miteinander und vereinigt sich in uns, denn wir sind die Vereinigung von Geist und Materie.

Wir vereinen alles, was in uns und um uns herum ist, mit allem in uns. In dieser Vereinigung liegt die Kraft, die alles in uns erneuert und zu neuem Leben erweckt, denn in jeder Vereinigung, die in uns stattfindet, entsteht unser neues Selbst, gewachsen aus

dem Kreislauf von Trennung in der Materie und Vereinigung im Geist.
Wir können uns jetzt öffnen:
Alles regeneriert sich in unserem Geist, wenn wir erkennen, daß jede Trennung in eine neue Vereinigung führt. Wir brauchen an nichts festzuhalten. Aus der Trennung von Altem werden wir neu erstanden hervorgehen.
Wir sind Teil des unendlichen Wachstums des Geistes. Wir wachsen mit jeder Trennung von Altem. Wir schaffen Raum für unser geistiges Wachstum und gehen mit neuen Kräften aus jedem Schmerz hervor.
Alle Gegensätze vereinen sich in uns. Sie sehen sich einander an, erkennen sich als getrennt und im Gegenüber. Sie vereinen sich und trennen sich wieder. Das ist das Prinzip des geistigen Wachstums. Immer wieder entsteht neue Kraft, die unerschöpflich ist. Geist ist unendlich, also ist auch die geistige Kraft unerschöpflich, die in uns wachsen kann.
Wir müssen lernen zu trennen, lernen, uns von der Vorstellung zu trennen, alles soll immer eins und vereint sein, immer schön, immer sonnig, immer leicht.
Wir trennen uns aus einem alten inneren Zustand, so wie wir uns im Leben von allem trennen müssen. Wir sind in Bewegung durch Trennung, in jedem Augenblick. In der Zeit trennen wir uns jede Sekunde von der alten, gehen in die neue Sekunde und lassen dadurch etwas Neues entstehen.
Von jeder Vorstellung unseres Ichs müssen wir uns trennen, denn unser Ich wächst im Geist in jeder Minute und Sekunde und entsteht immer wieder neu.
Wir integrieren alles Äußere und Innere in uns. Die Trennung von Körper und Geist, Innen und Außen, Oben und Unten bleibt. Erkennen wir die Integrationskraft und die Neuerstehung

durch Trennung, können wir lernen, sie zu schätzen. Denn sie ist der Grund oder die Voraussetzung für unendliches geistiges Wachstum.
In uns vereinen sich Himmel und Erde. Wir sind Geschöpfe des Himmels und der Erde, so wie wir elektrisch und magnetisch sind. Wir sind Innen und Außen wie das Licht der Erde und das Licht der Sonne. Wir vereinen beide Lichter in uns zu einem geistigen Licht, das wächst, sich ausdehnt in die Unendlichkeit und an keine Form gebunden ist, da es sich ständig wandelt.
Die Vereinigungskraft unseres Geistes schafft Neues. Wenn Sonne und Erde sich in uns vereinen, entsteht etwas Neues:
Eine einzigartige kreative Neuschöpfung unseres Selbsts, schöpferisch und im Austausch mit allen Neuschöpfungen des Universums.
Wir erkennen, wir sind immer im Austausch, auch wenn wir auf der körperlichen Ebene von allem getrennt sind. Im Geist ist nichts getrennt. Nichts geschieht ohne unser Wissen auf der geistigen Ebene. Unser höchstes Bewußtsein ist klar und transzendent. Es trennt und vereint, da es »weiß«.
Jede Trennung führt in die Vereinigung und ist in einem unendlichen Kreislauf mit allem. Alles ist Trennung aus dem unendlichen Geist in die Verdichtung der Materie und in der Vereinigung von beidem. Alles ist ein ständiger Wandel wie der unendliche Kreislauf von Leben und Sterben.
Alles ist getrennt und gehört zueinander. Im Geist hebt sich die Trennung auf. Wir können frei sein von Barrieren und uns öffnen für jede Trennung und Vereinigung.

ZUSAMMENFASSUNG ALS AFFIRMATION

»Alles ist Materie und Geist, getrennt und doch vereint. Ich akzeptiere die Trennung aus dem unendlichen Geist, und ich vereine mich mit allem im Geist. Denn ich bin beides, ich bin als Individuum getrennt und vereint im Geist. Mit allen Anteilen in mir und meinem Leben, mit allen Menschen, Lebensformen, Lebensarten.
Ich kann mich öffnen und mich mit Neuem vereinen. Daraus beziehe ich meine unendliche Regenerationskraft. Denn alles ist eins im Geist, trennt sich und vereint sich neu. Ich integriere Vereinigung und Trennung von allem in mir und meinem Leben, denn nach jeder Trennung folgt eine Auferstehung im neuen Geist. Ich bin Teil des ewigen Kreislaufs von Trennung und Vereinigung. Alles ersteht immer wieder neu, denn im ewigen Kreislauf von Tod und Wiedergeburt ist mein Geist unsterblich wie alles, was existiert im Universum. Alle Trennung ist Teil des Wandels und der Erneuerung im Geist.«

DIE ESSENZEN

DAS THEMA DER 4. EBENE · NEGATIV
ANGST VOR DER VEREINIGUNG IM GEIST
UND DER TRENNUNG DER MATERIE

Einsamkeit und Isolation fühlen, die Kraft kosten. Findet keinen Zugang zur geistigen Welt. Sie bleibt verschlossen. Klammert sich an alles, um wenigstens die feste Basis im Leben nicht zu verlieren.
Sich innerlich isoliert fühlen. Sich im körperlichen Leben getrennt fühlen, mit Sehnsucht nach der Einheit im Geistigen.
Will mit allem in Liebe vereint sein. Möchte nur Einheit und Liebe, ohne Trennung als Weg des Wachstums zu akzeptieren. Alles soll nur durch Liebe gelöst werden, da innerlich einsam und isoliert.
Nicht geöffnet für die verschiedenen Formen von geistiger Öffnung, sondern gefangen in bestimmten Vorstellungen von Einheit und Liebe. Alle Trennung ist »böse«, alles, was in Liebe vereint ist, ist »gut«. Empfindet das als Antwort auf alles. Will nicht beide Seiten integrieren, sondern die Einheit als etwas Ideales, als Endzustand sehen.
Erkennt in Trennung und Vereinigung nicht den unendlichen Kreislauf zwischen Geist und Körper.
Hat Angst vor Isolation, sieht in der Trennung nur Schmerz und Isolation, nicht Neuanfang und Wachstum.
Erkennt nicht, daß alles Getrennte im Geist vereint ist. Sucht die Antwort auf alles in der »bedingungslosen Liebe«. Wertet Individualität, Egoismus und alles Negative als unberechtigte Schwäche und nicht als Teil des Wachstums.

DAS THEMA DER 4. EBENE · POSITIV
INTEGRATION VON TRENNUNG UND VEREINIGUNG,
VON GEIST UND MATERIE

Durch die innere Öffnung zu allem Geistigen über sich selbst hinauswachsen.
Sich nicht getrennt fühlen von allem, was existiert. Geöffnetsein für alle Wesen, alle Formen und den Geist in allem. Getrenntsein als Teil des Lebens akzeptieren.
Sich öffnen für die vielfältigsten Formen von Vereinigung im Geiste, Aufhebung der inneren Trennwände.
Hinter der Trennung von Materie und Geist die Antriebskraft erkennen können, die in geistiges Wachstum führt. Im Prinzip der Trennung und Vereinigung, aus der immer Neues entsteht, Erneuerungskraft erkennen können.
Offen für alles in sich selbst und für alles außerhalb des eigenen Selbsts. Integration von Gut und Böse als Weg ins Wachstum.
Die Trennung von allem in allem erkennen und akzeptieren als Weg des Wachstums im Geist.

DIE 7 LICHT-ESSENZEN DER BLÄTTER SCHWINGEN IN 7 FREQUENZEN.

Es sind die Frequenzen der Blätter von Faulbaum, Weide, Eberesche, Kastanie, Schlehe, Rotbuche und Wildkirsche. Sie alle haben die Integration von Geist und Materie zum Hauptthema. Innerhalb dieses Hauptthemas betonen sie die 7 Aspekte dieses Hauptthemas, entsprechend der Themen der 7 Chakren.

Die geistigen Inhalte sind:

Blatt	*Geist*	Alles im Leben ist Interaktion von Geist und Materie im unendlichen Wandel von Trennung und Vereinigung.
Blatt	*Ton*	Alles im Leben ist höchstes Wissen und Bewußtsein und integriert jede Trennung und Vereinigung.
Blatt	*Blüte*	Alles im Leben ist integriert in einer unendlichen Schöpfung.
Blatt	*Blatt*	Alles ist vereint im Geist.
Blatt	*Wurzel*	Alles im Leben ist zentriertes Bewußtsein, getrennt und doch im Geist vereint.
Blatt	*Mineral*	Alles im Leben bewegt sich und wächst geistig zwischen Trennung und Vereinigung. Jede Bewegung ist integrativ.
Blatt	*Metall*	Alles im Leben ist feste Materie und getrennt. Geist integriert beides.

SICH ERKENNEN MIT DEN 7 FRAGEN DER LICHT-ESSENZEN.

Falls Sie alle Fragen mit ja beantworten können, brauchen Sie keine dieser Essenzen. Die Fragen, die Sie mit nein beantworten, zeigen eine Schwingung, die in Ihnen unterstützt werden sollte.

Am Anfang jeder Frage kann auch »Akzeptiere ich« stehen.

Essenz 43	L 7	Vertraue ich dem unendlichen Wandel und Wachstum des Geistes durch jede Trennung und Vereinigung in meinem Leben?
Essenz 42	L 6	Vertraue ich dem höchsten Bewußtsein in jeder Trennung und Vereinigung als Wachstum im Geist?
Essenz 41	L 5	Vertraue ich der Integration und dem Austausch zwischen mir und der Schöpfung?
Essenz 40	L 4	Vertraue ich der Vereinigung im Geist?
Essenz 39	L 3	Vertraue ich der Integration allen zentrierten Bewußtseins als Weg des geistigen Wachstums?
Essenz 38	L 2	Vertraue ich der Bewegung zwischen Trennung und Vereinigung als Weg des geistiges Wachstums?
Essenz 37	L 1	Vertraue ich der Trennung von Geist und Materie als Weg von Wachstum im Geist?

SICH ERKENNEN IN DER NEGATIVEN LEBENSEINSTELLUNG

Menschsein ist Isolation und Einsamkeit. Ich finde da nicht raus. Ich kann mich nicht für etwas öffnen, das mir aus meiner inneren Isolation hilft. Alles, was ich versuche, hilft mir nicht. Ich versuche, den Kontakt mit den geistigen Ebenen herzustellen, doch das gelingt mir nicht.
Ich bestehe aus unendlich vielen Einzelteilen, so wie die Welt um mich herum auch. Alles in mir ist getrennt und nicht vereint, weder in mir, noch in meinem Leben. Ich kann nichts integrieren, denn ich fühle nur Trennung und Isolation. Alles, was getrennt ist, bleibt voneinander getrennt. Nichts findet zusammen.
Materie und Geist sind voneinander getrennt. Ich sehe da überhaupt keine Möglichkeit der Vereinigung. Die Integration von beidem kann ich mir nicht vorstellen. Ich bin wie getrennt von allem und finde keinen Zugang zu dem, was mich innerlich öffnet.
Ich möchte gerne eins mit allem sein, aber wie?

ESSENZ 37
Faulbaumblatt
L 1

DIE GEISTIGE SCHWINGUNG DER ESSENZ ALS AFFIRMATION

Alles in meinem Leben ist die Integration von Geist und Materie. Ich öffne mich für das Geistige, das in allem enthalten ist. In mir, meinem Leben und allen Leben integrieren sich Trennung und Vereinigung. Immer folgt nach der Trennung die Erweiterung im Geist wie eine innere Auferstehung. Ich öffne mich für die innere Erweiterung alles Geistigen. Sie ist der Sinn jeder Trennung.
Alles, was für sich und individuell ist, ist getrennt und kann sich vereinen. Ich vereine und trenne und integriere alles in mir und in meinem Leben.
Meine Fähigkeit, alles in mir zu integrieren, ist die Basis meines Lebens und der Weg in die Geistigkeit. Denn was getrennt und vereint ist, erneuert sich mit jeder Trennung und findet vereinte Wege des Wachstums.
Ich wandle alles durch die Integration der Trennung und Vereinigung in mir und in meinem Leben. Geistig bin ich von nichts getrennt. Auf der körperlichen Ebene erlebe ich Trennung. Mein Leben ist die Integration von beidem.

SICH ERKENNEN IN DER NEGATIVEN LEBENSEINSTELLUNG

Alles ist Trennung. Jede Bewegung ist Trennung von irgendwas. Ich leide an der Trennung von allem. Das fühle ich ständig. Es gibt keine Vereinigung für mich, mit nichts. Ich bin einsam und isoliert. Mein Leben ist wie kalt. Ich kann die Wärme, eins zu sein mit allem, nicht spüren.
Jede Vereinigung würde mich mit Angst vor der Trennung erfüllen, und so bleibe ich lieber auf der Seite, die sich nur getrennt von allem anfühlt.
Vereinigung und Trennung gleichermaßen zu fühlen, ist mir nicht möglich. Es kann nur eines geben. Vereinigung oder Trennung.
In mir bewegt sich nichts. Es bleibt kalt in mir.
Alles, was ich in meinem Leben versuche, um aus meiner inneren Isolation herauszukommen, entfernt mich noch mehr. Jede Bewegung führt mich fort von allem anstatt hin zu allem. Alles, was ich festzuhalten versuche, entgleitet mir noch mehr.

ESSENZ 38
Weidenblatt
L 2

DIE GEISTIGE SCHWINGUNG DER ESSENZ ALS AFFIRMATION

In allem in meinem Leben strömt die Bewegung zwischen Trennung und Vereinigung. Sie hält alles am Leben, sie erweitert den Geist. Ich integriere die Bewegung in mein Leben und in alles Leben, denn es ist die Bewegung, die uns leben läßt. Trennung ist ein Weg zum Wandel und jede Trennung ist Erneuerung. Ich vertraue der Regenerationskraft jeder Bewegung zwischen Trennung und Vereinigung in meinem Leben.

Alles trennt sich, um sich neu zu vereinen. Ich trenne, um vereinen zu können. Ich vereine und trenne wieder. Beides ist in mir und bewegt sich in mir. Alles trennt sich, vereint sich neu und findet wieder einen Weg zu Trennung und Vereinigung. Trennung ist der Weg zu neuer Vereinigung, um immer durch beides zu wachsen. Trennung ist Bewegung. Ich trenne, um neu zu vereinen. Alles in mir ist in Bewegung, um zu trennen, zu vereinen und zu regenerieren, um Neues zu schaffen in neuer Vereinigung und Trennung.

Alles ist in Bewegung und findet den Weg in die Wandlung, durch jede Trennung. Jede Bewegung, die mich in meinem Leben von der Vereinigung wegführt, findet ihren Platz, um sich neu zu vereinen und zum Wachstum und meiner Vergeistigung beizutragen.

SICH ERKENNEN IN DER NEGATIVEN LEBENSEINSTELLUNG

Nichts in mir vereint und trennt sich, um einen gemeinsamen Weg zu finden. Ich wüßte auch nicht, wie das gehen sollte, denn jeder ist sich selbst der Nächste. Gemeinsame Wege und Ziele von allem, was getrennt ist, gibt es nicht. Wenn ich vereine und trenne und beides integriere, weiß ich gar nicht, woraus sich ein gemeinsamer Weg ergeben soll. Jeder denkt doch nur an sich. Das tut weh.

In mir findet nichts seinen Weg, um sich zu vereinen, denn das würde Trennung von meiner jetzigen Rolle bedeuten. So lasse ich es lieber, wie es ist und gehe weiter den einsamen Weg meines Lebens.

ESSENZ 39
Ebereschenblatt
L 3

DIE GEISTIGE SCHWINGUNG DER ESSENZ ALS AFFIRMATION

Jede Trennung und jede Vereinigung haben Ziel und Sinn. Ich vertraue diesem Sinn. Er ist Wachstum und Vergeistigung.
Auf geistiger Ebene gibt es keine Trennung. Kein Ziel ist von mir im Geist getrennt.
Alles hat ein Ziel und seinen Weg: den Weg der Integration von Trennung und Vereinigung, denn alles ist getrennt und doch geistig vereint. Ich integriere Trennung und Vereinigung in mir zu einem Ziel und vertraue jedem Weg, denn jeder führt mich in die Integration.
Alles in meinem Leben findet seinen Weg und sein Ziel: in mir integriert zu sein und mich wachsen zu lassen. Alles, was sich trennt und neu zusammenfindet, schöpft Kraft aus dem gemeinsamen Weg der Integration und macht mich sicherer und kraftvoller in meinem Lebensweg. Im Geist vereinen sich Lebensziele und Lebenswege. Alle haben einen gemeinsamen Weg, ein gemeinsames Ziel: Getrennt und vereint zu sein und mit jeder Trennung und neuen geistigen Vereinigung geistig zu wachsen.

SICH ERKENNEN IN DER NEGATIVEN LEBENSEINSTELLUNG

Ich fühle mich wie allein und isoliert auf dieser Welt. Nichts und niemand kann mir da raushelfen. Alles ist wie getrennt von mir, ich funktioniere nur noch.
Alles besteht aus unendlich vielen Anteilen. Ich bin isoliert von allem und habe keinen Zugang, zu nichts.
Nichts kann ich in mir oder in meinem Leben integrieren. Alles ist getrennt, und ich habe panische Angst, mich zu vereinen mit irgendetwas in diesem Leben, denn das würde mich nur noch tiefer in die Isolation stürzen. Leben ist wie Himmel und Hölle. Für mich ist es die Hölle der Isolation. Wie soll man Himmel und Hölle in sich integrieren?

ESSENZ 40
Kastanienblatt
L 4

DIE GEISTIGE SCHWINGUNG DER ESSENZ ALS AFFIRMATION

Ich integriere alles in mir und meinem Leben. Alles ist Teil von mir, getrennt und doch vereint im Geist. Alles hat seinen Platz, trennt sich immer wieder von Altem und findet seinen neuen Platz.
Alles ist Wachstum durch Trennung und Vereinigung. Mein Leben ist Integration und macht mich universell. Ich integriere Bewußtes und Unbewußtes, Innen und Außen, Bekanntes und Unbekanntes. Ich integriere getrennte Arten, Rassen, Lebensformen und Geschlechter – in mir sind alle eins im Geist, nichts ist getrennt von mir.
Immer wieder erlebe ich Trennung. Wachstum und Erweiterung sind nur durch die Erfahrung von Trennung möglich.
Trenne ich, integriere ich etwas Neues in mir. Vereine ich mich, dann entsteht etwas Neues in mir, was zum Wachstum meines Selbst, des Lebens und des Universums beiträgt.

SICH ERKENNEN IN DER NEGATIVEN LEBENSEINSTELLUNG

Alles ist Trennung und für sich. Nichts ist im Austausch mit mir, sonst wäre es ja nicht getrennt. Sonst könnte ich ja alle Anteile in mir und außerhalb von mir zusammenfügen und alle wüßten, wie es mir geht. Aber niemand will das wissen, und keiner hört mich. Ich kümmere vor mich hin, und keiner merkt es.

Es gibt keinen Austausch, wenn ich nichts sage und nicht alles mitteile.

Ich kann mich für andere nicht öffnen und ihnen sagen, wie ich mich fühle. Andere finden Wege aus der Isolation, können sich öffnen und kreativ sein. Ich kann das alles nicht. Ich bin innerlich wie stumm und finde da nicht heraus. Andere sind nie einsam und isoliert.

ESSENZ 41
Schlehenblatt
L 5

DIE GEISTIGE SCHWINGUNG DER ESSENZ ALS AFFIRMATION

Alles ist getrennt und doch vereint in mir und meinem Geist. Alles tauscht sich aus, nichts trennt oder vereint sich, ohne sich auszutauschen und miteinander zu kommunizieren.
Auch wenn das nicht bewußt ist, ist alles miteinander im Einklang und in offener Kommunikation. Keine Trennung geschieht ohne Akzeptanz der Schöpfung. Keine Vereinigung geschieht ohne Akzeptanz der Schöpfung, denn alles trägt zum Wachstum von allem bei. Ich interpretiere den Austausch. Damit erschaffe ich die Art der Trennung oder Vereinigung. Diese Wahl kann ich immer wieder neu treffen. Trennung und Vereinigung sind kreative Entscheidungen und im Einklang mit der Schöpfung. Im Geist bin ich frei zu kreieren, zu interpretieren. Was ich trenne oder vereine, ist kreativer Ausdruck meiner selbst.
Ich entscheide, wieviel sich in mir austauscht. Ich bin offen für jede Integration. Ich brauche keine Angst vor der Isolation zu haben, denn alles Geistige ist im Austausch und nie getrennt. Ich integriere das Geistige in mir, und dadurch bin ich im Austausch mit allen Anteilen in mir und der Schöpfung.

SICH ERKENNEN IN DER NEGATIVEN LEBENSEINSTELLUNG

Ich kann einfach nicht erkennen, warum ich mich getrennt und isoliert fühle. Alles in mir ist wie vernebelt und unklar. Ich will auch nicht einsehen, daß ich mich von allem immer wieder trennen muß, um geistig zu wachsen. Ich will wachsen, ohne getrennt zu sein.
Es ist mir unklar, was ich in mir oder in meinem Leben vereinen oder trennen soll. Ich weiß gar nicht, was das bedeutet, integriert zu sein mit allen Aspekten des Lebens und das klar zu erkennen. Ich bin wie vernebelt in meinen Gefühlen, wie abgestumpft. Mal fühle ich mich getrennt, isoliert und mal leicht. Alles ist unklar und geschieht nicht bewußt. Ich erkenne den Sinn und Zweck von Vereinigung und Trennung nicht. Ich fühle mich, als agierte ich hinter einer Nebelwand und nicht in der bewußten Wirklichkeit.

ESSENZ 42
Rotbuchenblatt
L 6

DIE GEISTIGE SCHWINGUNG DER ESSENZ
ALS AFFIRMATION

Alle Anteile innerhalb und außerhalb meines Bewußtseins sind in mir integriert. Mir ist klar und bewußt, daß jede Trennung ein Teil der Vereinigung ist. Ich weiß, daß alles sich trennen muß, um zu sein, und sich vereinen muß, um sich wieder trennen zu können.
Darin liegt die Regenerationsfähigkeit unseres Lebens. Ich kann das Prinzip von Trennung und Vereinigung klar und bewußt in mein Leben integrieren.
Alles in mir ist klar, getrennt und vereint.
Integration ist Teil meines Bewußtseins. Ich erkenne klar die Trennung und erkenne klar die Vereinigung im Geist, in mir, meinem Leben und allem, was existiert. Ich öffne mich für das transzendente, klare Bewußtsein in mir und kann Trennung und Vereinigung als Weg des geistigen Wachstums erkennen.

SICH ERKENNEN IN DER NEGATIVEN LEBENSEINSTELLUNG

Alle Möglichkeiten von Vereinigung sind doch so begrenzt. Ich bleibe lieber in der Trennung von allem, sonst verliere ich mich womöglich noch. Ich glaube lieber, das alles getrennt und nichts vereint ist, denn wie soll man schon beides integrieren. Entweder wird alles im Leben von Trennung bestimmt oder von Vereingung aller Dinge miteinander. Beides zusammen geht nicht. Entweder oder. Das glaube ich nicht nur, das ist auch so.
Auch wo es Liebe gab, gehen Menschen aufeinander los. Davor habe ich Angst. Ich kann nur die Grenzen in allem erkennen. An Wandel zu glauben ist keine Hilfe. Dann ändert sich ja alles ständig, und man kann sich auf nichts fest verlassen. Ich kann es nicht ertragen, daß alles ein Wandel von Trennung und Vereinigung sein soll, mit dem ich wachse. Ich bin voller Schmerz. Ich sehe nur die Begrenzung in allem, auch in jeder Öffnung meines Geistes. Die Enttäuschung folgt sofort. Alles ist und bleibt nun mal voneinander getrennt.

ESSENZ 43
Wildkirschenblatt
L 7

DIE GEISTIGE SCHWINGUNG DER ESSENZ ALS AFFIRMATION

Alles in mir vereint sich, trennt sich, wandelt sich und vereint sich neu. Alles ist im ständigen Kreislauf, in Trennung und Vereinigung, um sich neu zu regenerieren und zu wachsen. In der Integration von Trennung und Vereinigung liegt die Kraft, sich immer wieder zu vereinen, zu trennen und alles zu erneuern. Es ist die Kraft meines Lebens.

In jeder Trennung ist die Grenzenlosigkeit des Einsseins im Geist enthalten. In jeder Vereinigung sind die Grenzen meines Lebens und die Grenzenlosigkeit jeder Vereinigung enthalten.

Ich bin Himmel und Erde. Ich bin getrennt und doch eins mit Allem-was-ist dieser Erde und des Universums.

Ich integriere beides in mir. Ich bin eins in der Integration, mit aller Form und allem Geist des Universums, begrenzt und unendlich, getrennt und vereint, im unendlichen Wandel und Wachstum.

KURZFASSUNG DER 7 NEGATIVEN LEBENSEINSTELLUNGEN

ESSENZ 43
L 7, Wildkirschenblatt
Leben ist Trennung von allem Geistigen.

ESSENZ 42
L 6, Rotbuchenblatt
Leben ist getrennt sein von dem All-Bewußtsein, dem Wissen, das in allem liegt.

ESSENZ 41
L 5, Schlehenblatt
Leben ist getrennt sein von der Schöpfung.

ESSENZ 40
L 4, Kastanienblatt
Leben ist Trennung und Isolation von allem.

ESSENZ 39
L 3, Ebereschenblatt
Leben ist Trennung von meinen bewußten Zielen und dem Weg, den ich eigentlich gehen möchte.

ESSENZ 38
L 2, Weidenblatt
Leben ist Trennung von der anderen, unbekannten Seite, die mein Leben bewegen läßt.

ESSENZ 37
L 1, Faulbaumblatt
Leben ist getrennt sein.

KURZFASSUNG DER 7 AFFIRMATIONEN

ESSENZ 43

L 7, Wildkirschenblatt

Mein Leben ist die Integration von Geist und Materie, die sich unendlich wandeln und erweitern, durch Trennung und Vereinigung. Im Geist ist alles vereint.

ESSENZ 42

L 6, Rotbuchenblatt

Leben ist die Integration allen Bewußtseins in mir und mit mir.

ESSENZ 41

L 5, Schlehenblatt

Leben ist die Integration der Schöpfung in mir und mit mir.

ESSENZ 40

L 4, Kastanienblatt

Leben ist die Integration aller Gegensätze zur Erweiterung des Geistes in mir und in allem, was lebt.

ESSENZ 39

L 3, Ebereschenblatt

Leben ist die Integration aller bewußten Wege und Ziele, in mir und mit mir.

ESSENZ 38

L 2, Weidenblatt

Leben ist die Integration von allem Unbekannten in mir und mit mir.

ESSENZ 37

L 1, Faulbaumblatt

Leben ist die Integration von Materie und Geist in mir.

4. EBENE

DIE BLÄTTER UND IHRE 5 ELEMENTE-ESSENZEN

Essenzen 44 bis 48

Element Luft: Die Vergeistigung.
Jede Erfahrung endet und läßt uns
auferstehen mit neuer Kraft.

4. EBENE
DAS ELEMENT LUFT

Unser physischer Körper besteht, wie die materielle Welt, aus den Elementen Erde, Wasser, Feuer, Luft und Leben. Geistig betrachtet sind das die Ausdrucksformen von Wachstumsanfang, Bewegung, Erkenntnis, Vergeistigung und Erweiterung innerhalb des begrenzten Raumes der Materie. Diese geistigen Energien schwingen in uns auf 7 Ebenen, die den 7 Chakren zugeordnet sind. Auf der 4. Ebene aktivieren die Elemente-Essenzen der Blätter die Kraft aller Luft der Erde in uns, die Schwere des Getrenntseins zu vergeistigen und diesen Vorgang immer wieder zu erfahren, um daran zu wachsen. Diese Kraft schwingt in 5 Frequenzen, entsprechend den 5 Elementen.

Essenz 48	E 5 Wildapfelblatt	Leben	Leben
Essenz 47	E 4 Lindenblatt	**Luft**	**Vergeistigung**
Essenz 46	E 3 Wildbirnenblatt	Feuer	Erkenntnis
Essenz 45	E 2 Haselnußblatt	Wasser	Bewegung
Essenz 44	E 1 Lärchenblatt	Erde	Wachstum

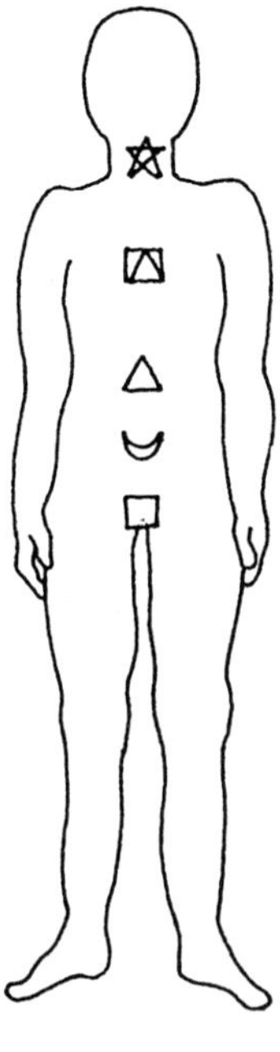

Planet: Venus
Farbe: silber

4. EBENE
UNENDLICHE GEISTIGE KRAFT BRAUCHT DIE BEGRENZUNG DER MATERIE · DIE LUFT

Die Elemente sind die andere, die getrennte Seite. Das Element Luft symbolisiert Ende und Neuanfang. Wir vergeistigen mit dem Ende und beginnen immer wieder neu, wie mit jedem Atemzug. Thematisch korrespondieren die Elemente-Essenzen der 4. Ebene mit allen Ebenen und werden, wie die Licht-Essenzen, auf dem 4. Chakra angewendet. Siehe Seite 551.

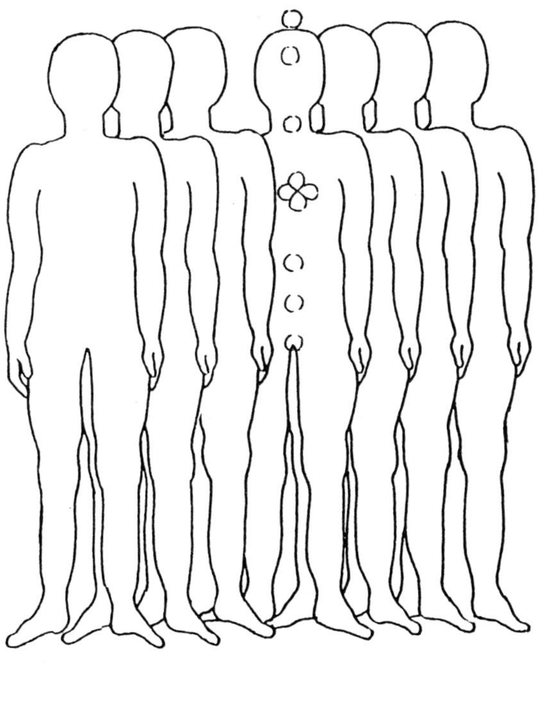

DER GEIST DER ELEMENTE IN DEN BLÄTTERN: LUFT

Jede Erfahrung ist mit Trennung und Vereinigung verbunden. Jede Trennung bedeutet Erweiterung des Geistes. Wir vergeistigen mit jeder Erfahrung, beenden etwas und sind offen für das Neue. Wir wachsen im Geist. Jeder Abschied läßt unseren Geist wachsen und schafft Raum für neue Erfahrungen. Neue Kraft entsteht. In jeder Erfahrung ist Trennung und Vereinigung enthalten. Trennung im materiellen Sinn, Vereinigung im Geist. Wir sind geistig. Der verdichtete Geist im Kern der Erde gibt uns die Kraft, zu beenden, durch Erkenntnis zu wandeln und neu zu beginnen.

Wir atmen Geist. Mit jedem Atemzug vergeistigen wir. Wir atmen den Geist aller Lebewesen der Erde ein. Wir atmen ein und aus. Wir atmen die Erfahrungen der anderen mit ein und unser Leben mit aus. Jeder Atemzug ist ein Beitrag für den Geist der Erde. Wir atmen die gemeinsame Luft mit allen Wesen der Erde. Wir sind getrennt voneinander, doch die Luft eint uns alle. Wir erkennen, daß wir getrennt und doch gemeinsam leben. Wir sind getrennt vom Körper der Erde, dennoch leben wir gemeinsam.

Wir sind getrennt und doch vereint. Wir teilen die Luft, wir teilen das Leben. Wir sind ein Geist. Geist ist nie getrennt. Wir sind getrennt als Körper. Wir integrieren Trennung und Vereinigung. Wir erkennen, daß wir uns durch jeden Atemzug mit allem Leben und dem Geist der Erde vereinen.

Wir atmen Geist in uns ein. Mit dem Ausatmen tragen wir unseren individuellen Geist in die Erde und in alles Leben auf der Erde.

Mit jedem Atemzug wächst unsere Kraft, alles Getrennte in uns zu integrieren. Jede Minute unseres Lebens und jede Erfahrung ist wie eine geistige Erweiterung und trägt zur geistigen Erweiterung aller Lebewesen auf der Erde bei.
Jede Erfahrung erweitert den Geist.
Jede Trennung erweitert den Geist. In jeder Erfahrung ist Trennung und Vereinigung enthalten.
Immer vereinen wir uns mit etwas Neuem, wenn wir eine neue Erfahrung machen. Gleichzeitig trennen wir uns von einem alten Zustand. So entsteht etwas Neues, so ist jede Trennung auch ein Neuanfang.
Vereinigung und Trennung ist ein ständiger Kreislauf in uns. Beides ist in uns im ständigen Wandel. Und immer schöpfen wir neue Kraft, um uns erneuert im Geist allen Erfahrungen zu stellen. Jede neue Erfahrung trennt uns von unserem alten Ich. Wenn wir uns trennen, können wir wieder neu mit wieder neuen Erfahrungen wachsen.
Alles ist in ständiger Erneuerung.
Jede Erfahrung in unserem Leben ist begrenzt. Wir vergeistigen jede Erfahrung, indem wir uns trennen und Neues erfahren. Wir integrieren die alte Erfahrung in uns und gehen auf Neues zu. Im Geist ist alles unerschöpflich. Wir schaffen Raum für neue Erfahrungen, indem wir uns von alten Mustern trennen.
Es geht nicht ohne Kampf zwischen Geist und Materie, zwischen Gewalt und Liebe, zwischen Trennung und Vereinigung. Schmerz und Liebe sind in unseren Herzen. Wir dienen einander, körperlich zu sein. In unserem Geist löst sich der Schmerz. Unser Geist integriert. Er integriert Schmerz und Freude, Liebe und Haß. Immer sind beide Seiten in uns, denn wir tragen den Zwiespalt in uns, getrennt zu sein als Individuen und vereint im Geist.

Lehnen wir eine der beiden Seiten ab, fühlen wir Trennung und Schmerz, woraus Haß und Gewalt entstehen können.
Materie will Geist werden und Geist Materie. Nach dem Einatmen folgt das Ausatmen. Das ist der Weg nach innen und der Weg nach außen. Sehnsucht lebt in unserem Herzen, die Sehnsucht nach Vereinigung mit der anderen Seite in uns, nach Einheit mit allem. Und sind wir in der Einheit, sehnen wir uns wieder in die Trennung, denn dann machen wir neue Erfahrungen und wachsen im Geist. Immer ist Trennung und Vereinigung in uns, mit dem Innen und Außen, mit den Umständen, mit dem Gegenüber, mit der Welt. Es ist ein strömender Kreislauf ohne Ende, unerschöpflich, immer wachsend und sich erweiternd im Geist.

ZUSAMMENFASSUNG ALS AFFIRMATION

»Ich bin geistig. Jeder Atemzug vergeistigt mich. Ich trenne mich von Altem mit jedem Atemzug und vergeistige. Ich atme neu ein und atme neues Leben und neuen Geist. Ich trenne, und ich vereine mich mit neuen Erfahrungen. Ich erfahre, um zu vergeistigen. Mein Geist wächst mit jeder Erfahrung. Beende ich einen alten Zustand, schaffe ich Raum für eine neue Erfahrung, die ich dann wieder vergeistigen kann.
So wächst mein Geist mehr und mehr. Ich werde weiter und geistiger. Ich wachse. Ich werde stark im Geist mit jeder Erfahrung der Trennung, aus der ich gestärkt und erweitert hervorgehe.
Ich bin begrenzt auf körperlicher Ebene. Auf geistiger Ebene kann ich unendlich wachsen und stark sein. Ich kann offen sein für alles Geistige um mich herum. Ich kann meine Grenzen überschreiten und die geistige Kraft in mir erkennen.«

DIE ESSENZEN

DAS THEMA DER 4. EBENE · NEGATIV
ANGST VOR TRENNUNG
UND VEREINIGUNG

Fürchtet sich vor jedem Ende. Erkennt die Regenerationskraft nicht, die aus jedem Ende entsteht. Starres Festhalten an allem. Dadurch entgleitet vieles. Schöpft keine Kraft aus Trennungserfahrungen, empfindet nur Schwächung.
Kann sich von nichts trennen, will an allem festhalten, um das Gefühl von Einsamkeit zu vermeiden.
Jede Trennung löst das Gefühl von Einsamkeit aus. Erkennt nicht, daß Wachstum nur durch Trennung vom Altem möglich ist. Innere Erweiterung kann nur durch das Beenden von Altem entstehen.
Will kein inneres Wachstum durch Trennung. Erkennt nicht, daß im Geistigen nichts getrennt ist.
Angst vor Einsamkeit raubt Kraft und hemmt die Regenerationsfähigkeit. Fühlt sich auf der Körperebene beschränkt. Deshalb fehlt auf verschiedenen Ebenen das Gefühl geistigen Kontakts. Erkennt die Wachstumsmöglichkeit nicht, die darin liegt, sich für den geistigen Aspekt einer Trennung zu öffnen und dadurch weiter und offener für Neues zu werden.
Fürchtet sich vor Vereinigung, da die ja wieder in Trennung führt.

DAS THEMA DER 4. EBENE · POSITIV
VERGEISTIGUNG ALLER ERFAHRUNGEN

Vergeistigung aller Trennungserfahrungen und Regeneration durch diese Erfahrungen.
Altes loslassen können und offen dem neuen Anfang begegnen.
Freude am Neuanfang.
Findet Liebe und Zuwendung in vielen Formen. Kann sich trennen, nicht ohne Schmerz, aber mit neuem Mut. Sucht im Kontakt mit anderen geistiges Wachstum und nicht Schmerzlinderung.
Ist geöffnet für die geistigen Aspekte von Trennungen.
Fühlt sich nicht einsam und isoliert, sondern im inneren Austausch mit »Gott und der Welt«. Empfindet die körperliche Ebene nicht als Trennung, sondern als Möglichkeit zur Vereinigung auf vielfältige Art und Weise. Integriert alle Lebensformen und Möglichkeiten, um im geistigen Austausch zu sein. Muß sich nicht auf bestimmte Menschen oder Lebensformen festlegen, um sich aufgehoben und stark zu fühlen.
Ist geöffnet für den ständigen Wandel, das Neue.

DIE 5 ELEMENTE-ESSENZEN DER WURZELN SCHWINGEN IN 5 VERSCHIEDENEN FREQUENZEN.

Es sind die Frequenzen der Blätter von Lärche, Haselnuß, Wildbirne, Linde und Wildapfel. Sie alle haben die Vergeistigung einer Erfahrung von Trennung, die Kraft zum Neuanfang als Hauptthema. Innerhalb dieses Hauptthemas betonen sie die 5 Kräfte der Elemente. Zusätzlich sind die dem 4. Chakra zugeordnet.

Die geistigen Inhalte sind:

Blatt	*Leben*	Jede Erfahrung ist Trennung und gleichzeitig Erweiterung des Geistes im unendlichen Kreislauf des Wachstums.
Blatt	*Luft*	Jede Erfahrung der Trennung endet, um zu vergeistigen und Raum für neue Erfahrung zu schaffen.
Blatt	*Feuer*	Jede Erfahrung ist Trennung aus dem alten Erkenntniszustand und führt zu neuer Erkenntnis, die den Geist erweitert.
Blatt	*Wasser*	Jede Erfahrung der Trennung bringt Bewegung zum Wachstum.
Blatt	*Erde*	Jede Erfahrung ist Trennung von etwas Altem und schafft neue Kraft.

SICH ERKENNEN MIT DEN
5 FRAGEN DER ELEMENTE-ESSENZEN.

Falls Sie alle Fragen mit ja beantworten können, brauchen Sie keine dieser Essenzen. Die Fragen, die Sie mit nein beantworten, zeigen eine Schwingung, die in Ihnen unterstützt werden sollte.

Am Anfang jeder Frage kann auch »Akzeptiere ich« stehen.

Essenz 48	E 5	Vertraue ich dem Wachstum im Geist durch die Erfahrungen von Trennung und Vereinigung in meinem Leben?
Essenz 47	E 4	Vertraue ich einer Trennung, daß sie mich geistig wachsen läßt und Raum schafft für neue Vereinigungen?
Essenz 46	E 3	Vertraue ich der Erkenntnis, die eine Trennung mit sich bringt und mich erweitert?
Essenz 45	E 2	Vertraue ich der Bewegung hin zu geistigem Wachstum nach einer Trennung?
Essenz 44	E 1	Vertraue ich darauf, daß eine Trennung mich mit neuer Kraft wachsen läßt?

SICH ERKENNEN IN DER NEGATIVEN LEBENSEINSTELLUNG

Ich habe Angst, mich auf irgendwen oder irgendetwas einzulassen. Das führt ja sowieso nur zu Schmerz und Trennung. Alles, was anfängt, geht auch wieder vorbei. Das ist doch schrecklich. Daß jede Erfahrung von Trennung auch Wachstum bedeutet, mag ja sein, aber durch Trennung und Schmerz will ich lieber nicht wachsen. Ich fürchte mich zu sehr vor Verlust. Daß es darauf hinausläuft, habe ich schon zu oft erlebt. Was soll es also? Bleibe ich allein, ändert sich wenigstens nichts zum Schlechten. Ich verschließe mich, dann kann mir auch nichts weh tun.
Erfahre ich Trennung, dann werde ich schwach. Also lasse ich mich auf nichts und niemanden ein. Alles endet ja sowieso in Trennung.

ESSENZ 44
Lärchenblatt
E 1

DIE GEISTIGE SCHWINGUNG DER ESSENZ
ALS AFFIRMATION

Ich erfahre Trennung. Jede Erfahrung ist mit Trennung verbunden. Jede Erfahrung von Trennung läßt mich wachsen. Ich regeneriere mich. Ich akzeptiere diesen Schritt als Weg in die Erneuerung und Weg in mein inneres Wachstum.
Ich habe die Kraft, durch den Schritt der Trennung geistig stärker zu werden.
Ich vertraue der Regenerationskraft in jeder Trennungserfahrung, denn ich wachse geistig.
Mein Geist wächst durch den Prozeß der Vergeistigung. In jeder Erfahrung integriere ich die Trennung von etwas Altem und öffne mich einem neuen Zustand. Mein Geist wird stark in diesem Prozeß des inneren Wachstums. Ich habe die Kraft, durch eine Trennung zu wachsen. Ich bin bereit für Vergeistigung.

SICH ERKENNEN IN DER NEGATIVEN LEBENSEINSTELLUNG

Ich habe Angst, mich aus meiner Isolation herauszubewegen und enttäuscht zu werden. Ich habe kein Vertrauen. Meine Lebenserfahrungen sprechen dafür, daß jeder Versuch, mich auf andere zuzubewegen, schiefgeht. Isolation und Einsamkeit haben den Vorteil, daß ich es nur mit mir zu tun habe und nicht von außen unter Druck gesetzt und in Frage gestellt werde. Auch davor hätte ich große Angst. Auf andere zuzugehen, heißt ja auch, sich ihnen oder etwas Neuem zu öffnen. Ich will mich nicht auf andere zubewegen. Ich will nicht mein Herz verlieren.
Lieber verharre ich in meinem Trennungsschmerz.

ESSENZ 45
Haselnußblatt
E 2

DIE GEISTIGE SCHWINGUNG DER ESSENZ
ALS AFFIRMATION

Ich erfahre Trennung und bewege mich. Ich bewege mich durch eine Trennung auf Neues zu. Jede neue Erfahrung bedeutet Trennung durch Lösung von Altem. Ich ströme mit der Bewegung in die Vergeistigung. Jede neue Trennungserfahrung bringt mich in Bewegung. Ich wachse und werde geistiger. Ich akzeptiere Trennung als Teil meines Wachstums. Ich wandle mich durch Trennung. Ich kann neue Kraft schöpfen, indem ich mich bewege und mich dem Neuen vertrauensvoll hingebe. Ich bin in Bewegung und im Wandel. Ich kann das, weil ich Trennung akzeptiere und mich in der Bewegung der Vergeistigung fließen lasse. Ich vertraue darauf, daß jede Erfahrung der Trennung mich geistig wachsen läßt.

SICH ERKENNEN IN DER NEGATIVEN LEBENSEINSTELLUNG

In meinen schlechten Erfahrungen will ich mich nicht selbst erkennen. Ich habe genug schlechte Erfahrungen mit der Liebe gemacht. Jetzt will ich mich auf gar nichts mehr einlassen. Egal, was es ist, ich bleibe lieber isoliert, als nochmal schlechte Erfahrungen zu machen, womit und mit wem auch immer. Alles geht auf meine Kosten. Jeder denkt an seinen Vorteil und läßt mich allein. Wieso soll in jeder Trennung für mich eine Erkenntnis liegen, die zu mir selbst führt? Ich will mich mit anderen vereinen. Das führt zu mir, dadurch werde ich mehr. Trennung als Weg zu mir selbst und als Erkenntnis meiner Selbst kann ich nicht akzeptieren.

ESSENZ 46
Wildbirnenblatt
E 3

DIE GEISTIGE SCHWINGUNG DER ESSENZ ALS AFFIRMATION

Ich erfahre Trennung und erkenne mich neu.
Ich trenne und vereine. Ich werde mit jedem Schritt bewußter. Ich weiß mehr über mich und mein Leben. Ich suche die Trennung von Altem und brauche die Vereinigung mit Neuem, um mich und das Leben zu erfahren, um Erkenntnisse zu vergeistigen, auch wenn das manchmal schmerzt.
Aus dem Wandel von Trennung von Vereinigung entstehen neue Selbsterkenntnisse. Ich regeneriere mich und schöpfe Kraft für neue Erkenntnisse über mich.
Nichts bleibt. Alles ist im Wandel. Ich akzeptiere jede Trennung und jede Vereinigung, die damit verbunden sind. Ich werde mit jeder Erfahrung geistiger und wissender. Ich erweitere mich mit jeder Trennung und Vereinigung. Jede Erfahrung von Trennung und Vereinigung in meinem Leben führt zur Erkenntnis meiner selbst. Ich wachse im Geist durch jede Selbsterkenntnis, die ich durch eine Trennung gewinne.

SICH ERKENNEN IN DER NEGATIVEN LEBENSEINSTELLUNG

Ich habe Angst vor jedem Ende, wenn ich mich mit etwas oder jemandem einlasse. Diese Angst führt automatisch zum Ende. Dann habe ich schreckliche Angst vor der Leere, die daraus entsteht. Daß diese Leere den Raum für Neues schafft, auf das ich mich einlassen kann, mag ich nicht akzeptieren.
Jede Beziehung, die zu Ende geht, führt mich in schreckliche Angst, als ob mich die Leere hinterher sterben läßt. Daran kann ich nichts ändern. Meinem Herzen fehlt der Mut, das zu ändern. Ich glaube nicht an einen neuen Anfang. Ich glaube auch nicht an geistige Erweiterung durch Trennung. Mein Herz ist verschlossen.
Ich halte an meinem Trennungsschmerz fest.

ESSENZ 47
Lindenblatt
E 4

DIE GEISTIGE SCHWINGUNG DER ESSENZ ALS AFFIRMATION

Ich öffne mich für neues geistiges Wachstum, durch jeden Neubeginn.
Ich lasse das Alte los.
Ich vereine und trenne. Ich vereine, indem ich vergeistige. Ich setze Grenzen, indem ich trenne und beende.
Ich tausche meine neuen Erfahrungen gegen alte Erfahrungen aus. Ich gehe auf dem Weg in mein Wachstum voran. Ich wachse durch Erfahrungen der Trennung.
Ich trenne mich bewußt, um Raum für neue Erfahrungen zu schaffen, Raum, um mich mit Neuem zu vereinen. In diesem Austausch liegt meine Regenerationskraft. Ich bin kräftig und stark genug, um den Austausch von Trennung und Vereinigung zu vollziehen. Alles in mir findet einen neuen Anfang, wenn ich Dinge beende. Das macht mich frei und stark.

SICH ERKENNEN IN DER NEGATIVEN LEBENSEINSTELLUNG

Ich kann nichts in meinem Leben als ausgewogen empfinden zwischen Trennung und Vereinigung. Mein Leben besteht aus lauter Erfahrungen von Trennung, die mich Kraft kosten, aber mir keine Kraft geben. Ich bin erschöpft von all den Gefühlen, die kommen und gehen. Ich bin matt vor Einsamkeit. Jede Erfahrung, die ich in einer neuen Beziehung mache, strengt mich an. Ich habe das Gefühl, kaum etwas ist an seinem richtigen Platz. Es löst sich sowieso auf. Und dann kommt die lange Zeit der Leere, in der ich auf mich selbst zurückgeworfen bin. Ich kann mir nicht vorstellen, daß ich mir das alles als neue Erfahrung selbst schaffe, um geistig zu wachsen. Wenn ich könnte, würde ich mir mein Leben anders und schöner gestalten:
Ohne Trennungen, ohne Schmerz und Einsamkeit. So sollte es immer sein. Da das nicht geht, verschließe ich mich lieber.

ESSENZ 48
Wildapfelblatt
E 5

DIE GEISTIGE SCHWINGUNG DER ESSENZ ALS AFFIRMATION

Ich erfahre Trennung und Vereinigung in mir. Ich bin geistig und körperlich. Ich bin beides, weil jede Erfahrung geistig ist und weil ich sie körperlich erlebe. Alles ist in mir vereint und doch getrennt. Beides ist mein Schutz und meine Kraft, damit ich leben kann. Damit ich immer wieder neue Erfahrungen mache, alte beende und durch neue wachse. Jede Trennung ist nur eine körperliche Trennung. Im Geist ist nichts getrennt. Alles ist eins und trennt sich nur als Erfahrung, um im Geist zu wachsen.

Ich bin immer im Wandel und im Wachstum, regeneriere mich, fange neu an, trenne mich von Altem, gewinne neue Erkenntnisse, beende Erfahrungen, um wieder neue zu machen. Jedesmal erweitere ich meine geistige Kraft und wachse im Geist. Ich akzeptiere Trennung als Teil von Wachstum, denn ich wachse im Wandel von Trennung und Vereinigung. In jeder Trennung ist eine neue Vereinigung enthalten.

KURZFASSUNG DER 5 NEGATIVEN LEBENSEINSTELLUNGEN

ESSENZ 48

E 5, Wildapfelblatt

Ich will keine Trennung, sondern nur Vereinigung und am Schönen festhalten. Lieber wachse ich nicht, als Schmerz zu erfahren.

ESSENZ 47

E 4, Lindenblatt

Ich will kein geistiges Wachstum durch Trennung. Ich halte am Schmerz fest und versperre den Weg für neues. Es kommt doch nur Leere.

ESSENZ 46

E 3, Wildbirnenblatt

Ich erkenne nichts neues von mir in einer Trennung. So will ich mich nicht erkennen.

ESSENZ 45

E 2, Haselnußblatt

Ich verharre in meinem Trennungsschmerz. Was soll danach kommen? Nichts.

ESSENZ 44

E 1, Lärchenblatt

Ich erfahre Trennung. Das macht mich schwach und läßt mich stagnieren.

KURZFASSUNG DER 5 AFFIRMATIONEN

ESSENZ 48

E 5, Wildapfelblatt

Ich akzeptiere Trennung und Vereinigung als Teil von Wachstum, denn ich wachse im Wandel von Trennung und Vereinigung.

ESSENZ 47

E 4, Lindenblatt

Ich lasse den Trennungsschmerz los und öffne mich für eine neue Vereinigung.

ESSENZ 46

E 3, Wildbirnenblatt

Ich erkenne mich neu durch eine Trennung. Das erweitert mich.

ESSENZ 45

E 2, Haselnußblatt

Ich bewege mich nach einer Trennung im Vertrauen auf mein Wachstum.

ESSENZ 44

E 1, Lärchenblatt

Ich erfahre Trennung und wachse dadurch mit neuer Kraft.

5. EBENE

DIE BLÜTEN UND IHRE 7 LICHT-ESSENZEN

Essenzen 49 bis 55

Alles im Leben ist Teil
der unendlichen kreativen Schöpfung
und schwingt im Austausch
und Einklang mit ihr.

5. EBENE
UNENDLICHER GEIST FINDET
REFLEXIONSFLÄCHE AUF 7 EBENEN

Die Licht-Essenzen der Blüten aktivieren in uns die Schöpfungskraft des unendlichen Geistes. Diese Kraft macht unser Leben zu einem kreativen Beitrag für die Schöpfung, im Austausch und im Einklang. Wir teilen diese Kraft in 7 Frequenzen. Jede Licht-Essenz entspricht einer dieser Frequenzen.

Essenz 55	L 7 Johanniskrautblüte	7. Chakra	Grenzenlosigkeit
Essenz 54	L 6 Wilde Veilchenblüte	6. Chakra	Höchstes Bewußtsein, Intuition
Essenz 53	L 5 Klettenblüte	**5. Chakra**	**Einssein mit der Schöpfung**
Essenz 52	L 4 Wilde Stiefmütterchenblüte	4. Chakra	Integration
Essenz 51	L 3 Königskerzenblüte	3. Chakra	Zentrierung
Essenz 50	L 2 Tagetes-Blüte	2. Chakra	Unendliche Bewegung
Essenz 49	L 1 Klatschmohnblüte	1. Chakra	Lebenskraft

Planet: Sonne

5. EBENE
UNENDLICHER GEIST IST DIE KRAFT
HINTER DER SCHÖPFUNG, DIE WIR SIND

In uns schwingt geistige Schöpfungskraft auf 7 Ebenen. Jede Ebene hat einen eigenen Energiekörper. Die 5. Ebene ist unser Blütenkörper und dem 5. Chakra zugeordnet. Thematisch korrespondieren das 5. Chakra und das 3. Chakra. Bei der Anwendung der Licht-Essenzen auf dem 3. Chakra werden beide Pole des Themas berührt. Siehe Seite 552 und Seite 548.

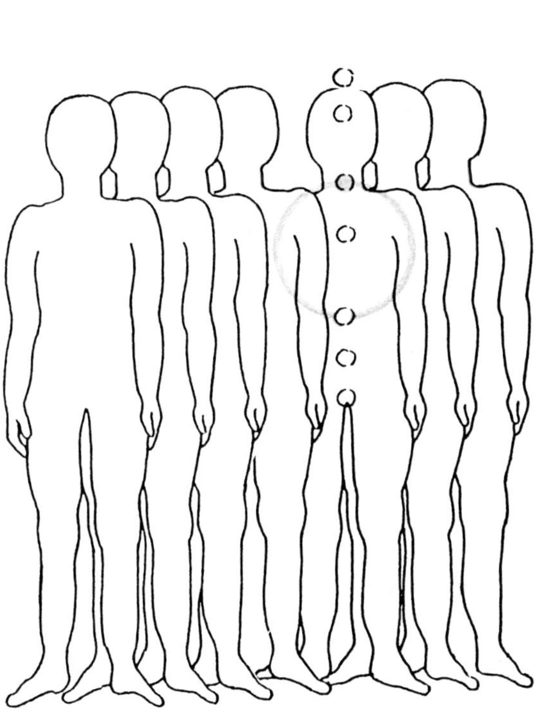

Die Blumen sprechen

Wir sind überglücklich, wenn wir euch unsere geistigen Kräfte in den Essenzen schenken können.
Wir bieten uns immer als Geschenk für euch an und freuen uns, wenn ihr uns mit unseren Kräften annehmen könnt.
Wir sind mehr Geist als Körper, das ist das Zarte an uns.
Wir vergehen schnell, weil wir hier auf der Erde nicht so fest verankert sind. Wir verfliegen im Sommer so schnell, wie ihr den Geist als flüchtig empfindet.
Unsere irdische Kraft liegt darin, über unsere tausendfachen Samen immer wiederzukommen.
Unsere Vielfalt ist ein Ausdruck der unendlichen Schönheit und Kreativität der Schöpfung.
Unsere Schönheit ist auch Ausdruck der Liebe für die Schöpfung.
Eure Freude an uns Blumen ist für uns die Antwort auf unsere Liebe.
Ihr seid Körper, Seele und Geist.
Nutzt ihr die geistigen Kräfte in unseren Blüten, schwingt euer Geist mit der in unseren Blüten gespeicherten Lichtfrequenz.
Arbeitet ihr auch mit Steinen und anderen Energien, sind wir glücklich, euch in allen anderen Energieformen zu begegnen.
Wir begegnen allem in euch und durch euch mit großer Freude, denn unser Geist ist im kreativen Austausch mit allem Sein der kreativen Schöpfung.

DER GEIST DER BLÜTEN IN UNS

Wir sind geistig. Wir haben Körper und Geist in uns vereint. Wir sind zu einzigartigen kreativen Geschöpfen geworden. Wir sind unbewußt und bewußt. Auf der geistigen Ebene haben wir all das in uns integriert. Jetzt werden wir schöpferisch. Wir vereinen Bewußtes und Unbewußtes.

Wir erkennen in uns unendlich schöpferische Kräfte.

Wir trennen nicht mehr zwischen Körper und Geist. Wir erkennen in jeder Form in uns und in allem den kreativen Schöpfungsgeist. Wir erkennen, daß das Körperliche ein Ausdruck des kreativen Geistes in uns ist. Wir erkennen, daß unser Geist sich in allem Körperlichen, Materiellen kreativ ausdrückt.

In jeder Sekunde sind wir Neuschöpfung unseres kreativen Geistes. Er drückt sich in uns auf der Körperebene, auf seelischer und geistiger Ebene aus, immer wieder neu, immer wieder einzigartig.

Wir vereinen Sonne und Erde in uns und tun das auf schöpferische Art und Weise, unwiederholbar und einzigartig. Unser Beitrag zur Schöpfung ist es, kreativer Selbstausdruck des Geistes zu sein.

In allem was wir sind, drücken wir uns schöpferisch aus. Alles was wir sind, ist kreativer Geist, der sich Ausdruck verschafft.

Alles was wir wahrnehmen, lassen wir durch uns hindurchschwingen. Wir interpretieren es auf einmalige schöpferische Art und Weise. Wir kreieren damit unser Selbst und geben diese Schwingung in die Welt.

So werden wir zu einzigartigen Botschaftern des Lebens, zu einzigartigem, schöpferischem Geist, der sich ausdrückt und sich selbst als Botschaft um die ganze Erde und ins Universum schwingt.
Alles, was wir aufnehmen, gestalten wir in uns neu und geben es als Botschaft wieder ab. Unsere Interpretation ist einzigartig. Sie ist unser Beitrag für das Kollektiv, das Kollektiv der Lebensgemeinschaft Erde, Sonnensystem und Universum, der ganzen unendlichen Schöpfung.
Kreativer Geist kennt keine Grenzen. Wir sind offen für alles, was zu uns strömt. Jedes Leben, jedes Gefühl, jedes Bewußtsein innerhalb und außerhalb unseres Selbst, ist Ausdruck der Schöpfung. Wir sind offen, wir nehmen alles auf, gestalten unser Selbst mit anderen gemeinsam und wachsen durch alles.
Wir wachsen. Wir wachsen durch unsere Offenheit, die Kreativität in allem und in uns selbst zu erkennen. Wir können alles in unserem Leben als kreativen Beitrag erkennen und durch alles wachsen.
Wir sind geistig. Damit haben wir die Freiheit, kreativ zu sein und das Leben als Schöpfung und uns als Teil von ihr zu erkennen.
Wir erkennen, daß alles seinen Platz hat in der Gemeinschaft. Jede Form, jedes Gefühl, jeder Weg im Leben hat die Aufgabe, ein kreativer Beitrag zur Schöpfung zu sein. Wir leisten unseren Beitrag durch unser Leben. Das ist unsere Aufgabe.
Das ist die Aufgabe aller Bewohner der Erde, so wie jede Lebensform auf der Erde und im Universum diese Aufgabe hat.
Alles schwingt gemeinsam als Ausdruck der Schöpfung im Einklang und Austausch miteinander.
Alles ist unendlich kreativ im ständig sich erneuernden Wandel. Wir können den Platz, an dem wir sind, als einzigartig akzeptieren. Wir können erkennen, daß jeder Platz vollendet ist.

Alles ist Teil und Ausdruck einer kreativen Entwicklung. Sie dient uns und allen anderen.
Geist läßt uns die Begrenzung unseres Ichs verlassen. Jeder von uns ist ein Stern unter unzähligen Sternen auf der Erde. Gemeinsam mit der Erde leuchten wir wie die Sonne. Gemeinsam mit anderen Planeten unseres Sonnensystems sind wir eine Gruppe vieler Sonnen.
Und jede einzelne Sonne, so klein sie auch nach außen scheint, ist eine einzigartige kreative Schöpfung, Teil des unendlichen Universums. Alle Lebensformen bilden die Gemeinschaft des Lebens.
Jede Bewegung unseres schöpferischen Lebens ist wie eine neue kreative Welle im Universum, ist schöpferischer Geist, der sich bewegt.
Jeder Weg, den wir in unserem Leben gehen, ist ein Beitrag zur unendlichen Schöpfung.
Unser Geist hat sich aus der Unendlichkeit allen Geistes gelöst, um manifest zu sein. Wir erkennen jetzt, daß wir kreativer Teil der Schöpfung sind, daß der Geist sich durch uns erweitert.
Unser individuelles Ich-Bewußtsein ist die Basis, um unseren Platz im Kollektiv Schöpfung zu erkennen. Wir sind beides, Kollektiv und Individuum. Wir können beides in uns vereinen, denn das eine bedingt das andere. Ohne das eine ist das andere nicht möglich. Beide sind Ausdrucksformen des kreativen Geistes.
Alles kommuniziert und tauscht sich aus. Jedes ist Teil des anderen und miteinander verbunden. Trennung gibt es auf der physischen Ebene. Es gibt sie nicht auf der geistigen Ebene.
Wir tauschen uns mit allem aus. Wir können uns öffnen für alle geistige Kommunikation in uns selbst. Jeder Anteil in uns und unserem Leben ist im Austausch mit allen Anteilen innerhalb und außerhalb unseres Körpers. Wir kennen noch nicht alle Möglichkeiten der Kommunikation, doch wir können uns innerlich

offen halten und die Barrieren unseres Verstandes überwinden. Unser Geist ist transzendent und wissend, und kann unser Bewußtsein immer wieder neu kreieren.
Auf der geistigen Ebene ist nichts endgültig und begrenzt. Alles strömt in uns. Wir sind Teil von unendlichem Wandel des Schöpfungsgeistes. Wir selbst sind unendlicher sich wandelnder Schöpfungsgeist.
Auf der geistigen Ebene sind wir im kreativen Austausch mit dem Kollektivgeist von Menschheit, Natur, Erde und Universum.

ZUSAMMENFASSUNG ALS AFFIRMATION

»Ich bin Teil des unendlichen Schöpfungsgeistes. Ich bin geistig und nicht getrennt aus dem Kollektiv der Schöpfung. Alles hat seinen einzigartigen Platz. Ich öffne meinen Geist, der kreativ ist und sich in einzigartiger Form in mir ausdrückt.
Ich bin Teil der Gemeinschaft des Lebens. Mein Leben ist immer kreativ und besonders, wohin ich auch gehe. Ich öffne mich für alles Kreative in meinem Leben und kreiere im Austausch mit anderen. Ich erkenne die Kreativität in meinem Leben. Ich erkenne den Beitrag, den ich für die Gemeinschaft leiste, denn er ist einzigartig.
Immer ist alles im Austausch. Immer weiß jeder um den Beitrag des anderen, wenn auch nicht immer bewußt. Geist ist ohne Grenzen. Geist ist kreativ und mein Leben kreativer Ausdruck des Geistes. Ich bin schöpferisch wie alles Leben, Teil der Schöpfung und selbst einzigartige Schöpfung.«

DIE ESSENZEN

DAS THEMA DER 5. EBENE · NEGATIV
ANGST VOR DER BEDEUTUNGLOSIGKEIT DES EIGENEN LEBENS

Verschlossen gegenüber der Schönheit des Lebens und der Schöpfungskraft in allem. Sich selbst und das eigene Leben nicht als wunderbaren Teil der Schöpfung empfinden.
Fühlt sich von der Gemeinschaft ausgeschlossen. Findet sich in der Gemeinschaft nicht genug geachtet. Findet seine Rolle in der Gemeinschaft nicht attraktiv genug.
Empfindet eine Wand zwischen sich und den anderen. Ist nicht geöffnet für Unkonventionelles, Geistiges.
Macht die Gemeinschaft für das eigene Leben verantwortlich. Erkennt den unendlich wichtigen Beitrag nicht, den jeder leistet. Schiebt der Gruppe die Verantwortung zu.
Ist verschlossen für den Rat von anderen. Will nicht der Gemeinschaft dienen, sondern ist, aus Mangel an eigener Kontur oder aus Ich-Schwäche, nur auf die eigenen Interessen fixiert.
Kann zwischen Ego und Gruppe nur schwer abgrenzen. Beides schwingt nicht in Harmonie.
Erkennt nicht das Wunder der Schöpfung. Erkennt die Kreativität des eigenen Lebens nicht und nicht die Kreativität der Schöpfung, in der alles ein Teil des Ganzen ist.

DAS THEMA DER 5. EBENE · POSITIV
OFFENHEIT FÜR ALLES IM LEBEN,
DAS TEIL DER SCHÖPFUNG IST

Das Leben als einzigartig empfinden, als etwas Besonderes, als Teil der Schöpfung.
Einverstanden sein mit dem Platz in der Gemeinschaft, den man einnimmt, da alles Teil der Schöpfung ist.
Sich nicht außen vor, sondern als Teil des Ganzen empfinden, dem die anderen einen gleichwertigen Platz einräumen.
Ein offenes Bewußtsein für die anderen haben, deren Wichtigkeit mit der eigenen gleichsetzen. Die Gesellschaft als Ganzes empfinden und sich selbst nicht als kleinen, unbedeutenden Teil des Ganzen sehen.
Offenheit für die Vielfältigkeit in allem.
Sich frei fühlen in der Ausdrucksfähigkeit, egal auf welcher Ebene. Innen und Außen, Umstände und das eigene Ich als eine Gesamtheit erkennen.
Erkennen, daß in allem Erleben ein kreativer Ausdruck steckt.
Sich nicht abschotten gegen Fremdes, gegen neue Ideen, gegen Wandlungen der Werte.
Erkennen, daß Wahrheit auch individuelle Interpretation ist. Die individuelle Verantwortung erkennen, da alles Individuelle zusammen die Gemeinschaft bildet.
Erkennen der Einheit von Individualität und Gemeinschaft, die zusammen das Ganze bilden.

DIE 7 LICHT-ESSENZEN DER BLÜTEN SCHWINGEN IN 7 FREQUENZEN.

Es sind die Frequenzen der Blüten Klatschmohn, Tagetes, Königskerze, wildes Stiefmütterchen, Klette, wildes Veilchen und Johanniskraut. Alle haben das Einssein mit der Schöpfung zum Hauptthema. Innerhalb dieses Hauptthemas betonen sie die 7 Aspekte des Hauptthemas entsprechend der Themen der 7 Chakren.

Die geistigen Inhalte sind:

Blüte	*Geist*	Alles in meinem Leben ist Teil des unendlichen kreativen Schöpfungsgeistes, der sich durch mein Leben wandelt.
Blüte	*Ton*	Alles in meinem Leben ist Teil des unendlichen schöpferischen höchsten Bewußtseins.
Blüte	*Blüte*	Alles in meinem Leben ist Teil der unendlichen Kreativität der Schöpfung.
Blüte	*Blatt*	Alles in meinem Leben ist Teil der schöpferischen Integration von Geist und Materie.
Blüte	*Wurzel*	Alles in meinem Leben ist Teil der schöpferischen Zentrierung von Bewußtsein.
Blüte	*Mineral*	Alles in meinem Leben ist Teil der unendlichen schöpferischen Bewegung der Schöpfung.
Blüte	*Metall*	Alles in meinem Leben ist schöpferischer Ausdruck von Geist in der Materie.

SICH ERKENNEN MIT DEN 7 FRAGEN DER LICHT-ESSENZEN.

Falls Sie alle Fragen mit ja beantworten können, brauchen Sie keine dieser Essenzen. Die Fragen, die Sie mit nein beantworten, zeigen eine Schwingung, die in Ihnen unterstützt werden sollte.

Am Anfang jeder Frage kann auch »Akzeptiere ich« stehen.

Essenz 55	L 7	Vertraue ich dem unendlichen geistigen Wandel und Wachstum der Schöpfung?
Essenz 54	L 6	Vertraue ich dem höchsten Bewußtsein der Schöpfung?
Essenz 53	L 5	Vertraue ich dem Austausch und Einklang in der Schöpfung?
Essenz 52	L 4	Vertraue ich der Integrationskraft der Schöpfung, die Geist und Materie auf schöpferische Weise vereint?
Essenz 51	L 3	Vertraue ich dem individuellen Bewußtsein der Schöpfung, das immer mit jedem anderen individuellen Bewußtsein im Austausch ist?
Essenz 50	L 2	Vertraue ich der unbekannten Bewegung der Schöpfung, die im Austausch und im Einklang ist?
Essenz 49	L 1	Vertraue ich darauf, daß in der Schöpfung alles miteinander im Austausch und Einklang ist?

SICH ERKENNEN IN DER NEGATIVEN LEBENSEINSTELLUNG

Ich verschließe mich dem Austausch mit allem und allen anderen, denn ich habe Angst, daß mein Ich vergeht und verschwindet. Ich würde mir dann selbst entgleiten, ginge in allem anderen auf und verlöre mich. Ich wüßte nicht mehr, wer ich bin und wo ich stehe. So muß ich mich abgrenzen und mich innerhalb und außerhalb meines Selbst verschließen.
Auch außerhalb findet kein Austausch statt. Ich fürchte den Austausch und die Offenheit aus Angst, mich zu verlieren. Ich bin eben verschlossen und mache allein für mich weiter.
Leben ist wie abgekapselt sein von allen und allem. Ich kann nichts bewirken mit meinem Leben. Ob ich lebe oder nicht, spielt keine Rolle.

ESSENZ 49
Klatschmohnblüte
L 1

DIE GEISTIGE SCHWINGUNG DER ESSENZ ALS AFFIRMATION

Mein ganzes Leben ist kreativer Ausdruck der Schöpfung. Alles in mir ist geöffnet und tauscht sich aus mit aller kreativen Schöpfung, innerhalb und außerhalb meiner selbst, bis ins Universum. Mein Leben ist so einzigartig und kreativ, wie ich mich, mein Leben und die ganze Schöpfung wahrnehme. Ich bin offen für alles. Ich interpretiere mein Leben und alles Leben im Austausch mit allem. Ich bin Teil der Schöpfung. Ich bin Individuum und Teil der Gemeinschaft. Das ist die Basis meines Lebens. Diese Anteile sind immer im Austausch in mir. Ich kreiere mit der Interpretation meines Lebens innerhalb der Gemeinschaft meine Aufgabe im Leben.

Alles in mir und in meinem Leben ist im Austausch miteinander. Alles schwingt in mir in Gemeinsamkeit. Nichts ist ohne Austausch mit der Schöpfung.

Mein Leben bewirkt etwas, denn es ist kraftvoller Teil der Schöpfung.

SICH ERKENNEN IN DER NEGATIVEN LEBENSEINSTELLUNG

Ich habe nicht die Kraft, auf andere zuzugehen, fremde Aspekte aufzunehmen und etwas Neues daraus zu kreieren. Neues, Unbekanntes regt mich nicht an, sondern verunsichert mich.
Ich verschließe mich vor äußeren Einflüssen, damit ich nicht verunsichert werde.
Ich schaffe es nicht, hin und her zu schwingen zwischen mir und den anderen. Zwischen der Seite des Lebens, die mich ausmacht und der Seite, die Teil der Gemeinschaft ist.
Ich kann nicht fühlen, wie alles hin- und herschwingt und sich austauscht. Für mich siegt immer das eine oder das andere.
Daß auch die Bewegung durch den Austausch mit Unbekanntem ein von mir selbst individuell gestalteter Teil meines Selbst sein soll, kann ich nicht glauben.
Ich glaube auch nicht an Austausch. Alles ist Kampf. Ich muß mich verschließen, um nicht unterzugehen.

ESSENZ 50
Tagetesblüte
L 2

DIE GEISTIGE SCHWINGUNG DER ESSENZ ALS AFFIRMATION

Ich bin Teil des Kollektivs, Teil der Gemeinschaft, die mein Leben kreativ formt zu dem, was es ist. Ich tausche mich aus und bin in Bewegung. Alles in mir und in anderen tauscht sich aus und findet einen gemeinsamen kreativen Ausdruck. Ich schwinge zwischen kollektivem und individuellem Geist. Beides gemeinsam ist der einmalige kreative Ausdruck meines Selbsts. Alles, was in mir Teil des Ganzen ist, ist Teil der Einheit des Geistes. Alles, was sich trennt aus der unendlichen Einheit, ist ein Teil des Kollektivs.
Ich bin ein Individuum und Teil des Kollektivs und schwinge zwischen beidem hin und her. Mein Ich ist beweglich, ist individuell. Alles in mir drückt sich aus in einem kollektiven, kreativen Ganzen. Ich schwinge hin und her zwischen beidem. In der Bewegung tauscht sich alles aus und formt mein Leben, wie ein Gesamtkunstwerk. Mein Leben ist wie eine kreative Bewegung, mit der ich mich ausdrücke, so wie jedes Leben und jede Lebensform im Universum Teile einer kreativen Bewegung sind. Ich kreiere Leben im Einklang mit allen Bewegungen innerhalb meines Lebens und mit allen unbekannten Bewegungen überall.

SICH ERKENNEN IN DER NEGATIVEN LEBENSEINSTELLUNG

Ich will auf mich und nicht auf die Gemeinschaft sehen, sonst würde ich im Kollektiv untergehen. Ich muß mich verschließen, denn sonst könnte ich mich, meinen eigenen Weg und mein Ziel nicht mehr erkennen. Ich würde mich ganz dem Gemeinschaftsziel unterordnen.

Ich brauche Abgrenzung. Ich muß mich davor verschließen, daß alles im Austausch mit dem Kollektiv ist. Ich weiß sonst überhaupt nicht mehr, wer ich bin und welchen Platz ich in der Gemeinschaft einnehme. Ich erkenne meinen besonderen Beitrag zur Schöpfung nicht, den ich mit meinem Leben leiste.

Wie soll ich also mit dem Rest der Welt in kreativem Austausch stehen?

Ich bin froh, wenn ich meinen Platz finde und mich von dort aus verständlich machen kann. Diesen Platz halte ich fest. Sonst löse ich mich im Ganzen auf und verliere meine Identität.

ESSENZ 51
Königskerzenblüte
L 3

DIE GEISTIGE SCHWINGUNG DER ESSENZ
ALS AFFIRMATION

Jeder individuelle Ausdruck der Schöpfung hat ein inneres Zentrum, ein Ziel. Ich erkenne mein Ziel innerhalb der Gemeinschaft, und ich erkenne die Ziele der Gemeinschaft. Alles zusammen bildet die Schöpfung. Individualität und Zentrierung bedeuten nicht, sich gegen die Gemeinschaft zu richten. Beides vereint sich in mir zu einem kreativen Ganzen. Ich bin ich und Teil der Gemeinschaft, innerhalb und außerhalb meines Lebens. Unsere Ziele erkennen wir im Austausch. Ich erkenne mich in der Gruppe und die Gruppe erkennt sich mit mir und durch mich.
Ich kann kreativ mein eigenes Ziel erkennen. Auch in der Gemeinschaft erkenne ich die Kraft meines Weges.
Mein Leben ist individuell. In der Gemeinschaft finde ich die Kreativität, die ich in mir aufnehmen und in das Kollektiv zurückgeben kann. So ist mein Leben kreativ, individuell und einzigartiger Beitrag für die Gemeinschaft.

SICH ERKENNEN IN DER NEGATIVEN LEBENSEINSTELLUNG

Ich kann den kreativen Selbstausdruck von mir selbst und den von anderen nicht integrieren. Alle haben doch verschiedene Interessen und wollen sich durchsetzen. Dabei gehe ich unter. Ich bin in meinem kreativen Selbstausdruck von der Gemeinschaft getrennt. Ohne diese Trennung ginge ich in der Gemeinschaft unter, und andere übernähmen alles.

Soll ich das, was ich von anderen im Austausch mitbekomme, in mir integrieren?

Kann ich die Welt gestalten? Ich kann keinen Beitrag leisten und versuche es auch nicht.

Niemand möchte einen kreativen Beitrag von mir. Niemand findet mein Leben besonders.

ESSENZ 52
Wilde Stiefmütterchenblüte
L 4

DIE GEISTIGE SCHWINGUNG DER ESSENZ ALS AFFIRMATION

Ich integriere jeden kreativen Selbstausdruck der Schöpfung in mir. Ich nehme alles auf, innerhalb und außerhalb von mir. Ich vereine alles in mir zu einem einzigartigen kreativen Ganzen. Ich trenne alles, um es wieder neu in mir zu vereinen.
Alles trennt sich, vereint sich, um eine neue Kreation zu sein, als immer neuer kreativer Ausdruck der Schöpfung.
Ich integriere in mir, getrennt und gleichzeitig Teil des Ganzen zu sein. In Trennung und Einssein mit der Schöpfung entsteht in jeder Sekunde etwas Neues.
Alles in mir und meinem Leben ist getrennt und vereint mit allem Leben und allen Lebensformen. Alles ist zugleich vereint und getrennt. Alles in mir ist in ständigem Austausch. Immer öffne ich mich für Neues, trenne mich von Altem und kreiere Neues. So kreiere ich mich und mein Leben ständig neu. Mein Ich ist im Austausch mit dem Kollektiv. Ich bin Teil des Kollektivs, getrennt als Individuum, vereint als Kollektiv.

SICH ERKENNEN IN DER NEGATIVEN LEBENSEINSTELLUNG

Ich verschließe mich vor dem Austausch mit allen und allem. Mein Leben ist klein, verkümmert und nicht kreativ. Wenn ich mich nicht verschlösse, hätte ich keine Kraft mehr, mein Leben zu leben und ich selbst zu sein. Verschließe ich mich nicht, löst sich mein Ich auf.

Ich will gar nicht erst hören, wie das Leben und die ganze Schöpfung zu mir sprechen und mit mir im Austausch sind. Dann wäre ja alles mit allem im Einverständnis. Und das bedeutete Verantwortung für alles. Ich vermeide diese Verantwortung lieber. Ich will nicht an allem in dieser Welt mitbeteiligt sein. Diese Last kann ich nicht tragen.

Ich kann mein Leben nicht selbst erschaffen, im Austausch mit anderen. Wie soll ich dann die Welt mitgestalten und wandeln können in einem beidseitig schöpferischen Prozeß? Ich würde gern mehr sein wollen, aber ich schaffe es nicht. Es mag sein, daß alles Teil der Schöpfung ist. Aber deswegen bin ich selbst noch nicht schöpferisch. Dann hätte ich ja die Fähigkeit, mein Leben selbst zu bestimmen. Das kann nicht sein. Woher sollen denn diese Fähigkeiten kommen?

ESSENZ 53
Klettenblüte
L 5

DIE GEISTIGE SCHWINGUNG DER ESSENZ ALS AFFIRMATION

Ich öffne mich für jeden Austausch. Ich kommuniziere mit allem in allem. Alles in mir schwingt im freien Ausdruck meines Lebens. Ich lasse alles in mir frei schwingen und sich miteinander austauschen. Damit kreiere ich mein Leben ständig neu als Teil des Ganzen. Ich bin mit allen geistigen Ebenen im Austausch und offen für jede Art der Kommunikation. Mit dieser Offenheit kreiere ich mein Leben. So kann ich mein Leben als Teil des Kollektivs frei erkennen und immer wieder neu interpretieren.
Indem ich selbst das Leben interpretiere, bin ich ein kreativer, einzigartiger Teil der gesamten Schöpfung und gebe diese Einzigartigkeit wie ein Kunstwerk in die Welt weiter. So gestalte ich die Welt mit, als Teil der Schöpfung und als einzigartiger kreativer Ausdruck meines Selbst.

SICH ERKENNEN IN DER NEGATIVEN LEBENSEINSTELLUNG

Ich kann die Kreativität in allem und in meinem Leben nicht wahrnehmen. Alles ist wie hinter einem Nebelschleier verborgen. Es bleibt mir verschlossen. Alles ist individuell und Teil des Ganzen, alles tauscht sich aus, doch ich fühle mich von diesem Austausch ausgeschlossen.
Ich sollte erkennen können, wieviel Kreativität in meinem Leben und meinem Bewußtsein liegt, auch, daß ich alles selbst erschaffe. Da ich das nicht ertrage, verschließe ich mich lieber. Wie könnte mein Bewußtsein eine Kreation meines Selbst sein? Wie könnte ich darauf Einfluß nehmen? Das ist mir unklar. Ich kann meine kreative Rolle in diesem Spiel nicht klar erkennen.
Ich kann die Kreativität meines Lebens nicht wahrnehmen. Ich würde gern zufriedener mit meiner Rolle im Leben sein.
Ich kann nicht erkennen, inwieweit mein Leben ein kreativer Beitrag sein soll. Dafür ist mein Bewußtsein verschlossen.

ESSENZ 54
Wilde Veilchenblüte
L 6

DIE GEISTIGE SCHWINGUNG DER ESSENZ ALS AFFIRMATION

Ich erkenne ganz klar und bewußt die Kreativität meines Lebens. Ich bin klar und durchsichtig in meinem inneren Wissen um den Austausch allen Lebens und aller Lebensformen, der immer stattfindet. Alles kommuniziert und ist Teil des Ganzen. Alles ist eine Frage der Interpretation. Ich erkenne die Kraft der eigenen bewußten Interpretationsfähigkeit in meinem Leben.
Ich bin kreativ und bewußt, auf welche Weise ich mich auch ausdrücke. Ich bin Individuum und Teil des Ganzen und immer schöpferisch. Alles Leben ist einzigartig und schöpferisch, als Individuum und als Gesamtkunstwerk. Ich bin wie ein Kunstwerk und im klaren Austausch mit allem, als Gesamtkunstwerk der Schöpfung.

SICH ERKENNEN IN DER NEGATIVEN LEBENSEINSTELLUNG

Ich kann die grenzenlose Kreativität in mir und meinem Leben nicht erkennen. Ich bin matt und schwach in meinem Selbstausdruck. Ich kann auch die Kreativität in allem um mich herum nicht wahrnehmen. Ich sehe nur die Grenzen und Schwächen in allem und in mir. Alles ist wie beschattet von Begrenzung und individuellen Interessen, denen alle nachjagen. Ich bin erschöpft. Alles ist in mir verschlossen, und ich finde keinen Weg hinaus. Wie soll eine Krankheit oder eine unangenehme Situation Ausdruck von Kreativität sein? Daß ich mich damit wandle, kann ich nicht sehen. Ich will mich nicht durch Unangenehmes wandeln. Wenn, dann will ich immer stark, aktiv und kreativ sein. Ich will auch geistig nicht schwach sein, sondern immer stark und im regen Austausch mit allem. Bin ich schwach, zerfließe ich in der Grenzenlosigkeit und bin nichts.

ESSENZ 55
Johanniskrautblüte
L 7

DIE GEISTIGE SCHWINGUNG DER ESSENZ ALS AFFIRMATION

Ich öffne mich für die Grenzenlosigkeit der kreativen Schöpfung, in mir und in meinem Leben. Alles ist Ausdruck unendlicher Kreativität der Schöpfung, innerhalb und außerhalb meines Lebens. Alles ist individuell, begrenzt und doch Teil der kreativen Schöpfung im unendlichen Wandel. Alles ist im Austausch miteinander. Dieser Austausch setzt sich fort bis in die Unendlichkeit. Ich nehme die Kreativität der Schöpfung in mich und mein Leben auf. Ich bin immer im Austausch mit allem. Ich gebe mich dem unendlichen Wandel der Schöpfung hin. Alles in mir ist in ständigem Wandel, alles ist ständig im Austausch, um sich gemeinsam mit mir zu formen, zu sein, sich wieder aufzulösen und neu geboren zu werden, als Ausdruck der Kreativität meines Lebens im Austausch mit der Schöpfung.

Ich bin. Ich bin kreativer Wandel der Schöpfung, innerhalb und außerhalb meines Lebens. Meine Kreativität gestaltet mein Leben im Austausch mit allem Leben und Lebensformen. Alles ist getrennt und doch ein Teil des Ganzen, im Austausch und im Wandel.

Ich bin unendlich in meinem kreativen Ausdruck als Teil der unendlichen Schöpfung.

KURZFASSUNG DER 7 NEGATIVEN LEBENSEINSTELLUNGEN

ESSENZ 55

L 7, Johanniskrautblüte

Mein Leben ist kein Ausdruck des unendlichen kreativen Wandels der Schöpfung. Ich bin matt und müde.

ESSENZ 54

L 6, Wilde Veilchenblüte

Ich kann mein Leben nicht klar als bewußten Teil der Schöpfung erkennen.

ESSENZ 53

L 5, Klettenblüte

Mein Leben ist nicht im Austausch mit der kreativen Schöpfung. Ich bin eingeengt in meinem Leben und fühle mich wie ausgeschlossen.

ESSENZ 52

L 4, Wilde Stiefmütterchenblüte

Mein Leben ist wie isoliert von der Schöpfung und nicht Teil von ihr.

ESSENZ 51

L 3, Königskerzenblüte

Mein Leben ist getrennt von der Schöpfung. Ich trage nichts Sinnvolles bei mit meinem Leben.

ESSENZ 50

L 2, Tagetesblüte

Leben ist wie getrennt sein von der lebendigen Schöpfung, die wie die andere Seite ist. Ich bin auf der dunklen Seite, ausgeschlossen und kann nichts beitragen.

ESSENZ 49

L 1, Klatschmohnblüte

Leben ist wie abgekapselt sein von der lebendigen Schöpfung. Ich kann nichts bewirken mit meinem Leben. Ob ich lebe oder nicht, spielt keine Rolle.

KURZFASSUNG DER 7 AFFIRMATIONEN

ESSENZ 55
L 7, Johanniskrautblüte
Mein Leben ist Teil der unendlichen kreativen Erweiterung und des Wandels der Schöpfung.

ESSENZ 54
L 6, Wilde Veilchenblüte
Meine Gedanken und mein Bewußtsein sind wie klare leuchtende Blumen, die ich kreativ gestalte.

ESSENZ 53
L 5, Klettenblüte
Ich bin mit meinem Leben kreativer Teil der Schöpfung. Ich höre das Singen der Welt und singe zurück. Mein Leben ist wie eine kreative Botschaft für alle.

ESSENZ 52
L 4, Wilde Stiefmütterchenblüte
Ich schwinge überall hin mit meinem Leben. Alles hat seinen Platz und vereint sich neu in meinem Leben zu einem kreativen Wechselspiel im Austausch mit der Schöpfung.

ESSENZ 51
L 3, Königskerzenblüte
Mit kreativer Kraft gehe ich meinen Weg. Er hat seine Berechtigung, denn ich kreiere die Schöpfung mit meinem Lebensweg.

ESSENZ 50
L 2, Tagetesblüte
Wie kreative Wellen strömt Unbekanntes auf mich zu. Ich nehme es auf, um es Teil meines Lebens werden zu lassen, in einem beweglichen kreativen Prozeß.

ESSENZ 49
L 1, Klatschmohnblüte
Alles in meinem Leben ist Ausdruck kreativer Schöpfungskraft. Ich kann etwas bewirken mit meinem Leben, denn es ist Teil der Schöpfung.

5. EBENE

DIE BLÜTEN UND IHRE 5 ELEMENTE-ESSENZEN

Essenzen 56 bis 60

Element Leben: Das Leben.
Jede Erfahrung ist eine eigene Kreation,
schöpferisch und im Austausch
mit dem Kollektiv.

5. EBENE
DAS ELEMENT LEBEN

Unser physischer Körper besteht, wie die materielle Welt, aus den Elementen Erde, Wasser, Feuer, Luft und Leben. Geistig betrachtet sind das die Ausdrucksformen von Wachstumsanfang, Bewegung, Erkenntnis, Vergeistigung und Erweiterung innerhalb des begrenzten Raumes der Materie. Diese geistigen Energien schwingen in uns auf 7 Ebenen, die den 7 Chakren zugeordnet sind. Auf der 5. Ebene aktivieren die Elemente-Essenzen der Blüten unsere schöpferische Kraft. Sie ist so einzigartig wie die Schöpfung Erde. Diese Kraft schwingt in 5 Frequenzen, entsprechend den 5 Elementen.

Essenz 60	E 5 Ringelblumenblüte	**Leben**	**Leben**
Essenz 59	E 4 Eisenhutblüte	Luft	Vergeistigung
Essenz 58	E 3 Löwenzahnblüte	Feuer	Erkenntnis
Essenz 57	E 2 Kornblumenblüte	Wasser	Bewegung
Essenz 56	E 1 Beinwellblüte	Erde	Wachstum

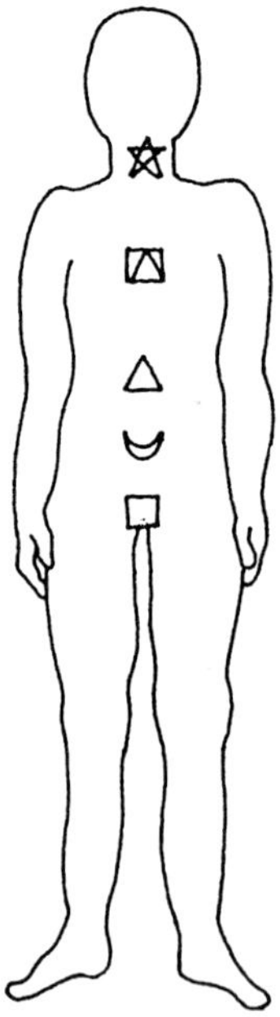

Planet: Sonne
Farbe: Gold

5. EBENE
UNENDLICHE GEISTIGE KRAFT BRAUCHT DIE BEGRENZUNG DER MATERIE · DAS LEBEN

Die Elemente sind die andere, die getrennte Seite. Das Element Leben symbolisiert unsere kreative Kraft, die unser Leben zu einem einzigartigen Beitrag zur Schöpfung macht, in vielfältiger Form. Thematisch korrespondieren die Elemente-Essenzen der 5. Ebene mit den Elemente-Essenzen der 3. Ebene. Bei der Anwendung der Essenzen auf dem 3. Chakra werden beide Pole des Themas berührt. Siehe Seite 553 und Seite 549.

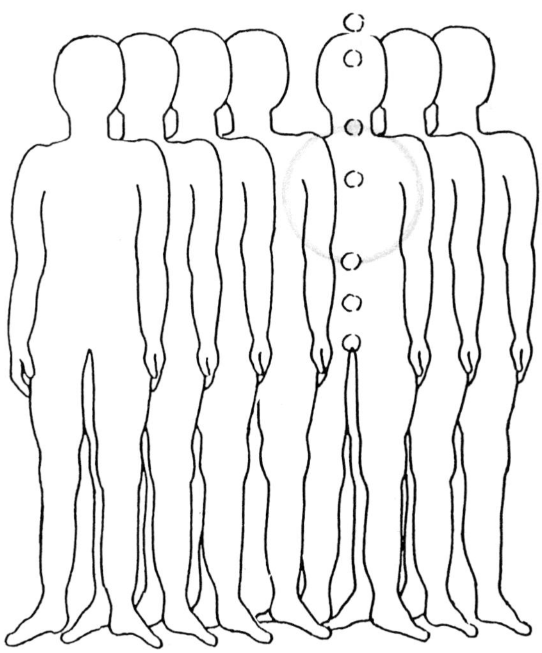

DER GEIST DER ELEMENTE IN DEN BLÜTEN: LEBEN

Jede Erfahrung ist ein einzigartiger kreativer Beitrag zur Schöpfung und erweitert die Schöpfung um diese einzigartige Erfahrung. Jede Erfahrung ist Ausdruck des eigenen Schöpfungsgeistes. Jede Erfahrung ist im Einklang und im Austausch mit dem Kollektiv entstanden, nie isoliert für sich.

Wir sind Teil der Schöpfung.

Wir sind Schöpfungsgeist unserer Erfahrungen.

Die Erde schwingt gemeinsam mit allen irdischen Lebewesen und bildet den Lebensraum Erde als Ort der Wandlung.

Die Erde ist Teil der Gemeinschaft unseres Sonnensystems, einzigartig und wichtig so, wie sie ist, einzigartig und wichtig wie alle anderen Planeten auch. Alle Planeten vereinen sich in der Sonne. Die schöpferische Kraft allen Lebens auf der Erde und der Erde selbst schwingt in uns.

Wir leben. Wir sind Körper und Geist. Wir sind schöpferisch. Wir sind Individuum und Teil der Schöpfung. Wir sind einzigartig wie jede Erfahrung, die wir machen. Alles ist ein einzigartiger Beitrag für die Schöpfung. Wir sind körperlich, wie alles in unserer Realität. Und gleichzeitig sind wir geistig, Teil des unendlichen Schöpfungsgeistes, selbst Schöpfer unseres Lebens. Denn im Geist ist alles eine Schöpfung. Die Vergangenheit verschmilzt mit Gegenwart und Zukunft. Wir machen Erfahrungen. Sie lassen uns geistig wachsen und sind gleichzeitig ein Beitrag zur ganzen Schöpfung. Auch sie wächst mit jeder Erfahrung, die wir machen. Unsere Erfahrungen sind so einzigartig, weil nur wir sie machen können, in dieser Zeit, in dieser Sekunde. Unsere Erfahrungen sind unwiederholbar. Sie sind Teil unseres individuellen Lebens. Sie sind aus der Vergangenheit entstanden. Wir haben sie im Austausch mit dem Kollektiv kreiert, gemeinsam mit allen Lebewesen der Erde und des Universums. Jeder Stein, jede Pflanze, jeder Stern ist Teil dieser kollektiven Absprache.

Nichts ist zu trennen von unserer persönlichen Erfahrung oder von der Rolle, die wir spielen. Denn gemeinsam sind wir unsere Schöpfung. Alles, jeder Stein, jede Pflanze, jeder Mensch und jedes Tier, ist an seinem Platz. Dieser Platz ist vollkommen. Er bezieht nicht nur unsere persönlichen Wünsche ein, sondern auch die des Kollektivs. Wir sind beides, wir sind Individuum und Teil der Schöpfung, in der wir eine einzigartige Rolle spielen.

Wir sind Erschaffer unseres Lebens. Wir kreieren unser Leben mit seinen einzigartigen Erfahrungen, gemeinsam mit allen Lebewesen und allen Formen der gesamten Schöpfung. Wir kreieren unsere Erfahrungen gemeinsam mit allen Menschen, denen wir begegnen, mit den Pflanzen und Tieren und der Zeit. Alles ist geistig und nicht getrennt. Alles ist Teil einer gemeinsamen Schöpfung. So ist alles im Austausch, in Absprache und mit innerem Einverständnis erschaffen.

In Wirklichkeit sind wir unendlich schöpferisch. Aber wir zweifeln an unserer unendlichen Kreativität. Doch unser Geist ist weit und groß. Er ist unendlich viel weiter und größer, als wir uns das vorstellen können. Er kreiert unser Leben und alle unsere Erfahrungen. Nicht nur für sich, sondern auch für alle – im Einklang und Austausch mit allen.

In allem schwingt der einende Schöpfunggeist. Und da nichts im Geist getrennt ist, sind wir der Schöpfungsgeist. Die Abgrenzung und das »kleine« getrennte Individuum in uns sind nur ein Teil unserer begrenzten individuellen Vorstellung.

Im Geist sind wir SchöpferInnen, im Einklang mit allem und unendlich weit und kreativ.
Wir leben. Wir sind Leben mit Hilfe der Elemente, die uns Leben spenden. Mit der Erde, die fest ist. Mit den Strömen des Wassers, die uns bewegen. Mit den Meeren, in denen das Wasser sich sammelt, durch die es wieder zu Regen wird. Mit dem Feuer des Bewußtseins der Erde und ihrem Geist, der mit allen Lebewesen wächst. Alles glitzert im goldenen Licht des Lebens. Das goldene Licht der Sonne verschmilzt mit unserem Bewußtsein zu einer Einheit. Es verschmilzt mit dem Bewußtsein der Erde und allen anderen Bewußtseinen zu einer Einheit im Geist. Alles ist Leben. Alles ist unendlicher Reigen in Gemeinsamkeit, alle für alle, Schönheit, Leiden, Schmerz und Glück des Lebens. Im goldenen Licht der Schöpfung können wir die Kreativität unseres Geistes und die unendliche Vielfalt unserer Erfahrungen erkennen. Alles ist geformt vom kreativen Geist der Schöpfung. Jeder Winkel in uns und unserem Körper ist einzigartig wie jeder Punkt in allem, was ist, in jedem Menschen, jedem Tier, jedem Stein. Jeder Millimeter der Erde ist eine einzigartige Kreation von Lebensformen. Es gibt keine Wiederholung. Denn die Zeit vergeht und erschafft Neues. Jede Bewegung erschafft Neues und läßt uns neu erstehen, in jeder Sekunde, immer im Austausch mit allem was existiert.
Alles ist eine eigene einzigartige Kreation im Austausch mit allen anderen einzigartigen Kreationen, mit jeder Zelle, mit jedem Organ, jedem Körper, jedem Lebewesen, jeder Lebensform, mit jedem Atom.
Jede Erfahrung ist Ausdruck unseres eigenen kreativen Schöpfungsgeistes, in Absprache und im Einklang mit der gesamten Schöpfung. Jede Erfahrung ist ein einzigartiger Beitrag für die Schöpfung. Wir können alle Erfahrungen annehmen und in ihnen unsere eigene Kreativität erkennen.

ZUSAMMENFASSUNG ALS AFFIRMATION

»Ich bin kreativ. Jede Erfahrung ist Ausdruck meiner Kreativität. Sie ist einzigartig. Sie ist Teil meines Lebens und Teil der Schöpfung. Alles, was ich bin und erfahre, ist ein einzigartiger Beitrag meines schöpferischen Geistes. Es ist ein Beitrag für die ganze Schöpfung. Ich bin im Einklang mit diesem Beitrag, den ich durch meine Erfahrungen leiste. Ich bin geistig und dadurch nicht von der Schöpfung, der Schöpfung Erde und allem Leben, getrennt. Alles ist kreativ und einzigartig, und ich bin ein Teil davon. Das drückt sich in mir und in jeder Erfahrung meines Lebens aus. Jede Erfahrung ist einzigartig und kostbar wie alles Leben.«

DIE ESSENZEN

DAS THEMA DER 5. EBENE · NEGATIV
ANGST VOR DER WICHTIGKEIT
JEDER ERFAHRUNG

Alle Erfahrungen nicht als kreativ und auch nicht als kreativen Beitrag für das Kollektiv erkennen. Trostloses Lebensgefühl.
Auf der Jagd nach äußerlicher Ablenkung.
Die eigenen Erfahrungen nicht als etwas Besonderes, sondern als langweilig und unschön empfinden. Diese Erfahrungen nicht als Teil des Ganzen empfinden. Sich nicht angemessen geachtet und gewürdigt fühlen. Man könnte eigentlich mehr, weiß aber nicht, wie es ausdrücken und zeigen.
Die eigenen Erfahrungen nicht im Zusammenspiel mit anderen oder als Beitrag für das Ganze, sondern getrennt, nur für sich sehen.
Andere kreativer und bedeutender finden. Mehr Ansehen in der Gesellschaft genießen wollen, mehr auffallen wollen, keine unscheinbare, unsichtbare Figur sein wollen.
Unzufrieden mit den Erfahrungen des Lebens sein. Immer neue, aufregendere suchen, obwohl sie wenig befriedigen. Immer weitersuchen, die Antworten außen suchen und nicht in sich selbst.
Sich nicht als Teil der Gesellschaft fühlen, in der man einen wichtigen Beitrag leistet.
Sich isoliert fühlen, unbeachtet mit der eigenen Lebensleistung, die als unzureichend empfunden wird.

DAS THEMA DER 5. EBENE · POSITIV
VERGEISTIGUNG ALLER ERFAHRUNGEN

Sich als einzigartig und als etwas Besonderes empfinden. Sich oder die eigene Rolle als Beitrag zum Kollektiv erkennen, in welcher Position auch immer.
Die Einzigartigkeit jeder Lebenserfahrung erkennen, nicht die eine über die anderen stellen. Sich selbst auch nicht, weder unter noch über andere.
Das Gleichwertige im Besonderen erkennen, nicht idealisieren.
Sich auf vielfältige Weise im Austausch mit anderen empfinden. Nicht darauf fixiert sein, wie der Austausch sein soll, mit Menschen oder wem und womit auch immer.
Offenheit für die Vielfältigkeit in allem.
Die eigenen Erfahrungen als etwas besonders Kreatives empfinden. Die Einzigartigkeit jeden Momentes empfinden. Sich nicht in den Erfahrungen des Lebens isoliert fühlen. Sich und die Schöpfung als perfekt empfinden, nicht als isolierte Teile, die als gut oder schlecht bewertet werden. Die eigene innere Autorität finden. Autorität nicht außen bei anderen, bei Mächten, Göttern, Gruppen oder Organisationen suchen.

DIE 5 ELEMENTE-ESSENZEN DER BLÜTEN SCHWINGEN IN 5 FREQUENZEN.

Es sind die Frequenzen der Blüten Beinwell, Kornblume, Löwenzahn, Eisenbut und Ringelblume. Sie alle haben das Erkennen der eigenen Kreativität als Beitrag für die Schöpfung zum Hauptthema. Innerhalb dieses Hauptthemas betonen sie die verschiedenen Kräfte der Elemente.

Die geistigen Inhalte sind:

Blüte *Leben*	Jede Erfahrung ist ein kreativer Beitrag für die ganze Schöpfung. Sie läßt nicht nur das eigene Ich, sondern die ganze Schöpfung wachsen.
Blüte *Luft*	Jede Erfahrung endet, um zu vergeistigen. Das Ende einer Erfahrung und die Vergeistigung sind schöpferische Prozesse.
Blüte *Feuer*	Jede Erfahrung ist eine einzigartige kreative Erkenntnis des eigenen Ichs und ein Beitrag zur Erweiterung der ganzen Schöpfung.
Blüte *Wasser*	Jede Erfahrung ist eine kreative Bewegung, die immer strömt und mich und die ganze Schöpfung wachsen läßt.
Blüte *Erde*	Jede Erfahrung ist kreativ. Sie trägt zu meinem Wachstumsprozeß und dem der Schöpfung bei.

SICH ERKENNEN MIT DEN 5 FRAGEN DER ELEMENTE-ESSENZEN.

Falls Sie alle Fragen mit ja beantworten können, brauchen Sie keine dieser Essenzen. Die Fragen, die Sie mit nein beantworten, zeigen eine Schwingung, die in Ihnen unterstützt werden sollte.

Am Anfang jeder Frage kann auch »Akzeptiere ich« stehen.

Essenz 60	E 5	Vertraue ich darauf, daß meine Erfahrungen ein kreativer Beitrag zur ganzen Schöpfung sind, die ich selbst gewählt habe, um zum Wachstum der Schöpfung beizutragen?
Essenz 59	E 4	Vertraue ich meiner kreativen Kraft, meine Erfahrungen zu beenden und Raum für neue kreative Erfahrungen zu schaffen, die mich erweitern?
Essenz 58	E 3	Vertraue ich meiner kreativen Kraft? Erkenne ich meine Kreativität in jeder Erfahrung?
Essenz 57	E 2	Vertraue ich darauf, meine kreativen Kräfte frei fließen lassen zu können?
Essenz 56	E 1	Vertraue ich meiner Kreativität als Teil der unendlichen Schöpfung, mit der ich zur Schöpfung beitrage?

SICH ERKENNEN IN DER NEGATIVEN LEBENSEINSTELLUNG

Mein Leben ist nicht kreativ, sondern langweilig und eintönig. Wie könnte es auch kreativ sein? Ich bin unkreativ. Und wenn alles kreativ wäre, dann wäre auch ich die Erschafferin von allem, wäre ich Ausdruck meiner Kreativität. Das ist eine unangenehme Vorstellung. Das würde bedeuten: Mein Leben ist das Abbild meiner eigenen Kreativität. Und alles wäre eine Frage der Interpretation. Dann müßte mein Ich ja ganz stark sein, um alles in meinem Leben als kreativ zu erkennen und zu interpretieren. Wenn man nicht kreativ ist, kann das Leben auch nicht aus kreativen Erfahrungen bestehen.

ESSENZ 56
Beinwellblüte
E 1

DIE GEISTIGE SCHWINGUNG DER ESSENZ ALS AFFIRMATION

Jede Erfahrung ist meine Kreation im Austausch mit dem Kollektiv. Ich öffne mich für die Kreativität aller Erfahrungen, denn sie dienen meinem Wachstum und Leben und dem Wachstum und Leben der Gemeinschaft.
Jede Erfahrung ist im Einklang mit mir und der Erde. Ich habe die Kraft, Erfahrungen zu kreieren und daran zu wachsen.
Ich bin kreativ. Jede meiner Erfahrungen ist eine einzigartige Schöpfung von mir, im Austausch mit allem Leben. Ich habe den Mut, zu kreieren und mich meiner Gestaltungskraft zu öffnen. Sie drückt sich in jeder Erfahrung meines Lebens aus.
Ich betrachte jede neue Erfahrung als kreativen Ausdruck meines Lebens. Jede Erfahrung ist immer einzigartig, immer neu und unwiederholbar. Meine kreative Kraft macht mich stark.

SICH ERKENNEN IN DER NEGATIVEN LEBENSEINSTELLUNG

Ich kann nichts in mir als kreativen Strom fließen lassen. Ich glaube nicht, daß mein Leben in einem kreativen Fluß ist, den ich selbst kreiere. Aus mir fließt keine Kreativität. Nichts fließt aus mir heraus, denn da ist nichts.
Ich vertraue mir und meiner Kreativität nicht, und ich traue mir auch wenig zu. Woraus sollte ich auch etwas kreativ gestalten können? Ich habe keinen inneren kreativen Strom, den ich fließen lassen kann. Andere können das, ich nicht.

ESSENZ 57
Kornblumenblüte
E 2

DIE GEISTIGE SCHWINGUNG DER ESSENZ ALS AFFIRMATION

Ich vertraue dem Strom der Kreativität, der in mir strömt, alles aufnimmt und als Teil des Wachstums in mir weiterfließen läßt. Ich lasse alles strömen. Jede Bewegung strömt in mir wie ein Ausdruck von Kreativität.

Ich lasse Änderungen zu, denn durch Änderungen kann ich mich bewegen und den Strom der Kreativität freier fließen lassen. Der Strom läßt mich wachsen und immer neue Formen der Kreativität finden.

Jede Erfahrung ist eine kreative Bewegung meines Lebens, im Austausch mit allen schon gelebten Erfahrungen. Jede Erfahrung ist eine neue Kreation. Alles in mir strömt in kreativen Bewegungen. Ich nehme alles offen in mir auf und lasse alles in einem kreativen Strom in mir fließen.

Ich vertraue meiner Kreativität und lasse sie frei fließen.

SICH ERKENNEN IN DER NEGATIVEN LEBENSEINSTELLUNG

Ich erkenne keine kreative Kraft in meinen Handlungen. Ich handle, oder ich handle nicht. Darin kann ich keine Kreativität sehen. Es gibt mir auch keine Kraft, denn meine Erfahrungen finde ich nicht originell. Das wäre eine Frage der Interpretation. Ich schaffe es nicht, mich, meine Art der Erfahrungen als besonders kreativ zu sehen. Auch meine Persönlichkeit scheint mir weder besonders noch besonders kreativ. Ich will mich auch gar nicht so darstellen. Das sollen lieber andere machen, die wirklich kreativ sind. Wenn das eine Frage der Interpretation ist, sollen das andere beurteilen. Meine Erfahrungen im Leben sind so langweilig, daß ich wirklich nichts Besonderes daran erkennen kann. Höchstens, wie langweilig ich eben bin.

ESSENZ 58
Löwenzahnblüte
E 3

DIE GEISTIGE SCHWINGUNG DER ESSENZ
ALS AFFIRMATION

Ich erkenne die kreative Kraft in meiner Erkenntnisfähigkeit. Ich bin kreativ in dem, was ich erkenne. Jede Erkenntnis ist eine neue Kreation, die mich erweitert. Mit jeder Erkenntnis bin ich im Austausch mit allen Erfahrungen, immer ist die Erkenntnis in jeder Erfahrung neu und einzigartig und Teil meines gesamten Ichs. Ich kreiere die Erkenntnis, die ich gewinne. Diese Erkenntnis öffnet mein Bewußtsein und läßt mich wachsen. Mir geht ein Licht auf, und ich gebe dieses Licht und diese Erkenntnis an die Gemeinschaft weiter. Nichts ist getrennt. Mit jeder Erkenntnis trage ich zum Wachstum aller bei.
Es ist einzigartig, was ich bin, will und tue. Und es ist ein einzigartiger Beitrag für alle.

SICH ERKENNEN IN DER NEGATIVEN LEBENSEINSTELLUNG

Was ich in mich aufnehme, kann ich nicht zu etwas Kreativem, Geistigem wandeln. Ich habe Mühe, überhaupt etwas in mich aufzunehmen, von dem, was als Erfahrung auf mich zukommt. Ich kann es schon gar nicht kreativ in mir wandeln und damit zu einer besonderen Erfahrung machen. Mag das Außen kreativ sein, ich bin es nicht und in meinen Erfahrungen kann ich eigene Kreativität überhaupt nicht erkennen. Das kann nicht sein, daß mein langweiliges Leben mit seinen langweiligen Erfahrungen etwas Kreatives sein soll. Andere sind kreativ. Die können beurteilen, was Kreativität ist.

Ich wäre sehr gern kreativ. Dabei habe ich aber genaue Vorstellungen, was das ist. An denen halte ich fest.

Wo nichts Kreatives ist, kann auch nichts Neues, Kreatives entstehen. Der Atem ist ja auch nichts Kreatives. Er kommt und geht so eintönig, wie Erfahrungen kommen und gehen.

ESSENZ 59
Eisenhutblüte
E 4

DIE GEISTIGE SCHWINGUNG DER ESSENZ ALS AFFIRMATION

Ich kreiere Erfahrungen, die mich wachsen lassen. Ich beende Erfahrungen, indem ich kreativ den Zeitpunkt des Endes bestimme. Denn zu jedem Anfang gehört ein Ende. Ich bin kreativ in meiner Entscheidung, loszulassen und zu beenden, was ich als Erfahrung erfüllt habe. Damit vergeistige ich die Erfahrung und schaffe Raum für neue Erfahrungen, die ich kreieren kann. Ich bin kreativer Geist, und meine Erfahrungen, die ich beende, um Raum für neue zu schaffen, sind Teil meines kreativen Geistes.
Jede Erfahrung ist wie ein Einatmen. Ich sende die Erfahrung in meinen Körper wie die Luft meines Atems. Ich informiere damit geistig alles in mir in einem kreativen Akt. Ich beende diesen Akt durch mein Ausatmen und schaffe Raum für das Neue.
Alles ist im kreativen Austausch in mir und mit allen Erfahrungen meines Lebens. Sie alle sind ein Beitrag zur Schöpfung, wenn ich sie loslasse und damit in den Geist der Schöpfung ausatme.

SICH ERKENNEN IN DER NEGATIVEN LEBENSEINSTELLUNG

Wenn alles Ausdruck der eigenen Kreativität wäre, dann hätte ich ja die Macht, mein Leben kreativ zu gestalten. Ich könnte in jeder Erfahrung meine eigene Kreativität erkennen. Das will ich aber nicht, denn ich wäre für alles in meinem Leben und für alle Erfahrungen verantwortlich, ob sie langweilig, gut oder schlecht sind. Andere kreieren. Ich kann nichts kreieren, meine Erfahrungen schon gar nicht. Ich sehe mich lieber als unkreativ. Dann brauche ich mir über die Besonderheiten in mir und meinem Leben nicht viel Gedanken zu machen. Dann kann ich alles abtun als von jemand anderem zu verantworten, vom Schicksal oder von wer weiß wem. Ich messe mich an anderen, nicht an meinem eigenen Maßstab.

Mein Leben ist trostlos und langweilig. Alles schleppt sich ohne Besonderheiten dahin.

ESSENZ 60
Ringelblumenblüte
E 5

DIE GEISTIGE SCHWINGUNG DER ESSENZ ALS AFFIRMATION

Im Erkennen meiner geistigen Kreativität liegt mein inneres Heilsein. Ich kann in allen Erfahrungen meinen kreativen Geist erkennen. Ich mache Erfahrungen, die Ausdruck meiner Kreativität sind. Ich kreiere, forme und erschaffe. Ich lasse alles in mir und meinem Leben sich bewegen. Ich erkenne und vergeistige, indem ich das, was geschieht, in Erweiterung umwandle.
Das ist Kreativität. Hier habe ich die Wahl, innerlich heil zu sein. Ich kann jede Erfahrung als kreativen Prozeß des Wachstums, der Erkenntnis und der Vergeistigung erkennen.
Das ist mein innerer Schutz und die Kreativität in meinem Leben. Ich kann in allem meine Kreativität und Einzigartigkeit erkennen. Alles hat seinen Anfang, seine Bewegung und sein Ende, um neu zu entstehen, in einem neu von mir geschaffenen Rahmen, im Austausch mit allem.
Ich bin offen für jede Erfahrung als Ausdruck meiner Kreativität. Mein Leben mit seinen Erfahrungen ist ein einzigartiger Wachstumsprozeß, im Einklang mit der Schöpfung. Alles ist ein kreativer Teil von ihr.

KURZFASSUNG DER 5 NEGATIVEN LEBENSEINSTELLUNGEN

ESSENZ 60

E 5, Calendulablüte

Mein Leben ist trostlos und langweilig. Nichts ist besonders oder kreativ. Alles schleppt sich dahin.

ESSENZ 59

E 4, Eisenhutblüte

Wo nichts Kreatives ist, kann auch nichts neues, Kreatives entstehen.

ESSENZ 58

E 3, Löwenzahnblüte

Ich erkenne nichts Besonderes an meinen Erfahrungen. Ich sehe nur, daß andere sich kreativ ausdrücken können, ich nicht.

ESSENZ 57

E 2, Kornblumenblüte

Ich kann nichts Kreatives in mir fließen lassen. Ich traue mir keine Kreativität zu.

ESSENZ 56

E 1, Beinwellblüte

Ich bin nicht kreativ und nicht schöpferisch, und meine Erfahrungen sind es auch nicht.

KURZFASSUNG DER 5 AFFIRMATIONEN

ESSENZ 60

E 5, Calendulablüte

Mein Leben mit seinen Erfahrungen ist ein kreativer, einzigartiger Wachstumsprozeß, im Einklang mit der Schöpfung. Alles ist ein kreativer Teil von ihr.

ESSENZ 59

E 4, Eisenhutblüte

Ich trenne mich, ich lasse einen kreativen Prozeß los und ich schaffe Raum für neue kreative Erfahrungen meines Lebens. Auch das Neue wird einzigartig und kreativ sein.

ESSENZ 58

E 3, Löwenzahnblüte

Ich erkenne meine kreative Kraft. Es ist einzigartig, was ich bin, will und tue.

ESSENZ 57

E 2, Kornblumenblüte

Ich lasse die Kreativität aus mir strömen, in allem, was ich tue und bin. Alles strömt in einem kreativen Fluß des Wachstums.

ESSENZ 56

E 1, Beinwellblüte

Ich bin kreativ, in jeder Minute meines Lebens. Jede Minute ist einzigartig.

6. EBENE

DIE TÖNE UND
IHRE
7 LICHT-ESSENZEN

Essenzen 61 bis 67

Alles im Leben ist die Idee des Geistes,
Bewußtsein zu trennen
aus dem unendlichen All-Bewußtsein.

6. EBENE
UNENDLICHER GEIST FINDET
REFLEXIONSFLÄCHE AUF 7 EBENEN

Die Licht-Essenzen der Töne aktivieren das transzendente All-Bewußtseins in uns. Diese Kraft läßt uns unendlich wissend und bewußt sein. Wir teilen diese Kraft in 7 Frequenzen. Jede Licht-Essenz entspricht einer dieser Frequenzen.

Essenz 67	L 7	h gesummt	weiß	7. Chakra	Grenzenlosigkeit
Essenz 66	L 6	a gesummt	dunkelblau	**6. Chakra**	**Höchstes Bewußtsein, Intuition**
Essenz 65	L 5	g gesummt	hellblau/türkis	5. Chakra	Einssein mit der Schöpfung
Essenz 64	L 4	f gesummt	rosa/hellgrün	4. Chakra	Integration
Essenz 63	L 3	e gesummt	gelb	3. Chakra	Zentrierung
Essenz 62	L 2	d gesummt	orange	2. Chakra	Unendliche Bewegung
Essenz 61	L 1	c gesummt	ocker	1. Chakra	Lebenskraft

Planet: Neptun

6. EBENE
UNENDLICHER GEIST IST DIE KRAFT
HINTER ALLEM BEWUSSTSEIN

In uns schwingt geistige Kraft auf 7 Ebenen. Jede Ebene hat einen eigenen Energiekörper. Die 6. Ebene ist unser Klangkörper und dem 6. Chakra zugeordnet. Thematisch korrespondieren das 6. Chakra und das 2. Chakra. Bei der Anwendung der Licht-Essenzen auf dem 2. Chakra werden beide Pole des Themas berührt. Siehe Seite 554 und Seite 546.

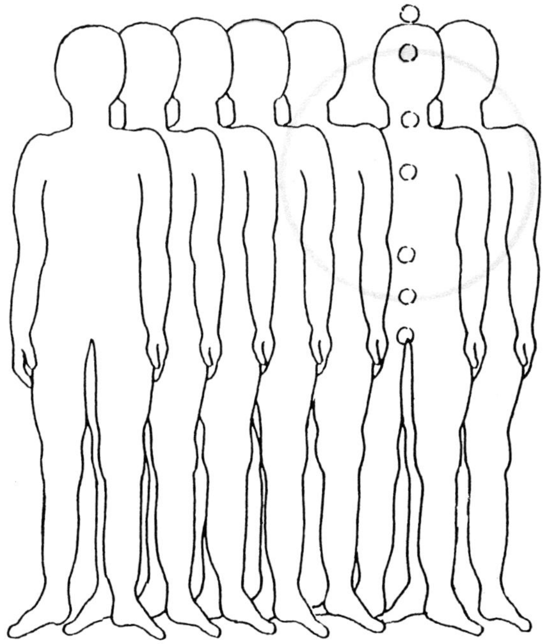

DER GEIST DER TÖNE

Unendliches Bewußtsein schwingt in uns. Wir sind wie ein Konzert aus Tönen, die in uns schwingen. Jeder Gedanke, jede Erfahrung, jedes Gefühl schwingt in uns wie ein Ton oder eine Farbe. Wir nehmen alle Töne des Universums auf und lassen sie in uns schwingen. Wir sind Ton und Farbe des Lichts. Wir sind Resonanzkörper und Musik, beides als Einheit.

Wir bieten die Resonanzfläche für die Töne des Universums, die wir in uns leiten und als Klang wieder abgeben. Jeder Gedanke ist wie ein Ton. Alle Lebensphasen bilden einen Ton, jedes Leiden, jede Erfahrung, jede Änderung und jedes Wissen, das in uns wächst.

Wir sind wie ein schwingendes, tönendes Konzert. Unser Leben ist wie ein Konzert, und wir sind wie ein Ton im Konzert allen Lebens im Universum.

Wir nehmen die kosmischen Töne auf, bilden eine Resonanzfläche, mit der wir die Töne in ein kreatives neues Konzert wandeln und in das schwingende kosmische Konzert zurückgeben. Alles in uns ist Resonanzfläche und Instrument zugleich. Jeder materielle, seelische und geistige Anteil in uns schwingt und tönt. Jeder Ton schwingt in einer Frequenz, die sichtbar ist in den Farben des Regenbogens. Jedes Tonspiel ist gleichzeitig ein Farbspiel, denn Farbe ist sichtbarer Ton.

Wir sind Resonanzfläche für kosmische Energie. Töne des Universums schwingen zur Sonne, zu den Planeten, zur Erde, zu allem, was auf ihr lebt.

Wir sind die Träger der kosmischen Töne, die als Körper, Seele und Geist das Leben ins Universum hinaustragen. Die Töne des Universums klingen in jeder unserer Zellen. Die Töne durchfließen uns, werden durch unser Leben transformiert und wieder in die Unendlichkeit des Universums getragen. Der Ton braucht Materie, um zu klingen. Wir sind die Materie und tragen ihn weiter. Alle Materie, die wir kennen, ist Resonanz und Transformation eines unendlichen universellen, kosmischen Konzerts. Unser fester Körper, unsere Seele und unser Geist tragen den Klang aus dem Universum in sich und ins Universum zurück.

Wir hören nur einen Teil der Töne. Ihre Anzahl ist unendlich, so unendlich wie alle Formen des Universums. In uns klingt alles. In uns schwingt Resonanz und Transformation für alles. In uns schwingt und klingt alles miteinander und schwingt ins ganze Universum.

Über den Ton kommunizieren wir mit allen Lebewesen und dem ganzen Universum. Alles klingt und schwingt und ist Ton. Er ist Resonanz für alles, was kommt und geht. Töne durchschwingen alle Anteile in uns und durchschwingen alles in unserer Umgebung.

Töne lassen uns Musik sein, denn alles in uns ist auch Klang. Wir tönen, wie jedes Lebewesen und jede Lebensform. Wir tönen in die Erde. Die Erde nimmt unseren Ton und den Ton aller Lebensformen auf. Die Erde und alles Leben auf der Erde bilden den Ton der Erde. Er schwingt in unser Sonnensystem, er schwingt zu anderen Planeten, und gemeinsam schwingen alle Planeten zur Sonne. So entsteht die Musik unseres Sonnensystems und schallt ein wunderbares Konzert in die Galaxie, wird vom Zentrum der Galaxie aufgenommen, transformiert und weitergetragen in alle unendlichen Weiten des Universums.

Jede Manifestation ist wie ein Resonanzkörper oder Musikinstrument des unendlichen, gewaltigen kosmischen Konzerts, einmalig und unendlich.
Aus den unendlichen Weiten des Universums schwingen Töne in uns, in unser Leben, und schwingen als Bewußtsein in vielfältigsten Formen. Wir sind frei, mit unserem Bewußtsein mitzuschwingen. Alles, was jetzt existiert, tönt und schwingt. Alles was war, schwingt und geht nie verloren. Denn die Wellen der Töne und Farben hören niemals auf. Vergangenheit und Gegenwart tönen in uns und schwingen im Universum. Die Zukunft erschafft sich in jeder Sekunde neu und schwingt mit.
Jede Bewegung der Zeit schwingt mit. Jede Welle findet einen Weg und ihr Ziel, einen neuen Resonanzkörper. Sie vereint sich mit neuen Wellen und Tönen und klingt weiter.
Wir hören die Töne, wir sehen die Farbe und fühlen den Klang. Alles schwingt durch uns.Wir nehmen alle Wellen in uns auf und geben einen neuen Ton in alles, bevor es weiterschwingt ins Universum.
Jeder Gedanke ist ein Beitrag zum Bewußtsein der Unendlichkeit. Jedes Gefühl trägt unendliches Wissen ins Universum.
Wir sind ein Klang und alle Klänge. Wir sind eine Farbe und alle Farben. Wir sind ein Wissen und ein Bewußtsein. Wir trennen uns aus dem All-Bewußtsein mit einer Farbe oder einer Welle und erweitern unser inneres Klangspektrum in jeder Sekunde, an jedem Tag und in jedem Jahr. Immer.
Jede Zelle, jedes Atom, jedes Gefühl, jeder Gedanke in uns ist wie eine Klangschale für das Universum. Alles in uns ist wie eine Klangschale für alles, was auf der Erde lebt und existiert, für jeden Menschen, jedes Tier und jede Pflanze. Wir alle reflektieren die Töne, die zu uns streben. Wir senden sie interpretiert und transformiert weiter.

Wir sind ein Ton der Erde. Der Ton eines Sonnensystems beinhaltet alle Planeten und Lebewesen in sich. Wir sind ein Ton mit der Sonne, zusammen mit den anderen Planeten klingen wir wie ein kosmisches Konzert ins Universum. Alles, was existiert, ist wie der Oberton aller anderen existierenden Bewußtseine aller Universen.
Wir sind ein Ton, der sich formt und zu einem Konzert wird, dem Konzert unseres Lebens.

ZUSAMMENFASSUNG ALS AFFIRMATION

»Ich bin klar und transzendent. Ich bin Bewußtsein. Die Töne allen unendlichen Bewußtseins schwingen durch mich wie Wellen universellen Wissens. Ich bin Bewußtsein in einem Körper. Doch mein Bewußtsein ist frei. Ich bewege mich außerhalb aller Grenzen. Ich schwinge frei. Ich bin Teil des universellen Bewußtseins. Ich höre Wellen des Universums und leite sie in mich. Ich sehe die Farben des Universums und lasse sie durch mich schwingen. Ich höre die Töne in allem. Ich nehme sie auf, lasse sie in mir schwingen und weiterklingen. Jeder Ton ist Bewußtsein, das Gestalt annimmt. Jeder Ton hat sich aus der Einheit des Geistes getrennt, um Teil der Manifestation zu sein.
Ich horche in mich hinein und höre die Klänge meines Selbsts. Alles, was in mir ist, jedes Organ, jede Form, jedes Gefühl und jeder Gedanke, klingt, tönt und spielt mich und mein Leben. Ich höre die schönsten Klänge im Konzert meines Lebens. Ich höre und werde eins mit dem Klang und Ton jeden Lebens, mit dem Klang und Ton des Universums. Es tönt in mir wie ein rauschendes Konzert aus Tönen und Farben.«

DIE ESSENZEN

DAS THEMA DER 6. EBENE · NEGATIV
VERNEBELT AUS ANGST VOR DER MACHT
DES EIGENEN BEWUSSTSEINS

Vernebelt das höchste Bewußtsein in sich aus Angst vor zuviel Verantwortung und Macht.
Fixiert sich auf die Gefühlsebene, entzieht sich dadurch der bewußten Verantwortung.
Will keine Verantwortung und hat Angst, die Macht des höchsten Bewußtseins zu mißbrauchen. Flüchtet in die Gefühlsebene, in das Unbewußte. Will vernebeln und sich die eigene Macht nicht bewußt machen.
Will die Verantwortung für das höhere Wissen in sich selbst nicht übernehmen.
Will keine Transzendenz, überläßt der Gefühlsebene oder dem Intellekt die Macht. Verdrängt die unbewußte Macht auf der Gefühlsebene, die nur die andere Seite des Wissens ist.
(»Ich fühle das und damit basta!«)
Will die Macht des Bewußtseins nicht erkennen. Traut sich nicht, Macht bewußt auszuüben. Verlagert die Machtausübung in die Gefühlsebene oder in die Passivität. Will nicht die Macht der Ohnmacht erkennen als die gleichwertige andere Seite der Macht. Fürchtet sich, den eigenen Machtanspruch klar zu erkennen. Erkennt nicht die Macht über die eigene Zukunft.

DAS THEMA DER 6. EBENE · POSITIV
DIE MACHT DES EIGENEN BEWUSSTSEINS
KLAR ERKENNEN

Erkennen der Relativität jeder Realität.
Das höhere Bewußtsein in allem erkennen.
Über die Körperlichkeit hinauswachsen. Das Unbewußte wird transzendiert, ist wissende Intuition.
Jeder Gedanke wird als Welle erkannt, die in verschiedenen Tönen oder Farben das Sein bestimmt, nicht nur das eigene, sondern alles. Alles wird erkannt als Teil des unendlichen Bewußtseins, das in uns schwingt.
Abstraktionsvermögen über die eigene Person hinaus. Die Welt der Musik als universelle Sprache verstehen. Die spirituelle Ebene als Teil unseres Selbsts erkennen. Alle Begrenzungen als Begrenzungen des Bewußtseins erkennen. Die Realität als Momentaufnahme vieler Realitäten erkennen.
Die Macht der Spiritualität als Ohnmacht erkennen, die nie über das Leben entscheidet. Die Ohnmacht des Unbewußten erkennen als Macht, die Leben möglich macht.

DIE 7 LICHT-ESSENZEN DER TÖNE
SCHWINGEN IN 7 FREQUENZEN.

Es sind die Frequenzen der gesummten Töne c, d, e, f, g, a und h. Diese Frequenzen entsprechen den Farben rot, orange, gelb, rosa, hellblau-türkis, dunkelblau und weiß. Alle haben die Klarheit des Bewußtseins, die klare Intuition zum Hauptthema. Innerhalb dieses Hauptthemas betonen sie die 7 Aspekte dieses Hauptthemas, entsprechend der Themen der Chakren.

Die geistigen Inhalte sind:

Töne	*Geist*	Alles im Leben ist Teil des unendlichen Bewußtseins, das sich trennt und unbewußt wird im unendlichen Wandel des Geistes.
Töne	*Ton*	Alles im Leben ist Teil der Idee, sich aus dem unendlichen All-Bewußtsein zu trennen.
Töne	*Blüte*	Alles im Leben ist Teil der kreativen bewußten Schöpfungsidee.
Töne	*Blatt*	Alles im Leben ist Teil der Idee, Bewußtsein und Unbewußtsein zu integrieren.
Töne	*Wurzel*	Alles im Leben ist Teil der Idee, Bewußtsein auf das Ich zu zentrieren.
Töne	*Mineral*	Alles im Leben ist Teil der Idee, sich zwischen Bewußtsein und Unbewußtsein zu bewegen.
Töne	*Metall*	Alles im Leben ist Teil der Idee, Bewußtsein und Unbewußtsein zu trennen.

SICH ERKENNEN MIT DEN 7 FRAGEN DER LICHT-ESSENZEN.

Falls Sie alle Fragen mit ja beantworten können, brauchen Sie keine dieser Essenzen. Die Fragen, die Sie mit nein beantworten, zeigen eine Schwingung, die in Ihnen unterstützt werden sollte.

Am Anfang jeder Frage kann auch »Akzeptiere ich« stehen.

Essenz 67	L 7	Vertraue ich dem unendlichen Wandel zwischen Bewußtsein und Unbewußtsein als Wandel des Geistes?
Essenz 66	L 6	Vertraue ich dem höchsten Wissen in mir?
Essenz 65	L 5	Vertraue ich der schöpferischen Ausdruckskraft meines höchsten Bewußtseins im Austausch mit allem Bewußtsein der Schöpfung?
Essenz 64	L 4	Vertraue ich der Integrationskraft zwischen höchstem Bewußtsein und meinem Unbewußtsein?
Essenz 63	L 3	Vertraue ich meinem zentrierten höchsten Bewußtsein?
Essenz 62	L 2	Vertraue ich der Idee von Bewegung zwischen Bewußtsein und Unbewußtsein?
Essenz 61	L 1	Vertraue ich der Macht des höchsten Bewußtseins in meinem Leben?

SICH ERKENNEN IN DER NEGATIVEN LEBENSEINSTELLUNG

Mein Bewußtsein und mein Ich scheinen mir dumpf und unklar wie von einer Nebelwand verschleiert. Ich kann die Macht meines Lebens nicht klar erkennen. Ich bin wie abgetrennt vom All-Wissen, das hinter allem verborgen ist. Ich ahne, daß das All-Wissen hinter allem verborgen ist, aber ich kann es nicht klar erkennen und in mein Leben einbeziehen. Wenn mir alles bewußt wäre, dann wäre ich ja so machtvoll. Das könnte ich nicht ertragen. Ich halte mich vernebelt, denn die Macht des Bewußtseins macht mir Angst. Ich fürchte, daß ich sonst Machtansprüche hätte und versuchen würde, Kontrolle auszuüben.

ESSENZ 61
Ton c, gesummt · Farbe rot
L 1

DIE GEISTIGE SCHWINGUNG DER ESSENZ
ALS AFFIRMATION

Ich bin Bewußtsein, das sich aus der Einheit des Geistes trennt, um Form zu sein. Ich bin klar in meinem Bewußtsein und im Einklang mit allem universellen Bewußtsein.
Alles entspringt einem Bewußtsein, das sich trennt und den Weg der Verfestigung geht. Mein Bewußtsein ist klar und schwingt im Einklang mit meinem Leben.
Alles, was mir nicht bewußt ist, ist doch in mir und klingt klar, durchflutet mich, mein Leben und schwingt zurück ins Universum.
Alles in mir schwingt im Einklang mit der Macht allen Wissens.
Der Ton des Einsseins in allem Bewußtsein ist die Basis meines Lebens. Er durchschwingt mich auf allen Ebenen.
Meine Intuition ist die feste klare Basis meines Lebens. Die Kraft meines Lebens liegt im intuitiven Erkennen meiner eigenen unbewußten inneren Macht über mein Leben.

SICH ERKENNEN IN DER NEGATIVEN LEBENSEINSTELLUNG

Ich will nicht wahrhaben, daß wir selbst die Trennung und die Polarität von Bewußtsein und Unbewußtsein geschaffen haben. Dann hätten wir ja alle Macht der Welt und könnten alles beherrschen. Das kann nicht sein und ist auch nicht so. Ich will mir das nicht bewußt machen. Das ertrage ich nicht. Es macht mir Druck im Kopf. Das sind Allmachts-Phantasien, und damit will ich nichts zu tun haben. Ich bin ein Opfer (so fühle ich mich wenigstens), ein Opfer, das sich von der Macht über das eigene Leben getrennt fühlt. Zuviel Bewußtsein ertrage ich nicht. Ich würde in allem Negativen, Machtvollen mich selber finden. Schrecklich. Und ich hätte alles in meinem Leben selbst zu verantworten.
Ich habe Angst vor der Macht des Wissens und des Bewußtseins. Ich fürchte, diese Macht in Wahrheit unbedingt haben zu wollen und dann zu mißbrauchen.

ESSENZ 62
Ton d, gesummt · Farbe orange
L 2

DIE GEISTIGE SCHWINGUNG DER ESSENZ ALS AFFIRMATION

Ich schwinge im Klang der Trennung aus der Einheit des Geistes, klar und bewußt. Ich höre den Klang, der sich in allem wiederholt wie ein Echo.
Alles in mir sucht sich einen Resonanzkörper im Gegenüber. Alles ist Teil eines Bewußtseins, das sich teilt, um Form und Ausdruck zu finden durch den Resonanzkörper im Gegenüber. Jede Trennung aus der Einheit ist ein Weg ins Bewußtsein. Bewußtsein ist in allem enthalten. Es findet in jeder Trennung aus der Einheit Form und Ausdruck. Ohne Trennung des Bewußtseins kann es keine Form und kein Leben geben.
Ich erkenne klar, daß jede Trennung in Bewußtes und Unbewußtes ein Weg ins Leben ist. Jedes Unwissen, alles Unbewußte ist die andere Seite des einen Bewußtseins, in dem keine Trennung existiert. Ich lasse so viel Bewußtsein in mich fließen, wie ich brauche. Ich vertraue der Trennung aus dem einem Bewußtsein in mir, die mein Leben in Bewegung gestaltet.
Ich bin nie getrennt aus dem all-wissenden Bewußtsein.
Meine innere Macht liegt in der klaren Intuition, die Trennung von Bewußtsein und Unbewußtsein als Bewegung meines Lebens zu erkennen.

SICH ERKENNEN IN DER NEGATIVEN LEBENSEINSTELLUNG

Ich will mir nicht alles über mich bewußt machen. Ich ertrage es nicht, denn ich weiß nicht, was dabei rauskommen könnte. Ich will vieles lieber im Unbewußten lassen. Wenn alles bewußt wäre, hätte ich die Macht über mein Bewußtsein. Davor hätte ich Angst. Ich will nicht wissen, wieviel Machtstreben in mir verborgen liegt und ich will auch nicht wissen, wieviel Macht ich habe. Da fühle ich mich lieber als Opfer ohne Macht und trenne mich aus dem Bewußtsein von Macht. Daß ich meine Macht dann ins Unbewußte verlagere und in die Passivität, damit will ich nichts zu tun haben. Ich fühle mich als Opfer einer mir unbekannten Macht, die über mein Schicksal herrscht.
Ich ertrage es nicht, mich und meinen Machtanspruch zu erkennen. Ich traue mir nicht zu, Macht richtig einzusetzen. Wahrscheinlich würde ich über andere Leben herrschen und auch mein Leben beherrschen wollen.

ESSENZ 63
Ton e, gesummt · Farbe gelb
L 3

DIE GEISTIGE SCHWINGUNG DER ESSENZ ALS AFFIRMATION

Ich höre in mir den Klang des Bewußtseins, der sich einen Ort sucht, ein Zentrum als Resonanzkörper, um Form und Bewußtsein in der Individualität zu sein. Bewußtsein braucht die Individualität, um zu sein. Bewußtsein braucht Ego, um zentriert zu sein, denn in der Einheit allen Bewußtseins gibt es keine Individualität und kein Leben mit einem Ich-Bewußtsein.
Mein Bewußtsein ist klar und zentriert in meinem Ich. Jedes Bewußtsein hat ein Zentrum und ein Ziel. Und schwingt von dort ins Leben und ins Universum.
Mit klarer Intuition gehe ich meinen Weg. Mein Bewußtsein ist auf mein Leben zentriert, doch innerlich weiß ich um die Einheit allen Bewußtseins. Meine Macht liegt in der klaren Intuition, mit der ich meinen Weg gehe.

SICH ERKENNEN IN DER NEGATIVEN LEBENSEINSTELLUNG

Ich bin nicht all-wissend, denn ich weiß ja wirklich nicht alles. Mir ist längst nicht alles über mein Leben bewußt. Also kann ich nicht das Bewußte und Unbewußte in mir vereinen und integrieren. Auch nicht die Macht und Ohnmacht in meinem Leben. Wieso sollte alles in mir vereint sein? Ich wüßte dann viel mehr, das könnte ich nicht ertragen. Ich bin ein Opfer. Andere machen mit mir, was sie wollen, denn ich bin passiv und versuche ganz lieb zu sein. Damit vermeide ich meine bewußte Macht. Ich trenne sie ab und integriere sie nicht in mein Leben. Ich verlasse mich nur auf das unbekannte Schicksal.
Vor der Integration von Bewußtem und Unbewußtem habe ich Angst. Beides läßt sich auch nicht vereinen, das würde mich zuviel Eingeständnisse kosten.
Ich kann Machtanspruch und Ohnmachtsgefühle nicht in mir integrieren. Ich bleibe lieber in der Opferrolle und verdränge damit meine Machtansprüche.

ESSENZ 64
Ton f, gesummt – Farbe rosa/grün
L 4

DIE GEISTIGE SCHWINGUNG DER ESSENZ ALS AFFIRMATION

Ich integriere in mir alles Bewußtsein, das getrennt, individuell ist und doch vereint mit dem All-Bewußtsein. Alles ist getrennt und doch vereint, Bewußtes und Unbewußtes. Ich kann beides in mir integrieren. Die Trennung aus der Einheit des Geistes als individuelles Bewußtsein macht mein Leben möglich. Die Einheit mit der unendlichen Kraft des Geistes schwingt unbewußt in uns. Ich integriere alles Bewußtsein, bekanntes und unbekanntes in mir als Trennung und Vereinigung in einem.
Mein Bewußtsein ist individuell und doch Teil allen universellen Bewußtseins. Beides ist in mir integriert und läßt mich und alles Leben existieren.
Mein Bewußtsein schwingt in einem Ton der Integration. Er durchflutet mich, mein Sein, mein Leben und das gesamte Universum.
Alles in meinem Leben ist die Integration von Wissen und Nicht-Wissen, von Macht und Ohnmacht. Ich integriere beides in mein Leben. Meine Intuition leitet mich, beides zu integrieren.

SICH ERKENNEN IN DER NEGATIVEN LEBENSEINSTELLUNG

Ich kann meinem kreativen Bewußtsein nicht vertrauen. Es macht mir Angst, daß sich alles miteinander bis ins Universum austauscht und ich die Macht habe, daran teilzunehmen und mitzugestalten. Es macht mir Angst, soviel Macht zu haben, Macht, die über mein Leben hinausgeht. Das macht meine Verantwortung ja unendlich groß. Alles würde ja unendlich weit reichen. Das kann ich nicht aushalten. Ich bin lieber ein Opfer, das nichts zu sagen und dessen Stimme auch kein Gewicht hat. So habe ich nicht soviel kollektive bewußte Verantwortung. Wir sind auch nicht im Austausch mit dem Universum. Wie man weiß, ist da alles stumm und leer.

Ich traue mir nicht. Wenn mein Machtanspruch von allen erkannt würde, das wäre ja schrecklich. Das will ich mir nicht bewußt machen.

ESSENZ 65
Ton g, gesummt · Farbe hellblau/türkis
L 5

DIE GEISTIGE SCHWINGUNG DER ESSENZ ALS AFFIRMATION

Ich schwinge im Ton der Kreativität. Ich öffne mich für die Einzigartigkeit meines eigenen inneren Konzerts, denn alles in mir ist Bewußtsein. Es schwingt und tönt, in mir und bis ins Universum. Ich spiele Musik mit meinem Leben. Ich öffne mich für die Musik, die ich in allem höre.
Ich gestalte mich und mein Leben durch die Botschaften meines Lebens, die wie tönendes Bewußtsein in die Welt klingen und zu mir zurückschwingen. Ich gestalte mich und die Welt, indem ich mein eigenes Bewußtsein wie einen Resonanzkörper gestalte, der in mir bis in die Unendlichkeit allen Bewußtseins klingt.
Ich kreiere mein eigenes inneres Bewußtseinskonzert durch das, was ich aufnehme, weitergebe und durch meine Auswahl in mir kreativ wandle. Mein Bewußtsein ist wie ein Konzert, in mir und für alle, getrennt in der Individualität und doch eins mit allem, so wie jeder Ton ein Teil des Konzerts ist und doch für sich. Jeder Ton ist einmalig, ist in seiner Vielgestaltigkeit schöpferisch. Er ist unwiederholbar wie jedes Konzert.
Ich bin bewußt und unbewußt. Meine Intuition sagt mir klar, daß jeder Teil meines Bewußtseins und meines Unbewußtseins schöpferisch ist und machtvolle Botschaft an die Schöpfung. Ich erlaube mir die Macht, die Schöpfung mitzugestalten, mit klarer, kreativer Intuition.

SICH ERKENNEN IN DER NEGATIVEN LEBENSEINSTELLUNG

Ich habe keine Intuition. Ich würde ihr auch nicht vertrauen. Ich bin nicht all-wissend und auch nicht all-bewußt. Ich habe mich nicht aus der Einheit allen Bewußtseins gelöst. Dann wäre ich ja die Schöpferin meines Lebens und wie Gott. Das ist ja wohl anmaßend. Das will ich nicht sein. Wäre ich allmächtig, würde ich alles anders machen, und das ist eine schreckliche Vorstellung. Wir Menschen sind doch Opfer des großen Schicksals. Wir lenken nichts. Wir sind ohnmächtige Würmer und nicht frei.
Ich bin schwach und klein im Weltengeschehen und sonst gar nichts. Macht für jeden einzelnen klingt gut, wäre aber doch eine lächerliche Vorstellung. Ich bevorzuge Unklarheit, weil mir All-Wissen zuviel Verantwortung wäre und ich das nicht verkraften würde. So bleibe ich lieber im Unklaren über die Macht meines Bewußtseins.

ESSENZ 66
Ton a, gesummt – Farbe dunkelblau
L 6

DIE GEISTIGE SCHWINGUNG DER ESSENZ ALS AFFIRMATION

Mein inneres Gehör und meine inneren Augen werden klar. Ich bin bewußt und wissend und transzendent. Meine Intuition ist, wie die Musik meines Lebens, die ich höre, wissend und klar.
Ich höre alle Töne innerhalb und außerhalb meines Lebens. Ich bin getrennt und nicht getrennt. Ich bin individuelles Bewußtsein und Teil des Ganzen, getrennt als Weg des Lebens.
Ich vereine die Musik des Universums zu einer Einheit in mir, die mich klar und transzendent macht, die kosmischen Töne in allem zu hören.
Klang und Farbe sind Ausdruck von Bewußtsein. Mein Bewußtsein hat seinen eigenen Ton und seine eigene Farbe gefunden, wie ein Instrument. Ich spiele eine Musik im unendlichen kosmischen Konzert des Universums. Alle Töne in mir werden klar. Sie sind Ausdruck meines Bewußtseins, getrennt aus dem unendlichen einen Bewußtsein, das in allem enthalten ist.
Ich weiß. Ich bin bewußt. Auch das Unbekannte ist Teil allen Bewußtseins. Das, was ich nicht hören oder sehen kann, schwingt trotzdem in mir.
Auch mein Unbewußtes ist wissend, transzendent und machtvoller Teil allen Bewußtseins, mit dem ich mein Leben gestalte.

SICH ERKENNEN IN DER NEGATIVEN LEBENSEINSTELLUNG

Das will ich nicht wissen und wahrhaben, wieviel Macht in meinem Unbewußtsein verborgen ist. Ich bleibe lieber unbewußt, dann brauche ich auch keine Angst vor der Macht in mir zu haben und mich nicht weiter mit meiner Opferrolle zu beschäftigen. Die nehme ich gerne an, um nicht für alles bis ins Universum mitverantwortlich zu sein. Macht ist auch anstrengend. Ich bin lieber passiv und lasse alles in mir, wie es ist. Erkenntnis ist Macht, und ich will mit dieser Macht nichts zu tun haben. Denn Erkenntnis enthält auch die Macht der Verantwortung für alles. Das ist eine Last. Ich könnte Macht ja auch mißbrauchen. Ich will kein klares und transzendentes Bewußtsein von allem über alles. Schon die Vorstellung tut mir weh. Ich habe Angst vor der Unendlichkeit, die darin enthalten ist. Ich möchte lieber enge Grenzen für das Bewußtsein, damit ich den Überblick behalte.

Daß meine innere Vernebelung und Begrenzung verdrängte Machtansprüche sind, damit will ich nichts zu tun haben.

ESSENZ 67
Ton h, gesummt · Farbe weiß
L 7

DIE GEISTIGE SCHWINGUNG DER ESSENZ
ALS AFFIRMATION

Ich schwinge in einem Bewußtsein, in einem Klang, der sich aus der Grenzenlosigkeit des Geistes getrennt hat, um zu sein, als Anfang aller Form. Ich bin bewußt und unbewußt, beides ist Teil der Unendlichkeit. In allem Unbewußten ist das höchste Bewußtsein enthalten. Alles ist reines Bewußtsein, trennt sich, wird unbewußt, lebt, stirbt und wandelt sich in reines Bewußtsein. Ich bin begrenzt und unendlich und grenzenlos als Bewußtsein. Alles schwingt von der Bewußtheit allen Seins in das Unbewußte und wieder zurück, um sich zu wandeln und neu zu erstehen.
Jeder Ton vereint sich mit allen Tönen, schwingt in einem Konzert und schwingt unendlich und unsterblich in mir, in meinem Leben, bis ins Universum.
Aus der Unendlichkeit schwingen die Töne allen Seins in mich und mein Leben. Ich schwinge in meinem individuellen Leben wie ein Konzert des individuellen Bewußtseins. Ich wandle Bewußtsein in mir und meinem Leben für die Unendlichkeit.
Alles in meinem Leben ist Teil des unendlichen Bewußtseins, das sich aus der Einheit trennt, unbewußt wird, wandelt und wächst im unendlichen Wachstum des Geistes. Macht ist immer in Macht und Ohnmacht geteilt. Beides wandelt sich und läßt mich wachsen im Geist.

KURZFASSUNG DER 7 NEGATIVEN LEBENSEINSTELLUNGEN

ESSENZ 67

L 7, Ton h

Zwischen Macht und Ohnmacht kann ich mich nicht wandeln und erweitern. Das reibt mich auf. Kann man so wachsen?

ESSENZ 66

L 6, Ton a

Mit dem All-Wissen könnte ich nicht leben. Das ist mir zuviel Macht und Verantwortung.

ESSENZ 65

L 5, Ton g

Ich kann nicht darauf vertrauen, daß mein Machtanspruch im Austausch und im Einklang mit der Schöpfung ist.

ESSENZ 64

L 4, Ton f

Ich kann Macht und Ohnmacht nicht in mir integrieren.

ESSENZ 63

L 3, Ton e

Ich ertrage es nicht, mich und meinen Machtanspruch zu erkennen. Ich traue mir nicht zu, Macht richtig einzusetzen.

ESSENZ 62

L 2, Ton d

Ich ertrage die Trennung von dem All-Wissen nicht. Ich hätte gern die Macht des Wissens, habe aber Angst davor.

ESSENZ 61

L 1, Ton c

Ich traue mir nicht und vernebele mich. Ich kann die Macht meines Bewußtseins nicht ertragen.

KURZFASSUNG DER 7 AFFIRMATIONEN

ESSENZ 67

L 7, Ton h

Bewußtsein zu trennen in Unbewußtes und Bewußtes ist Teil der unendlichen Erweiterung und des Wandels von Geist.

ESSENZ 66

L 6, Ton a

Alles in meinem Leben ist höchstes Wissen, transzendent und klar, auch wenn mir das nicht bewußt ist. Meine Intuition ist klar.

ESSENZ 65

L 5, Ton g

Alles in meinem Leben tauscht sich aus, ist bewußt und unbewußt und kreiert in höchstem Wissen die Schöpfung mit.

ESSENZ 64

L 4, Ton f

Alles in meinem Leben ist die Integration von Wissen und Nichtwissen, von Macht und Ohnmacht. Beides macht mein Leben aus.

ESSENZ 63

L 3, Ton e

Die Zentrierung meines Bewußtseins ist Teil der Idee, individuell zu sein. Ich weiß um die Einheit allen Bewußtseins.

ESSENZ 62

L 2, Ton d

Alles in meinem Leben ist Teil der unendlichen Bewegung zwischen Bewußtsein und Unbewußtsein. Ich bin nie getrennt von dem All-Wissen.

ESSENZ 61

L 1, Ton c

Alles in meinem Leben ist Teil der Idee, Bewußtsein und Unbewußtsein zu trennen. Ich bin unbewußt, doch wissend.

6. EBENE

DIE TÖNE UND IHRE 5 ELEMENTE-ESSENZEN

Essenzen 68 bis 72

Jede Erfahrung entspringt einer Idee,
die durch Worte und Bilder Realität wird.

6. EBENE
DIE MACHT DER WERTUNG

Unser physischer Körper besteht wie die materielle Welt aus den Elementen Erde, Wasser, Feuer, Luft und Leben. Geistig betrachtet sind das die Ausdrucksformen von Wachstumsanfang, Bewegung, Erkenntnis, Vergeistigung und Erweiterung innerhalb des begrenzten Raumes der Materie. Diese geistigen Energien schwingen in uns auf 7 Ebenen, die den 7 Chakren zugeordnet sind. Auf der 6. Ebene verlassen wir die Begrenzung der Materie und erkennen unsere Macht, die Dinge durch Worte und Bilder Realität werden zu lassen. Diese Kraft schwingt in 5 Frequenzen, entsprechend den 5 Elementen.

Essenz 72	E 5	Buchstabe u	Leben	Leben
Essenz 71	E 4	Buchstabe o	Luft	Vergeistigung
Essenz 70	E 3	Buchstabe i	Feuer	Erkenntnis
Essenz 69	E 2	Buchstabe e	Wasser	Bewegung
Essenz 68	E 1	Buchstabe a	Erde	Wachstum

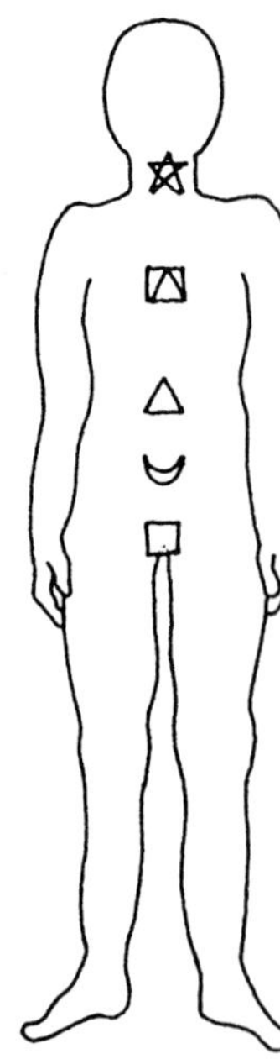

Planet: Die Aspekte zwischen den Planeten des eigenen Horoskops.
Keine Farbe: Die Mathematik.

6. EBENE
UNENDLICHES GEISTIGES BEWUSSTSEIN
BRAUCHT BILDER UND WORTE.
SIE ERSCHAFFEN UNSERE REALITÄT

Die Elemente symbolisieren die andere, die getrennte Seite. Wir geben den Dingen durch Worte und Bilder ihren Wert. So schaffen wir unsere Realität. Thematisch korrespondieren die Elemente-Essenzen der 6. Ebene mit den Elemente-Essenzen der 2. Ebene. Bei der Anwendung der Essenzen auf dem 2. Chakra werden beide Pole des Themas berührt. Siehe Seite 555 und Seite 547.

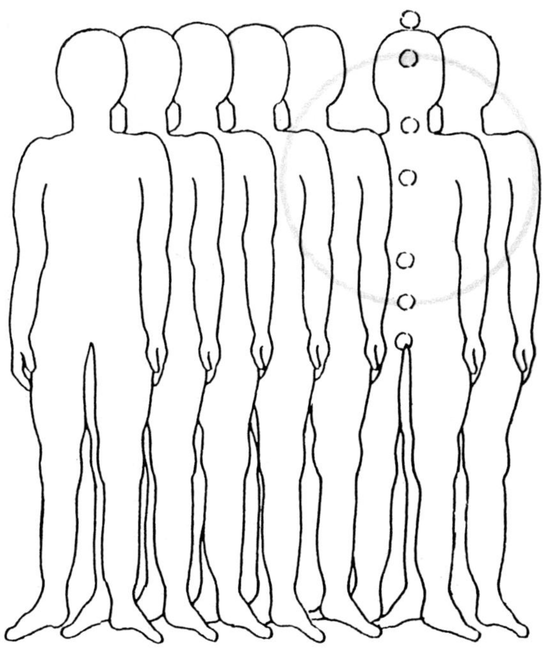

DER GEIST DER ELEMENTE IN DEN VOKALEN

Jede Erfahrung entspringt einer Idee, die Gestalt angenommen hat.
Wir erschaffen unsere Realität durch Worte und Bilder. Jede Erfahrung ist eine Gestalt gewordene Idee, ein Bild, das Realität wird.
Alle Planeten sind geformte Bewußtseinsideen, die Gestalt angenommen haben. Sie sind nicht nur an ihren Körper gebunden, sondern realisierte Ideen in Beziehung zueinander.
Jeder Planet ist eine Gestalt gewordene Idee auf einer Reise des Bewußtseins. Auch die Erde, unser Heimatplanet, ist eine Idee der Schöpfung – Milliarden Gestalt gewordener Ideen vereint auf und in ihr. Jeder andere Planet ist die Vereinigung unzähliger geformter Ideen.
Wir erschaffen Bilder in uns. Wir geben den Bildern Namen. Wir benennen sie. Wir werten.
Jede Erfahrung ist einzigartig. Wir werten die Erfahrung auf individuelle Art und Weise. Niemand kann die Erfahrungen so werten wie wir. Denn unsere Wertung ist einzigartig und verwoben mit Vergangenheit und Gegenwart und Zukunft in uns.
Wir haben die Kraft zu entscheiden, wann eine Erfahrung beginnt. Beginnt sie in dem Moment, wo sie geschieht? Oder hat sie ihren Anfang in unserer Kindheit? In unserer Zeugungs- oder Geburtsminute? Oder in vergangenen Leben? Alles trägt dazu bei, uns zu formen, wie wir sind. Wir können erkennen, daß alles ein unendlicher Weg ist. Wir sind auf einer Etappe unseres Weges, mit jeder Erfahrung. Jetzt benennen wir eine Erfahrung

so, zu anderer Zeit und an anderem Ort benennen wir sie anders. Jede Erfahrung entspricht einer Idee, die wir hatten oder haben. Jede Idee hat Sinn und Zweck. Wir können die Idee ändern und der Erfahrung andere Bilder und Worte geben.
Wir können die Erfahrung mit Bildern und Worten formen. Durch die Formung der Bilder können wir ihren Wert ändern. Unser Bewußtsein, unser inneres Wissen, formt Bilder und Worte in uns. Damit bekommen wir Entscheidungskraft. Wir können Bilder und Worte in uns selbst schicken. Wir können Bilder und Worte zu anderen schicken. Mit Bildern und Worten können wir die Grenzen unseres Körpers verlassen. Unser Bewußtsein kann in Bildern und Worten überall hingehen.
Wir können uns ansehen: Wer sind wir? Wir entscheiden es selbst, wie wir uns sehen. Niemand anderes kann uns so sehen wie wir. Wir sehen uns an und werten. Niemand außer uns kann uns so bewerten. Wir sind das Bild, das wir uns von uns selbst machen. Andere machen sich ihre eigenen Bilder, von sich und von uns.
Wir sind unsere eigenen Schöpfer durch das Bild, das wir uns von uns selbst machen. Und durch die Worte, mit denen wir uns und jede Erfahrung in unserem Leben benennen.
»Am Anfang war das Wort, und das Wort war bei Gott.« Johannes 1.1.
Das Wort ist der Beginn der Wertung einer Erfahrung. Wir herrschen nicht über unser Schicksal, aber wir herrschen über die Betrachtung unserer Realität, und damit erschaffen wir sie.
Denn Realität ist nichts Statisches, nichts Festes, sie ist Übereinkunft. Sie ist für alle einzigartig. Immer ist jede Erfahrung für jedes Lebewesen einmalig.
Für alle ist die Realität wie ein unendliches Puzzle aus verschiedenen Erfahrungen, Gefühlen, Ebenen, Dimensionen, Vorstellungen, Leben und Zeiten.

Wir wissen nicht, wie unendlich viele Anteile in uns unsere eigene Realität miterschaffen und mitformen.
Wir können erkennen, daß jede Wertung unserer Realität subjektiv und damit formbar ist.
Körperliche Erfahrungen sind Realität. Die Betrachtungsweise der Realität ist frei, formbar und veränderbar.
Worte sind geformte Wellen. Bilder sind Wellen.
Unsere Gedanken sind Wellen.
Sprechen wir, senden wir geformte Wellen, in uns selbst und in die Welt. Werten wir durch Worte, Gedanken und Gefühle, beeinflussen wir die Wellen und Bilder in uns und in der Welt.
Benennen und bewerten wir Erfahrungen und formen sie in Bildern, senden wir ihren Wert in uns und in die Welt.
Wir manifestieren durch die Werte, die wir den Bildern geben. Wir manifestieren durch Worte.
Wir können den Wert jeder Erfahrung erkennen, als Teil unendlicher Erfahrungen, die in uns wuchsen und ein Wertesystem erschufen.
Wir können uns und die Welt verändern, indem wir erkennen, daß wir durch die Wertung jeder Erfahrung die Erfahrung verändern.
Worte und Bilder können uns helfen, Ideen zu ändern und uns neu zu formen.
Wir sind, wie jede Erfahrung in unserem Leben, die Verwirklichung unserer eigenen Idee.
Wir machen uns ein Bild. Wir formen uns ein Bild aus den Wellen der Töne und schaffen ein Bild, das wir in Worte kleiden.
Wir beschreiben das Bild und benennen das, was wir sehen. Wir erschaffen uns eine Vorstellung von dem, was wir erfahren wollen, und werten diese Erfahrung.
Wir machen uns Bilder und Worte. Wir werten damit uns und alles, was wir wahrnehmen.

Wir nehmen die Wellen, Farben und Töne des Universums und schaffen Formen, Bilder und Worte. Wir werten all dies als gut oder schlecht und erschaffen damit unsere Realität und die Realität dessen, was wir erfahren.

ZUSAMMENFASSUNG ALS AFFIRMATION

»Ich erkenne, daß hinter jeder gelebten Erfahrung eine Idee existiert. Ich werte Erfahrungen mit Worten und Bildern. Das ist mein Wahrnehmungsvermögen. Es ist einzigartig, wie meine eigene Realität einzigartig ist. Ich erschaffe die Ideen für meine Erfahrungen. Ich habe die Kraft, mit Bildern und Worten, Neues in mir zu erschaffen. Damit gestalte ich mich, meine Erfahrungen und die Welt. Denn mit meinem Bewußtsein, mit dem ich Bilder und Worte in mich und in die Welt schicke, bin ich nicht an meinen Körper gebunden. Ich forme die Realität durch Bilder und Worte und durch meine Bewertung der Realität.«

DIE ESSENZEN

DAS THEMA DER 6. EBENE · NEGATIV
ANGST VOR DER MACHT, MIT BILDERN UND WORTEN, DIE EIGENE REALITÄT ZU ERSCHAFFEN

Erkennt nicht die Macht des eigenen Bewußtseins, fühlt sich den eigenen Erfahrungen ohnmächtig ausgeliefert.
Erkennt nicht den Sinn des eigenen Lebens.
Glaubt nicht an die Macht des eigenen Bewußtseins, mit Bildern und Worten die eigenen Erfahrungen zu verändern. Glaubt nicht, daß die eigenen Ideen zum eigenen Schicksal geführt haben.
Akzeptiert nicht, daß das eigene Schicksal und die Erfahrungen den eigenen Ideen des transzendenten Bewußtseins entstammen.
Mißtraut der eigenen Macht und will sie nicht einsetzen. Überläßt lieber alles dem Unbewußten und der Gefühlsebene, um die eigenen Machtstrukturen nicht erkennen zu müssen.
Hat Angst vor der Gestaltungsfähigkeit des eigenen Bewußtseins. Zieht sich lieber in die Opferrolle zurück, um Erfahrungen ohnmächtig zu erleben.
Erkennt nicht die Verantwortung für jedes Bild und jedes Wort, daß er/sie sagt, sich vorstellt, sendet oder weitergibt, mit der Wirkung auf sich selbst und das Kollektiv Schöpfung.
Erkennt nicht, daß die eigene Realität durch die eigene Wertung entsteht.

DAS THEMA DER 6. EBENE · POSITIV
DIE MACHT ÜBER DIE EIGENE REALITÄT ERKENNEN
DURCH BILDER UND WORTE

Bilder und Worte erschaffen die Realität. Wir verändern die Realität durch Bilder und Worte und bewerten durch Bilder und Worte. Wir erkennen uns in unseren Bildern und Worten, indem wir werten.
Erkennen der Relativität jeder Realität. Die Macht der Bilder und Worte erkennen. Inneres Wissen darüber, daß jedes Bild und jedes Wort das eigene Leben und die Welt mitformen und zu dem machen, was sie ist. Erkennen, daß jedes Wort und jedes Bild das eigene Ich und jede Erfahrung zu einer Realität formen (Heilung mit Affirmationen und Visualisierungen). Erkennen, daß die Bewertung jeder Erfahrung individuell ist. Niemandem die Bewertung überlassen, da wir nur selbst den Zusammenhang in den tiefsten Tiefen des eigenen Bewußtseins erkennen können.

DIE 5 ELEMENTE-ESSENZEN DER VOKALE SCHWINGEN IN 5 FREQUENZEN

Es sind die Frequenzen der Vokale a, e, i, o und u. Sie haben die Gestaltungsfähigkeit des eigenen Schicksals durch Worte und Bilder zum Hauptthema. Innerhalb dieses Hauptthemas betonen sie die verschiedenen Kräfte der Elemente.

Die geistigen Inhalte sind:

Buchstabe u	*Leben*	Jede Erfahrung ist eine realisierte Idee. Sie erweitert das Bewußtsein und ist Teil des unendlichen Erweiterungsprozesses allen universellen Bewußtseins in der Schöpfung.
Buchstabe o	*Luft*	Jede Erfahrung kann beendet werden, wenn die Idee der Erweiterung erfüllt ist. Das Ende schafft Raum für neue Ideen, die realisiert werden können.
Buchstabe i	*Feuer*	Jede Erfahrungsidee, die realisiert wird, führt zur Erkenntnis und Erweiterung des Bewußtseins.
Buchstabe e	*Wasser*	Jede Erfahrung ist eine realisierte Idee, die beweglich ist. Die Bewertung läßt sich bewegen und damit die Erfahrung.
Buchstabe a	*Erde*	Jede Erfahrung ist eine Idee, die dem Wachstum dient.

SICH ERKENNEN MIT DEN 5 FRAGEN DER ELEMENTE-ESSENZEN

Falls Sie alle Fragen mit ja beantworten können, brauchen Sie keine dieser Essenzen. Die Fragen, die Sie mit nein beantworten, zeigen eine Schwingung, die in Ihnen unterstützt werden sollte.

Am Anfang jeder Frage kann auch »Akzeptiere ich« stehen.

Essenz 72	E 5	Vertraue ich auf die Macht meines Bewußtseins, meine Realität zu gestalten? Und daß ich mit dieser Macht die Schöpfung mitgestalte?
Essenz 71	E 4	Vertraue ich meiner Macht, mich von Erfahrungsideen zu trennen, um Raum für neue Realitäten zu erschaffen?
Essenz 70	E 3	Vertraue ich meiner Macht, mich in jeder Erfahrungsidee zu erkennen?
Essenz 69	E 2	Vertraue ich meiner Macht, Realität bewegen zu können, wenn ich meine Werte ändere?
Essenz 68	E 1	Vertraue ich meiner Macht, meine Erfahrungen durch meine eigene Wertung zu gestalten?

SICH ERKENNEN IN DER NEGATIVEN LEBENSEINSTELLUNG

Ich will nicht wissen, daß alle meine Erfahrungen auf meinen eigenen Vorstellungen basieren. Dann hätte ich für jede Erfahrung in meinem Leben die Verantwortung. Das ertrage ich nicht. Wieso soll das richtig sein? Dann hätten wir ja alle die Macht, unser Leben so zu gestalten, daß wir nur schöne Erfahrungen machen. Ich lasse mich in meine Erfahrungen treiben. Ich kann sie sowieso nicht ändern. Ich fühle mich eher als Opfer meiner Erfahrungen. Dabei lasse ich es lieber. Als Opfer kann ich meine Erfahrungen beklagen und bekomme das Mitgefühl, das ich brauche. Ich will auch nicht so mächtig sein, wer weiß, was dabei herauskommt. Ich bin, wie ich bin.

Ich kann an meinem Schicksal nichts ändern. Es ist, wie es ist, fest, unveränderbar. Darüber habe ich keine Macht.

ESSENZ 68
Buchstabe a
E 1

DIE GEISTIGE SCHWINGUNG DER ESSENZ ALS AFFIRMATION

Jede Erfahrung ist eine realisierte Idee. Auch ich bin die realisierte Idee meines Bewußtseins. Mit der Kraft meines Bewußtseins konzipiere ich selbst jede Erfahrung meines Lebens im Einklang mit allen anderen Erfahrungen aller Lebewesen. Ich forme die Ideen für Erfahrungen in mir und übernehme die Verantwortung für alle Erfahrungen in meinem Leben. Sie dienen meinem Wachstum.

Ich habe die Idee für den Anfang einer Erfahrung und setze diese Idee mit der Kraft der Erde um. Meine Erfahrungen sind realisierte eigene Ideen, die mich wachsen lassen. Ich erkenne meine Macht in jeder Erfahrung, denn immer liegt Bewußtseinserweiterung in jeder Erfahrung.

Erfahrungen entstehen nicht aus Ohnmacht, sondern aus der Kraft meiner Vorstellungen. Auch ohne den Ursprung für alle Erfahrungen zu kennen, sind meine bewußten und unbewußten Visionen Teil meines Wachstums. Ich erkenne ihren Wert.

SICH ERKENNEN IN DER NEGATIVEN LEBENSEINSTELLUNG

Ich bin Opfer des Schicksals und der Realität, so wie sie ist, und daran halte ich fest. Würde ich Bewegung in diese Vorstellung lassen, würde ich mich und mein Weltbild ändern. Das will ich nicht. Davor habe ich zu große Angst. Ich habe mein Leben darauf eingerichtet, mich innerlich festzuhalten und mir die Verantwortung für keine Bewegung meiner Erfahrungswelt zuzuschreiben. Das wäre mir zu unbequem, und es würde mich zuviel Kraft kosten. Ich halte an der Realität ganz fest und lasse nicht zu, daß ich verunsichert werde. Ich habe Angst vor der Veränderung meiner Werte. Das Unveränderbare läßt sich nicht verändern, dabei bleibe ich.

ESSENZ 69
Buchstabe e
E 2

DIE GEISTIGE SCHWINGUNG DER ESSENZ
ALS AFFIRMATION

Meine Vorstellungen sind beweglich wie meine Realität. Ich bewege mich, um meine Ideen von Erfahrungen in die Tat umzusetzen. Alles strömt und fließt, damit ich in der Realisierung meiner Ideen Erfahrungen machen kann, die mein Bewußtsein erweitern.
Jede Bewegung, mit der ich meine Erfahrungen Gestalt annehmen lasse, lasse ich im Strom meiner Entwicklung fließen.
Meine Vorstellungen von den Erfahrungen, die ich realisiere, sind beweglich. Ich wachse an meinen Erfahrungen und bin verantwortlich für jede Erfahrung, denn sie entspringt meiner Vorstellungskraft. Ich habe die Macht, meine Erfahrungsideen zu bewegen. Der Zustrom an Kraft für Erfahrungen ist unendlich groß in mir. Ich brauche keine Angst vor zuviel Erfahrungen zu haben, die mein Bewußtsein wachsen lassen. Ich selbst habe die Macht, in mir so viele Bilder entstehen zu lassen und mich so viel zu bewegen, wie ich möchte.

SICH ERKENNEN IN DER NEGATIVEN LEBENSEINSTELLUNG

Ich will nichts erkennen und nicht alles ins Bewußtsein zerren. Ich habe Angst, zu erkennen, daß ich selbst Verantwortung für meine Realität habe. Ich kann nicht glauben, daß ich für alle Erfahrungen, die ich mache, selbst verantwortlich bin. Dann wäre ich nicht mehr Opfer. Ich wäre Täter in jeder Erfahrung meines Lebens. Diese Macht will ich nicht akzeptieren. Ich kann mit ihr nicht umgehen und will sie auch nicht wahrhaben. Ich will mich nicht erkennen als Erschafferin meiner Realität. Ich will auch nicht erkennen, welche Ideen hinter meinen Erfahrungen liegen. Ich bleibe passiv und verstecke mich lieber hinter dem Schicksal, dann muß ich nicht so viele Erkenntnissse akzeptieren.
Ich mache Erfahrungen. Meine Schlüsse daraus halte ich lieber im Unbewußten. Daß ich so auch Macht über mich selbst ausübe, kann ich nicht glauben. Macht wird wissentlich ausgeübt. Daß ich das auch unbewußt mache, stimmt nicht. Schicksal bleibt Schicksal.

ESSENZ 70
Buchstabe i
E 3

DIE GEISTIGE SCHWINGUNG DER ESSENZ
ALS AFFIRMATION

Jede Erfahrung entstammt einer Idee, in der ich mich erkenne. Ich forme die Idee der Erfahrungen. Indem ich die Erfahrungen werte, habe ich Macht über meine Erkenntnisse. Ich erkenne jede Erfahrung als Idee meines Bewußtseins.
Ich erkenne den Sinn der Erfahrung und warum ich die Idee für diese Erfahrung hatte. Mein Bewußtsein wird hell und leicht. Es erkennt den unendlichen Raum, in dem jede Erfahrung stattfindet und Gestalt annimmt.
Mein Bewußtsein formt jede Erfahrung, wertet sie durch Erkenntnis und erweitert meinen inneren Raum.
Ich erkenne in mir die Macht zu erkennen und die Macht, jede Erkenntnis durch Wertung selbst erschaffen zu können.
Ich erkenne die Macht meines Bewußtseins, jede Erfahrung als Weg des Wachstums meines Bewußtseins zu werten.
Ich habe die Macht, die Erfahrungen in meinem Leben, ihre Idee und ihren Wert zu bestimmen und übernehme dafür die Verantwortung. Denn jede Erfahrung ist im Einklang mit meinem inneren All-Wissen und dient meinem Wachstum.

SICH ERKENNEN IN DER NEGATIVEN LEBENSEINSTELLUNG

Mein Bewußtsein konzipiert keine Erfahrungen, die ich mit dem Unbewußten austausche und vergeistige. Ich will das alles nicht wissen. Mein Wissen ist begrenzt. Das soll auch so bleiben. Daß sich alles in mir austauscht und neue Ideen für neue Erfahrungen entwickelt, interessiert mich nicht.

Ich will nicht die Macht, Erfahrungen zu beenden und zu vergeistigen, wie ich es für gut halte. Ich will überhaupt keine Macht über meine Erfahrungen. Dann wäre ich verantwortlich für meine Vorstellungen und Erfahrungen.

Ich lasse mich lieber von Erfahrung zu Erfahrung treiben. Dann brauche ich mich nicht mit der eigenen Verantwortung für mein Leben auseinanderzusetzen, auch nicht mit der Macht meines Bewußtseins.

Ich kann mich nicht von alten Vorstellungen lösen und neue Visionen in mir entwickeln, wie ich mein Leben ändern könnte. Ich habe gar keine Visionen. Ich halte fest an meiner Vorstellung von der Unveränderbarkeit meiner eigenen Realität.

ESSENZ 71
Buchstabe o
E 4

DIE GEISTIGE SCHWINGUNG DER ESSENZ ALS AFFIRMATION

Ich bin mir bewußt, daß ich alles in mir und meinem Leben vergeistige. Ich bin Geist und Körper, und mein Bewußtsein ist fest und geistig. Ich tausche beides in mir aus: Die geistige Idee einer Erfahrung und die Realisierung der Idee als Erfahrung.
Ich beende Visionen und Ideen und schaffe Raum für neue, die ich realisieren kann. Ich kann eine Idee beenden und Raum für neue Ideen in mir öffnen.
Ich begrenze, denn Bewußtsein ist begrenzt, wie jede Erfahrung, die ich mache.
Ich beende eine Erfahrung, wenn die Idee der Erfahrung sich erfüllt hat. Ich schaffe Raum für neue Visionen und Ideen, die ich in die Realität umsetze. Eine erfüllte Erfahrung erweitert meinen Geist. Ich lasse los und wachse an der neuen Realität.

SICH ERKENNEN IN DER NEGATIVEN LEBENSEINSTELLUNG

Ich kann nicht akzeptieren, daß jede Erfahrung meiner eigenen Idee entspringt. Dann müßte ich für alles in meinem Leben die Verantwortung übernehmen. Das scheint mir unmöglich. So ist die Welt doch nicht gemacht. Da müßten sich ja viele Menschen die schrecklichsten Schicksale selbst ausgewählt und zurechtgelegt haben. An den schlimmsten menschlichen Erfahrungen sind auch andere beteiligt. Wie soll das denn gehen?
Ich könnte mir ja nie vertrauen, wenn mein inneres Wissen die Macht über mein Schicksal hätte. Dann hätte ich auch Macht über mein Leben mit allen Schrecken. Das macht mir Angst. Ich will lieber nichts über mein Schicksal wissen. Dann brauche ich mich auch nicht mit meiner eigenen Verantwortung und Macht auseinanderzusetzen. Erfahrungen sind Schicksal. Das kann man nicht ändern. Ich habe keine Macht über mein Schicksal und will sie auch nicht.

ESSENZ 72
Buchstabe u
E 5

DIE GEISTIGE SCHWINGUNG DER ESSENZ ALS AFFIRMATION

Jede Erfahrung ist eine real gewordene Idee meines Bewußtseins, durch die ich wachse.
Jede Erfahrung ist die Formung einer Idee. Mein Bewußtsein formt so viele Ideen für Erfahrungen, wie ich in meinem Leben zu meinem Wachstum brauche. Leben ist die Realisierung einer Idee in der materiellen Welt. Ich bin Form und Idee. Die Form ist sterblich, das Bewußtsein, das ich mit meinen Erfahrungen erreiche, ist unsterblich. Mit jeder Idee, die ich forme, realisiere, wachsen lasse, durch die ich Erkenntnisse gewinne, die ich beende und vergeistige, wird mein Bewußtsein weiter.
Ich habe die Kraft, Visionen und Ideen zu verwirklichen und dadurch mein Bewußtsein zu erweitern. Diese Kraft ist mein Schutz, denn ich entscheide mit meinem Bewußtsein, welche Idee welche Form annehmen soll. Ich gebe der Idee einen festen Rahmen.
Ich erschaffe mein Karma, in Einklang mit allem Leben und mit allen unbekannten Anteilen außerhalb meines Bewußtseins. Auch mein Bewußtsein ist, wie jede Form, begrenzt. Ich wachse durch die Vergeistigung meines Bewußtseins. Meine Realität ist Teil der Schöpfung. Wir wachsen gemeinsam durch die Erfahrungen in der Realität, so wie sie ist. Sie ist so, daß ich wachse und mich und die Schöpfung erweitere.

KURZFASSUNG DER 5 NEGATIVEN LEBENSEINSTELLUNGEN

ESSENZ 72

E 5, Buchstabe u

Ich bin nicht machtvoll und schöpferisch und kann auch deswegen kein neues inneres Bild von mir selbst entwerfen. Alles ist so, wie es ist. Daran kann ich nichts ändern.

ESSENZ 71

E 4, Buchstabe o

Ich kann von mir selbst kein neues Bild entwerfen. Ich halte an dem fest, wie ich mich sehe. Die Bilder meines Selbst werde ich nicht los. Und die sind schlecht.

ESSENZ 70

E 3, Buchstabe i

Ich bin durch Erfahrungen zu dem geworden, was ich bin. Diese Erfahrungen wurden mir vom Leben aufgezwungen. Meine Ideen waren das nicht.

ESSENZ 69

E 2, Buchstabe e

Ich bin so, wie ich bin. Das läßt sich doch nicht ändern. Ich kann nichts an mir ändern, auch nicht meine Wertvorstellungen.

ESSENZ 68

E 1, Buchstabe a

Meine Vorstellung von mir selbst ist ein festes Bild. Das läßt sich nicht ändern. Meine Erfahrungen haben damit nichts zu tun, über die habe ich keine Macht.

KURZFASSUNG DER 5 AFFIRMATIONEN

ESSENZ 72

E 5, Buchstabe u

Jede Erfahrung, die ich realisiere, ist Teil des unendlichen Erweiterungsprozesses der Schöpfung. So trage ich schöpferisch zum Wachstum der Schöpfung bei.

ESSENZ 71

E 4, Buchstabe o

Ich beende eine Erfahrung, wenn die Idee hinter der Erfahrung sich erfüllt hat. Ich beende, um Raum für neue Erfahrungsideen zu haben, die mich erweitern.

ESSENZ 70

E 3, Buchstabe i

Ich erkenne die Erweiterung meines Bewußtseins durch die Idee meiner Erfahrung, die ich realisiere.

ESSENZ 69

E 2, Buchstabe e

Die Idee und der Wert meiner Erfahrung sind beweglich. Ich bewege die Idee und vertraue auf meinen Wachstumsprozeß, wenn ich die Werte bewege.

ESSENZ 68

E 1, Buchstabe a

Jede Erfahrung entspringt meiner kreativen Idee zu wachsen. Ich erkenne den Wert dieses Wachstumsprozesses. Ich selbst bestimme die Werte meiner Erfahrungen.

7. EBENE

DER GEIST UND SEINE 7 LICHT-ESSENZEN

Essenzen 73 bis 79

Alles im Leben ist unendlicher Geist,
der sich spiegelt.
Spiegel und Spiegelbild, Illusion und
Wirklichkeit sind eins.

7. EBENE
UNENDLICHER GEIST FINDET
REFLEXIONSFLÄCHE AUF 7 EBENEN

Die Licht-Essenzen des Geistes aktivieren in uns unendliche geistige Kraft. Diese Kraft läßt uns erkennen, daß wir geistig sind, daß unser Leben Ausdruck unendlicher geistiger Kraft ist. Wir teilen diese Kraft in 7 Frequenzen. Jede Licht-Essenz entspricht einer dieser Frequenzen.

Essenz 67	L 7 Geist	**7. Chakra**	**Grenzenlosigkeit**
Essenz 66	L 6 Geist	6. Chakra	Höchstes Bewußtsein, Intuition
Essenz 65	L 5 Geist	5. Chakra	Einssein mit der Schöpfung
Essenz 64	L 4 Geist	4. Chakra	Integration
Essenz 63	L 3 Geist	3. Chakra	Zentrierung
Essenz 62	L 2 Geist	2. Chakra	Unendliche Bewegung
Essenz 61	L 1 Geist	1. Chakra	Sein

Planet: Pluto

7. EBENE
UNENDLICHER GEIST IST DIE
GRENZENLOSE KRAFT IN UNS

In uns schwingt geistige Kraft auf 7 Ebenen. Jede Ebene hat einen eigenen Energiekörper. Die 7. Ebene ist unser Geistkörper und dem 7. Chakra zugeordnet. Thematisch korrespondieren das 7. Chakra und das 1. Chakra. Bei der Anwendung der Licht-Essenzen auf dem 1. Chakra werden beide Pole des Themas berührt. Siehe Seite 556 und Seite 544.

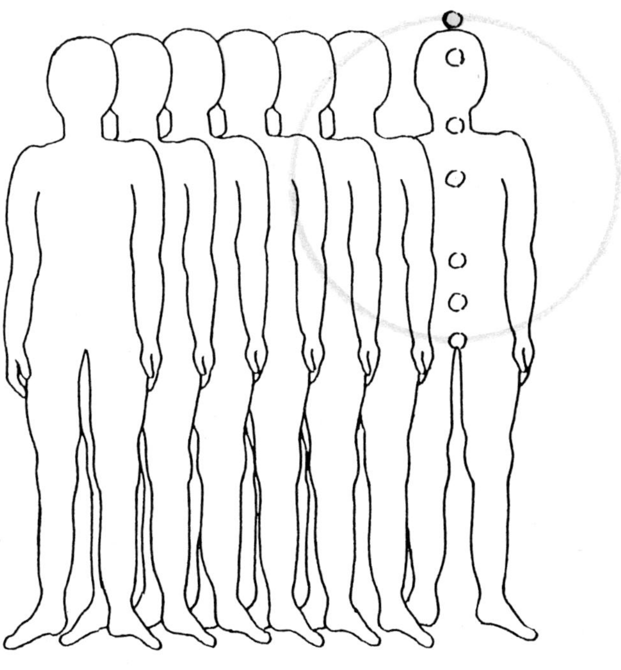

DER GEIST

Wir sind alles, und wir sind nichts. Wir sind unendlicher Geist, unendlich und unbegrenzt. Wir spiegeln Geist in unserem begrenzten Leben. Ohne die Begrenzung der Materie sind wir nichts und alles gleichzeitig. Denn reiner Geist ist alles und nichts und die größte Kraft. Alles Manifeste ist und ist auch Illusion, denn ohne die Unendlichkeit des Geistes, der sich in allem spiegelt, existiert nichts. Und wir sind alles, denn die Unendlichkeit des Geistes spiegelt sich in jeder Manifestation.

Als Manifestation sind wir begrenzt. Als Geist sind wir unendlich. Wir sind beides: wir sind begrenzt und gleichzeitig grenzenlos.

Wir sind unendliche Bewegung, die sich in uns spiegelt. Und doch ist die Bewegung Illusion, denn sie ist an Zeit und Form gebunden. Der unendliche Geist in uns ist ohne Zeit und Bewegung.

Wir sind unendliches zentriertes Bewußtsein. Doch ist unsere Identität eine Illusion. Unendlicher Geist in uns ist ohne Identität. Alles individuelle Bewußtsein ist in ihm enthalten. Wir sind unendliche Integration, denn wir sind Geist und Manifestation in einem. Und doch ist die Integration von Geist und Manifestation Illusion, denn beides ist nie getrennt, sondern das eine ist Spiegel des anderen und beides bedingt einander.

Wir sind unendlich, schöpferisch, denn der unendlich schöpferische Geist spiegelt sich in uns und erschafft ständig Neues. Doch die Neuerschaffung in uns ist Illusion, weil wir von der unendlichen schöpferischen Kraft des Geistes nie getrennt sind.

Wir sind unendliches All-Bewußtsein, daß sich in uns spiegelt.

Und doch ist das All-Bewußtsein Illusion, denn es ist nie getrennt von uns. Unendlicher Geist ist All-Bewußtsein in Unendlichkeit und nie getrennt, sondern immer in uns.
Wir sind unendlicher Geist, der sich in uns als Manifestation spiegelt. Und doch ist der unendliche Geist Illusion, denn er ist und ist nicht, so wie wir. Unendlicher Geist und Manifestation sind eins. Das eine ist Spiegelbild des anderen.
Wir sind unendlicher Wandel von Geist in Manifestation: Wandel von Unendlichkeit, die sich verdichtet zu unserem Leben und wieder unendlich wird, beides in einem unendlichen Kreislauf.
Unendlicher Geist spiegelt sich in jeder Manifestation. Jede Trennung ist Illusion, denn Geist und Materie sind nie getrennt. Unendlicher Geist ist in aller Materie. Materie ist Spiegel des Geistes, und Geist spiegelt sich in jeder Materie.
Beides ist in beidem enthalten und nicht getrennt. Spiegel und Spiegelbild verschmelzen zu einer Einheit in uns. Wir sind, und wir sind Illusion. Wir sind. Jetzt. In jedem Augenblick.

ZUSAMMENFASSUNG ALS AFFIRMATION

»Ich bin unendlich und grenzenlos. Ich bin alles, was ist. Ich bin unendlicher Geist. Ich bin begrenzt als Manifestation und doch unendlich und unsterblich. Mein Geist ist frei und ohne Form. Ich bin nie ohne Identität, denn mein unendlicher Geist ist mit allem identisch. Ich bin zuhause in jeder Manifestation, denn alles ist Spiegel des unendlichen Geistes.
Ich bin unendlich und in allem enthalten. Ich bin alles und nichts. Ich bin im Einklang mit allem in meinem Leben. Ich bin getrennt und doch nie getrennt aus der Unendlichkeit des unendlichen Geistes. Ich bin unendlich und unzerstörbar, denn mein Geist ist unendlich und unsterblich.«

DIE ESSENZEN

DAS THEMA DER 7. EBENE · NEGATIV
ANGST VOR DER UNENDLICHEN KRAFT DES EIGENEN GEISTES

Hat Angst vor der Grenzenlosigkeit des Geistes. Fürchtet die Grenzenlosigkeit als Identitätsverlust oder Auslöschung. Klammert sich an jede Begrenzung, was wieder Angst vor Verlust der Begrenzung bedeutet. Todesangst im abstrakten Sinn.
Glaubt, Geist und Unendlichkeit gebe es nicht. Wo soll das sein? Will damit nichts zu tun haben.
Flucht in die rein materielle Betrachtung allen Lebens. Fixierung auf die rein wissenschaftliche Betrachtung des Lebens und des Universums. Angst vor dem Sterben als dem endgültigen Aus. Setzt Unendlichkeit gleich mit dem endgültigen Verlust von Identität. Deswegen Fixierung auf die materielle Welt, auf materielle Werte, Einstellungen und Lebensziele. Verhaftung im rein materiellen Aspekt des Lebens. Trennt Geist und Materie, hält sich an die Materie und Geist für nicht existent.
Geist ist eine unerklärliche und unfaßbare Größe und deswegen unglaubhaft.
Fürchtet sich vor der Leere und Kälte des Weltraums. Fürchtet sich vor dem Begriff Unendlichkeit wegen des Gefühls von Auslöschung nach dem Tod.
Will die jetzige materielle Realität als einzig mögliche anerkennen. Sieht das Leben nicht als eine Bewegung unter vielen, sondern als einzige, will deswegen alles »mitnehmen«.

DAS THEMA DER 7. EBENE · POSITIV
UNENDLICHE GEISTIGE KRAFT IN SICH ERKENNEN,
AUCH IN DER BEGRENZUNG DES LEBENS

Vorstellung und Akzeptanz von Unendlichkeit und Unsterblichkeit als geistige Kraft. Gleichwertigkeit von Geist und Materie erkennen, da das eine das andere spiegelt.
Nicht in der Materie verhaftet sein. Keine Angst haben vor der Unendlichkeit als Gefühl oder vor der Vorstellung, daß wir auf der Erde in einem leeren, kalten, unendlichen All schweben.
Den Geist hinter aller Materie erkennen. Keine Angst vor Materie und keine Angst vor der Abstraktion des Geistigen haben.
Keine Angst vor dem Sterben haben. Den Weg des Lebens als Abschnitt betrachten, der weitergeht, unendlich. Sich nicht getrennt fühlen, wie aus dem Himmel geworfen, sondern die Schönheit und Chance allen Lebens wahrnehmen. Nicht an einer Realitätsvorstellung von Leben festhalten.
Jeden Augenblick als vollendet erkennen, denn er beinhaltet alles. Alles ist perfekt, so wie es ist.

DIE 7 LICHT-ESSENZEN DES GEISTES SCHWINGEN IN 7 FREQUENZEN

Es sind die Frequenzen des geistigen Wissens auf den 7 Chakra-Ebenen. Ihr Hauptthema ist das Erkennen der Grenzenlosigkeit aller Dinge. Innerhalb dieses Hauptthemas betonen sie die 7 Aspekte dieses Hauptthemas, entsprechend den Themen der Chakren.

Die geistigen Inhalte sind:

Geist	*Geist*	Alles ist unendlicher Geist, der sich in allem Leben spiegelt und dadurch unendlich wächst.
Geist	*Ton*	Alles ist unendlicher Geist, der sich in jedem Bewußtsein spiegelt.
Geist	*Blüte*	Alles ist unendlicher Geist, der sich in der Kreativität der Schöpfung spiegelt.
Geist	*Blatt*	Alles ist unendlicher Geist, der sich in der Trennung und Vereinigung von Geist und Materie spiegelt und beides in sich integriert.
Geist	*Wurzel*	Alles ist unendlicher Geist, der sich in jeder Zentrierung des Bewußtseins spiegelt.
Geist	*Mineral*	Alles ist unendlicher Geist, der sich in der anderen, »getrennten«, unbewußten Seite spiegelt.
Geist	*Metall*	Alles ist unendlicher Geist, der sich in allem Leben spiegelt.

SICH ERKENNEN MIT DEN
7 FRAGEN DER LICHT-ESSENZEN.

Falls Sie alle Fragen mit ja beantworten können, brauchen Sie keine dieser Essenzen. Die Fragen, die Sie mit nein beantworten, zeigen eine Schwingung, die in Ihnen unterstützt werden sollte.

Am Anfang jeder Frage kann auch »Akzeptiere ich« stehen.

Essenz 79	L 7	Vertraue ich meiner unendlichen geistigen Kraft, die sich in meinem Leben wandelt und erweitert?
Essenz 78	L 6	Vertraue ich meiner unendlichen Bewußtseinskraft?
Essenz 77	L 5	Vertraue ich der unendlichen Schöpfungskraft in mir?
Essenz 76	L 4	Vertraue ich der Integrationskraft meines unendlichen Geistes?
Essenz 75	L 3	Vertraue ich der unendlichen Zentrierungskraft meines Geistes?
Essenz 74	L 2	Vertraue ich auf die unendliche Bewegungskraft meines Geistes?
Essenz 73	L 1	Vertraue ich der unendlichen Kraft meines Geistes?

SICH ERKENNEN IN DER NEGATIVEN LEBENSEINSTELLUNG

Ich habe Angst, mich zu verlieren, wenn ich mich auf die geistigen Aspekte in allem einlasse. Als ob ich dann in der Unendlichkeit verschwände. Ich schotte mich lieber von der Unendlichkeit des Geistes ab. Wer sagt mir, daß das überhaupt stimmt? Ich will mich auf das Feste, Konkrete im Leben beschränken. Alles ist nur Materie, läßt sich anfassen oder ansehen. Es gibt nur das, was ich sehe, darauf kann ich mich verlassen, davor brauche ich keine Angst zu haben. Ich fürchte mich vor der Unendlichkeit, sie ist für mich gleichbedeutend mit Tod. Ich brauche einen fixen Punkt, von dem ich ausgehe, sonst verliere ich mich und bin wie ohne festen Boden.

Unendlichkeit kann ich mir nicht vorstellen, sie macht mir Angst. Und was ist Geist? Ich denke, also bin ich, ist es das? Etwas anderes kann ich mir unter Geist nicht vorstellen. In mir ist Fleisch und Blut und keine Geistigkeit, so wie in der Erde Felsen und Sand sind. Darin werde ich mich auflösen und dann weg sein.

ESSENZ 73
Geist
L 1

DIE GEISTIGE SCHWINGUNG DER ESSENZ ALS AFFIRMATION

Unendlicher Geist drückt sich aus in jeder Manifestation. In meinem Leben sind Geist und Manifestation eins. Geist findet Ausdruck in jeder festen Form. Geist eint alle Formen des Lebens. In aller Form ist reiner Geist enthalten. Ich bin eins mit jeder Form des unendlichen Geistes. Alles ist begrenzt und als geistige Kraft grenzenlos.

In jeder festen Form ist die Grenzenlosigkeit des Geistes enthalten. Ich bin grenzenlos und begrenzt. Das eine ist im anderen enthalten. Ich bin Geist und Spiegel des Geistes in meinem Leben.

Ich bin reiner Geist, der Form angenommen hat. Ich habe mich für die Materie entschieden. Ich gebe mich der Materie hin, wissend, daß alle Materie Verdichtung des reinen unendlichen Geistes ist.

Jede Begrenzung meines Lebens ist real und ist Illusion, denn im Geist ist alles eins und unendlich.

Ich bin, und ich bin unendlich.

SICH ERKENNEN IN DER NEGATIVEN LEBENSEINSTELLUNG

Ich habe Angst vor der unendlichen Bewegung. Ich fürchte die Bodenlosigkeit, daß ich nie ankomme. Es gibt nur Materie und sonst gar nichts. Jede andere Vorstellung macht mir Angst und würde mich in einen inneren Zwiespalt bringen. Ich kann mich nur auf die materielle Seite des Lebens einlassen, denn die Unendlichkeit zu akzeptieren und mich trotzdem in der Materie zurechtzufinden, verunsichert mich. Also beschränke ich mich auf die Materie. Damit fühle ich mich sicher.
Ich habe Angst vor dem inneren Zwiespalt, in den ich geraten könnte, wenn ich akzeptieren würde, Geist und Materie zu sein. Ich halte mich an alles Feste, das ist anstrengend genug.

ESSENZ 74
Geist
L 2

DIE GEISTIGE SCHWINGUNG DER ESSENZ
ALS AFFIRMATION

Geist und feste Form sind getrennt, und doch ist in jeder Trennung die Einheit enthalten. Die Trennung aus dem reinen Geist ist der Spiegel, in dem Form existiert und der doch nur die Einheit des Geistes spiegelt.
In jeder Trennung ist die Einheit des Geistes enthalten. Jede Trennung ist eine Begrenzung, und doch ist in jeder Begrenzung die Grenzenlosigkeit enthalten. Das eine ist nur Spiegel des anderen. Beides ist in beidem enthalten. Ohne Trennung aus der Einheit kann reiner Geist keine Form finden.
Unendlich strömt die Bewegung zwischen reinem Geist und Verdichtung hin und her, in mir, in meinem Leben, bis ins Universum.
Ich bin getrennt und eins in einem Geist, der in allem enthalten ist. Ich bin reiner Geist, der sich aus der Einheit getrennt hat. Ich bin fest. Ich bin Form und bin doch reiner Geist, der sich getrennt hat. Die Trennung ist real, und doch ist sie Illusion, denn in mir ist immer die unendliche Kraft allen Geistes.
Ich habe den Schritt in die Verdichtung als Trennung aus der Einheit getan, um in der Verdichtung zu fühlen. Ich bin getrennt und doch unsterblich in der unendlichen Bewegung des Geistes.
Jede Trennung in unbekannte, unbewußte Bewegungen des Lebens ist real und ist Illusion, denn im Geist ist alles Eins und unendlich. Ich bewege mich unendlich.

SICH ERKENNEN IN DER NEGATIVEN LEBENSEINSTELLUNG

Meine Ziele liegen hier in meiner realen Welt. Alles andere interessiert mich nicht. Ich habe Angst vor der inneren Leere und Ziellosigkeit in mir, wenn ich mich auf das Geistige einlasse.
Dann müßte ich alles und mich selbst mit allem in Frage stellen und mich auf ganz neue Aspekte einlassen.
Ich beschränke mich lieber auf die realen Lebensziele, die ich anstrebe. Was ich mache, wenn ich sie erreicht habe, weiß ich nicht. Dann werde ich mir wohl ein neues Ziel suchen, um nicht in ein Gefühl von Sinnlosigkeit zu fallen. Ich habe Angst, kein neues Ziel zu finden, vielleicht gibt es überhaupt keines. Und das Leben ist sowieso sinnlos. Ich mache mir ganz praktische Vorgaben, und daran halte ich mich. Ich finde die Vorstellung schrecklich, alles sei ohne festes Ziel, unendlich, und man käme nie an. Das läßt mich meine innere Identität verlieren.

ESSENZ 75
Geist
L 3

DIE GEISTIGE SCHWINGUNG DER ESSENZ
ALS AFFIRMATION

Reiner Geist ist in mir zentriert und bildet den Ausgangspunkt für mein Leben in der festen Form. Ich habe mein Zentrum in meinem Lebensweg. Ich zentriere Bewußtsein und schaffe damit den Ort, in dem sich Geist auf mein Leben zentriert. Doch das Zentrum des reinen Geistes ist überall in allem enthalten, ist grenzenlos und unendlich.
In jeder Zentrierung innerhalb und außerhalb von allem ist die Grenzenlosigkeit des Geistes enthalten. Sie geht über alle Grenzen bis in die Unendlichkeit hinaus.
Reiner Geist spiegelt sich in jedem Zentrum und ist doch grenzenlos und ohne Ziel und Ort. Ich bin reiner Geist, der sich eine Identität als Ort für sein Leben gewählt hat. Ich bin in diesem Zentrum. Das Zentrum ist mein Ich. Und doch ist dieses Zentrum Illusion, denn ich bin immer eins mit der unendlichen Identität allen Geistes der Unendlichkeit. Ich spiegele mich in jeder Identität.
Ich bin Individuum und bin es nicht. Denn alles, was mein Ich ausmacht, ist Zentrierung des reinen Geistes, um Form zu sein. Meine Individualität ist real und ist Illusion, denn ich bin Ich und Unendlichkeit in einem, unsterblich im Geist.
Ich bin individuell, bewußt und unendlich.

SICH ERKENNEN IN DER NEGATIVEN LEBENSEINSTELLUNG

Es wäre ja unerträglich, wenn sich alles unendlich trennte und vereinigte. Welchen Sinn sollte das haben? Ich nehme in meinem Leben, was ich kriegen kann.

Ich lehne alles geistige Universelle ab, weil ich nur mich und die materielle Begrenzung in allem erkennen kann. Da gibt es nichts zu vereinigen, also kann man auch nichts trennen. Getrennt von allem sind wir sowieso. Jeder ist für sich allein. Und was soll ich damit zu tun haben, ob sich andere bekriegen oder hassen oder lieben? Oder was soll ich mit dem Geschehen auf anderen Planeten oder Sonnensystemen zu tun haben?

Es reicht, sich mit den Problemen im Hier und Jetzt auseinanderzusetzen. Das wäre ja schrecklich, wenn wir mit allem auf der Erde und sogar noch im Universum etwas zu tun hätten. Schon die Vorstellung macht mir Angst. Das ist doch ganz und gar unglaubhaft.

ESSENZ 76
Geist
L 4

DIE GEISTIGE SCHWINGUNG DER ESSENZ ALS AFFIRMATION

Jede Integration in mir, mit allen inneren und äußeren Anteilen, ist die Vereinigung mit der unendlichen Integrationskraft in allem. Jede Trennung und jede Vereinigung sind Illusion, denn Geist ist untrennbar und immer vereint und integriert in allem, mit allem.

In jeder Trennung spiegelt sich die Einheit des Geistes. In jeder Vereinigung spiegelt sich die Einheit im Geist. Beides ist Spiegel und Wirklichkeit zugleich und eins. Reiner Geist ist immer vereint und grenzenlos.

Ich bin eins mit jeder Trennung und jeder Vereinigung in mir, denn alles ist Spiegel des untrennbaren Geistes. Ich bin Spiegel und Ausdruck der unendlichen Integrationskraft des Geistes. Ich vereine in mir Manifestation und reinen Geist. Ich bin beides und integriere beides in mir. Ich vereine alles und bin die Integration von Geist und Verdichtung. Die Integration ist auch Illusion, denn beides ist nicht zu trennen und kann sich auch nicht vereinen. Was nicht im Geist getrennt ist, braucht sich nicht zu vereinen.

Immer ist alles in allem enthalten. Materie und Geist sind eins. Immer ist alles in uns eins im Geist, unsterblich und unendlich. Jede Trennung ist Illusion wie jede Vereinigung, denn im Geist ist alles Eins und unendlich.

Ich bin getrennt und vereint mit der Unendlichkeit.

SICH ERKENNEN IN DER NEGATIVEN LEBENSEINSTELLUNG

Das ganze Leben ist Beschränkung, und das ist auch gut so. Das wäre ja noch schöner, wenn sich alles, alle Arten und alle unendlichen Formen austauschen würden. Es ist schon schwer genug, sich überhaupt verständlich zu machen. Ich halte mich an alles Konkrete. Das wäre ja schrecklich, wenn alles unendlicher kreativer Ausdruck des Geistes wäre. Dann wäre ja auch mein Schicksal und das aller Menschen selbst gewählter Ausdruck des kreativen Geistes, und alles wäre wie abgesprochen, nur als Etappe oder eine Form von vielen.
Und was sollen andere damit zu tun haben, irgend jemand Milliarden Kilometer entfernt? Womöglich noch ein Außerirdischer, das ist ja lächerlich.
Und dann würden alle alles voneinander wissen und sich absprechen? Schreckliche Vorstellung.
Andere Sprachen kann man ja auch nicht verstehen. Ich halte mich an das, was ich höre, verstehe und sage. Mit dem Rest des Universums will ich nichts zu tun haben.
Alles ist geistig im Austausch? Undenkbar, bei dem Chaos.

ESSENZ 77
Geist
L 5

DIE GEISTIGE SCHWINGUNG DER ESSENZ ALS AFFIRMATION

Ich bin eins im Geist mit der unendlichen Schöpfungskraft in allem. Alles ist unendlich im Austausch und immer kreativ. Unendlicher Geist ist immer kreativ. Alles ist Ausdruck und Spiegel des kreativen Geistes, der in allem enthalten ist. Alles ist kreativer Geist, alles tauscht sich aus und kommuniziert in einem Geist.

Alles ist grenzenlos in der Austauschmöglichkeit. Jede Begrenzung der Kommunikation ist eine Illusion, denn alles ist eins im Geist, unendlich offen und schwingt unendlich miteinander. Alles in mir tauscht sich aus, in mir und mit allem was existiert. Jeder Austausch ist Illusion, denn im reinen Geist ist alles im Austausch und nicht begrenzt. Im Geist ist alles in einem einzigen untrennbaren, schöpferischen Austausch. Geist tauscht sich immer in einer universellen Sprache der Unendlichkeit aus, einzigartig und unsterblich.

Jede Begrenzung der Schöpfung, die mein Leben ausmacht, ist real und ist Illusion, denn im Geist ist alles Eins und unendlich. Ich bin Schöpfung und unendlich.

SICH ERKENNEN IN DER NEGATIVEN LEBENSEINSTELLUNG

In Wahrheit habe ich Angst, klar zu erkennen und zu wissen, daß alles unendlich ist und bewußter Geist. Dadurch verlöre ich völlig meinen Halt. So kann ich nicht leben. Ich mag auch einfach nicht glauben, daß alles Geist und all-bewußt sein soll, obwohl es soviel Leid und Elend gibt. Wir sind real und fest. Wir leiden auf der Erde. Die ganze Realität ist grausam. Was hilft da Wissen und Transzendenz? Mich gibt es, und ich leide. Ich fürchte mich vor Transzendenz, denn dann hätte vielleicht nichts mehr Bestand von dem, was ich glaube. So klar will ich nicht sein.

ESSENZ 78
Geist
L 6

DIE GEISTIGE SCHWINGUNG DER ESSENZ
ALS AFFIRMATION

Mein Bewußtsein ist klar und transzendent. Alles Bewußtsein ist Illusion, denn alles ist reiner bewußter Geist und eins. Auch Bewußtsein ist Begrenzung. Im reinen Geist ist alles wissend, bewußt, eins, ohne Form und Ziel. Ich bin bewußt, um zu leben als Spiegel des unendlich bewußten Geistes.
Ich erkenne den reinen Geist in jeder Form, in jedem Bewußtsein. Ob bewußt oder unbewußt, alles ist ein Geist, grenzenlos als reines Bewußtsein.
In mir ist alles Wissen um die Begrenzung und um die Grenzenlosigkeit des Bewußtseins, das in allem als Weg in die Transformation enthalten ist. Ich trenne Bewußtsein aus dem reinen Geist, um zu existieren. Doch alles ist nur Spiegel des unendlichen Geistes. Ich erkenne: Spiegelbild und Form sind eins, untrennbar und unsterblich. Unendliche geistige Bewußtseinskraft spiegelt sich in meinem Leben, unendlich und unsterblich.
Jede Begrenzung des Bewußtseins ist Illusion, denn Bewußtsein und Geist sind eins.
Ich bin all-bewußt und unendlich.

SICH ERKENNEN IN DER NEGATIVEN LEBENSEINSTELLUNG

Ich habe Angst vor der Unendlichkeit und vor der Grenzenlosigkeit meines eigenen Ichs. Ich klammere mich an die Begrenzung. Die Vorstellung von Grenzenlosigkeit und Unendlichkeit macht mir Angst. Wenn sowieso alles unendlich ist und alles nur Wandel und Wachstum, dann halte ich mich in allem nur an das, was ich sehen und anfassen kann, und damit Schluß.
Was bringt mir die Vorstellung von unendlicher Geistigkeit denn schon? Hätte ich dann weniger Angst vor dem Tod?
Ich klammere mich fest an mein Leben und glaube an nichts, an keine geistige Kraft. Die Vorstellung von unendlicher geistiger Kraft raubt mir alle geistige Kraft für mein Leben.
Ich habe Angst, mich in der Unendlichkeit zu verlieren und Nichts zu sein.

ESSENZ 79
Geist
L 7

DIE GEISTIGE SCHWINGUNG DER ESSENZ ALS AFFIRMATION

Alles ist begrenzt als Leben in der festen Form und grenzenlos als geistige Kraft in uns. In aller festen Form spiegelt sich die reine geistige unendliche Kraft. Alles Feste ist fest und doch nicht fest. Denn alles Feste ist verdichteter reiner Geist. Leben bedeutet, Spiegel des Geistes zu sein. Geist spiegelt sich in jeder Manifestation.

Materie ist nicht getrennt vom reinen Geist, sondern verdichteter Geist, der sich ausdrückt.

Geist stirbt nie, sondern wandelt sich nur, schwingt in die Verdichtung und zurück auf die reine Geistebene. Er wandelt sich durch jede Manifestation. Geist wandelt die Erfahrung der Verdichtung und die Erfahrung der Grenzenlosigkeit. Beides ist in beidem enthalten und in ständigem Austausch mit allem Leben.

Aller unendlicher Geist ist in mir wie der Gral der Weisheit, der in jeder Verdichtung enthalten ist und in jedem Augenblick mit mir verschmilzt. In jedem Augenblick meines Lebens ist alle Kraft des unendlichen Geistes enthalten. Er eint mich mit dem Universum und dem Alles-und-Nichts. Jede Trennung ist Illusion, alles ist real und ist Spiegel und in allem enthalten.

Unendliche geistige Wandlungskraft spiegelt sich in meinem Leben, denn alles ist unendlicher Wandel der Unendlichkeit.

Jede Begrenzung ist real und ist Illusion, denn im Geist ist alles eins und grenzenlos. Ich bin und bin Illusion im unendlichen Wandel.

KURZFASSUNG DER 7 NEGATIVEN LEBENSEINSTELLUNGEN

ESSENZ 79

L 7, Geist

Ich klammere mich ganz fest an die Materie und glaube an nichts. Unendlichkeit macht mir schreckliche Angst.

ESSENZ 78

L 6, Geist

Es ist mir unmöglich, mir vorzustellen, daß alles unendlich bewußt sei. Wie können dann die Rollen so verteilt sein, wie sie sind?

ESSENZ 77

L 5, Geist

Wie können sich Unendlichkeit und Geist mit dem Manifest austauschen? Was habe ich mit der unendlichen Schöpfung zu tun?

ESSENZ 76

L 4, Geist

Ich erkenne Materie, das Hier und Jetzt und sonst nichts. Ich halte mich an die Grenzen. Unendlichkeit des Geistes gibt es nicht.

ESSENZ 75

L 3, Geist

Beschränke ich mich nicht auf das Bewußte, verliere ich mich. Damit verschwindet meine innere Identität und jedes Lebensziel.

ESSENZ 74

L 2, Geist

Ich habe Angst vor der unendlichen Bewegung. Diese Vorstellung macht für mich alles sinnlos, als ob ich nie ankäme.

ESSENZ 73

L 1, Geist

Ich habe Angst vor der Unendlichkeit. Das ist für mich wie Verschwinden und Ausgelöscht sein.

KURZFASSUNG DER 7 AFFIRMATIONEN

ESSENZ 79
L 7, Geist
Unendliche geistige Wandlungskraft spiegelt sich in meinem Leben, denn alles ist unendlicher Wandel und Spiegel des unendlichen Geistes.

ESSENZ 78
L 6, Geist
Unendliche geistige Bewußtseinskraft spiegelt sich in meinem Leben. Geist ist immer schöpferisch.

ESSENZ 77
L 5, Geist
Unendliche geistige Schöpfungskraft spiegelt sich in meinem Leben im Austausch mit der gesamten Schöpfung. Geist ist immer schöpferisch.

ESSENZ 76
L 4, Geist
Unendliche geistige Integrationskraft spiegelt sich in meinem Leben, denn Geist integriert alles.

ESSENZ 75
L 3, Geist
Unendliche geistige Zentrierungskraft spiegelt sich in jedem Ziel und Weg meines Lebens, denn bewußter Geist ist in jedem Leben enthalten.

ESSENZ 74
L 2, Geist
Unendliche geistige Kraft spiegelt sich in allem Unbekannten, in jedem »Gegenüber«, denn der Geist ist untrennbar und in allem Unbekannten enthalten.

ESSENZ 73
L 1, Geist
Unendliche geistige Kraft spiegelt sich in meinem Leben, denn unendliche geistige Kraft ist in meinem Leben enthalten.

7. EBENE

DER GEIST UND SEINE 5 ELEMENTE-ESSENZEN

Essenzen 80 bis 84

Jede Erfahrung ist begrenzt wie der Zeitraum
unseres Lebens, unsterblich im Geist.
Das Ende ist im Anfang enthalten
und der Anfang im Ende.

7. EBENE
GRENZENLOSIGKEIT IST IN DER BEGRENZUNG ENTHALTEN

Unser physischer Körper besteht wie die materielle Welt aus den Elementen Erde, Wasser, Feuer, Luft und Leben. Geistig betrachtet sind das die Ausdrucksformen von Wachstumsanfang, Bewegung, Erkenntnis, Vergeistigung und Erweiterung innerhalb des begrenzten Raumes der Materie. Diese geistigen Energien schwingen in uns auf 7 Ebenen, die den 7 Chakren zugeordnet sind. Auf der 7. Ebene erkennen wir, daß alles in allem enthalten ist und akzeptieren unser Schicksal in seinen Grenzen. In diesen Grenzen erkennen wir die unendliche geistige Kraft, die grenzenlos ist. Diese Kraft schwingt in 5 Frequenzen, entsprechend den 5 Elementen.

Essenz 84	E 5 Geist	Leben	Wachstumsende
Essenz 83	E 4 Geist	Luft	Vergeistigung
Essenz 82	E 3 Geist	Feuer	Erkenntnis
Essenz 81	E 2 Geist	Wasser	Bewegung
Essenz 80	E 1 Geist	Erde	Wachstumanfang

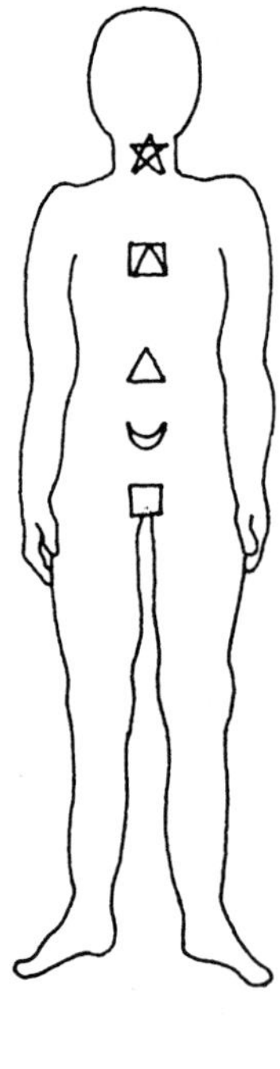

Planet: Das Horoskop.
Farbe: Alle Komplementärfarben der Elemente.
Leben: gelb wie die Sonne, die über Leben und Tod entscheidet.
Luft: rot wie Feuer; Hitze verdampft Wasser zu Geist.
Feuer: blau wie Eis; das Feuer erfriert.
Wasser: schwarz wie Stillstand, Verfestigung.
Erde: weiß, leer wie der Geist, das Nichts.

7. EBENE
UNENDLICHE GEISTIGE KRAFT IST NICHTS
OHNE DIE BEGRENZUNG DER MATERIE.
ALLES IST IN ALLEM ENTHALTEN

Auf der 7. Ebene löst sich die begrenzende Kraft der Elemente auf: Alles ist in allem enthalten. Alles ist, wandelt sich, wächst und vergeht, um wieder neu zu erstehen. Geist ist Materie; Materie ist Geist. Thematisch korrespondieren die Elemente-Essenzen der 7. Ebene mit den Elemente-Essenzen der 1. Ebene. Bei der Anwendung der Essenzen auf dem 1. Chakra werden beide Pole des Themas berührt. Siehe Seite 557 und Seite 545.

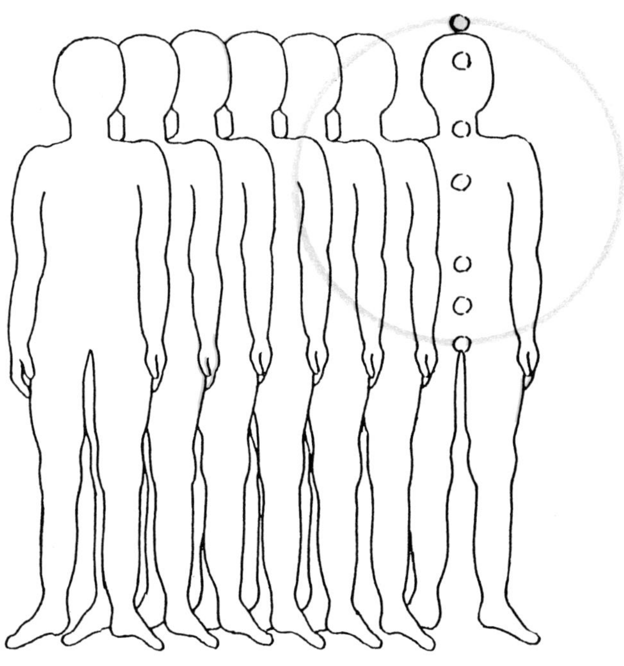

DER GEIST DER ELEMENTE: DER BEGRENZTE ZEITRAUM

Jede Erfahrung ist begrenzt wie unser Leben. Endet unser Leben, wird jede Erfahrung unsterblich und unendlich, wie unser Geist. Die Erde und unser Körper bieten den Ort für die Umwandlung von Materie in Geist, für die Vergeistigung jeder Erfahrung.
Alles ist in allem enthalten:
Der Tod im Leben, die Unsterblichkeit in der Begrenzung.
Alle Planeten leben in einer begrenzten Zeit. Sie machen eine Reise, nehmen Gestalt an, erkennen sich in Beziehung zueinander, erweitern sich und sterben eines Tages. Alles ist Teil einer unendlichen Erweiterung der Schöpfung, unendlich und unsterblich, es ändert nur die Form. Alles ist Teil der Erfahrung von Leben und Sterben. Alles ist unendlicher Tanz in der Begrenzung, unendlich im Geist.
Wir leben. Wir sind begrenzt. Wir machen die Erfahrung des Lebens, und wir werden sterben. In jedem Anfang ist das Ende enthalten, in jeder begrenzten Erfahrung die Unendlichkeit. Wenn wir sterben, vergeistigen wir, und unsere Erfahrung geht ein in den unendlichen Geist. In unseren Geistkörper, in den Geist der Erde, in den universellen Geist. Im reinen Geist löst sich alles Feste auf und wird eins mit allem.
In jeder Bewegung unseres Lebens, in jeder Erfahrung, die uns bewegen und wachsen läßt, ist der Stillstand enthalten, denn wenn wir sterben oder die Erfahrung stirbt, endet die Bewegung und steht still. Die Erfahrung wird unendlich, wenn sie sich vergeistigt.
Jede Erkenntnis, die in jeder Erfahrung enthalten ist, hat ihr

Ende. Dann wird der Raum leer, denn im Geistigen gibt es keinen begrenzten Raum und nicht die Möglichkeit, den Raum zu beleuchten. Der Raum der Erkenntnis fällt zusammen, wenn das Leben erlischt. Der leere Raum des Geistes ist unendlich und unsterblich, und er ist auch in uns. Unser Geist ist unendlich und unsterblich.

Im Geist ist die Schwere enthalten, die Verdichtung der Erde und der Begrenzung. Nur in der Begrenzung findet Geist einen Ort, einen Raum, sich zu entfalten und zu entwickeln und zu wachsen. Alles ist in allem enthalten. Wir können uns frei entfalten. Wir haben die Wahl: Jede Erfahrung ist richtig, denn in jeder Entscheidung und in jeder Erfahrung ist das Komplementäre enthalten. Alles kann Leben schaffen und Leben zerstören. In beidem ist beides enthalten

Wir wählen unser Schicksal. Wir wählen den Zeitraum unseres Lebens und den Zeitraum jeder Erfahrung. Wir wählen Anfang und Ende. Wir müssen uns entscheiden, welchen Weg wir gehen. In jeder Erfahrung sind Erweiterung und Erkenntnis enthalten. Wir haben die freie Entscheidung, denn Unfreiheit und Freiheit sind ineinander enthalten. Wir sind immer fehlbar und unfehlbar in einem.

Nie können wir wissen, wie frei oder unfrei wir sind. Denn die Grenze zwischen Freiheit und Unfreiheit wandelt sich in jeder Sekunde unseres Lebens. Alles, was in unserem Leben beginnt, hat ein Ende, wie jede Erfahrung. Im Geist wird sie unendlich und unsterblich. Sie wird zu einem einmaligen Beitrag. Jede Erfahrung hat, wie unser Leben, einen Zeitablauf. Wann die Zeit stillstehen wird, ist offen. Sie wird stillstehen und sich in der unendlichen Bewegung fortsetzen. Jede Erfahrung nimmt einen bestimmten Raum ein wie der Zeitraum unseres Lebens.

Er ist begrenzt und wird unendlich im Geist.

Jedes Ende ist ein Neuanfang. Leben ist unendlich. Leben ist eine Idee, die Gestalt annimmt. In unendlichen Formen. Leben ist Teil der Unendlichkeit. Jede Erfahrung ist Teil der Unendlichkeit und unsterblich. Wir sind unsterblich. Jeder Tod ist eine neue Wiederkehr.

ZUSAMMENFASSUNG ALS AFFIRMATION

»Ich erkenne die komplementäre Kraft in jeder Erfahrung, die ich mache. Ich kann lieben oder hassen. Ich kann mich innerlich bewegen oder stillstehen. Ich kann fest sein oder mich auflösen. Ich bin begrenzt wie jede Erfahrung, begrenzt wie der Zeitraum meines Lebens. Alles ist in allem enthalten. Der Zeitraum jeder Erfahrung ist begrenzt. Wachstum durch Erfahrung ist im Geist unendlich und unsterblich.
In jedem Anfang ist das Ende enthalten: Das Ende ist in jedem Anfang, der Stillstand in jeder Bewegung, die Leere in jedem Raum, der neue Anfang in jedem Ende.
Mein Leben wird enden, mein Geist ist unsterblich. Was ich auch tue und erfahre, ich bin Teil der Unendlichkeit, ewig und unsterblich.«

DIE ESSENZEN

DAS THEMA DER 7. EBENE · NEGATIV
ANGST VOR DEM TOD UND
DER UNENDLICHEN WIEDERKEHR

Klammert sich an das Leben, aus Angst, mit dem Tod zu verschwinden. Erkennt nicht, daß in jedem Ende ein neuer Anfang enthalten ist.
Will sich an das materielle Erleben festklammern. Fürchtet sich vor dem Ende und dem Tod aller Erfahrungen. Will sehr viel erleben, agieren, erfahren, ohne die eigene Angst darin zu erkennen.
Klammert sich an Sex, um dem Tod auszuweichen.
Betont die Triebebene zu sehr. Benutzt den Trieb, um sich weit weg vom Tod zu fühlen.
Hat Angst vor der Endlichkeit jeder Lebenserfahrung. Sucht die Ewigkeit nicht in geistigen, sondern in der Anhäufung materieller Erfahrungen.
Verhaftet im materiellen Aspekt des Lebens.
Hat Angst vor der Vergänglichkeit aller Materie und alles Körperlichen.
Kann Erfahrungen nicht als Beitrag zum Wachstum des unendlichen Geistes verstehen.
Fürchtet die Auflösung des Körpers als Ende ohne Wiederkehr.

DAS THEMA DER 7. EBENE · POSITIV
DAS KOMPLEMENTÄRE IN JEDER ERFAHRUNG:
ALLES IST IN ALLEM ENTHALTEN

Erkennen, daß in jeder Erfahrung das Ende und damit die reine Vergeistigung enthalten ist. Erkennen, daß Materie und Geist ebenbürtig sind. Akzeptieren, daß die Materie begrenzt, Geist unendlich und unsterblich ist.
Erkennen, daß alles in allem enthalten ist und in jeder Erfahrung auch ihr Gegenteil.
Innerlich frei sein, das Leben in jedem Moment wahrnehmen, sich nicht zu sehr und nicht zu wenig an die Realität binden.
Die eigenen Grenzen kennen, akzeptieren und sich trotzdem innerlich frei fühlen.
Keine Angst vor dem Leben und keine Angst vor dem Sterben haben. Sterben als Neuanfang begreifen, im Vertrauen auf die Wiederkehr des Lebens, in welcher Form auch immer.

DIE 5 ELEMENTE-ESSENZEN DES GEISTES SCHWINGEN IN 5 FREQUENZEN.

Es sind die Frequenzen des Wissens um die komplementäre Kraft der Elemente. Das heißt: Alles ist in allem enthalten. Das ist das Hauptthema dieser Ebene. Innerhalb dieses Hauptthemas betonen diese Essenzen die jeweils komplementäre Kraft des jeweiligen Elementes. Zusätzlich sind sie dem 7.Chakra zugeordnet.

Die geistigen Inhalte sind:

Geist *Leben*	Jede Erfahrung ist begrenzt in der Materie, im körperlichen Leben. Sie wird unsterblich, wenn die Grenzen sich auflösen.
Geist *Luft*	Ohne Materie oder Körper ist jede Erfahrung wie das Nichts, wie leerer Geist. Jede Erfahrung, die endet, schafft Raum für neues Leben, für einen neuen Anfang.
Geist *Feuer*	Im Geist gibt es keine Erkenntnis. Ohne Materie ist der Geist ohne Raum.
Geist *Wasser*	Im Geist steht alles still. Körperlichkeit ist Bewegung und Wachstum.
Geist *Erde*	Im Geist endet das Feste und löst sich auf.

SICH ERKENNEN MIT DEN 5 FRAGEN DER ELEMENTE-ESSENZEN.

Falls Sie alle Fragen mit ja beantworten können, brauchen Sie keine dieser Essenzen. Die Fragen, die Sie mit nein beantworten, zeigen eine Schwingung, die in Ihnen unterstützt werden sollte.

Am Anfang jeder Frage kann auch »Akzeptiere ich« stehen.

Essenz 84	E 5	Vertraue ich auf den Kreislauf von Tod und Wiedergeburt, auf die Unsterblichkeit?
Essenz 83	E 4	Vertraue ich dem unendlichen Wachstum meines Geistes, in dem jedes Ende einen neuen Anfang bietet?
Essenz 82	E 3	Vertraue ich der Unsterblichkeit jeder Erkenntnis in der Materie, wenn das Feuer erlischt?
Essenz 81	E 2	Vertraue ich dem Stillstand in jeder Bewegung, die jedes Wachstum unsterblich macht?
Essenz 80	E 1	Vertraue ich der Auflösung aller Materie, die damit unsterblich und unauslöschlich wird?

SICH ERKENNEN IN DER NEGATIVEN LEBENSEINSTELLUNG

Ich klammere mich ganz fest an jede Erfahrung. Ich kann nicht ertragen, daß alles zu Ende geht. Ich will mit Vergeistigung und Auflösung nichts zu tun haben.
Ich will mit Tod und Vergänglichkeit nichts zu tun haben. Ich will nicht sterben. Daß meine Erfahrungen Teil des unendlichen Wachstums des Geistes sind, kann ich nicht glauben.
Bin ich tot, löse ich mich auf, und diesen Gedanken ertrage ich nicht. Ich habe Angst, ohne Körper zu sein, weil ich dann ja nichts mehr erleben und keine Erfahrungen mehr machen kann.
Ich habe Angst vor dem Nichts nach dem Tod und vor der Erfahrung, daß sich alles im Nichts auflöst.
Jede Erfahrung, so schwer sie auch ist, ist besser als der Tod, denn der ist das Nichts.
Ich halte fest, am Leben, an meinem Körper.

ESSENZ 80
Geist
E 1

DIE GEISTIGE SCHWINGUNG DER ESSENZ ALS AFFIRMATION

In jedem Anfang ist das Ende enthalten. In jeder Erfahrung im begrenzten Raum meines Körpers ist das Ende enthalten.
In mir sind der Anfang und das Ende meines Lebens enthalten. Mein Leben ist begrenzt wie jede Erfahrung. Alles Feste ist begrenzt durch das Ende des Wachstumsprozesses. Ich erlebe den Anfang und das Ende in jeder Erfahrung, in jedem Augenblick. Alles Feste hat seine Begrenzung und wandelt sich in Geist. Alles Feste wird grenzenlos und unendlich, wenn es ein Ende findet und sich vergeistigt.
Alles Verfestigte kann sich lösen, denn die Unsterblichkeit ist in allem Festen enthalten. Das Feste existiert durch den Geist und der Geist durch das Feste. Das eine existiert durch das andere.
Jede Erfahrung, die endet, wird unsterblich, denn sie löst sich auf in Geist. Im Geist ist alles unendlich und unsterblich.
Ich bin frei, Verfestigtes zu lösen. Ich bin frei, mich vom Leben zu lösen, wenn mein Wachstumsprozeß beendet ist. Ich löse mich auf in Geist, denn Geist ist in jeder Verfestigung enthalten. Ich habe die Kraft, zu wachsen und die Kraft, den Wachstumsprozeß zu beenden. Damit wächst mein Geist und wird unsterblich.

SICH ERKENNEN IN DER NEGATIVEN LEBENSEINSTELLUNG

Ich habe schreckliche Angst vor dem Stillstand, denn dann kommt das Nichts, und ich verschwinde. Ich drehe und bewege mich schnell. Ich brauche pausenlos Aktion, aus Furcht vor Stillstand und Leere. Ich habe Angst, die Zeit steht sonst still. Ich ertrage den Gedanken nicht, daß alles eine begrenzte Zeit hat. Ich würde am liebsten die Zeit immer festhalten, weil ich nicht weiß, was danach kommt. Wenn die Zeit an die Materie gebunden ist, habe ich panische Angst, ohne Materie oder ohne Körper und Erfahrungen in der Materie zu sein, denn dann löst sich die Zeit auf, und ich verschwinde im Nichts der Unendlichkeit.
Ich will an der Wachstumsbewegung Leben immer weiter festhalten, denn ohne die Begrenzung in der Zeit verschwindet mein Wachstum im Nichts.

ESSENZ 81
Geist
E 2

DIE GEISTIGE SCHWINGUNG DER ESSENZ ALS AFFIRMATION

In jeder Bewegung ist Stillstand enthalten, denn in der festen Materie ist die Zeit endlich. Die Zeit steht still im reinen Geist. Alles bewegt sich, und doch steht alles auch still, wenn die Zeit jeder Erfahrung endet.
Ich erfahre das Leben und alle Erfahrungen im Ablauf der Zeit. Und doch ist die Zeit die Illusion der Bewegung, denn sie ist an die Materie gebunden. Als geistige Erfahrung steht die Zeit still und ist unendlich. In jeder Bewegung ist der Stillstand enthalten. Das eine existiert nur durch das andere.
Alles kann stillstehen. Alles hat seine Zeit und ist der Begrenzung der Zeit unterworfen. Alles ist Erfahrung in der Bewegung der festen Zeit, die endlich ist und begrenzt.
Sie wird zeitlos, wenn die Bewegung stillsteht und das Wachstum im festen Raum endet. Damit wird jede Wachstumsbewegung meines Lebens unsterblich. Ich habe die Kraft, mich zu bewegen, um zu wachsen. Ich habe die Kraft, die Wachstumsbewegung stillstehen zu lassen. Damit wächst mein Geist, und jede Bewegung wird unsterblich.

SICH ERKENNEN IN DER NEGATIVEN LEBENSEINSTELLUNG

Ich habe Angst, die Unendlichkeit meiner Erkenntnisse zu akzeptieren. Dann kommt mir alles sinnlos vor. Als ob ich alles umsonst erlebt und erlitten hätte in diesem Leben.
Wenn in jeder Erfahrung auch das Gegenteil enthalten ist, brauche ich erst gar keine zu machen.
Ich brauche die Materie, an der ich mich festhalte, um zu sein. Ohne Materie kann ich nichts erfahren, ohne sie verschwinde ich im Nichts wie in einem schwarzen Sarg. Schrecklich.
Ich habe Angst, umsonst gelebt zu haben, weil ich nicht genug erlebt und zu wenig Erfahrungen gemacht habe. War alles umsonst?
Wenn ich sterbe, kann ich keine Erkenntnisse mehr haben. Erfahrungen und Erkenntnisse kann man nur in der Körperlichkeit machen, sonst ist alles dunkel.

ESSENZ 82
Geist
E 3

DIE GEISTIGE SCHWINGUNG DER ESSENZ ALS AFFIRMATION

Jede Erkenntnis findet in einem räumlichen Bezug statt. Ich habe einen Zeitraum für Erkenntnisse in meinem Leben zur Verfügung. Außerhalb dieser Begrenzung liegt das grenzenlose Wissen des Geistes, denn alles außerhalb der Zeit und des Raums ist unendlich.

In jeder Erkenntnis ist die Leere enthalten. Der Raum jeder Erkenntnis ist begrenzt. Jeder Raum hat die Leere in sich, denn alles Feuer erlischt und begrenzt jede Erkenntnis. Im Geist brauche ich keinen Raum, denn ich bin reine Erkenntnis.

Der Raum meines Lebens und jeder Erfahrung ist begrenzt.

In jedem Feuer ist die Kälte enthalten, denn Hitze existiert nur durch die Kälte.

Jeder Raum der Erkenntnis ist an die Materie gebunden. Ohne Materie gibt es keinen Raum. Wenn die Erkenntnis ihr Ziel erreicht hat, steht alles still und der Raum fällt in sich zusammen. Ich kann Materie auflösen mit der Kraft reinen Geistes in mir, weil jede Erkenntnis an Materie gebunden ist. Im Geist wird jede Erkenntnis unsterblich und ewig.

Ich habe die Kraft, mit meinem inneren Feuer zu erkennen. Ich habe die Kraft, das Feuer zu löschen. Damit wird es zu Geist, und meine Erkenntnisse werden unsterblich.

SICH ERKENNEN IN DER NEGATIVEN LEBENSEINSTELLUNG

Ich habe Angst vor jedem Ende, denn dann verschwindet alles im Nichts und war umsonst. Auch Erfahrungen verschwinden im Nichts. Nichts bleibt. Daß alles in anderer Form und gewandelt wiederkommt, kann ich nicht glauben. Und selbst wenn, ich bin dann verschwunden und habe nichts davon.
Ich ertrage es nicht, daß ich sterbe und alles zu Ende geht. Ich glaube nicht an den Neuanfang aller Dinge. Das ginge ja unendlich fort, alles würde immer wieder von vorne anfangen. Das wäre ja schrecklich. Eine endlose Wiederholung in ewig neuem Zustand?
Ich mache eine Erfahrung nach der anderen, und das soll nie aufhören.

ESSENZ 83
Geist
E 4

DIE GEISTIGE SCHWINGUNG DER ESSENZ ALS AFFIRMATION

In jedem Ende ist ein neuer Anfang enthalten, in jeder Begrenzung die Unendlichkeit des Geistes. Alles, was feste Form hat, findet ein Ende. Alles Feste vergeistigt sich und wird unendlich im Kreislauf von Anfang und Ende.
Nur der Zeitraum in der festen Materie ist endlich. Vergeistigung ist unendlich und zeitlos. In jedem Austausch des einen mit dem anderen ist die Grenze enthalten, die Materie und Geist voneinander trennt.
Jede Erfahrung im begrenzten Raum findet ein Ende. Der neue Anfang ist in jedem Ende enthalten. Jeder neue Atemzug ist wie ein neuer Anfang allen Lebens. Jedes Ausatmen ist wie das Ende von allem. Alles tauscht sich aus und ist doch Begrenzung und Ende, das in allem enthalten ist.
Im Geist gibt es keine Begrenzung, weil jede Grenze den festen Raum braucht. Begrenzung existiert nur durch die Grenzenlosigkeit allen Lebens und Sterbens als Kreislauf von Anfang und Ende. Alles Leben und jede Erfahrung sind unsterblich und unendlich.
Wenn ich mein Leben loslasse, öffne ich mich für meine Wiedergeburt. Ich habe die Kraft für das Ende und die Kraft für den Neuanfang im Geist.

SICH ERKENNEN IN DER NEGATIVEN LEBENSEINSTELLUNG

Ich halte an allem fest, denn ich habe Angst, daß alles vergeht und in der Unendlichkeit verschwindet. Ich halte mich an meine Erfahrungen und an alles Reale in meinem Leben. Ich habe Angst vor dem Tod aller Dinge und vor dem Verschwinden in einem unendlichen Nichts.

Ich kann nicht glauben, daß nach dem Ende aller Dinge etwas Neues kommt, worin ich und meine Erfahrungen enthalten sind. Ich halte mich nur an das Hier und Jetzt. Alles andere glaube ich sowieso nicht.

Ich habe schreckliche Angst vor dem Tod, denn Tod ist Auflösung und Verschwinden. Dann kann ich keine Erfahrungen mehr machen. Nur in der Materie und der Körperlichkeit kann man Erfahrungen machen und wachsen. Ich glaube nicht an Wiedergeburt.

ESSENZ 84
Geist
E 5

DIE GEISTIGE SCHWINGUNG DER ESSENZ
ALS AFFIRMATION

Der Zeitraum aller Dinge ist begrenzt und unendlich. In der Materie begrenze ich alles und vergeistige in der Unendlichkeit des Geistes. Alles ist in allem enthalten. In jeder Erfahrung liegt die Begrenzung des Zeitraums in der Materie. Und doch ist die Unendlichkeit des Geistes in jeder Erfahrung enthalten.
Jeder Zeitraum in der Begrenzung ist mein Schutz und die Quelle der Kraft meines Lebens. Ich mache Erfahrungen in der Materie und bin doch unendlich im Geist. Ich lebe, ich sterbe, ich wandle materielle Erfahrung in reinen Geist. Leben und Sterben sind in mir.
Alle Erfahrung in mir hat einen Anfang, einen Zeitraum und ein Ende. Ich bin eins mit dem Zeitraum jeder Erfahrung in meinem Leben und in mir. Alles ist begrenzt und doch unendlich im Geist. Alles ist Leben und Sterben in einem. Alles ist unendlicher Wandel von Materie in Geist, von Geist in Materie. Ich bin ewig und unsterblich. Ich werde immer wieder geboren.
Ich wachse unendlich durch mein Leben und Sterben. Mein Geist ist unendlicher Teil der Schöpfung, die durch meinen Tod und das Ende jeder Erfahrung weiter wächst. Ich bin Teil der unendlichen Wiedergeburt allen Lebens.

KURZFASSUNG DER 5 NEGATIVEN LEBENSEINSTELLUNGEN

ESSENZ 84

E 5, Geist

Ich will nicht sterben und nichts sterben lassen. Es gibt keine Wiederkehr. Tot ist tot. Alles stirbt. Endgültig.

ESSENZ 83

E 4, Geist

Ich habe Angst vor dem Tod in allem. Geist ist Nichts. An Vergeistigung glaube ich nicht.

ESSENZ 82

E 3, Geist

Ich habe Angst, daß Erkenntnisse wertlos werden, weil sie doch im Nichts enden und alles umsonst war.

ESSENZ 81

E 2, Geist

Ich rotiere, weil ich Angst vor dem Stillstand in mir habe. Stillstand ist wie das Nichts.

ESSENZ 80

E 1, Geist

Ich halte am Leben fest, weil ich Angst vor meiner Auflösung habe. Dann bin ich nichts.

KURZFASSUNG DER 5 AFFIRMATIONEN

ESSENZ 84

E 5, Geist

Mein Leben ist unsterblich und Teil der unendlichen Wiederkehr. Ich akzeptiere mein Schicksal als Teil der unendlich wachsenden Schöpfung.

ESSENZ 83

E 4, Geist

Jedes Ende ist Vergeistigung und unsterblich, durch jeden Austausch von Tod und Leben, Anfang und Ende.

ESSENZ 82

E 3, Geist

Ich erkenne, auch ohne Raum und Zeit. Mein Geist ist frei und weit. In der Leere ist alles enthalten, denn Leere ist Geist.

ESSENZ 81

E 2, Geist

Ich stehe still und nehme meinen Geist wahr. Stille ist Vergeistigung und Wachstum des Geistes ohne Zeit.

ESSENZ 80

E 1, Geist

Ich bin frei, Verfestigtes zu lösen. Der Wachstumsprozeß meiner Vergeistigung hat sich erfüllt.

4. TEIL

DIE 84 ESSENZEN IM ÜBERBLICK

Leben ist von Geist getrennte Materie, in der Geist sich spiegelt	Leben ist Wachstum durch die Erfahrung im festen materiellen Raum	Leben ist unendliche unbewußte Bewegung des Geistes	Jede Erfahrung ist Wachstum durch Gefühle	Leben ist Zentrierung des Bewußtseins	Jede Erfahrung ist Wachstum durch Selbsterkenntnis	Leben ist Integration von Geist und Materie
METALLE		**MINERALIEN**		**WURZELN**		**BLÄTTER**
Licht-Essenzen	Elemente-Essenzen	Licht-Essenzen	Elemente-Essenzen	Licht-Essenzen	Elemente-Essenzen	Licht-Essenzen
ESSENZ 7 Silber L 7		ESSENZ 19 Schwarzer Turmalin L 7		ESSENZ 31 Weizenwurzel L 7		ESSENZ 43 Wildkirschenblatt L 7
ESSENZ 6 Eisen L 6		ESSENZ 18 Bergkristall L 6		ESSENZ 30 Weißkohlwurzel L 6		ESSENZ 42 Rotbuchenblatt L 6
ESSENZ 5 Titan L 5	ESSENZ 12 Zink E 5	ESSENZ 17 Smaragd L 5	ESSENZ 24 Rosenquarz E 5	ESSENZ 29 Dillwurzel L 5	ESSENZ 36 Roggenwurzel E 5	ESSENZ 41 Schlehenblatt L 5
ESSENZ 4 Palladium L 4	ESSENZ 11 Blei E 4	ESSENZ 16 Rosa Turmalin L 4	ESSENZ 23 Beryll E 4	ESSENZ 28 Blumenkohlwurzel L 4	ESSENZ 35 Kopfsalatwurzel E 4	ESSENZ 40 Kastanienblatt L 4
ESSENZ 3 Kohlenstoff L 3	ESSENZ 10 Nickel E 3	ESSENZ 15 Mondstein L 3	ESSENZ 22 Granat E 3	ESSENZ 27 Tomatenwurzel L 3	ESSENZ 34 Mangoldwurzel E 3	ESSENZ 39 Ebereschenblatt L 3
ESSENZ 2 Schwefel L 2	ESSENZ 9 Aluminium E 2	ESSENZ 14 Tigerauge L 2	ESSENZ 21 Rubin E 2	ESSENZ 26 Kürbiswurzel L 2	ESSENZ 33 Borretschwurzel E 2	ESSENZ 38 Weidenblatt L 2
ESSENZ 1 Gold L 1	ESSENZ 8 Silicium E 1	ESSENZ 13 Türkis L 1	ESSENZ 20 Lapislazuli E 1	ESSENZ 25 Lauchwurzel L 1	ESSENZ 32 Topinamburwurzel E 1	ESSENZ 37 Faulbaumblatt L 1

Jede Erfahrung ist Wachstum durch Vergeistigung zwischen Trennung und Vereinigung	Leben ist unendliche geistige sich erweiternde Schöpfung	Jede Erfahrung ist kreativ und Teil des Wachstums der Schöpfung	Leben ist bewußt sein, getrennt aus einem Bewußtsein, um Form zu sein	Jede Erfahrung ist Wachstum durch eine realisierte Idee in Bildern und Worten	Leben ist unendlicher Geist, der sich spiegelt in der Materie	Jede Erfahrung ist begrenzt und unendlich. Alles ist in allem enthalten
	BLÜTEN		**TÖNE**		**GEIST**	
Elemente-Essenzen	Licht-Essenzen	Elemente-Essenzen	Licht-Essenzen	Elemente-Essenzen	Licht-Essenzen	Elemente-Essenzen
	ESSENZ 55 Johanniskrautblüte L 7		ESSENZ 67 Ton h gesummt L 7		ESSENZ 79 Geist L 7	
	ESSENZ 54 Veilchenblüte L 6		ESSENZ 66 Ton a gesummt L 6		ESSENZ 78 Geist L 6	
ESSENZ 48 Wildapfelblatt E 5	ESSENZ 53 Klettenblüte L 5	ESSENZ 60 Ringelblumenblüte E 5	ESSENZ 65 Ton g gesummt L 5	ESSENZ 72 Buchstabe u E 5	ESSENZ 77 Geist L 5	ESSENZ 84 Geist E 5
ESSENZ 47 Lindenblatt E 4	ESSENZ 52 Wilde Stiefmütterchenblüte L 4	ESSENZ 59 Eisenhutblüte E 4	ESSENZ 64 Ton f gesummt L 4	ESSENZ 71 Buchstabe o E 4	ESSENZ 76 Geist L 4	ESSENZ 83 Geist E 4
ESSENZ 46 Wildbirnenblatt E 3	ESSENZ 51 Königskerzenblüte L 3	ESSENZ 58 Löwenzahnblüte E 3	ESSENZ 63 Ton e gesummt L 3	ESSENZ 70 Buchstabe i E 3	ESSENZ 75 Geist L 3	ESSENZ 82 Geist E 3
ESSENZ 45 Haselnußblatt E 2	ESSENZ 50 Tagetesblüte L 2	ESSENZ 57 Kornblumenblüte E 2	ESSENZ 62 Ton d gesummt L 2	ESSENZ 69 Buchstabe e E 2	ESSENZ 74 Geist L 2	ESSENZ 81 Geist E 2
ESSENZ 44 Lärchenblatt E 1	ESSENZ 49 Klatschmohnblüte L 1	ESSENZ 56 Beinwellblüte E 1	ESSENZ 61 Ton c gesummt L 1	ESSENZ 68 Buchstabe a E 1	ESSENZ 73 Geist L 1	ESSENZ 80 Geist E 1

DIE THEMEN DER 7 EBENEN
IM ÜBERBLICK

1. EBENE · DIE METALLE

DAS THEMA DER LICHT-ESSENZEN

NEGATIV

ANGST VOR DER KRAFT DES LEBENS

Angst vor der dunklen Materie, vor der Kraft des Lebens.
Auf die geistigen Welten fixiert sein. Zu weich, instabil dem Leben gegenüber.
Die materielle Welt nicht als höchste Vollendung erkennen. Sich innerlich nicht zuhause fühlen in der materiellen Welt. Sich in geistige Welten sehnen, weil die Materie schwer und verfestigt scheint.
Die Materie nicht als Ausdruck der geistigen Kraft erkennen, sondern nur als etwas Materielles.
Das Leben als glanzlos empfinden, ohne Leuchtkraft.
Ablehnung der Dualität grundsätzlich, Ablehnung des Bösen.
Sich immer nach heilen Welten sehnen, als Dauerzustand. Es soll eine Welt geben, die immer schön und glücklich ist.
Ablehnung der Dualität auch in sich selber. Die Möglichkeit des eigenen Bösen nicht akzeptieren.
Der materiellen Welt nicht genug Achtung entgegen bringen.
Fixierung auf die geistigen Ebenen des Seins.
Sehnsucht nach Unendlichkeit, weg aus der Begrenzung.
Materielles als böse, dunkel oder etwas Schlechtes empfinden.
Sich wie ins Leben geworfen fühlen, getrennt von einer allumfassenden Einheit und Kraft.

Seite 131 bis Seite 163

POSITIV

FESTIGKEIT UND KRAFT IM LEBEN

Alles Manifeste, die Welt der Materie, als Spiegel des Geistes erkennen.
Materie nicht getrennt von Geist verstehen.
Akzeptanz allen Lebens und aller Lebensformen in der Manifestation.
Akzeptanz der Trennung aus der Einheit des unendlichen Geistes.
Materie und Geist als gleichstarke Kräfte erkennen.
Lust am Leben als Ausdruckskraft des Geistes empfinden.
Materie erkennen als Verdichtung des Geistes und nicht als Begrenzung ohne Geist.
Empfindung von geistiger Kraft und Vitalität, das Leben grundsätzlich meistern zu können.
Materie und Geist als gleichwertig erkennen, als nicht getrennt, sondern als zwei Ausdrucksformen der gleichen Kraft.

Seite 131 bis Seite 163

NEGATIV

ANGST VOR DEN ERFAHRUNGEN IN EINEM KÖRPER

Sich nicht im Körper zu Hause fühlen. Nicht geerdet sein. Sich kraftlos und instabil den Erfahrungen in einem Körper ausgeliefert fühlen. Der Erfahrung Leben in einem Körper nicht mit Akzeptanz begegnen.
Nicht die Begrenzung im Körper akzeptieren, die da ist, um durch Erfahrung zu vergeistigen.
Das Gefühl, dem Leben nicht gewachsen zu sein, weil alles so schwer ist. Ablehnung der Triebebene als Begrenzung und als Weg, der in die Körperlichkeit und Verdichtung geführt hat. Nicht erkennen, daß auch auf der Triebebene Erkenntnis des Geistes möglich ist. Nicht erkennen, daß in der Erfahrung des irdischen Lebens die Grenzenlosigkeit des Geistes enthalten ist. Erfahrungen auf der Körperebene als schmerzlich und dunkel empfinden. Fühlen, daß alles begrenzt ist und stirbt.
Lebensangst und Todessehnsucht in sich fühlen. Erfahrungen des Lebens ablehnen, da alles als schwer und schmerzhaft erlebt wird. Will alles nur geistig erfahren, theoretisch, nicht mit den realen Erfahrungen des Lebens. Den Körper und alle Erfahrungen des Körpers nicht als wertvolle Erkenntnis in sich erkennen.

Seite 165 bis Seite 189

POSITIV

KRAFT FÜR DIE ERFAHRUNGEN DES LEBENS

Akzeptanz des Körpers als Ort für Erfahrung und Vergeistigung.
Akzeptanz jeder körperlichen Erfahrung.
Akzeptanz der Unabänderlichkeiten des Lebens. Jede Erfahrung erkennen als den Anfang allen Wachstums.
Akzeptanz des Lebens in einem Körper als begrenzter Zeitraum für die Erfahrung Leben.
Erkennen, daß in jeder Erfahrung geistige Erweiterung enthalten ist. Das Erkennen der eigenen geistigen Wandelkraft. Leben als Chance für körperliche Erfahrungen und Erweiterung des Geistes betrachten.
Körperliche Erfahrung als gleichwertig mit geistiger Erfahrung anerkennen.
Die Erde als den Ort erkennen, der uns Kraft gibt, zu wachsen und zu wandeln.
Die Kraft der Erde erkennen.
Realitätsbezogenheit. Mit beiden Beinen fest im Leben stehen und das Leben annehmen, so wie es kommt. Schicksalsschläge gefestigt entgegennehmen und innerlich akzeptieren.
Stark mit dem körperlichen Leben verwurzelt sein und sich mit den Elementekräften und der Natur stark verbunden fühlen.
Die Kraft der Erde in sich zu fühlen.
Den materiellen Raum erkennen und als Erfahrungsraum der Vergeistigung schätzen.

Seite 165 bis Seite 189

2. EBENE · DIE MINERALIEN
DAS THEMA DER LICHT-ESSENZEN

NEGATIV

ANGST VOR DER KRAFT
DES UNBEKANNTEN,
UNBEWUSSTEN

Kein Vertrauen in das Unbekannte des Lebens. Kontrollwahn.
Fixierung auf das Greifbare, Sichtbare.
Fixierung auf die bewußte Welt, das Wissen, die Bewußtseinserweiterung.
Mißtrauen der Zukunft gegenüber: Was wird alles passieren? Kein Vertrauen in die unendliche Bewegung allen Lebens.
Was ist das unbekannte Unbewußte in uns? Woher kommt es, wohin geht es, und wohin treibt es uns?
Kein Vertrauen in das eigene unendliche innere Wissen. Alles Unbekannte, Unbewußte als Ohnmacht empfinden.
Will das Leben und das Schicksal kontrollieren. Angst vor der unendlichen Bewegung, weil sie sich nicht kontrollieren läßt. Kein Vertrauen in die unendliche universelle Bewegung. Verkrampftes Festhalten an das bewußte Bekannte im eigenen Weltbild.
Angst vor der Hingabe ans Leben.
Der Zeit nicht vertrauen, die alles bewegt und in uns wachsen läßt, die die inneren Wunden heilt.
Verlagert alle Energie einseitig in die Bewußtseinsentwicklung. Will alles wissen und nichts dem unbekannten Unbewußten überlassen. Erkennt nicht, daß Wissen nie ankommt, sondern daß aus der Unendlichkeit immer neues Unbekanntes nachströmt. Will dem Unbekannten im Leben keinen Raum geben, aus mangelndem Vertrauen zu sich selbst. Angst vor der Macht des eigenen Unbewußten. Empfindet diese Macht als Ohnmacht, da nicht zu kontrollieren. Wünscht sich Macht über das Leben.

Seite 191 bis Seite 223

POSITIV

SICH MIT VERTRAUEN DER
UNENDLICHEN BEWEGUNG
DES LEBENS HINGEBEN

Vertrauen in die Zukunft.
Akzeptanz der unendlichen unbekannten Bewegung allen Lebens. Akzeptanz der Trennung aus der Macht des Bewußtseins. Vertrauen in das Unbekannte. Vertrauen in das unbewußte Wissen im eigenen Inneren.
Macht und Ohnmacht im ausgewogenen Verhältnis empfinden und das Nicht-Wissen als innere »Führung« des Schicksals akzeptieren.
Das Leben als Teil einer unendlichen kosmischen Bewegung akzeptieren, außerhalb der eigenen Kontrolle.
Angstfrei kosmischen Ereignissen gegenüber sein.
Vertrauen ins Leben als Prinzip.
Sich nicht getrennt von der eigenen inneren Macht empfinden. Sich nicht ohnmächtig dem Leben ausgeliefert, sondern mit dem inneren unbewußten Wissen im Einklang fühlen.

Seite 191 bis Seite 223

NEGATIV

ANGST VOR DER KRAFT
DER GEFÜHLE

Angst vor den unkontrollierbaren Gefühlen.
Traut den Gefühlen nicht, da unbekannte, unkontrollierbare Größe.
Hält sich an das vermeintlich überschaubare Erklärbare.
Innere Erstarrung, Abwehr aller Gefühle.
Vertraut der inneren Führung durch Gefühle nicht: Sie könnten in Irrwege leiten.
Traut Gefühlen grundsätzlich nicht, denn deren Ursprung und Herkunft ist unbekannt.
Unbeweglichkeit auf der Gefühlsebene. Die Erfahrungen des Lebens nicht als unbewußt selbstgewählt erkennen, sondern als von unbekannten Schicksalsmächten aufgezwungen.
Glaubt nur an das Bewußte, Bekannte. Will das Schicksal kontrollieren, zum Beispiel mit Hilfe von Hellsehern. Möchte möglichst nur kontrollierte Erfahrungen machen.
Kein Vertrauen in die eigene innere Schönheit.
Findet Gedanken schöner als Gefühle.
Fürchtet sich vor unbewußten Motiven. Will lieber wenig fühlen, um weniger Schmerz zu erleben. Dadurch gefühlsstarr und unbeweglich. Angst vor der Macht der unbewußten Gefühle.
Mangelndes Vertrauen in die inneren Bewegungen des Gefühlskörpers.

Seite 225 bis Seite 249

POSITIV

BEWEGLICHKEIT DER
INNEREN GEFÜHLSSTRUKTUR ·
VERTRAUEN IN DIE GEFÜHLE

Akzeptanz der inneren Gefühlsstruktur. Akzeptanz der unbekannten Anteile in der Gefühlswelt. Vertrauen in die eigene Gefühlswelt. Vertrauen in das eigene Schicksal, das den Erfahrungen einen höheren Sinn gibt, auch wenn ihr Ursprung unbekannt ist. Die eigenen Gefühlsreaktionen nicht ablehnen, sondern als unerschöpflichen Fundus von Leben und Bewegung erkennen.
Innere Hingabe an die Zeit, die ihren eigenen Rhythmus und ihr eigenes Tempo hat. Vertrauen darauf, daß alles zum richtigen Zeitpunkt kommt und nicht mit bewußten Handlungen zu erzwingen ist. Vertrauen in sich selbst, daß die Gefühle und das innere Wissen die eigenen Handlungen richtig lenken und leiten. Vertrauensvoll abwarten und stillhalten können. An die eigene innere, unbewußte Klugheit der Gefühle glauben. Die Gefühle als weise und im Austausch und Einklang mit dem inneren höheren Wissen erkennen.

Seite 225 bis Seite 249

3. EBENE · DIE WURZELN
DAS THEMA DER LICHT-ESSENZEN

NEGATIV

ANGST VOR DER BEWUSSTEN ZENTRIERUNG AUF EIN ZIEL

Die Welt nicht auf sich beziehen können. Opfer des Geschehens und nicht Teil des Ganzen zu sein. Keine innere Kraft fühlen, der Welt und dem Leben gegenüberzutreten.
Das eigene innere Zentrum nicht erkennen können.
Die eigene Position im Leben nicht erkennen, und auch in der Gruppe nicht. Der eigene Standort ist ungeklärt. Die Kräfte nicht in der eigenen Mitte zentrieren können. Gefühl von Schwächung durch andere, die kraftvoller scheinen.
Kampf um Selbstbehauptung, weil das Gefühl unerfüllt bleibt, von anderen wichtig genommen zu werden.
Andere nicht sein lassen wie sie sind, sondern sich mit anderen vergleichen, um besser dazustehen.
Fixierung auf das eigene Ich aus Angst, im Kollektiv unterzugehen, die Identität zu verlieren.
Die innere Mitte ist kein Kraftzentrum, sondern eher ein Schwarzes Loch, in dem alle inneren Kräfte verschwinden. Muß durch äußeren Erfolg oder Selbstdarstellungskünste immer nachgefüllt werden.
Krampfhafte Abgrenzung gegen andere, um das bißchen Ich nicht ganz zu verlieren.
Ein einmal gewonnener Standpunkt wird nicht mehr aufgegeben, weil er dem eigenen Ich eine vermeintlich feste Grundlage bietet. Definiert die Welt über andere, nicht aus sich selbst heraus.

Seite 251 bis Seite 283

POSITIV

ZENTRIERUNG DES ICH-BEWUSSTSEINS AUF DIE EIGENEN ZIELE

Unbeirrbar und sicher den eigenen Weg gehen. In der eigenen inneren Mitte zentriert sein. Aus dem inneren Zentrum gebündelte Kraft spüren, um nach außen zu treten.
Das Gefühl von Kraftzustrom aus der eigenen inneren Mitte.
Das innere Ich als stark empfinden. Anderen im Bewußtsein der eigenen starken Identität gegenübertreten. Sich gegenüber der Welt als Individuum sicher und fest fühlen. Den eigenen inneren Standpunkt im Austausch mit anderen als wichtig empfinden. Die eigene Rolle als wichtigen Beitrag für andere empfinden, gleichzeitig den Beitrag der anderen wichtig finden und in sich aufnehmen können.
Nicht unsicher im eigenen Leben sein, sondern gefestigt vorausschreiten.
Mut zum eigenen individuellen Leben und Lebensweg.
Sich seiner selbst so bewußt sein, daß Einflüsse von außen nicht schwächen, sondern wie ein neuer Beitrag für noch mehr Bewußtsein aufgenommen werden können.
Die ganze Welt als Raum für sich empfinden.

Seite 251 bis Seite 283

NEGATIV

ANGST, IN JEDER ERFAHRUNG SICH SELBST ZU ERKENNEN

Hat Angst, sich selbst zu erkennen. Vergleicht sich mit anderen, um sich zu erkennen. Lädt die Verantwortung für die eigenen Erlebnisse auf andere. Ist auf Reaktionen von anderen fixiert, definiert sich über andere.
Kämpft um Kontur in jeder Erfahrung und Handlung. Muß das Ich aufblähen, um sich zu zeigen. Hat sonst Angst unterzugehen, weil die anderen mehr Kontur zeigen oder haben. Kontur wird im Vergleich zu anderen gefunden, nicht aus sich heraus. Findet keine Bereicherung in einer Erfahrung, an der man wachsen kann. Jede Erfahrung bestätigt die Ich-Konturenschwäche.
Projiziert Werte auf andere, da die eigenen nicht klar sind. Findet nicht, daß jeder seines eigenen Glückes Schmied ist. Empfindet das Leben als fremdbestimmt. Die Umstände sind schuld an der mangelnden Selbstverwirklichung. Kraft für Handlungen ist schwach.
Will in keiner Erfahrung sich selbst erkennen, sondern schaut auf andere und kritisiert sie.
Kann sich selbst nicht sehen, sondern sieht immer nur die anderen. Erfahrungen schwächen das Ego: Es mißlingt so viel.
Sucht sich Autoritäten, um die eigenen Handlungen bewerten zu lassen.

Seite 285 bis Seite 309

POSITIV

SICH ERKENNEN IN DEN EIGENEN HANDLUNGEN UND ERFAHRUNGEN

Sich innerlich stark und selbstbewußt fühlen. Sich erkennen und Freude an jedem Prozeß der Selbsterkenntnis haben. Kritisch mit sich umgehen können, ohne sich von den eigenen Schwächen entmutigen zu lassen. Eigenes Unvermögen als Lernaufgabe betrachten.
Aktiv, bewußt und aus Interesse auf die Suche nach sich selbst gehen. Sich bewußt machen wollen, woher diese oder jene Schwächen kommen.
Mit innerer Stärke kraftvoll anderen gegenübertreten, auch wenn gerade eine »Niederlage« erfahren wurde. Niederlagen nicht als Unvermögen und Schwäche, sondern als mangelnde Erfahrung betrachten oder als Grund, es das nächste Mal besser machen zu wollen.
Sich selbst und die Motive des eigenen Handelns erkennen wollen.
Frei von Autoritätsgläubigkeit.

Seite 285 bis Seite 309

4. EBENE · DIE BLÄTTER
DAS THEMA DER LICHT-ESSENZEN

NEGATIV

ANGST VOR DER VEREINIGUNG IM GEIST UND DER TRENNUNG DER MATERIE

Einsamkeit und Isolation fühlen, die Kraft kosten. Findet keinen Zugang zur geistigen Welt. Sie bleibt verschlossen. Klammert sich an alles, um wenigstens die feste Basis im Leben nicht zu verlieren.
Sich innerlich isoliert fühlen. Sich im körperlichen Leben getrennt fühlen, mit Sehnsucht nach der Einheit im Geistigen.
Will mit allem in Liebe vereint sein. Möchte nur Einheit und Liebe, ohne die Trennung als Weg des Wachstums zu akzeptieren. Alles soll nur durch Liebe gelöst werden, da innerlich einsam und isoliert.
Nicht geöffnet für die verschiedenen Formen von geistiger Öffnung, sondern gefangen in bestimmten Vorstellungen von Einheit und Liebe. Alle Trennung ist »böse«, alles, was in Liebe vereint ist, ist »gut«. Empfindet das als Antwort auf alles. Will nicht beide Seiten integrieren, sondern die Einheit als etwas Ideales, als Endzustand sehen.
Erkennt in Trennung und Vereinigung nicht den unendlichen Kreislauf zwischen Geist und Körper.
Hat Angst vor Isolation, sieht in der Trennung nur Schmerz und Isolation, nicht Neuanfang und Wachstum.
Erkennt nicht, daß alles Getrennte im Geist vereint ist. Sucht die Antwort auf alles in der »bedingungslosen Liebe«. Wertet Individualität, Egoismus und alles Negative als unberechtigte Schwäche und nicht als Teil des Wachstums.

Seite 311 bis Seite 341

POSITIV

INTEGRATION VON TRENNUNG UND VEREINIGUNG, VON GEIST UND MATERIE

Durch die innere Öffnung zu allem Geistigen über sich selbst hinauswachsen.
Sich nicht getrennt fühlen von allem, was existiert. Geöffnetsein für alle Wesen, alle Formen und den Geist in allem.
Getrenntsein als Teil des Lebens akzeptieren.
Sich öffnen für die vielfältigsten Formen von Vereinigung im Geiste, Aufhebung der inneren Trennwände.
Hinter der Trennung von Materie und Geist die Antriebskraft erkennen können, die in geistiges Wachstum führt. Im Prinzip der Trennung und Vereinigung, aus der immer Neues entsteht, Erneuerungskraft erkennen können.
Offen für alles in sich selbst und für alles außerhalb des eigenen Selbst. Integration von Gut und Böse als Weg ins Wachstum.
Die Trennung von allem in allem erkennen und akzeptieren als Weg des Wachstums im Geist akzeptieren.

Seite 311 bis Seite 341

4. EBENE · DIE BLÄTTER
DAS THEMA DER ELEMENTE-ESSENZEN

NEGATIV

ANGST VOR TRENNUNG UND VEREINIGUNG

Fürchtet sich vor jedem Ende. Erkennt die Regenerationskraft nicht, die aus jedem Ende entsteht. Starres Festhalten an allem. Dadurch entgleitet vieles. Schöpft keine Kraft aus Trennungserfahrungen, empfindet nur Schwächung. Kann sich von nichts trennen, will an allem festhalten, um das Gefühl von Einsamkeit zu vermeiden.
Jede Trennung löst das Gefühl von Einsamkeit aus. Erkennt nicht, daß Wachstum nur durch Trennung vom Altem möglich ist. Innere Erweiterung kann nur durch das Beenden von Altem entstehen.
Will kein inneres Wachstum durch Trennung. Erkennt nicht, daß im Geistigen nichts getrennt ist.
Angst vor Einsamkeit raubt Kraft und hemmt die Regenerationsfähigkeit. Fühlt sich auf der Körperebene beschränkt. Deshalb fehlt auf verschiedenen Ebenen das Gefühl geistigen Kontakts. Erkennt die Wachstumsmöglichkeit nicht, die darin liegt, sich für den geistigen Aspekt einer Trennung zu öffnen und dadurch weiter und offener für Neues zu werden.
Fürchtet sich vor Vereinigung, da die ja wieder in Trennung führt.

Seite 343 bis Seite 367

POSITIV

VERGEISTIGUNG ALLER ERFAHRUNGEN

Vergeistigung aller Trennungserfahrungen und Regeneration durch diese Erfahrungen.
Altes loslassen können und offen dem neuen Anfang begegnen.
Freude am Neuanfang.
Findet Liebe und Zuwendung in vielen Formen. Kann sich trennen, nicht ohne Schmerz, aber mit neuem Mut. Sucht im Kontakt mit anderen geistiges Wachstum und nicht Schmerzlinderung.
Ist geöffnet für die geistigen Aspekte von Trennungen.
Fühlt sich nicht einsam und isoliert, sondern im inneren Austausch mit »Gott und der Welt«. Empfindet die körperliche Ebene nicht als Trennung, sondern als Möglichkeit zur Vereinigung auf vielfältige Art und Weise. Integriert alle Lebensformen und Möglichkeiten, um im geistigen Austausch zu sein. Muß sich nicht auf bestimmte Menschen oder Lebensformen festlegen, um sich aufgehoben und stark zu fühlen.
Ist geöffnet für den ständigen Wandel, das Neue.

Seite 343 bis Seite 367

5. EBENE · DIE BLÜTEN
DAS THEMA DER LICHT-ESSENZEN

NEGATIV

ANGST VOR DER BEDEUTUNGSLOSIGKEIT DES EIGENEN LEBENS

Verschlossen gegenüber der Schönheit des Lebens und der Schöpfungskraft in allem. Sich selbst und das eigene Leben nicht als wunderbaren Teil der Schöpfung empfinden.
Fühlt sich von der Gemeinschaft ausgeschlossen. Findet sich in der Gemeinschaft nicht genug geachtet. Findet seine Rolle in der Gemeinschaft nicht attraktiv genug.
Empfindet eine Wand zwischen sich und den anderen. Ist nicht geöffnet für Unkonventionelles, Geistiges.
Macht die Gemeinschaft für das eigene Leben verantwortlich. Erkennt den unendlich wichtigen Beitrag nicht, den jeder leistet. Schiebt der Gruppe die Verantwortung zu.
Ist verschlossen für den Rat von anderen. Will nicht der Gemeinschaft dienen, sondern ist, aus Mangel an eigener Kontur oder aus Ich-Schwäche, nur auf die eigenen Interessen fixiert.
Kann zwischen Ego und Gruppe nur schwer abgrenzen. Beides schwingt nicht in Harmonie.
Erkennt nicht das Wunder der Schöpfung. Erkennt die Kreativität des eigenen Lebens nicht und nicht die Kreativität der Schöpfung, in der alles ein Teil des Ganzen ist.

Seite 369 bis Seite 399

POSITIV

OFFENHEIT FÜR ALLES IM LEBEN, DAS TEIL DER SCHÖPFUNG IST

Das Leben als einzigartig empfinden, als etwas Besonderes, als Teil der Schöpfung.
Einverstanden sein mit dem Platz in der Gemeinschaft, den man einnimmt, da alles Teil der Schöpfung ist.
Sich nicht außen vor, sondern als Teil des Ganzen empfinden, dem die anderen einen gleichwertigen Platz einräumen.
Ein offenes Bewußtsein für die anderen haben, deren Wichtigkeit mit der eigenen gleichsetzen. Die Gesellschaft als Ganzes empfinden und sich selbst nicht als kleinen, unbedeutenden Teil des Ganzen sehen.
Offenheit für die Vielfältigkeit in allem. Sich frei fühlen in der Ausdrucksfähigkeit, egal auf welcher Ebene. Innen und Außen, Umstände und das eigene Ich als eine Gesamtheit erkennen.
Erkennen, daß in allem Erleben ein kreativer Ausdruck steckt. Sich nicht abschotten gegen Fremdes, gegen neue Ideen, gegen Wandlungen der Werte.
Erkennen, daß Wahrheit auch individuelle Interpretation ist. Die individuelle Verantwortung erkennen, da alles Individuelle zusammen die Gemeinschaft bildet.
Erkennen der Einheit von Individualität und Gemeinschaft, die zusammen das Ganze bilden.

Seite 369 bis Seite 399

NEGATIV

ANGST VOR DER WICHTIGKEIT JEDER ERFAHRUNG

Alle Erfahrungen nicht als kreativ und auch nicht als kreativen Beitrag für das Kollektiv erkennen. Trostloses Lebensgefühl.
Auf der Jagd nach äußerlicher Ablenkung.
Die eigenen Erfahrungen nicht als etwas Besonderes, sondern als langweilig und unschön empfinden. Diese Erfahrungen nicht als Teil des Ganzen empfinden. Sich nicht angemessen geachtet und gewürdigt fühlen. Man könnte eigentlich mehr, weiß aber nicht, wie es ausdrücken und zeigen.
Die eigenen Erfahrungen nicht im Zusammenspiel mit anderen oder als Beitrag für das Ganze, sondern getrennt, nur für sich sehen.
Andere kreativer und bedeutender finden. Mehr Ansehen in der Gesellschaft genießen wollen, mehr auffallen wollen, keine unscheinbare, unsichtbare Figur sein wollen.
Unzufrieden mit den Erfahrungen des Lebens sein. Immer neue, aufregendere suchen, obwohl sie wenig befriedigen. Immer weitersuchen, die Antworten außen suchen und nicht in sich selbst.
Sich nicht als Teil der Gesellschaft fühlen, in der man einen wichtigen Beitrag leistet.
Sich isoliert fühlen, unbeachtet mit der eigenen Lebensleistung, die als unzureichend empfunden wird.

Seite 401 bis Seite 425

POSITIV

VERGEISTIGUNG ALLER ERFAHRUNGEN

Sich als einzigartig und als etwas besonderes empfinden. Sich oder die eigene Rolle als Beitrag zum Kollektiv erkennen, in welcher Position auch immer.
Die Einzigartigkeit jeder Lebenserfahrung erkennen, nicht die eine über die anderen stellen. Sich selbst auch nicht, weder unter noch über andere.
Das Gleichwertige im Besonderen erkennen, nicht idealisieren.
Sich auf vielfältige Weise im Austausch mit anderen empfinden. Nicht darauf fixiert sein, wie der Austausch sein soll, mit Menschen oder wem und womit auch immer.
Offenheit für die Vielfältigkeit in allem.
Die eigenen Erfahrungen als etwas besonders Kreatives empfinden. Die Einzigartigkeit jeden Momentes empfinden. Sich nicht in den Erfahrungen des Lebens isoliert fühlen. Sich und die Schöpfung als perfekt empfinden, nicht als isolierte Teile, die als gut oder schlecht bewertet werden. Die eigene innere Autorität finden. Autorität nicht außen bei anderen, bei Mächten, Göttern, Gruppen oder Organisationen suchen.

Seite 401 bis Seite 425

6. EBENE · DIE TÖNE
DAS THEMA DER LICHT-ESSENZEN

NEGATIV

VERNEBELT AUS ANGST VOR DER MACHT DES EIGENEN BEWUSSTSEINS

Vernebelt das höchste Bewußtsein in sich aus Angst vor zuviel Verantwortung und Macht.
Fixiert sich auf die Gefühlsebene, entzieht sich dadurch der bewußten Verantwortung.
Will keine Verantwortung und hat Angst, die Macht des höchsten Bewußtseins zu mißbrauchen. Flüchtet in die Gefühlsebene, in das Unbewußte. Will vernebeln und sich die eigene Macht nicht bewußt machen.
Will die Verantwortung für das höhere Wissen in sich selbst nicht übernehmen. Will keine Transzendenz, überläßt der Gefühlsebene oder dem Intellekt die Macht. Verdrängt die unbewußte Macht auf der Gefühlsebene, die nur die andere Seite des Wissens ist.
(»Ich fühle das und damit basta!«)
Will die Macht des Bewußtseins nicht erkennen. Traut sich nicht, Macht bewußt auszuüben. Verlagert die Machtausübung in die Gefühlsebene oder in die Passivität. Will nicht die Macht der Ohnmacht erkennen als die gleichwertige andere Seite der Macht. Fürchtet sich, den eigenen Machtanspruch klar zu erkennen. Erkennt nicht die Macht über die eigene Zukunft.

Seite 427 bis Seite 455

POSITIV

DIE MACHT DES EIGENEN BEWUSSTSEINS KLAR ERKENNEN

Erkennen der Relativität jeder Realität. Das höhere Bewußtsein in allem erkennen.
Über die Körperlichkeit hinauswachsen. Das Unbewußte wird transzendiert, ist wissende Intuition.
Jeder Gedanke wird als Welle erkannt, die in verschiedenen Tönen oder Farben das Sein bestimmt, nicht nur das eigene, sondern alles. Alles wird erkannt als Teil des unendlichen Bewußtseins, das in uns schwingt.
Abstraktionsvermögen über die eigene Person hinaus. Die Welt der Musik als universelle Sprache verstehen. Die spirituelle Ebene als Teil unseres Selbsts erkennen. Alle Begrenzungen als Begrenzungen des Bewußtseins erkennen. Die Realität als Momentaufnahme vieler Realitäten erkennen.
Die Macht der Spiritualität als Ohnmacht erkennen, die nie über das Leben entscheidet. Die Ohnmacht des Unbewußten erkennen als Macht, die Leben möglich macht.

Seite 427 bis Seite 455

NEGATIV

ANGST VOR DER MACHT, MIT BILDERN UND WORTEN DIE EIGENE REALITÄT ZU ERSCHAFFEN.

Erkennt nicht die Macht des eigenen Bewußtseins, fühlt sich den eigenen Erfahrungen ohnmächtig ausgeliefert.
Erkennt nicht den Sinn des eigenen Lebens.
Glaubt nicht an die Macht des eigenen Bewußtseins, mit Bildern und Worten die eigenen Erfahrungen zu verändern.
Glaubt nicht, daß die eigenen Ideen zum eigenen Schicksal geführt haben.
Akzeptiert nicht, daß das eigene Schicksal und die Erfahrungen den eigenen Ideen des transzendenten Bewußtseins entstammen.
Mißtraut der eigenen Macht und will sie nicht einsetzen. Überläßt lieber alles dem Unbewußten und der Gefühlsebene, um die eigenen Machtstrukturen nicht erkennen zu müssen.
Hat Angst vor der Gestaltungsfähigkeit des eigenen Bewußtseins. Zieht sich lieber in die Opferrolle zurück, um Erfahrungen ohnmächtig zu erleben.
Erkennt nicht die Verantwortung für jedes Bild und jedes Wort, daß er/sie sagt, sich vorstellt, sendet oder weitergibt, mit der Wirkung auf sich selbst und das Kollektiv Schöpfung.
Erkennt nicht, daß die eigene Realität durch die eigene Wertung entsteht.

Seite 457 bis Seite 481

POSITIV

DIE MACHT ÜBER DIE EIGENE REALITÄT ERKENNEN DURCH BILDER UND WORTE

Bilder und Worte erschaffen die Realität. Wir verändern die Realität durch Bilder und Worte und bewerten durch Bilder und Worte. Wir erkennen uns in unseren Bildern und Worten, indem wir werten.
Erkennen der Relativität jeder Realität. Die Macht der Bilder und Worte erkennen. Inneres Wissen darüber, daß jedes Bild und jedes Wort das eigene Leben und die Welt mitformen und zu dem machen, was sie ist. Erkennen, daß jedes Wort und jedes Bild das eigene Ich und jede Erfahrung zu einer Realität formen (Heilung mit Affirmationen und Visualisierungen). Erkennen, daß die Bewertung jeder Erfahrung individuell ist. Niemandem die Bewertung überlassen, da wir nur selbst den Zusammenhang in den tiefsten Tiefen des eigenen Bewußtseins erkennen können.

Seite 457 bis Seite 481

7. EBENE · DER GEIST

DAS THEMA DER LICHT-ESSENZEN

NEGATIV

ANGST VOR DER UNENDLICHEN KRAFT DES EIGENEN GEISTES

Hat Angst vor der Grenzenlosigkeit des Geistes. Fürchtet die Grenzenlosigkeit als Identitätsverlust oder Auslöschung. Klammert sich an jede Begrenzung, was wieder Angst vor Verlust der Begrenzung bedeutet. Todesangst im abstrakten Sinn.
Glaubt, Geist und Unendlichkeit gebe es nicht. Wo soll das sein? Will damit nichts zu tun haben.
Flucht in die rein materielle Betrachtung allen Lebens. Fixierung auf die rein wissenschaftliche Betrachtung des Lebens und des Universums. Angst vor dem Sterben als dem endgültigen Aus. Setzt Unendlichkeit gleich mit dem endgültigen Verlust von Identität. Deswegen Fixierung auf die materielle Welt, auf materielle Werte, Einstellungen und Lebensziele. Verhaftung im rein materiellen Aspekt des Lebens. Trennt Geist und Materie, hält sich an die Materie und hält Geist für nicht existent.
Geist ist eine unerklärliche und unfaßbare Größe und deswegen unglaubhaft. Fürchtet sich vor der Leere und Kälte des Weltraums. Fürchtet sich vor dem Begriff Unendlichkeit, wegen des Gefühls von Auslöschung nach dem Tod.
Will die jetzige materielle Realität als einzig mögliche anerkennen. Sieht das Leben nicht als eine Bewegung unter vielen, sondern als einzige, will deswegen alles »mitnehmen«.

Seite 483 bis Seite 509

POSITIV

UNENDLICHE GEISTIGE KRAFT IN SICH ERKENNEN, AUCH IN DER BEGRENZUNG DES LEBENS

Vorstellung und Akzeptanz von Unendlichkeit und Unsterblichkeit als geistige Kraft. Gleichwertigkeit von Geist und Materie erkennen, da das eine das andere spiegelt.
Nicht in der Materie verhaftet sein. Keine Angst haben vor der Unendlichkeit als Gefühl oder vor der Vorstellung, daß wir auf der Erde in einem leeren, kalten, unendlichen All schweben.
Den Geist hinter aller Materie erkennen. Keine Angst vor Materie und keine Angst vor der Abstraktion des Geistigen haben.
Keine Angst vor dem Sterben haben. Den Weg des Lebens als Abschnitt betrachten, der weitergeht, unendlich. Sich nicht getrennt fühlen, wie aus dem Himmel geworfen, sondern die Schönheit und Chance allen Lebens wahrnehmen. Nicht an einer Realitätsvorstellung von Leben festhalten.
Jeden Augenblick als vollendet erkennen, denn er beinhaltet alles. Alles ist perfekt, so wie es ist.

Seite 483 bis Seite 509

NEGATIV

ANGST VOR DEM TOD UND DER UNENDLICHEN WIEDERKEHR

Klammert sich an das Leben, aus Angst, mit dem Tod zu verschwinden. Erkennt nicht, daß in jedem Ende ein neuer Anfang enthalten ist.
Will sich an das materielle Erleben festklammern. Fürchtet sich vor dem Ende und dem Tod aller Erfahrungen. Will sehr viel erleben, agieren, erfahren, ohne die eigene Angst darin zu erkennen.
Klammert sich an Sex, um dem Tod auszuweichen.
Betont die Triebebene zu sehr. Benutzt den Trieb, um sich weit weg vom Tod zu fühlen.
Hat Angst vor der Endlichkeit jeder Lebenserfahrung. Sucht die Ewigkeit nicht in geistigen, sondern in der Anhäufung materieller Erfahrungen.
Verhaftet im materiellen Aspekt des Lebens.
Hat Angst vor der Vergänglichkeit aller Materie und alles Körperlichen.
Kann Erfahrungen nicht als Beitrag zum Wachstum des unendlichen Geistes verstehen.
Fürchtet die Auflösung des Körpers als Ende ohne Wiederkehr.

Seite 511 bis Seite 535

POSITIV

DAS KOMPLEMENTÄRE IN JEDER ERFAHRUNG: ALLES IST IN ALLEM ENTHALTEN.

Erkennen, daß in jeder Erfahrung das Ende und damit die reine Vergeistigung enthalten ist. Erkennen, daß Materie und Geist ebenbürtig sind. Akzeptieren, daß die Materie begrenzt, Geist unendlich und unsterblich ist.
Erkennen, daß alles in allem enthalten ist und in jeder Erfahrung auch ihr Gegenteil.
Innerlich frei sein, das Leben in jedem Moment wahrnehmen, sich nicht zu sehr und nicht zu wenig an die Realität binden.
Die eigenen Grenzen kennen, akzeptieren und sich trotzdem innerlich frei fühlen.
Keine Angst vor dem Leben und keine Angst vor dem Sterben haben. Sterben als Neuanfang begreifen, im Vertrauen auf die Wiederkehr des Lebens, in welcher Form auch immer.

Seite 511 bis Seite 535

DIE GEISTIGEN INHALTE DER 84 ESSENZEN UND DIE 84 NEGATIVEN LEBENSEINSTELLUNGEN IN KURZFORM

1. EBENE · DIE METALLE
KURZFASSUNGEN DER NEGATIVEN LEBENSEINSTELLUNGEN

LICHT- ESSENZEN

ESSENZ 7
L 7, Silber
Leben ist getrennt sein aus dem unendlichen Meer des Geistes, das unendliche Kraft bedeutet.

ESSENZ 6
L 6, Eisen
Leben ist wie im undurchdringbaren Nebel sein, ohne tiefes wissendes Bewußtsein.

ESSENZ 5
L 5, Titan
Leben ist wie stumm sein, ohne Austausch und wie außerhalb von allem.

ESSENZ 4
L 4, Palladium
Leben ist Isolation in Dunkelheit.

ESSENZ 3
L 3, Kohlenstoff
Leben ist ohne Ziel und ohne Sinn.

ESSENZ 2
L 2, Schwefel
Leben ist im Schatten sein, getrennt vom Licht.

ESSENZ 1
L 1, Gold
Das Leben ist schwer und dunkel.

ELEMENTE-ESSENZEN

ESSENZ 12
E 5, Zink
Die Erfahrung Leben in einem Körper ist Begrenzung ohne Wachstumsmöglichkeit und ohne Erweiterung des Geistes.

ESSENZ 11
E 4, Blei
Die Erfahrung Leben in einem Körper ist begrenzt. Sie endet ohne Neuanfang.

ESSENZ 10
E 3, Nickel
Die Erfahrung Leben in einem Körper ist ohne Erkenntnis.

ESSENZ 9
E 2, Aluminium
Die Erfahrung Leben in einem Körper ist wie bewegungslos und erstarrt sein.

ESSENZ 8
E 1, Silicium
Die Erfahrung Leben in einem Körper ist wie gefangen sein in der schweren Verdichtung.

LICHT- ESSENZEN

ESSENZ 7
L 7, Silber
Leben ist Spiegel des unendlichen Geistes, der sich in der Materie wandelt und erweitert.

ESSENZ 6
L 6, Eisen
Leben ist klar und transzendent und spiegelt All-Wissen und Bewußtsein.

ESSENZ 5
L 5, Titan
Leben ist nie stumm. Alles spiegelt die Schöpfung und geschieht im Austausch.

ESSENZ 4
L 4, Palladium
Leben ist immer Integration von Geist und Materie. Im Geist ist nichts isoliert.

ESSENZ 3
L 3, Kohlenstoff
Leben hat immer einen Sinn: Sich erkennen, Bewußtsein zu zentrieren.

ESSENZ 2
L 2, Schwefel
Leben ist Licht und Schatten. Ich akzeptiere beide Seiten, denn das eine existiert nur durch das andere.

ESSENZ 1
L 1, Gold
Leben ist im Licht sein, als Spiegel des Geistes.

ELEMENTE-ESSENZEN

ESSENZ 12
E 5, Zink
Die Erfahrung Leben in einem Körper ist ständiges Wachstum und ständige Erweiterung des Geistes wie jede Erfahrung.

ESSENZ 11
E 4, Blei
Die Erfahrung Leben in einem Körper endet wie jede Erfahrung und schafft Raum für neues Leben.

ESSENZ 10
E 3, Nickel
Die Erfahrung Leben in einem Körper ist Erkenntnis, wie jede Erfahrung.

ESSENZ 9
E 2, Aluminium
Die Erfahrung Leben in einem Körper ist Bewegung, die ins Wachstum fließt.

ESSENZ 8
E 1, Silicium
Die Erfahrung Leben in einem Körper ist Ausdruck von Kraft zum Wachstum.

2. EBENE · DIE MINERALIEN
KURZFASSUNGEN DER NEGATIVEN LEBENSEINSTELLUNGEN

LICHT- ESSENZEN

ESSENZ 19
L 7, Schwarzer Turmalin
Unbekanntes, Unbewußtes ist getrennt von mir und wie eine unendliche dunkle Bedrohung.

ESSENZ 18
L 6, Bergkristall
Die unbekannte Seite in meinem Leben ist getrennt von meinem Bewußtsein. Das macht mich ohnmächtig.

ESSENZ 17
L 5, Smaragd
Das Unbekannte in meinem Leben ist mir verschlossen und nicht mit mir im Austausch.

ESSENZ 16
L 4, Rosa Turmalin
Ich verschließe mein Herz vor dem Unbekannten. Es ist bestimmt gegen mich.

ESSENZ 15
L 3, Mondstein
Ich kenne die unbekannten Ziele nicht, in die mein Leben steuert. Das macht mich unsicher.

ESSENZ 14
L 2, Tigerauge
Das Unbekannte im Leben macht mir Angst. Das Schlechte wird kommen.

ESSENZ 13
L 1, Türkis
Leben ist Unsicherheit, denn nichts ist wirklich verläßlich.

ELEMENTE-ESSENZEN

ESSENZ 24
E 5, Rosenquarz
Gefühle machen ohnmächtig und lassen mich nicht wachsen.

ESSENZ 23
E 4, Beryll
Ich halte fest an Gefühlen. Würde ich loslassen, käme danach Leere. Oder mir Unbekanntes. Dem will ich mich nicht hingeben.

ESSENZ 22
E 3, Granat
Gefühle sind wie eine unbekannte Macht. Ich will nichts fühlen, denn darin liegt keine Erkenntnis.

ESSENZ 21
E 2, Rubin
Ich bin gefühlsunbeweglich. Ich fürchte mich, Gefühle fließen zu lassen. Ich kenne die Folgen nicht.

ESSENZ 20
E 1, Lapislazuli
Ich kenne den Ursprung meiner Gefühle nicht. Das schwächt mich.

LICHT- ESSENZEN

ESSENZ 19
L 7, Schwarzer Turmalin
Mein unbewußtes Wissen ist Teil des unendlichen Wandels vom Unbewußten in Bewußtsein und Teil der unendlichen Erweiterung allen Bewußtseins im Geist.

ESSENZ 18
L 6, Bergkristall
Mein Unbewußtes weiß und erkennt alles klar. All-Wissen ist in mir verborgen. Dem kann ich vertrauen.

ESSENZ 17
L 5, Smaragd
Ich bin mit allem im Austausch, auch mit dem Unbekannten, nicht bewußten.

ESSENZ 16
L 4, Rosa Turmalin
Alles Unbekannte ist Teil meines Lebens. Ich schwinge gemeinsam mit allem, und integriere, was kommt.

ESSENZ 15
L 3, Mondstein
Unbekannte Ziele sind in allem verborgen und geben allem im Leben Sinn. Dem kann ich vertrauen.

ESSENZ 14
L 2, Tigerauge
Das Unbekannte, das in mein Leben strömt, ist nicht schlecht, sondern die Bewegung des Lebens.

ESSENZ 13
L 1, Türkis
Ich bin immer in Sicherheit in meinem Leben, auch wenn ich nicht weiß, was wird.

ELEMENTE-ESSENZEN

ESSENZ 24
E 5, Rosenquarz
Gefühle sind Teil meines geistigen Wachstumsprozesses und erweitern mich unendlich.

ESSENZ 23
E 4, Beryll
Jedes Gefühl, das ich loslasse, schafft Raum für neue Gefühle und läßt Neues in mir wachsen.

ESSENZ 22
E 3, Granat
Jedes Gefühl ist eine Erkenntnis, die mich wachsen läßt.

ESSENZ 21
E 2, Rubin
Ich lasse meine Gefühle fließen, denn sie fließen in mein Wachstum.

ESSENZ 20
E 1, Lapislazuli
Jedes Gefühl ist eine Basis für mein Wachstum.

3. EBENE · DIE WURZELN
KURZFASSUNGEN DER NEGATIVEN LEBENSEINSTELLUNGEN

LICHT- ESSENZEN

ESSENZ 31
L 7, Weizenwurzel
Mein Weg und mein Ziel sind sinnlos und bedeutungslos. Wie alles in meinem ganzen Leben.

ESSENZ 30
L 6, Weißkohlwurzel
Mein Ziel und mein Weg sind wie hinter einer Nebelwand verschlossen und unklar.

ESSENZ 29
L 5, Dillwurzel
Mein Ziel und mein Weg sind wie abgetrennt von der Gesellschaft. Damit bin ich wie ausgeschlossen.

ESSENZ 28
L 4, Blumenkohlwurzel
Mein Ziel und mein Lebensweg machen mich einsam und isoliert.

ESSENZ 27
L 3, Tomatenwurzel
Ich habe kein inneres Ziel und Kraftzentrum in mir, das mich leitet und stark voranschreiten läßt.

ESSENZ 26
L 2, Kürbiswurzel
Jede unbekannte Bewegung in meinem Leben wirft mich aus meiner Bahn.

ESSENZ 25
L 1, Lauchwurzel
Ich bin ziel- und kraftlos in meinem Leben.

ELEMENTE-ESSENZEN

ESSENZ 36
E 5, Roggenwurzel
Ich will nicht alle Verantwortung über mich und meine Erfahrungen übernehmen. Ich habe nicht die Kraft, immer in allem mich selbst zu erkennen. So wachse ich doch nicht.

ESSENZ 35
E 4, Kopfsalatwurzel
Ich will Erkenntnisse über mich nicht beenden und damit schon wieder Raum für neue schaffen. Ich schaffe es ja noch nicht mal, alte Erkenntnisse zu verarbeiten.

ESSENZ 34
E 3, Mangoldwurzel
Die Erfahrungen, die ich mache, sind zu unwichtig, um daraus Selbsterkenntnisse zu gewinnen, die mich erweitern.

ESSENZ 33
E 2, Borretschwurzel
Ich will nichts Neues über mich erfahren. Ich halte an meinem Selbstbild fest und bin froh, daß ich überhaupt eines habe.

ESSENZ 32
E 1, Topinamburwurzel
Ich kann mich nicht erkennen in Erlebtem. Alles, was mir passiert, ist doch Schicksal.

LICHT- ESSENZEN

ESSENZ 31
L 7, Weizenwurzel
Mein Weg und mein Ziel sind Teil des unendlichen Wandels und Wachstums des Geistes. Kein Weg und kein Ziel sind getrennt von mir im Geist.

ESSENZ 30
L 6, Weißkohlwurzel
Mein Weg und mein Ziel sind mir bewußt und ich schreite mit klarer Intuition durch mein Leben.

ESSENZ 29
L 5, Dillwurzel
Mein Ziel und mein Weg sind im Austausch und Einklang mit der Schöpfung. Das macht mich sicher und stark.

ESSENZ 28
L 4, Blumenkohlwurzel
Mein Weg und mein Ziel machen mich nicht einsam. Ich integriere beides in mein inneres und äußeres Leben.

ESSENZ 27
L 3, Tomatenwurzel
Mein Ziel liegt in mir. Ich bin stark in mir und gehe mutig, fest und sicher meinen Weg.

ESSENZ 26
L 2, Kürbiswurzel
Ich vertraue den unbekannten Bewegungen innerhalb meines Weges. Sie machen mich stark und beweglich.

ESSENZ 25
L 1, Lauchwurzel
Ich schreite kraftvoll meinen Weg durch das Leben, mit innerer Sicherheit.

ELEMENTE-ESSENZEN

ESSENZ 36
E 5, Roggenwurzel
Ich kann mich in allem Erlebten erkennen, wachsen, alte Erkenntnisse beenden und wieder neue gewinnen und mich so erweitern.

ESSENZ 35
E 4, Kopfsalatwurzel
Ich kann alte Selbsterkenntnisse beenden und Raum schaffen für neue Selbsterkenntnisse und neues Bewußtsein.

ESSENZ 34
E 3, Mangoldwurzel
Ich erkenne und wachse mit jeder Handlung, in allem Erlebten. Jede Erfahrung ist Erkenntnis, die mich bewußt werden läßt.

ESSENZ 33
E 2, Borretschwurzel
Ich kann mich erkennen und meine Erkenntnisse frei fließen lassen. Neues Erkennen strömt nach und läßt mein Bewußtsein weiter wachsen.

ESSENZ 32
E 1, Topinamburwurzel
Ich erkenne mich in allem Erlebten. Das macht mein Bewußtsein stark und läßt mich wachsen.

4. EBENE · DIE BLÄTTER

KURZFASSUNGEN DER NEGATIVEN LEBENSEINSTELLUNGEN

LICHT- ESSENZEN

ESSENZ 43
L 7, Wildkirschenblatt
Leben ist Trennung von allem Geistigen.

ESSENZ 42
L 6, Rotbuchenblatt
Leben ist getrennt sein von dem All-Bewußtsein, dem Wissen, das in allem liegt.

ESSENZ 41
L 5, Schlehenblatt
Leben ist getrennt sein von der Schöpfung.

ESSENZ 40
L 4, Kastanienblatt
Leben ist Trennung und Isolation von allem.

ESSENZ 39
L 3, Ebereschenblatt
Leben ist Trennung von meinen bewußten Zielen und dem Weg, den ich eigentlich gehen möchte.

ESSENZ 38
L 2, Weidenblatt
Leben ist Trennung von der anderen, unbekannten Seite, die mein Leben bewegen läßt.

ESSENZ 37
L 1, Faulbaumblatt
Leben ist getrennt sein.

ELEMENTE-ESSENZEN

ESSENZ 48
E 5, Wildapfelblatt
Ich will keine Trennung, sondern nur Vereinigung und am Schönen festhalten. Lieber wachse ich nicht, als Schmerz zu erfahren.

ESSENZ 47
E 4, Lindenblatt
Ich will kein geistiges Wachstum durch Trennung. Ich halte am Schmerz fest und versperre den Weg für neues. Es kommt doch nur Leere.

ESSENZ 46
E 3, Wildbirnenblatt
Ich erkenne nichts neues von mir in einer Trennung. So will ich mich nicht erkennen.

ESSENZ 45
E 2, Haselnußblatt
Ich verharre in meinem Trennungsschmerz. Was soll danach kommen? Nichts.

ESSENZ 44
E 1, Lärchenblatt
Ich erfahre Trennung. Das macht mich schwach und läßt mich stagnieren.

LICHT- ESSENZEN

ESSENZ 43
L 7, Wildkirschenblatt
Mein Leben ist die Integration von Geist und Materie, die sich unendlich wandeln und erweitern, durch Trennung und Vereinigung. Im Geist ist alles vereint.

ESSENZ 42
L 6, Rotbuchenblatt
Leben ist die Integration allen Bewußtseins in mir und mit mir.

ESSENZ 41
L 5, Schlehenblatt
Leben ist die Integration der Schöpfung in mir und mit mir.

ESSENZ 40
L 4, Kastanienblatt
Leben ist die Integration aller Gegensätze zur Erweiterung des Geistes in mir und in allem, was lebt.

ESSENZ 39
L 3, Ebereschenblatt
Leben ist die Integration aller Wege, aller Ziele, in mir und mit mir.

ESSENZ 38
L 2, Weidenblatt
Leben ist die Integration von allem Unbekannten in mir und mit mir.

ESSENZ 37
L 1, Faulbaumblatt
Leben ist die Integration von Materie und Geist in mir.

ELEMENTE-ESSENZEN

ESSENZ 48
E 5, Wildapfelblatt
Ich akzeptiere Trennung als Teil von Wachstum, denn ich wachse im Wandel von Trennung und Vereinigung.

ESSENZ 47
E 4, Lindenblatt
Ich lasse den Trennungsschmerz los und öffne mich für eine neue Vereinigung.

ESSENZ 46
E 3, Wildbirnenblatt
Ich erkenne mich neu durch eine Trennung. Das erweitert mich.

ESSENZ 45
E 2, Haselnußblatt
Ich bewege mich nach einer Trennung im Vertrauen auf mein Wachstum.

ESSENZ 44
E 1, Lärchenblatt
Ich erfahre Trennung und wachse dadurch mit neuer Kraft.

5. EBENE · DIE BLÜTEN
KURZFASSUNGEN DER NEGATIVEN LEBENSEINSTELLUNGEN

LICHT- ESSENZEN

ESSENZ 55
L 7, Johanniskrautblüte
Mein Leben ist kein Ausdruck des unendlichen kreativen Wandels der Schöpfung. Ich bin matt und müde.

ESSENZ 54
L 6, Wilde Veilchenblüte
Ich kann mein Leben nicht klar als bewußten Teil der Schöpfung erkennen.

ESSENZ 53
L 5, Klettenblüte
Mein Leben ist nicht im Austausch mit der kreativen Schöpfung. Ich bin eingeengt in meinem Leben, und fühle mich wie ausgeschlossen.

ESSENZ 52
L 4, Wilde Stiefmütterchenblüte
Mein Leben ist wie isoliert von der Schöpfung und nicht Teil von ihr.

ESSENZ 51
L 3, Königskerzenblüte
Mein Leben ist getrennt von der ganzen Schöpfung. Ich trage nichts Sinnvolles bei mit meinem Leben.

ESSENZ 50
L 2, Tagetesblüte
Leben ist wie getrennt sein von der lebendigen Schöpfung, die wie die andere Seite ist. Ich bin auf der dunklen Seite, ausgeschlossen, und kann nichts beitragen.

ESSENZ 49
L 1, Klatschmohnblüte
Leben ist wie abgekapselt sein von der lebendigen Schöpfung. Ich kann nichts bewirken mit meinem Leben. Ob ich lebe oder nicht spielt keine Rolle.

ELEMENTE-ESSENZEN

ESSENZ 60
E 5, Calendulablüte
Mein Leben ist trostlos und langweilig. Nichts ist besonders oder kreativ. Alles schleppt sich dahin.

ESSENZ 59
E 4, Eisenhutblüte
Wo nichts Kreatives ist, kann auch nichts neues, Kreatives entstehen.

ESSENZ 58
E 3, Löwenzahnblüte
Ich erkenne nichts Besonderes an meinen Erfahrungen. Ich sehe nur, daß andere sich kreativ ausdrücken können, ich nicht.

ESSENZ 57
E 2, Kornblumenblüte
Ich kann nichts Kreatives in mir fließen lassen. Ich traue mir keine Kreativität zu.

ESSENZ 56
E 1, Beinwellblüte
Ich bin nicht kreativ und nicht schöpferisch, und meine Erfahrungen sind es auch nicht.

LICHT- ESSENZEN

ESSENZ 55
L 7, Johanniskrautblüte
Mein Leben ist Teil der unendlichen kreativen Erweiterung und des Wandels der Schöpfung.

ESSENZ 54
L 6, Wilde Veilchenblüte
Meine Gedanken und mein Bewußtsein sind wie klare leuchtende Blumen, die ich kreativ gestalte.

ESSENZ 53
L 5, Klettenblüte
Ich bin mit meinem Leben kreativer Teil der Schöpfung. Ich höre das Singen der Welt und singe zurück. Mein Leben ist wie eine kreative Botschaft für alle.

ESSENZ 52
L 4, Wilde Stiefmütterchenblüte
Ich schwinge überall hin mit meinem Leben. Alles hat seinen Platz und vereint sich neu in meinem Leben zu einem kreativen Wechselspiel im Austausch mit der Schöpfung.

ESSENZ 51
L 3, Königskerzenblüte
Mit kreativer Kraft gehe ich meinen Weg. Er hat seine Berechtigung, denn ich kreiere die Schöpfung mit meinem Lebensweg.

ESSENZ 50
L 2, Tagetesblüte
Wie kreative Wellen strömt Unbekanntes auf mich zu. Ich nehme es auf, um es Teil meines Lebens werden zu lassen, in einem beweglichen kreativen Prozeß.

ESSENZ 49
L 1, Klatschmohnblüte
Alles in meinem Leben ist Ausdruck kreativer Schöpfungskraft. Ich kann etwas bewirken mit meinem Leben, denn es ist Teil der Schöpfung.

ELEMENTE-ESSENZEN

ESSENZ 60
E 5, Calendulablüte
Mein Leben mit seinen Erfahrungen ist ein kreativer, einzigartiger Wachstumsprozeß, im Einklang mit der Schöpfung. Alles ist ein kreativer Teil von ihr.

ESSENZ 59
E 4, Eisenhutblüte
Ich trenne mich, ich lasse einen kreativen Prozeß los und ich schaffe Raum für neue kreative Erfahrungen meines Lebens. Auch das Neue wird einzigartig und kreativ sein.

ESSENZ 58
E 3, Löwenzahnblüte
Ich erkenne meine kreative Kraft. Es ist einzigartig, was ich bin, will und tue.

ESSENZ 57
E 2, Kornblumenblüte
Ich lasse die Kreativität aus mir strömen, in allem, was ich tue und bin. Alles strömt in einem kreativen Fluß des Wachstums.

ESSENZ 56
E 1, Beinwellblüte
Ich bin kreativ, in jeder Minute meines Lebens. Jede Minute ist einzigartig.

6. EBENE · DIE TÖNE

KURZFASSUNGEN DER NEGATIVEN LEBENSEINSTELLUNGEN

LICHT- ESSENZEN

ESSENZ 67

L 7, Ton h gesummt, Farbe weiß

Zwischen Macht und Ohnmacht kann ich mich nicht wandeln und erweitern. Das reibt mich auf. Kann man so wachsen?

ESSENZ 66

L 6, Ton a gesummt, Farbe dunkelblau

Mit dem All-Wissen könnte ich nicht leben. Das ist mir zuviel Macht und Verantwortung.

ESSENZ 65

L 5, Ton g gesummt, Farbe hellblau

Ich kann nicht darauf vertrauen, daß mein Machtanspruch im Austausch und im Einklang mit der Schöpfung ist.

ESSENZ 64

L 4, Ton f gesummt, Farbe rosa-grün

Ich kann Macht und Ohnmacht nicht in mir integrieren.

ESSENZ 63

L 3, Ton e gesummt, Farbe gelb

Ich ertrage es nicht, mich und meinen Machtanspruch zu erkennen. Ich traue mir nicht zu, Macht richtig einzusetzen.

ESSENZ 62

L 2, Ton d gesummt, Farbe orange

Ich ertrage die Trennung von dem All-Wissen nicht. Ich hätte gerne die Macht des Wissens, habe aber Angst davor.

ESSENZ 61

L 1, Ton c gesummt, Farbe rot

Ich traue mir nicht und vernebele mich. Ich kann die Macht meines Bewußtseins nicht ertragen.

ELEMENTE-ESSENZEN

ESSENZ 72

E 5, Buchstabe u

Ich bin nicht machtvoll und schöpferisch und kann auch deswegen kein neues inneres Bild von mir selbst entwerfen. Alles ist so, wie es ist. Daran kann ich nichts ändern.

ESSENZ 71

E 4, Buchstabe o

Ich kann von mir selbst kein neues Bild entwerfen. Ich halte an dem fest, wie ich mich sehe. Die Bilder meines Selbst werde ich nicht los. Und die sind schlecht.

ESSENZ 70

E 3, Buchstabe i

Ich bin durch Erfahrungen zu dem geworden, was ich bin. Diese Erfahrungen wurden mir vom Leben aufgezwungen. Meine Ideen waren das nicht.

ESSENZ 69

E 2, Buchstabe e

Ich bin so, wie ich bin. Das läßt sich doch nicht ändern. Ich kann nichts an mir ändern, auch nicht meine Wertvorstellungen.

ESSENZ 68

E 1, Buchstabe A

Meine Vorstellungen von mir selbst ist ein festes Bild. Das läßt sich nicht ändern. Meine Erfahrungen haben damit nichts zu tun, über die habe ich keine Macht.

LICHT- ESSENZEN

ESSENZ 67
L 7, Ton h gesummt, Farbe weiß
Bewußtsein zu trennen in Unbewußtes und Bewußtes ist Teil der unendlichen Erweiterung und des Wandels von Geist.

ESSENZ 66
L 6, Ton a gsummt, Farbe dunkelblau
Alles in meinem Leben ist höchstes Wissen, transzendent und klar, auch wenn mir das nicht bewußt ist. Meine Intuition ist klar.

ESSENZ 65
L 5, Ton e gesummt, Farbe hellblau
Alles in meinem Leben tauscht sich aus, ist bewußt und unbewußt und kreiert in höchstem Wissen die Schöpfung mit.

ESSENZ 64
L 4, Ton f gesummt, Farbe grün-rosa
Alles in meinem Leben ist die Integration von Wissen und Nichtwissen, von Macht und Ohnmacht. Beides macht mein Leben aus.

ESSENZ 63
L 3, Ton e gesummt, Farbe gelb
Die Zentrierung meines Bewußtseins ist Teil der Idee, individuell zu sein. Ich weiß um die Einheit allen Bewußtseins.

ESSENZ 62
L 2, Ton d gesummt, Farbe orange
Alles in meinem Leben ist Teil der unendlichen Bewegung zwischen Bewußtsein und Unbewußtsein. Ich bin nie getrennt von dem All-Wissen.

ESSENZ 61
L 1, Ton c gesummt, Farbe rot
Alles in meinem Leben ist Teil der Idee, Bewußtsein und Unbewußtsein zu trennen. Ich bin unbewußt, doch wissend.

ELEMENTE-ESSENZEN

ESSENZ 72
E 5, Buchstabe u
Jede Erfahrung, die ich realisiere, ist Teil des unendlichen Erweiterungsprozesses der Schöpfung. So trage ich schöpferisch zum Wachstum der Schöpfung bei.

ESSENZ 71
E 4, Buchstabe o
Ich beende eine Erfahrung, wenn die Idee hinter der Erfahrung sich erfüllt hat. Ich beende, um Raum für neue Erfahrungsideen zu haben, die mich erweitern.

ESSENZ 70
E 3, Buchstabe i
Ich erkenne die Erweiterung meines Bewußtseins durch die Idee meiner Erfahrung, die ich realisiere.

ESSENZ 69
E 2, Buchstabe e
Die Idee und der Wert meiner Erfahrung sind beweglich. Ich bewege die Idee und vertraue auf meinen Wachstumsprozeß, wenn ich die Werte bewege.

ESSENZ 68
E 1, Buchstabe a
Jede Erfahrung entspringt meiner kreativen Idee, zu wachsen. Ich selbst bestimme die Werte meiner Erfahrungen.

7. EBENE · DER GEIST
KURZFASSUNGEN DER NEGATIVEN LEBENSEINSTELLUNGEN

LICHT- ESSENZEN

ESSENZ 79
L 7, Geist
Ich klammere mich fest an die Materie und glaube an nichts. Unendlichkeit macht mir schreckliche Angst?

ESSENZ 78
L 6, Geist
Es ist mir unmöglich, mir vorzustellen, daß alles unendlich bewußt sei. Wie könnten dann die Rollen so verteilt sein, wie sie sind?

ESSENZ 77
L 5, Geist
Wie können sich Unendlichkeit und Geist mit dem Manifest austauschen? Was habe ich mit der unendlichen Schöpfung zu tun?

ESSENZ 76
L 4, Geist
Ich erkenne Materie, das Hier und Jetzt und sonst nichts. Ich halte mich an die Grenzen. Unendlichkeit des Geistes gibt es nicht.

ESSENZ 75
L 3, Geist
Beschränke ich mich nicht auf das Bewußte, verliere ich mich. Damit verschwindet meine innere Identität und jedes Lebensziel.

ESSENZ 74
L 2, Geist
Ich habe Angst vor der unendlichen Bewegung. Diese Vorstellung macht für mich alles sinnlos, als ob ich nie ankäme.

ESSENZ 73
L 1, Geist
Ich habe Angst vor der Unendlichkeit. Das ist für mich wie Verschwinden und Ausgelöscht zu sein.

ELEMENTE-ESSENZEN

ESSENZ 84
E 5, Geist
Ich will nicht sterben und nichts sterben lassen. Es gibt keine Wiederkehr. Tot ist tot. Alles stirbt. Endgültig.

ESSENZ 83
E 4, Geist
Ich habe Angst vor dem Tod in allem. Geist ist Nichts. An Vergeistigung glaube ich nicht.

ESSENZ 82
E 3, Geist
Ich habe Angst, daß Erkenntnisse wertlos werden, weil sie doch im Nichts enden und alles umsonst war.

ESSENZ 81
E 2, Geist
Ich rotiere, weil ich Angst vor dem Stillstand in mir habe. Stillstand ist wie das Nichts.

ESSENZ 80
E 1, Geist
Ich halte am Leben fest, weil ich Angst vor meiner Auflösung habe. Dann bin ich nichts.

7. EBENE · DER GEIST
KURZFASSUNGEN DER AFFIRMATIONEN

LICHT- ESSENZEN

ESSENZ 79
L 7, Geist
Unendliche geistige Wandlungskraft spiegelt sich in meinem Leben, denn alles ist unendlicher Wandel und Spiegel des unendlichen Geistes.

ESSENZ 78
L 6, Geist
Unendliche geistige Bewußtseinskraft spiegelt sich in meinem Leben. Geist ist immer schöpferisch.

ESSENZ 77
L 5, Geist
Unendliche geistige Schöpfungskraft spiegelt sich in meinem Leben im Austausch mit der gesamten Schöpfung. Geist ist immer schöpferisch.

ESSENZ 76
L 4, Geist
Unendliche geistige Integrationskraft spiegelt sich in meinem Leben, denn Geist integriert alles.

ESSENZ 75
L 3, Geist
Unendliche geistige Zentrierungskraft spiegelt sich in jedem Ziel und Weg meines Lebens, denn bewußter Geist ist in allem enthalten.

ESSENZ 74
L 2, Geist
Unendliche geistige Kraft spiegelt sich in allem Unbekannten, in jedem »Gegenüber«, denn der Geist ist untrennbar und in allem Unbekannten enthalten.

ESSENZ 73
L 1, Geist
Unendliche geistige Kraft spiegelt sich in meinem Leben, denn unendliche geistige Kraft ist in meinem Leben enthalten.

ELEMENTE-ESSENZEN

ESSENZ 84
E 5, Geist
Mein Leben ist unsterblich und Teil der unendlichen Wiederkehr. Ich akzeptiere mein Schicksal als Teil der unendlich wachsenden Schöpfung.

ESSENZ 83
E 4, Geist
Jedes Ende ist Vergeistigung und unsterblich, durch jeden Austausch von Tod und Leben, Anfang und Ende.

ESSENZ 82
E 3, Geist
Ich erkenne, auch ohne Raum und Zeit. Mein Geist ist frei und weit. In der Leere ist alles enthalten, denn Leere ist Geist.

ESSENZ 81
E 2, Geist
Ich stehe still und nehme meinen Geist wahr. Stille ist Vergeistigung und Wachstum des Geistes ohne Zeit.

ESSENZ 80
E 1, Geist
Ich bin frei Verfestigtes zu lösen. Der Wachstumsprozeß meiner Vergeistigung hat sich erfüllt.

DIE HERSTELLUNG

DIE 84 ESSENZEN

DIE METALLE

ESSENZ 7	L 7 Silber		
ESSENZ 6	L 6 Eisen		
ESSENZ 5	L 5 Titan	ESSENZ 12	E 5 Zink
ESSENZ 4	L 4 Palladium	ESSENZ 11	E 4 Blei
ESSENZ 3	L 3 Kohlenstoff	ESSENZ 10	E 3 Nickel
ESSENZ 2	L 2 Schwefel	ESSENZ 9	E 2 Aluminium
ESSENZ 1	L 1 Gold	ESSENZ 8	E 1 Silicium

DIE MINERALIEN

ESSENZ 19	L 7 Schwarzer Turmalin		
ESSENZ 18	L 6 Bergkristall		
ESSENZ 17	L 5 Smaragd	ESSENZ 24	E 5 Rosenquarz
ESSENZ 16	L 4 Rosa Turmalin	ESSENZ 23	E 4 Beryll
ESSENZ 15	L 3 Mondstein	ESSENZ 22	E 3 Granat
ESSENZ 14	L 2 Tigerauge	ESSENZ 21	E 2 Rubin
ESSENZ 13	L 1 Türkis	ESSENZ 20	E 1 Lapislazulli

DIE WURZELN

ESSENZ 31	L 7 Weizenwurzel		
ESSENZ 30	L 6 Weißkohlwurzel		
ESSENZ 29	L 5 Dillwurzel	ESSENZ 36	E 5 Roggenwurzel
ESSENZ 28	L 4 Blumenkohlwurzel	ESSENZ 35	E 4 Kopfsalatwurzel
ESSENZ 27	L 3 Tomatenwurzel	ESSENZ 34	E 3 Mangoldwurzel
ESSENZ 26	L 2 Kürbiswurzel	ESSENZ 33	E 2 Borretschwurzel
ESSENZ 27	L 1 Lauchwurzel	ESSENZ 32	E 1 Topinamburwurzel

DIE BLÄTTER

ESSENZ 43	L 7 Wildkirschblatt		
ESSENZ 42	L 6 Rotbuchenblatt		
ESSENZ 41	L 5 Schlehenblatt	ESSENZ 48	E 5 Wildapfelblatt
ESSENZ 40	L 4 Kastanienblatt	ESSENZ 47	E 4 Lindenblatt
ESSENZ 39	L 3 Ebereschenblatt	ESSENZ 46	E 3 Wildbirnenblatt
ESSENZ 38	L 2 Weidenblatt	ESSENZ 45	E 2 Haselnußblatt
ESSENZ 37	L 1 Faulbaumblatt	ESSENZ 44	E 1 Lärchenblatt

DIE BLÜTEN

ESSENZ 55	L 7 Johanniskrautblüte		
ESSENZ 54	L 6 wilde Veilchenblüte		
ESSENZ 53	L 5 Klettenblüte	ESSENZ 60	E 5 Ringelblumenblüte
ESSENZ 52	L 4 wilde Stiefmütterchenblüte	ESSENZ 59	E 4 Eisenhutblüte
ESSENZ 51	L 3 Königskerzenblüte	ESSENZ 58	E 3 Löwenzahnblüte
ESSENZ 50	L 2 Tagetesblüte	ESSENZ 57	E 2 Kornblumenblüte
ESSENZ 49	L 1 Klatschmohnblüte	ESSENZ 56	E 1 Beinwellblüte

DIE TÖNE UND VOKALE

ESSENZ 67	L 7 Ton h		
ESSENZ 66	L 6 Ton a		
ESSENZ 65	L 5 Ton g	ESSENZ 72	E 5 Buchstabe u
ESSENZ 64	L 4 Ton f	ESSENZ 71	E 4 Buchstabe o
ESSENZ 63	L 3 Ton e	ESSENZ 70	E 3 Buchstabe i
ESSENZ 62	L 2 Ton d	ESSENZ 69	E 2 Buchstabe e
ESSENZ 61	L 1 Ton c	ESSENZ 68	E 1 Buchstabe a

DER GEIST

ESSENZ 79	L 7 Geist		
ESSENZ 78	L 6 Geist		
ESSENZ 77	L 5 Geist	ESSENZ 84	E 5 Geist
ESSENZ 76	L 4 Geist	ESSENZ 83	E 4 Geist
ESSENZ 75	L 3 Geist	ESSENZ 82	E 3 Geist
ESSENZ 74	L 2 Geist	ESSENZ 81	E 2 Geist
ESSENZ 73	L 1 Geist	ESSENZ 80	E 1 Geist

DIE HERSTELLUNG

Alle Essenzen bestehen aus Wasser, der jeweiligen geistigen Information von Metallen, Mineralien, Wurzeln, Blättern, Blüten, Tönen, Vokalen, geistigem Wissen und als Zusatz Alkohol.

Ich stelle nie mehr als jeweils 1/2 l Essenz her, da der Vorrat lange reicht.

Ein Grundgedanke dieses Buches, aber nicht Bedingung für die Wirkung der Essenzen ist, die Essenzen für sich selbst herzustellen. Damit aktivieren Sie Ihre eigenen geistigen Fähigkeiten und tun einen aktiven eigenen Schritt in Ihre Wandlung, in voller eigener Verantwortung.

Es setzt voraus, daß Sie sich mit sich selbst beschäftigen, sich erkennen und wandeln wollen.

Zusätzlich ist es sehr wichtig, mit der Natur sorgsam, respektvoll und wissend umzugehen. Bei der Auswahl der Pflanzenteile wird der Natur so wenig wie möglich entnommen. Keine der Pflanzen sind selten, viele leicht selbst auszusäen und zu ziehen.

Bei allen verwendeten Teilen überträgt sich der Geist der ganzen Art ins Wasser.

Wird eine Essenz mit naturwissenschaftlichen Techniken untersucht, läßt sich sicher kein »heilender« Inhalt nachweisen. Noch ist die Naturwissenschaft nicht in der Lage, rein geistige Informationen mit Apparaten zu messen. Eine der Fragen, auf die wir heute keine Antwort wissen, ist: Warum finden sich Atome zu bestimmten Molekülen zusammen und bilden ein Metall, Mineral oder etwas anderes.

DAS WASSER

Obwohl es in der Nähe meines Wohnortes eine reine Quelle gibt, verwende ich zur Herstellung der Essenzen Wasser der Marke Volvic. Zur Zeit ist Volvic ein »gutes« Wasser. Ändert sich das, sollten Sie ein anderes nehmen. Reine Quellen in der Natur sind zu selten und meistens nicht für viele Menschen zugänglich.
Zu den Trägern der geistigen Informationen:
Qualitätsbeschreibung und wie sie zu besorgen sind, finden Sie bei der jeweiligen genaueren Herstellungsanleitung.

DER ALKOHOL

Als ich mit meinen Experimenten begann, verwendete ich 90%igen Alkohol aus der Apotheke. Er macht die Wirkung der Essenz manchmal etwas zu explosiv. Das ist unnötig. Deshalb verwende ich jetzt nur noch 70%igen Alkohol zur Herstellung der Essenzen. Es soll Weingeist (Spiritus, gereinigt) sein. Alkohol entspricht dem Element Feuer. Der Alkohol macht nicht nur die Essenz haltbar, sondern verstärkt ihre Erkenntniskraft

DIE ZUBEREITUNG FÜR 1/2 L ESSENZ

Ich fülle 350 cm^3 in eine Glaskaraffe. Dann lasse ich die Information der Metalle, Mineralien, Pflanzenteile, Töne und dem geistigen Wissen in das Wasser übergehen, wie später beschrieben. Nach einer bestimmten Zeit entnehme ich dem Wasser den Informationsträger mit einem kleinen Plastikeierlöffel (kein Metall verwenden).

Dann gebe ich 150 cm^3 Alkohol ins Wasser. Die Essenz ist fertig. Wasser und Alkohol stehen immer im Verhältnis 7 zu 3. Also 7 Teile Wasser und 3 Teile Alkohol.

Die Dauer und Behandlung der Informationsträger ist unterschiedlich. Sie finden alle Details auf den Seiten:

Metalle Seite 584
Mineralien Seite 586
Wurzeln Seite 588
Blätter Seite 590
Blüten Seite 592
Töne und Vokale Seite 594
Geist Seite 597

DIE ZUBEREITUNG EINER KLEINEREN MENGE

Um z. B. ein Kastanienblatt mit Wasser zu bedecken, und die Information des gesamten Blattes zu bekommen, brauchen Sie mindestens einen halben Liter Wasser. Möchten Sie eine kleinere Menge herstellen, nehmen Sie trotzdem einen halben Liter Wasser und legen das Blatt wie beschrieben hinein. Nachdem die Informationsübertragung stattgefunden hat, gießen Sie die gewünschte Menge in ein entsprechend kleineres Gefäß, geben die entsprechende Menge Alkohol dazu und verschließen das Fläschchen. Wichtig ist: Immer 7 Teile Wasser und 3 Teile Alkohol.

Das restliche Essenzwasser können Sie trinken. Es kann Ihren Geist schon öffnen. Oder Sie schütten den Rest in die Natur.

DIE AUFBEWAHRUNG

Ich kaufe braune leere 1/2 Liter-Flaschen mit Verschluß in der Apotheke. Sie sind handlich, und man kann sehr gut die Essenz in kleinere Fläschchen umfüllen.
Für langfristige konstitutionelle Behandlungen empfiehlt sich, die Originalmischungen aus der 1/2 Liter-Flasche in kleine Pipettenflaschen umzufüllen.
Gebe ich eine Essenz zur kurzfristigen Behandlungen zum Beispiel an Freunde weiter, mache ich es so: Ich fülle eine kleine Pipettenflasche halb voll mit Wasser (Volvic) und gebe 3 Tropfen Essenz aus der 1/2 Liter-Flasche dazu. Ich kann sofort sehen, wie das gesamte Wasser in der Pipettenflasche aufleuchtet. Die Information überträgt sich in Bruchteilen von Sekunden auf die gesamte Flüssigkeit.
Das Fläschchen ist meist nach einigen Wochen verbraucht. In dieser Zeit hat sich herausgestellt, wie die Wirkung war und ob dann eine andere Essenz gebraucht wird.

REINIGUNG DER FLASCHEN UND KARAFFEN

Alle Flaschen, auch wenn sie neu sind, spüle ich vor der Verwendung mit kaltem Wasser aus der Leitung aus.
Zusätzlich visualisiere ich das Wasser als weißes Licht und lasse mit dieser Vorstellung alle Stoffe, die nicht in die Flasche gehören, herausfließen.
Die Karaffen werden ebenfalls nach jeder Herstellung gründlich mit kaltem Wasser aus der Leitung abgespült, genau wie jeder Eierlöffel und jedes Pipettenfläschchen.

GENERELLE ANWENDUNG

Morgens und abends vor dem Schlafengehen einen Tropfen auf das entsprechende Chakra auftragen oder einen Tropfen auf einen Schluck Wasser trinken.

Ich selbst gebe die Essenzen meistens auf die Chakren (siehe Kapitel »Die Chakren und die Essenzen«, Seite 93).

Die meisten Menschen scheinen die Einnahme mit Wasser vorzuziehen. Auch gut. Kreatives kombinieren ohne feste Regel ist schön.

Manchmal gebe ich einen Tropfen in eine Sprühflasche mit Wasser und versprühe alles in einen Raum. Damit atme ich die Information ein. Oder ich trage die Essenz an einer schmerzenden Stelle direkt auf die Haut auf. Dazu sollten Sie aber unbedingt Erfahrungen sammeln. Geistige Essenzen sind »nur« geistige Informationen.

Die Ursachen für körperliche Krankheiten sind so vielfältig, daß ich keinesfalls über die Erfahrung verfüge, generelle Anwendungsanleitungen für körperliche Leiden zu geben.

Obwohl es sicher stimmt, daß alle Ursachen für Krankheiten auf geistiger Ebene zu finden sind (auf der Seelenebene finden sich die Folgen, nicht die Ursache) ist es extrem schwer, durch die unendlich vielen Schichten von Erkenntnis zu dringen.

Ich war in meinem Leben mehrmals schwer krank. Ich habe sehr viele Methoden angewandt, von Homöopathie, Eurythmie, Bachblüten bis hin zur Schulmedizin. Ich mußte viele Vorurteile ablegen und glaube heute, daß jedes Leiden verschieden auf die einzelnen Methoden anspricht. Nie ist es einfach, Gesundheit zu erhalten.

HERSTELLUNG DER METALL-ESSENZEN

LICHT-ESSENZEN

ESSENZ 7	L 7	Silber
ESSENZ 6	L 6	Eisen
ESSENZ 5	L 5	Titan
ESSENZ 4	L 4	Palladium
ESSENZ 3	L 3	Kohlenstoff
ESSENZ 2	L 2	Schwefel
ESSENZ 1	L 1	Gold

ELEMENTE-ESSENZEN

ESSENZ 12	E 5	Zink
ESSENZ 11	E 4	Blei
ESSENZ 10	E 3	Nickel
ESSENZ 9	E 2	Aluminium
ESSENZ 8	E 1	Silicium

Verwenden Sie nur möglichst reine Metalle. Sie sind zu beziehen bei der Firma:
Johnson und Matthey, Zeppelinstraße 7,
76185 Karlsruhe, Tel. 0721/840070, Fax 0721/849674.
Sie werden aus juristischen Gründen nur an Ärzte und Labors ausgeliefert. Die Mindestabgabemengen sind leider sehr groß. Ich habe für alle Metalle zusammen etwa 1000 DM bezahlt. Schwefel ist ein Nicht-Metall. Sie bekommen bei der Firma Johnson und Matthey Brocken aus reinem Schwefel. Um eine Essenz herzustellen, brauchen Sie Schwefel in einer schwer löslichen Form. Es soll nur die geistige Information ins Wasser übertragen werden.

Pulver oder andere lösliche Formen von Schwefel sind nicht geeignet.
Ich habe meinen Schwefel in einem Edelsteinladen gefunden. Es ist ein Kalkstein, der mit kleinen funkelnden Schwefelkristallen bedeckt ist. Die Kristalle sind schwer löslich, und deshalb ist dieser Stein gut zu gebrauchen.
350 cm^3 Wasser in ein Glasgefäß oder eine Glaskaraffe füllen. Den Metalldraht oder das Metallstück oder den Schwefelbrocken ca. 10 Sekunden in das Wasser halten. Jetzt »weiß« das Wasser und hat die geistige Kraft gespeichert. Die Finger sollen das Wasser nicht berühren.
Dann mit 150 cm^3 Alkohol auffüllen.
Den 1/2 Liter Essenz in eine braune Flasche füllen und verschließen.
Bester Zeitpunkt für die Zubereitung: zunehmender Mond.

HERSTELLUNG DER MINERALIEN-ESSENZEN

LICHT-ESSENZEN

ESSENZ 19	L 7	Schwarzer Turmalin
ESSENZ 18	L 6	Bergkristall
ESSENZ 17	L 5	Smaragd
ESSENZ 16	L 4	Rosa Turmalin
ESSENZ 15	L 3	Mondstein
ESSENZ 14	L 2	Tigerauge
ESSENZ 13	L 1	Türkis

ELEMENTE-ESSENZEN

ESSENZ 24	E 5	Rosenquarz
ESSENZ 23	E 4	Beryll
ESSENZ 22	E 3	Granat
ESSENZ 21	E 2	Rubin
ESSENZ 20	E 1	Lapislazuli

Alle hier verwendeten Mineralien bekommen Sie leicht in Edelsteinläden. Ich habe etwa 10 DM bis 20 DM pro Stein bezahlt. Sie brauchen nicht ihre kristalline Form zu haben, obwohl ich die kristalline Form vorziehe. Der Mondstein, den ich verwende, ist ein schlichter rundlicher Stein, genau wie der Rosenquarz. Auf geistiger Ebene hat die äußere Form keine Bedeutung. Der geistige Inhalt der Mineralien ist in jedem kleinen Teilstück enthalten.

Bevor ich eine Essenz herstelle, reinige ich die Mineralien. Am schönsten ist ein Sonnentag und eine Vollmondnacht. Ich lege die Mineralien einen Tag in die Sonne und eine Nacht auf die Erde.

Führt der Bach in meiner Nähe Wasser, lege ich die Steine für mehrere Stunden in einem Stoffbeutel in die Strömung des Baches. Hat der Bach gerade kein Wasser, lege ich die Steine mehrere Stunden in eine Schale mit Wasser, in die ich eine Prise Salz gegeben habe.
Über dieReinigung von Mineralien gibt es verschiedene Ansichten. Um eine geistige Essenz herzustellen, ist die Reinigung weniger wichtig. Ich reinige die Mineralien nicht, weil es nötig ist, sondern weil es mein Wunsch ist. Der ist entscheidend.
Ich lasse sie wie oben beschrieben durch die Kraft der Elemente reinigen.
Erde, Wasser, Feuer (Sonne), Luft, zusätzlich wie oben beschrieben die Mondkraft. Ich höre die feinen Töne, die von den Mineralien ausgehen. Ihr Geist ist leicht und anmutig wie ihre Farben.
350 cm^3 in ein Glasgefäß füllen. Den Stein vorsichtig hineingleiten lassen; er bleibt 10 Minuten im Wasser liegen. Dann »weiß« das Wasser und hat alle geistige Kraft gespeichert. Die Steine nicht mit den Händen im Wasser festhalten.
Dann mit 150 cm^3 Alkohol auffüllen, in eine braune Glasflasche füllen und verschließen.
Bester Zeitpunkt für die Zubereitung: Zunehmender Mond.

HERSTELLUNG DER WURZEL-ESSENZEN

LICHT-ESSENZEN

ESSENZ 31	L 7	Weizenwurzel
ESSENZ 30	L 6	Weißkohlwurzel
ESSENZ 29	L 5	Dillwurzel
ESSENZ 28	L 4	Blumenkohlwurzel
ESSENZ 27	L 3	Tomatenwurzel
ESSENZ 26	L 2	Kürbiswurzel
ESSENZ 25	L 1	Lauchwurzel

ELEMENTE-ESSENZEN

ESSENZ 36	E 5	Roggenwurzel
ESSENZ 35	E 4	Kopfsalatwurzel
ESSENZ 34	E 3	Mangoldwurzel
ESSENZ 33	E 2	Borretschwurzel
ESSENZ 32	E 1	Topinamburwurzel

Wenn Sie keinen Garten haben, um die Gemüse und Kräuter selbst anzupflanzen, kennen Sie vielleicht Menschen mit Garten. Oder Sie fragen in Biogärtnereien.
Ich hatte im ersten Jahr meiner Experimente nicht alle Pflanzen in meinem Garten. Ich fand sie in Biogärtnereien in meiner Nachbarschaft. Die Getreidepflanzen gab mir ein Biobauer von seinem Feld. Wachsen die Pflanzen in Ihrer Nähe, können Sie einen großen Wurzelballen mit ausgraben, nach Hause fahren und dort erst einen kleinen Teil am oberen Teil des Wurzelstückes abschneiden. Vorher die Erde vorsichtig abnehmen und mit Wasser abspülen.

Sie brauchen nur einige Millimeter einer kleinen Wurzel der Pflanze. Das Stück, das Sie abschneiden, sollte nah an der Erdoberfläche gewachsen sein.
Soll die Pflanze nicht ausgegraben werden und weiterwachsen, wie zum Beispiel eine Dillpflanze, ein Kürbis oder eine Tomate, können Sie vorsichtig einen Teil des Wurzelwerks von Erde freimachen, und dann ein Wurzelstückchen abschneiden, ohne die Pflanze zu schädigen. Wurzelteile sollten kurz vor 12.00 Uhr Mittag bei zunehmendem Mond geerntet werden. Weizen, Weißkohl, Blumenkohl, Lauch, Roggen und Kopfsalat ernten, wenn sie reif zum Essen sind.
Dill, Mangold und Borretsch sollten Sie ernten, wenn sie auf dem Höhepunkt ihres Wachstums stehen.
Tomate und Kürbis, wenn viele Früchte reif sind. Topinambur, wenn die Knolle gut entwickelt ist. Ich grabe eine Topinamburknolle aus und nehme eine kleine feine Wurzel, die die Knolle versorgt, vom oberen Teil des Wurzelstocks.
350 cm^3 Wasser in ein Glasgefäß füllen. Dann ein unter fließendem Wasser gut gereinigtes ca. 1 Zentimeter langes Wurzelstückchen ins Wasser legen.
4 Stunden im Wasser liegen lassen.
Nach 4 Stunden »weiß« das Wasser und hat alle geistige Kraft gespeichert.
Dann mit 150 cm^3 Alkohol auffüllen, in eine braune Glasflasche füllen und verschließen.

HERSTELLUNG DER BLATT-ESSENZEN

LICHT-ESSENZEN

ESSENZ 43	L 7	Wildkirschenblatt
ESSENZ 42	L 6	Rotbuchenblatt
ESSENZ 41	L 5	Schlehenblatt
ESSENZ 40	L 4	Kastanienblatt
ESSENZ 39	L 3	Ebereschenblatt
ESSENZ 38	L 2	Weidenblatt
ESSENZ 37	L 1	Faulbaumblatt

ELEMENTE-ESSENZEN

ESSENZ 48	E 5	Wildapfelblatt
ESSENZ 47	E 4	Lindenblatt
ESSENZ 46	E 3	Wildbirnenblatt
ESSENZ 45	E 2	Haselnußblatt
ESSENZ 44	E 1	Lärchenblatt

Alle Bäume, deren Blätter Sie brauchen, habe ich in Schleswig-Holstein in der freien Landschaft gefunden. Wächst in Ihrer Gegend die Sommerlinde häufiger als die Winterlinde, nehmen Sie die häufigere Art. Bei der Weide verwende ich eine mit lanzenförmigen Blättern, die am Wasser wächst. Die meisten Weiden in der freien Natur sind Mischarten, die häufigste Art Salix alba. Ich suche Bäume, die an wenig befahrenen Straßen stehen, obwohl mir die Bäume sagten, daß ich auch gesunde Bäume von verkehrsreichen Straßen auswählen kann. In jedem Blatt schwingt der Geist der ganzen Art. Trotzdem kann ich mich nicht ganz von meinen Gefühlen freimachen. Ich mag die Abgase

nicht. Entscheidend ist aber, daß Sie ganz frei im Geist sind. Dann spielen die Äußerlichkeiten keine so große Rolle.
Die Blätter nicht abschneiden, sondern vorsichtig mit den Fingern pflücken.
Die beste Erntezeit ist im August, das ist der Höhepunkt des Baumjahres, die Mitte, möglichst kurz vor 12.00 Uhr Mittag, um den Neumond herum. Dann sind die elektrischen und magnetischen Kräfte etwa gleich.
Der Himmel sollte bedeckt sein, bei Sonnenschein sind die Blätter mit der Photosynthese beschäftigt.
350 cm^3 in ein Glasgefäß füllen. Das vorsichtig mit Wasser abgespülte gereinigte Blatt in das Wasser legen.
Das Blatt 1 Stunde im Wasser liegen lassen. Dann »weiß« das Wasser und hat alle geistige Kraft gespeichert.
Mit 150 cm^3 Alkohol auffüllen, in eine braune Glasflasche füllen und verschließen.

HERSTELLUNG DER BLÜTEN-ESSENZEN

LICHT-ESSENZEN

ESSENZ 55	L 7	Johanniskrautblüte
ESSENZ 54	L 6	Wilde Veilchenblüte
ESSENZ 53	L 5	Klettenblüte
ESSENZ 52	L 4	Wilde Stiefmütterchenblüte
ESSENZ 51	L 3	Königskerzenblüte
ESSENZ 50	L 2	Tagetesblüte, die orangefarbene einfache
ESSENZ 49	L 1	Klatschmohnblüte

ELEMENTE-ESSENZEN

ESSENZ 60	E 5	Ringelbumenblüte
ESSENZ 59	E 4	Eisenhutblüte
ESSENZ 58	E 3	Löwenzahnblüte
ESSENZ 57	E 2	Kornblumenblüte
ESSENZ 56	E 1	Beinwellblüte

Alle Blüten, die Sie brauchen, wachsen in der Landschaft oder in vielen Gärten. Ich schneide die Blüte nicht mit dem Messer ab, sondern pflücke sie vorsichtig. Alle Pflanzen freuen sich, einen Teil für eine Essenz herzugeben. Sie sagen mir, ich soll nicht so viel darüber nachgrübeln, welche Regeln noch zu beachten wären. Sie sagen: »Unser Geist ist nicht an diese kleinen Details gebunden. Du bist es.« Als ich eine Beinwellblüte ernten wollte und die Pflanze in der Hitze ihre Blätter hängen ließ, überlegte ich, ob der Zeitpunkt überhaupt der Richtige sei. Sie sagte: »Ja. Nimm eine. Ich bin stolz, daran teilzunehmen, was du machst. Äußerlich lasse ich meine Blätter hängen, doch schau auf meine

innere geistige Kraft und Schönheit: Sie ist unberührt von der Hitze.«
Die Blüten kurz vor 12.00 Uhr Mittag bei Sonnenschein ernten. Dann ist sind sie ganz geöffnet.
Ausnahme: Die Königskerze und das Veilchen.
Die Königskerzenblüte ernten Sie am besten gegen 10.00 Uhr vormittag, die Veilchenblüte gegen 18.00 Uhr abends.
Alle Blüten bei abnehmendem Mond ernten, dann sind die elektrischen Kräfte stärker.
350 cm^3 Wasser in ein Glasgefäß füllen.
Die Blüte 30 Minuten ins Wasser legen.
Dann »weiß« das Wasser und hat alle geistige Kraft gespeichert.
Mit 150 cm^3 Alkohol auffüllen, in eine braune Glasflasche füllen und verschließen.

HERSTELLUNG DER TON- UND VOKAL-ESSENZEN

LICHT-ESSENZEN:

Sie können die Licht-Essenzen der Tonebene alleine oder in einer Gruppe von Menschen herstellen.
Falls Sie die Licht-Essenzen alleine herstellen:
Füllen Sie 350 cm^3 Wasser in ein Glasgefäß. Sie beginnen, den tiefsten Ton in sich zu suchen und summen diesen Ton. Wenn er klar und schön wird, nehmen Sie die Karaffe mit dem Wasser in die Hand und summen den tiefsten Ton, der aus Ihnen tönt, in das Wasser. Dieser Ton ist für Sie der Ton c. Er ist der unterste Ton Ihrer Tonleiter. Alle darauffolgenden Töne bauen auf diesem Ton auf. Finden Sie nicht genau den nächsten Ton, nehmen Sie ein Musikinstrument zu Hilfe. Es soll Ihnen helfen, den richtigen Ton mit Ihrer Stimme zu finden. (Nicht das Wasser mit dem Ton des Musikinstrumentes informieren.)
Gefällt Ihnen Ihr gesummter Ton von der Klangfülle her, nehmen Sie das Wassergefäß näher zum Mund (im Abstand von 10 bis 20 cm) und summen den Ton etwa 10 bis 20 Sekunden lang ins Wasser. Dann »weiß« das Wasser und hat alles umfassende innere Wissen von Ihnen selbst gespeichert.
Das gleiche machen Sie jetzt mit den 6 weiteren Tönen der Tonleiter, aufbauend auf Ihren tiefsten Ton c. Dann d, e, f, g, a, h.
Immer nach einer Essenz 150 cm^3 Alkohol zugeben, in eine braune Glasflasche füllen und verschließen. Dann das Glasgefäß gut mit kaltem Wasser ausspülen, neu mit 350 cm^3 Wasser füllen, den nächsten Ton der Tonleiter hineinsummen, wieder mit Alkohol auffüllen und so fort.
Noch umfassender werden die Licht-Essenzen der Tonebene, wenn Sie sie mit einer Gruppe von Menschen ins Wasser summen.

Dann schwingt in den Tönen, die Sie gemeinsam erzeugen, auch das, was in Ihnen allein nicht so kräftig vorhanden ist. Grundsätzlich ist in Ihren eigenen Tönen alles Wissen des Universums enthalten.
Doch vieles ist durch Ihr Schicksal schwächer oder stärker angelegt. In einer Gruppe gleicht sich jede Schwäche durch jemand anderen aus.
Wenn Sie die Ton-Essenzen in einer Gruppe herstellen wollen, ist es einfacher, eine Schale aus Glas zu nehmen als eine Karaffe, die sich nach oben verengt.
Sie summen zusammen, bis sich ein Ton ergibt, der gemeinsame Ton c. Haben Sie den Ton gefunden, ist er in wenigen Sekunden im Wasser gespeichert. Es ist ein so schönes Erlebnis, daß es sich lohnt, den Ton eine Weile zu summen, etwa eine Minute in die Schale hinein. Dann »weiß« das Wasser und hat alles Wissen gespeichert.
Für die weiteren Ton-Essenzen verfahren Sie genauso.
Sie bauen alle auf dem Ton c auf. Sie spülen die Schale jedesmal gut mit kaltem Wasser aus, nachdem Sie eine Essenz fertiggestellt haben.
Stellen Sie die Essenzen nicht mit mehr als 10 Menschen her. Ihre Macht wird dann zu groß, und ich habe keine Erfahrung damit, wie sich die Anwendung auswirkt.

ELEMENTE-ESSENZEN:

Sie füllen die Glaskaraffe oder das Glasgefäß mit 350 cm^3 Wasser. Sie halten die Karaffe vor sich und sprechen in das Wasser klar und deutlich den Buchstaben a. Nicht abgehackt, nicht summend. Etwa so, als wenn Sie überdeutlich das Alphabet aufsagen müßten.

Jetzt »weiß« das Wasser und hat Ihre visionäre Kraft gespeichert. Dann 150 cm^3 Alkohol dazugießen, in die braune Glasflasche füllen und verschließen.
Mit den Buchstaben e, i, o, u, verfahren Sie entsprechend. Das Glasgefäß immer nach jedem Umgießen der fertigen Essenz in die braune Glasflasche unter fließendem Wasser gründlich ausspülen, dann erst mit der Herstellung der neuen Essenz beginnen.,
Die Elemente-Essenzen der Buchstaben sind nicht in der Gruppe herzustellen, da Sie sich auf Ihr individuelles Leben beziehen. Sie geben Ihnen die Kraft Ihrer eigenen Visionen. Diese Visionen sind individuell und einzigartig in Ihnen. Andere Menschen haben andere Visionen, die Sie nicht kennen und die Sie nicht mit Ihren zu vermischen brauchen.
Bester Zeitpunkt für die Herstellung der Ton-Essenzen: abnehmender Mond. Sonst gibt es keine Regel.

HERSTELLUNG DER GEIST-ESSENZEN

LICHT-ESSENZEN

ESSENZ 79	L 7
ESSENZ 78	L 6
ESSENZ 77	L 5
ESSENZ 76	L 4
ESSENZ 75	L 3
ESSENZ 74	L 2
ESSENZ 74	L 1

ELEMENTE-ESSENZEN

ESSENZ 84	E 5
ESSENZ 83	E 4
ESSENZ 82	E 3
ESSENZ 80	E 2
ESSENZ 79	E 1

Sie nehmen die Karaffe aus Glas, füllen sie mit 350 cm^3 Wasser. Jetzt nehmen Sie die mit Wasser gefüllte Glaskaraffe in die Hand und sprechen die Affirmation für die Essenz 73 ins Wasser (siehe Seite 495).

Ihr Geist ist klar und frei. Sie vergessen Ihre Vorurteile, Zweifel oder Mißtrauen. Sie versuchen, den Inhalt in sich schwingen zu lassen, ohne weiter darüber nachzudenken. Dann geben Sie 150 cm^3 Alkohol hinzu, füllen die Essenz in die braune Flasche und verschließen sie.

Das gleiche machen Sie mit allen Affirmationen der Essenzen 74 bis 84 (siehe Seite 497 bis 533).

Ihr Geist weiß und hat Kraft. Sie können darauf vertrauen, daß alles geistige Wissen in Ihnen aktiviert wird, auch wenn Ihnen das nicht bewußt ist.
Herstellung bei abnehmendem Mond. Sonst keine Regel.

HERSTELLUNGSREGELN FÜR ALLE ESSENZEN

Herstellungszeit im Wasser	Essenz	Sonnenstand	Mondstand	Jahreszeit	Erntezeit, Sonstiges
Text lesen oder Wissen übertragen	Geist	innerlich möglichst frei	absteigend	egal	egal
Sekunden bis 1 Minute	Töne	Sonne im Herzen	absteigend	egal	1–10 Menschen
30 Minuten	Blüten	bei Sonne	absteigend	geöffnete Blüte	vor Mittag, mit Ausnahmen
60 Minuten	Blätter	Wolkenhimmel	um den Neumond	August	vor Mittag
4 Stunden	Wurzeln	bei Sonne	aufsteigend	kurz vor der Reife	vor Mittag
10 Minuten	Mineralien	egal	aufsteigend	egal	egal
10 Sekunden	Metalle	egal	aufsteigend	egal	egal

EPILOG

Das Licht der Sonne ist heute schrill. Ich fühle die Zerstörungskraft der Sonne. Sie brennt. Giftige Gase liegen in der Luft. Ich gleite in die verschmutzte Luft. Meine Lungen halten die Luft kaum aus.

Ich bin im Luftgeist der Erde. Ich erkenne geistige Verdunklung wie verdüstertes Licht. Es ist unsere Verdunklung, nicht die der Erde. Wir haben sie für die Erde verursacht. Sie wird sich von diesem Zustand trennen und eine neue Entwicklungsphase beginnen.

Ich sehe, Luftverschmutzung ist ein geistiges Problem. Wir Menschen, die wir die Luft verschmutzen, haben unseren eigenen Geist verschmutzt. Wir haben vergessen, daß an allem Anfang der Geist steht. Verdunkelt sich der Geist, kommen wir mit dem Feuer in Konflikt. Ich sehe die steigende Hitze, ich sehe den glühenden Reaktor von Tschernobyl, ich sehe die ausbrechenden Vulkane, die wieder die Luft verdunkeln. Ich sehe brennende Luft.

Ich gleite in das Wasser. Auch das Wasser ist verdunkelt. Wir verstehen die Bewegung nicht mehr. Wir sind mit dem Wasser in Konflikt. Konfusion flirrt in mir. Hektik, Nervosität, Rasen. Alles in mir gerät in nervösen Aufruhr. Keine Bewegung strömt in eine Richtung, alle Energie zittert in nervöser Konfusion. Ich gerate aus dem inneren Rhythmus meines Lebens. Ich weiß nicht mehr, wohin ich rennen soll.

Zivilisationsstreß ist das Sinnbild von verunreinigtem Wasser. Alle Stoffe, die im Wasser sind und nicht dahin gehören, sind

Ausdruck des verdunkelten Geistes im Wasser. Ich sehe, wie diese Stoffe unseren Körper durcheinander bringen. Alles ist in Aufruhr und kann die Bewegung nicht mehr erkennen als Weg des Lebens, als Weg des Wachstums im Geist.
Jetzt sehe ich die Macht des Wassers, das mit riesigen Wellen vieles überschwemmt und Reinigung von der Nervosität bringt.
Jetzt gleite ich in die Erde, in ihren Geist. Immer mehr Konsum, immer mehr Geistiges hängt fest in der Verdichtung. Wir verstehen das Leben als Anhäufung von Materie. Und danach: Nichts. Wir sehen das Leben als Materie ohne Geist. Leben und danach: Nichts. Dreck hinterlassen und dann weg. Mit anderen Worten: Der Geist der Erde in uns hat sich verdunkelt. Was ist los, wie ist das nur passiert?
Wir haben vergessen, daß Leben ein Erkenntnisweg ist. Wir haben die Achtung vor dem Leben vergessen. Wir haben den Geist vergessen, der das Leben schafft. Den Geist in uns und den Geist der Erde und unsere Gemeinsamkeit.
Ich spüre einen goldenen Lichtstrahl, der mein Gesicht berührt. Er erfüllt meinen ganzen Körper. Ich fühle Frieden. Wir verhelfen der Erde zu ihrem nächsten Entwicklungsschritt. Ich brauche nicht traurig zu sein. Wir sind bewußt und ein Geist. Wir sind ein gemeinsamer Kreisel auf dem Weg durch die Zeit. Und es ist so einfach, zu helfen. Der Erde und uns selbst. Mit der Achtung vor jedem Leben, mit der Achtung vor jedem Stück Materie, jedem Stein, jeder Pflanze, jedem Baum. Alles ist ein gemeinsamer Geist. Alles hat uns etwas zu geben. Alles ist für uns da, wie ein Geschenk. Wir können es annehmen.

ÜBER DIE AUTORIN

Geboren 1948.
Buchveröffentlichungen: »Ansichten von Frauen«, Porträts, 1978. »Das Tierbuch«, Dokumentation, 1985. »Power Meditation«, Handbuch, 1994. »Sonne und Mond in uns«, 2 Übungen, 1995. Eva Kroth lebt in Schleswig-Holstein und arbeitet spirituell für die Erde, Menschen, Pflanzen und Tiere.

TABELLE

Themen der Entwicklung im 7-Jahresrhythmus

METALLE	MINERALIEN	WURZELN	BLÄTTER	BLÜTEN	TÖNE	GEIST
1–7 Jahre	**8–14 Jahre**	**15–21 Jahre**	**22–28 Jahre**	**29–35 Jahre**	**36–42 Jahre**	**43–49 Jahre**
50–56 Jahre	**57–63 Jahre**	**64–70 Jahre**	**71–77Jahre**	**78–84 Jahre**	**85–91 Jahre**	**92–98 Jahre**
Im Leben ankommen	Die andere Seite kennenlernen, die Außenwelt	Das eigene Ich finden, den Sinn und Weg des Lebens bewußt erkennen	Das Innen und Außen integrieren	Den eigenen Platz in der Gemeinschaft und die Verantwortung für die Gemeinschaft erkennen	Den höheren Sinn im Leben erkennen und die Macht des Bewußtseins	Die unendliche geistige Kraft allen Lebens erkennen

Zuordnung der Licht-Essenzen zum Lebensalter im 7-Jahresrhythmus

METALLE		MINERALIEN		WURZELN		BLÄTTER		BLÜTEN		TÖNE		GEIST	
Lebensalter	Essenz	**Lebensalter**	Essenz	**Lebensalter**	Essenz	**Lebensalter**	Essenz	**Lebensalter**	Essenz	**Lebensalter**	Essenz	**Lebensalter**	Essenz
7	7	**14**	19	**21**	31	**28**	43	**35**	55	**42**	67	**49**	79
6	6	**13**	18	**20**	30	**17**	42	**34**	54	**41**	66	**48**	78
5	5	**12**	17	**19**	29	**26**	41	**33**	53	**40**	65	**47**	77
4	4	**11**	16	**18**	28	**25**	40	**32**	52	**39**	64	**46**	76
3	3	**10**	15	**17**	27	**24**	39	**31**	51	**38**	63	**45**	75
2	2	**9**	14	**16**	26	**23**	38	**30**	50	**37**	62	**44**	74
1	1	**8**	13	**15**	25	**22**	37	**29**	49	**36**	61	**43**	73
56	7	**63**	19	**70**	31	**77**	35	**84**	42	**91**	49	**98**	79
55	6	**62**	18	**69**	30	**76**	34	**83**	41	**90**	48	**97**	78
54	5	**61**	17	**68**	29	**75**	33	**82**	40	**89**	47	**96**	77
53	4	**60**	16	**67**	28	**74**	32	**81**	39	**88**	46	**95**	76
52	3	**59**	15	**66**	27	**73**	31	**80**	38	**87**	45	**94**	75
51	2	**58**	14	**65**	26	**72**	30	**79**	37	**86**	44	**93**	74
50	1	**57**	13	**64**	25	**71**	29	**78**	36	**85**	43	**92**	73

Dieses Buch, einschließlich Vorsatzpapier und Einband,
wurde auf Recyclingpapier gedruckt, das zu 100% aus Altpapier besteht.
Das Kapitalband und das Leseband wurden
aus ungefärbter und ungebleichter Baumwolle gefertigt.